Manual da Execução Trabalhista
Expropriação

1ª edição — 2005
2ª edição — 2009
3ª edição — 2011

MARCELO PAPALÉO DE SOUZA

*Juiz do Trabalho na 4ª Região. Mestre em Direito pela PUC-RS.
Especialista em Economia e Trabalho pela UNICAMP.
Professor em Cursos de Pós-graduação. Doutorando pela PUC-SP.*

Manual da Execução Trabalhista
Expropriação

3ª edição

EDITORA LTDA.
© Todos os direitos reservados

Rua Jaguaribe, 571
CEP 01224-001
São Paulo, SP — Brasil
Fone (11) 2167-1101

Produção Gráfica e Editoração Eletrônica: R. P. TIEZZI
Projeto de Capa: FÁBIO GIGLIO
Impressão: ASSAHI GRÁFICA E EDITORA
LTr 4421.6
Junho, 2011

Visite nosso site:
www.ltr.com.br

Dados Internacionais de Catalogação na Publicação (CIP)
(Câmara Brasileira do Livro, SP, Brasil)

Souza, Marcelo Papaléo de

    Manual da execução trabalhista : expropriação / Marcelo Papaléo de Souza. — 3. ed. — São Paulo : LTr, 2011.

    Bibliografia

    ISBN 978-85-361-1748-5

    1. Direito processual do trabalho — Brasil 2. Execução (Direito do trabalho) — Brasil 3. Execução (Direito do trabalho) — Formulários — Brasil I. Título.

11-03157   CDU-347.952.331(81)

Índices para catálogo sistemático:

1. Brasil : Execução trabalhista : Processo trabalhista   347.952.331(81)
2. Brasil : Processo de execução : Direito do trabalho   347.952.331(81)

*Dedico este trabalho aos meus pais,
Luiz Carlos e Vera Maria, meus irmãos Márcio e Fabrício,
e à tia Rita, por serem exemplos de coragem, correção,
seriedade e dedicação para com seus filhos e para com os outros.*

*Agradeço, inicialmente, a Deus, aos alunos
e a todos que tiveram participação na
realização desta obra*

*Galgamos vários degraus em nossa vida,
não somente em decorrência dos nossos esforços,
mas também, com a ajuda de várias pessoas.*

SUMÁRIO

NOTA À 3ª EDIÇÃO 15

NOTA À 2ª EDIÇÃO 17

PREFÁCIO À 1ª EDIÇÃO 19

INTRODUÇÃO 21

1. DESENVOLVIMENTO DA FORMA DA SATISFAÇÃO DO CREDOR 24
    1.1. Evolução do direito 24
    1.2. Raízes históricas da execução no direito romano 27
    1.3. Evolução legislativa e desenvolvimento dos institutos no direito pátrio —
        a partir da independência 34

2. EXECUÇÃO NO ORDENAMENTO PÁTRIO 43
    2.1. Execução coletiva e singular 46
    2.2. Alterações no processo de execução do CPC 50
        2.2.1. Alterações decorrentes da Lei n. 11.232/05 50
            2.2.1.1. Liquidação de sentença 54
            2.2.1.2. Cumprimento da sentença 55
            2.2.1.3. Multa coercitiva — art. 475-J do CPC 57
            2.2.1.4. Impugnação — arts. 475-L e 475-M do CPC 58
            2.2.1.5. Títulos judiciais — art. 475-N do CPC 60
            2.2.1.6. Execução provisória — art. 475-O do CPC 61
            2.2.1.7. Competência para o cumprimento da sentença — art. 475-P
                  do CPC 62

2.2.2. Alterações decorrentes da Lei n. 11.382/06 62
    2.2.2.1. Exigência para a execução 63
    2.2.2.2. Títulos executivos extrajudiciais 64
    2.2.2.3. Averbação — art. 615-A do CPC 64
    2.2.2.4. Prazo para pagamento 65
    2.2.2.5. Constrição patrimonial 65
        2.2.2.5.1. Bens impenhoráveis e relativamente penhoráveis 65
        2.2.2.5.2. Ordem de penhora 70
        2.2.2.5.3. Penhora *on line* e penhora de faturamento 72
        2.2.2.5.4. Penhora de bem indivisível 72
        2.2.2.5.5. Substituição do bem penhorado 73
        2.2.2.5.6. Limites da penhora 74
        2.2.2.5.7. Depósito 75
    2.2.2.6. Avaliação 76
    2.2.2.7. Ordem da expropriação 77
        2.2.2.7.1. Adjudicação 77
        2.2.2.7.2. Alienação particular 78
        2.2.2.7.3. Expropriação em hasta pública 79
        2.2.2.7.4. Expropriação via usufruto 83
    2.2.2.8. Embargos do devedor 84
    2.2.2.9. Parcelamento do crédito exequendo 87
    2.2.2.10. Embargos à expropriação 87
    2.2.2.11. Suspensão da execução 88

3. EXECUÇÃO TRABALHISTA 89
3.1. Desenvolvimento da legislação trabalhista 89
3.2. Competência da Justiça do Trabalho 93
3.3. Execução trabalhista 98
3.4. Superação das omissões da CLT 101
3.5. Tutela jurisdicional dos direitos fundamentais dos trabalhadores 105
    3.5.1. Direito fundamental e a tutela executiva 110
3.6. Princípios informadores do processo de execução 113
    3.6.1. Breves comentários a respeito dos princípios gerais do Direito 114
    3.6.2. Princípios informadores do processo de execução trabalhista 118

4. MEIOS EXECUTÓRIOS E PROCESSO EXECUTIVO 128
4.1. Execução indireta 130
4.1.1. Coerção patrimonial 132
4.1.2. Coerção pessoal 134
4.2. Execução direta 135
4.2.1. Meios de desapossamento 135
4.2.2. Meios de transformação 135
4.2.3. Meios da expropriação 136
4.2.3.1. Meio do desconto 136
4.2.3.2. Meio da alienação 136
4.2.3.3. Meio da adjudicação 137
4.2.3.4. Meio do usufruto 137

5. AVALIAÇÃO 138

6. ARREMATAÇÃO 144
6.1. Natureza jurídica 146
6.2. Efeitos da arrematação 149
6.2.1. Efeitos processuais 150
6.2.1.1. Transferência dos efeitos da penhora ao produto da alienação 150
6.2.1.2. Obrigações do arrematante e seu fiador 153
6.2.2. Efeitos materiais 154
6.2.2.1. Título de aquisição e modo de aquisição 154
6.2.2.2. Responsabilidade tributária do arrematante 156
6.2.2.3. Vícios ocultos e aparentes da coisa arrematada 159
6.2.2.4. Evicção do arrematante 162
6.2.2.5. Arrematação da coisa locada 163
6.2.2.6. Arrematação de unidades autônomas 165
6.2.2.7. Arrematação de coisa cedida em comodato 167
6.2.2.8. Arrematação e frutos da coisa 168
6.2.2.9. Posse da coisa arrematada 168
6.2.2.10. Transpasso dos direitos reais de gozo 170
6.2.2.11. Purgação dos direitos reais de garantia 171
6.2.2.12. Bem em alienação fiduciária e *leasing* 177

6.3. Modalidades da arrematação 181
6.4. Publicidade da arrematação 181
    6.4.1. Requisitos do edital 182
    6.4.2. Publicidade ordinária 183
    6.4.3. Publicidade extraordinária 184
    6.4.4. Dispensa de publicação 185
    6.4.5. Intimações prévias 185
6.5. Procedimento da arrematação 187
    6.5.1. Forma da hasta 187
    6.5.2. Proibição do preço vil 188
    6.5.3. Ordem de arrematação 194
    6.5.4. Condições do remate 195
    6.5.5. Legitimidade para arrematar 196
        6.5.5.1. Arrematação pelo credor 196
        6.5.5.2. Arrematação pelo credor detentor de garantia real 198
    6.5.6. Interrupção da arrematação 200
    6.5.7. Auto de arrematação 200
    6.5.8. Parcelamento da dívida 202
6.6. Incidentes da arrematação 203
    6.6.1. Transferência da arrematação 203
    6.6.2. Suspensão da arrematação 203
        6.6.2.1. Suspensão da arrematação por interposição de embargos de terceiro 204
    6.6.3. Desfazimento da arrematação 206
        6.6.3.1. Vício de nulidade 207
        6.6.3.2. Falta de pagamento do preço ou de prestação da caução 208
        6.6.3.3. Existência de ônus real omitido no edital 208
        6.6.3.4. Casos previstos no Código de Processo Civil 209
        6.6.3.5. Remédios jurídicos para o desfazimento da arrematação 209
        6.6.3.6. Ação rescisória e anulatória na execução 210
        6.6.3.7. Efeitos do desfazimento da arrematação 211
6.7. Alienação por proposta escrita 212

6.8. Alienação de imóvel 212
    6.8.1. Imóvel de incapaz 214
    6.8.2. Divisão cômoda — art. 702 do CPC 215
        6.8.2.1. Meação do cônjuge 217
    6.8.3. Carta de arrematação 218
6.9. Alienação de bem móvel 219
6.10. Alienação antecipada 220

7. LEILOEIRO 222
7.1. Considerações gerais 222
7.2. Escolha do leiloeiro 226
7.3. Incumbência do leiloeiro 226
7.4. Remuneração do leiloeiro 227
    7.4.1. Leilão negativo 229
    7.4.2. Sustação do leilão por ato das partes 229
    7.4.3. Leilão nulo 231
    7.4.4. Arrematação pelo credor 232
    7.4.5. Remição e adjudicação 232

8. ADJUDICAÇÃO 235
8.1. Natureza jurídica da adjudicação 237
8.2. Objeto da adjudicação 238
8.3. Pressupostos da adjudicação 239
    8.3.1. Ordem da expropriação — adjudicação 239
    8.3.2. Preço não inferior ao edital 240
        8.3.2.1. Preço vil e adjudicação 242
    8.3.3. Legitimidade para adjudicar 243
8.4. Procedimento e momento da adjudicação 245
    8.4.1. Multiplicidade de pretendentes 247
        8.4.1.1. Adjudicação pelo credor hipotecário 248
    8.4.2. Auto de adjudicação 251
    8.4.3. Carta de adjudicação 251
8.5. Meios jurídicos para desfazimento da adjudicação 253

9. ALIENAÇÃO POR INICIATIVA PARTICULAR 255

10. USUFRUTO 258

11. REMIÇÃO 260

12. EFEITOS DA RECUPERAÇÃO JUDICIAL E DA FALÊNCIA NA EXECUÇÃO TRABALHISTA 263

    12.1. Efeitos da recuperação judicial sobre a execução trabalhista 264

        12.1.1. Suspensão da execução 264

        12.1.2. Efeitos sobre a hasta pública designada 265

        12.1.3. Efeitos sobre os coobrigados solidários e subsidiários 266

    12.2. Efeitos da falência na execução trabalhista 268

        12.2.1. Competência trabalhista e o juízo indivisível da falência 268

        12.2.2. Suspensão das execuções trabalhistas 270

        12.2.3. Obrigações da massa falida e os coobrigados solventes — responsabilidade solidária e subsidiária 271

        12.2.4. Efeitos da falência sobre o depósito recursal 272

        12.2.5. Efeitos da falência na arrematação trabalhista 274

    12.3. A competência para a desconsideração da pessoa jurídica falida ou em recuperação judicial 275

        12.3.1. Competência para o reconhecimento do grupo econômico 276

    12.4. Extinção do crédito trabalhista 277

13. "BOAS PRÁTICAS" PARA A EFETIVIDADE DA EXECUÇÃO TRABALHISTA 279

    13.1. Aplicação do art. 899, § 1º da CLT 280

    13.2. Hipoteca judiciária 280

    13.3. Protesto de decisões trabalhistas 281

    13.4. Sugestões relativas ao processo 282

REFERÊNCIAS BIBLIOGRÁFICAS 287

NOTA À 3ª EDIÇÃO

Há de ser ressaltado, inicialmente, que a tutela jurisdicional, em se tratando de sentença condenatória, só ocorre quando há a satisfação das obrigações reconhecidas na mesma, ou seja, a produção dos efeitos no "mundo dos fatos". O simples pronunciamento do juízo em favor da parte requerente, imputando obrigação à parte contrária, não representa a entrega da tutela, pois não modifica a situação fática e nem satisfaz a pretensão da parte. Sem a existência de atos executivos eficazes, não há a prestação da tutela à parte requerente. Portanto, não há que somente pensar em facilitar o acesso ao Judiciário sem que se prevejam os meios necessários a instrumentalizar os atos executivos, pois, sem estes, a jurisdição não será prestada a contento pelo Estado.

Essa assertiva é para deixar claro aos operadores do Direito que não adianta somente garantir o acesso ao juízo; o mais importante é assegurar a efetividade do processo, pois o devido processo legal, previsto como direito fundamental aos litigantes, para o requerente, é a entrega da tutela eficaz.

Como bem referem Luiz Guilherme Marinoni e Sérgio Cruz Arenhart, "o direito de ação, quando visto no quadro dos direitos fundamentais, não pode ser resumido ao direito de ir a juízo, ao direito de acesso à Justiça ou ao direito ao julgamento de mérito. O direito de ação é o direito de utilizar o processo para poder obter a tutela de mérito, desde que, obviamente, o direito seja reconhecido em juízo"[1].

O processo de execução necessita dos meios eficazes para que se alcance o fim pretendido, ou seja, a satisfação da obrigação contida no título.

As alterações do Código de Processo Civil (CPC) (principalmente as relacionadas nas Leis ns. 11.232/05 e 11.382/06) representaram a ruptura da

---

(1) MARINONI, Luiz Guilherme; ARENHART, Sérgio Cruz. *Curso de processo civil:* execução. São Paulo: RT, 2007. v. 3, p. 58.

sistemática originalmente prevista no CPC de 1973, apresentando meios que visaram à celeridade e à efetividade do procedimento executivo e do cumprimento de sentença. Contudo, o que observamos, ainda hoje, é a grande resistência de parte dos operadores do Direito na utilização de tais inovações no processo, muitas vezes sob o argumento da necessidade da segurança jurídica. Sem sombra de dúvida, esta é uma necessidade no Estado Democrático de Direito. Contudo, a jurisdição é o que dá resposta ao conflito[2] e garante a vida gregária na sociedade. A tutela jurisdicional sem efetividade trará prejuízos mais graves, haja vista que a descrença no Estado como solucionador dos conflitos entre os indivíduos ensejará a "solução privada" dos conflitos, o que, para a sociedade, é extremamente maléfico, pois poderá resultar da imposição da força de um dos litigantes sobre o outro. A partir do momento em que o Estado não se mostrar competente na solução dos conflitos na sociedade só desencadeará maiores injustiças[3].

O que se pode observar, atualmente, é que a alteração da legislação representou o fortalecimento da jurisdição estatal no sentido da efetividade e celeridade do processo, mas não é aceita por parte dos operadores do Direito que ainda estão arraigados aos formalismos do processo, sem a preocupação maior — que é a solução do conflito e a aplicação do direito material. Constatamos que foi superado um longo percurso na alteração legislativa, mas ainda haverá um caminho mais difícil no sentido da mudança da mentalidade dos operadores para acolherem e adotarem os meios da efetividade do processo, sem o ranço do conservadorismo e do comodismo existente.

Uma situação curiosa que observamos é que o processo civil, em face das alterações mencionadas do CPC, aproxima-se muito da sistemática adotada na execução trabalhista, nesta, muitos operadores do Direito têm utilizado o formalismo exacerbado, adotando a ultrapassada sistemática do CPC, que somente levou a um resultado — a não efetividade do processo.

Portanto, a discussão da sistemática da execução trabalhista sempre será atual e conduzirá a situações de difícil solução, mas que, para o aprimoramento da tutela jurisdicional do Estado, não podem ser olvidadas e negligenciadas.

Convidamos, portanto, à leitura e à reflexão todos os interessados na matéria.

---

(2) Claro que há outras formas de solução dos conflitos, autônomas ou heterônomas.
(3) Tal risco também é referido por Marcos Neves Fava (Execução — ampliação do rol de responsáveis pelos créditos trabalhistas. *Revista LTr*, v. 74, n. 5, maio 2010) no sentido de "a perda da efetividade acaba por denegrir a própria imagem da Justiça, mitigando seu valor social e desencorajando a sociedade a procurar esta via de solução de dissídio".

NOTA À 2ª EDIÇÃO

As recentes alterações do Código de Processo Civil (CPC), principalmente relacionadas ao processo executivo, conduzem à necessária análise das mesmas em face do processo trabalhista. Na Consolidação das Leis do Trabalho (CLT), tendo em vista a sua estrutura sucinta, em relação ao processo (conhecimento e execução), há a previsão da adoção, em caráter suplementar, das normas previstas no ordenamento jurídico, o que nos conduz à análise da adequação dessas na estrutura do processo de execução trabalhista.

Referimos, de início, os argumentos apresentados por Sérgio Rabello Tamm Renault, Subchefe de Assuntos Jurídicos da Casa Civil da Presidência da República, e Pierpaolo Cruz Bottini, Secretário da Reforma do Judiciário do Mistério da Justiça, no sentido de que a aprovação da Lei n. 11.232/05, que trata da execução civil, não é um ato legislativo isolado e pontual do Congresso Nacional, mas é parte de um projeto amplo de reforma da Justiça, e é sob esta perspectiva que precisa ser analisado. As novidades que traz consigo não podem ser estudadas como institutos casuísticos, porém devem ser compreendidas como parcela de um esforço de transformação de todo o sistema judicial brasileiro que agrega alterações constitucionais, infraconstitucionais e gerenciais, no sentido de superar os problemas que enfrenta o modelo de prestação jurisdicional atual. A morosidade judicial, a falta de efetividade das decisões, a dificuldade na solução satisfatória de demandas são fenômenos que precisam ser enfrentados, sob pena de uma crescente deslegitimação do sistema formal de solução de litígios e da instauração de um clima de desconfiança e de insegurança que afeta as relações sociais e econômicas. A dificuldade do Judiciário em responder ao crescente volume de litígios é evidente[1].

---

(1) O contexto da reforma processual civil. RENAULT, Sérgio Rabello Tamm; BOTTINI, Pierpaolo Cruz (coords.). *A nova execução de títulos judiciais:* comentários à Lei n. 11.232/05. São Paulo: Saraiva, 2006. p. 1.

Afirmam os autores citados que a primeira etapa da reforma do Poder Judiciário foi a aprovação da Emenda Constitucional n. 45, que trouxe novidades importantes para a estrutura deste setor, especialmente em relação ao processo civil. A inserção do "direito à razoável duração do processo e os meios que garantam a celeridade de sua tramitação" no rol de direitos e garantias fundamentais da Constituição (art. 5º, LXXVIII) abriu espaço para inúmeras propostas de alteração legislativa que concretizam este princípio maior. A celeridade passa a ser um direito constitucional, fundamental, inerente à própria realização da Justiça, pois uma decisão sobre um litígio, por mais que seja justa e correta, se não vier em tempo razoável, não cumprirá seu papel, e afetará as expectativas da sociedade em relação aos mecanismos formais de resolução de litígio[2].

As alterações no processo de execução do CPC, pelas Leis ns. 11.232/05 e 11.382/06, representam muito mais que a modificação do texto legal, pois conduzem à superação de alguns paradigmas que anteriormente demonstravam-se intransponíveis (*v. g.* não suspensão do processo em face da apresentação da impugnação ou embargos; a validade da expropriação, ainda que na procedência dos embargos, entre outros), conduzindo o necessário avanço na forma de interpretação dos dispositivos legais, sempre visando à efetividade do processo. A partir das reformas, houve a relativização dos "benefícios" (para alguns garantias) do devedor no processo de execução, posição já adotada na execução trabalhista, pois sempre visou à efetividade do processo (haja vista imposição legal — art. 765 da CLT), mas com muitas críticas dos doutrinadores do processo civil.

Destarte, em razão das recentes e importantes alterações estruturais no Código de Processo Civil, a sua análise para verificação da adequação ao processo trabalhista é indispensável.

Por fim, novamente, registro o agradecimento aos meus alunos, pois suas dúvidas nos ensinam muito mais que nossas lições.

---

(2) *Ibidem*, p. 5.

Prefácio à 1ª edição

O processo de execução, a despeito de sua inegável importância prática — porque é por seu intermédio que se satisfaz a obrigação reconhecida em decisão judicial ou enunciada em título extrajudicial — costuma atrair menos atenção do que o processo de conhecimento; dele pouco se ocupando a doutrina e o legislador. Observe-se, por exemplo, que a última importante alteração legislativa em matéria processual trabalhista, empreendida pela Lei n. 9.957, de 12 de janeiro de 2001, não cuidou da execução. Já no âmbito do próprio processo de execução, a fase de expropriação é ainda mais negligenciada e desconsiderada. Passa mesmo quase esquecida. Na Consolidação das Leis do Trabalho, não há mais do que dois artigos para tratar de todo o assunto, o que se revela, como é óbvio, insuficiente, dada sua complexidade e relevância. Daí as numerosas questões que avaliação, arrematação, adjudicação e remição suscitam; questões para as quais nem sempre se encontram as corretas e boas respostas. Muito oportuna e digna de encômios, portanto, a iniciativa de Marcelo Papaléo de Souza, que se dispôs a meditar sobre tais matérias e o fez com grande competência, propriedade e êxito. Nada que surpreenda, na verdade, ao menos não para quem já conhecia o autor.

Marcelo Papaléo de Souza, que bem domina o processo de execução, pois que ao tema dedicou sua publicação anterior, "Efeitos da falência na execução trabalhista" (São Paulo: LTr, 2004), é experiente Juiz do Trabalho na 4ª Região e soma, ao contato constante com o direito processual do trabalho, decorrente do exercício da jurisdição, a capacidade de reflexão adquirida quando da obtenção, na Pontifícia Universidade Católica do Rio Grande do Sul, do título de mestre em Direito e, ainda, a facilidade de exposição, desenvolvida no exercício do magistério superior.

O texto agora publicado por Marcelo Papaléo de Souza apresenta-se enriquecido por farta referência doutrinária, não apenas nacional como também estrangeira, e pela seguida indicação da jurisprudência, o que o torna sobremaneira útil ao estudioso e, ao mesmo tempo, ao profissional. Nele são examinados, em minúcias, os mais delicados problemas relacionados com a fase de expropriação, inclusive aqueles com freqüência negligenciados em outras obras, como, ilustrativamente, a responsabilidade tributária do arrematante (item 4.2.2.2), arrematação de coisa locada (item 4.2.2.5) e as regras aplicáveis à alienação de imóvel de incapaz (item 4.8.1).

Não hesito, em consequência, nem por um instante, em recomendar a leitura do texto agora publicado. Aliás, melhor do que justificar a afirmação é deixar que o leitor, por sua conta, chegue agradavelmente à mesma conclusão, eis que, como disse Théophile de Viau, "un plaisir est plus grand qui vient sans qu'on y pense". Com a palavra, pois, Marcelo Papaléo de Souza.

Estêvão Mallet
Professor de Direito do Trabalho da Faculdade de
Direito da Universidade de São Paulo.

Introdução

Este trabalho objetiva apresentar as peculiaridades da execução trabalhista, dando ênfase principal à fase da expropriação do patrimônio do devedor (avaliação, arrematação, leiloeiro, adjudicação e remição). O estudo do Direito será preponderantemente sob o enfoque dogmático, procurando apresentar soluções aos problemas mais corriqueiros relacionados ao tema proposto.

A Consolidação das Leis do Trabalho (CLT) não oferece os subsídios necessários aos operadores do Direito laboral para a solução das controvérsias que ocorrem na execução trabalhista. A falta dos dispositivos legais decorreu da intenção do legislador de tornar a execução trabalhista mais rápida, sem os formalismos encontrados na execução civil. Ocorre que, na prática, a execução trabalhista tornou-se complexa tanto quanto a civil, pois utiliza os dispositivos da Lei de Execução Fiscal e, supletivamente, o previsto no Código de Processo Civil (CPC), resultando decisões divergentes no processo de execução.

Adverte José Augusto Rodrigues Pinto que a aplicação de leis inspiradas por necessidades diversas para terem eficácia em dissídios estranhos à sua índole exigiu sempre um paciente esforço de análise, sobretudo pela obrigatoriedade de compatibilização das regras supletivas com os princípios do processo suprido, quase nunca feita com cuidado, ensejando notórias divergências nas áreas da doutrina e da jurisprudência[1].

O hibridismo necessário para a solução das questões atinentes à execução trabalhista, expressão utilizada por Amauri Mascaro Nascimento[2], deve ser

---
(1) *Execução trabalhista*. 10. ed. São Paulo: LTr, 2004. p. 48.
(2) Hibridismo das regras da execução. In: DALLEGRAVE NETO, José Affonso; FREITAS, Ney José de (coords.). *Execução trabalhista — estudos em homenagem ao ministro João Oreste Dalazen*. São Paulo: LTr, 2002. p. 34-54.

analisado com cuidado, sob pena de prevalecerem normas totalmente distantes dos princípios do processo trabalhista, utilizadas sob o simples argumento da inexistência de regras específicas para a execução na legislação laboral.

Cabe, portanto, ao intérprete, no primeiro momento, definir os parâmetros para a solução das questões da execução encontrados na CLT, ou importar as regras de outros ordenamentos jurídicos, em face da omissão legislativa.

Outra tarefa, não menos importante, é a compreensão da execução, como coerção ou garantia. Na execução-coerção, parte-se do pressuposto de dar cumprimento ao título executório com o máximo de eficiência, inclusive com adoção de todos os meios imperativos, porque, se houve uma condenação, é preciso cumpri-la com maior rigor possível, ainda que em detrimento de certas formalidades, pois o que se objetiva é a quebra de resistência do executado. Na garantia, a execução é entendida como forma do exercício direto das próprias razões — juridicamente reconhecidas na conformidade do título executivo —, devendo assegurar formas lícitas pelas quais o direito transformar-se-á em realidade no mundo físico. Outra via, uma terceira, seria a execução coerção-garantia, em que se conjugariam dois aspectos: a necessidade de dar eficácia à decisão e o devido processo legal. Parece-nos que o terceiro entendimento mostra-se mais apropriado para o atual estágio evolutivo das relações sociais. Utilizam-se algumas conclusões apresentadas por Tereza Arruda Alvim Wambier[3], ressaltando que é preciso harmonizarem-se as duas tendências: 1ª) a de que a execução seja efetiva; e 2ª) a de que a execução não seja injusta. O processo de execução no Brasil tem sido criticado, no que diz respeito à esfera cível, por ser um processo que privilegia em demasia o devedor. O devedor é visto (mesmo aquele devedor de dívidas oriundas da aquisição de bens caríssimos) como uma *vítima*, como se o credor fosse certo tipo de *culpado*. Nos últimos tempos, têm-se aberto para o devedor *portas e mais portas* para embaraçar a execução. Não adianta tornar-se a execução em si mesma mais efetiva se, *correlatamente*, não se eliminam os excessos de válvulas de escape do devedor. Em conclusão, parece poder dizer-se que é claro que se deve zelar pelos direitos do devedor; *mas, enquanto ele for visto como vítima, o processo de execução jamais será efetivo no Brasil*.

Diante de todas essas considerações, cabe ao intérprete conjugar as disposições contidas na norma legal com os princípios jurídicos e valores almejados pela sociedade, que exige cada vez mais um processo de resultado. Em face de tal circunstância, o processo de execução ganha importância fundamental na efetivação dos direitos reconhecidos aos litigantes, devendo o Estado propiciar de forma efetiva a satisfação destes.

---

(3) Efetividade da execução. In: DALLEGRAVE NETO, José Affonso; FREITAS, Ney José de (coords.). *Execução trabalhista* — estudos em homenagem ao ministro João Oreste Dalazen. São Paulo: LTr, 2002. p. 348-365.

Já imaginou ter uma biblioteca jurídica inteira, acessível em qualquer lugar através da internet?

É esta a proposta da
LTr Biblioteca Digital:

Inúmeras obras digitais dos mais renomados autores, com mobilidade, rapidez e facilidade de acesso!

Acesse!

www.ltrdigital.com.br

Constata-se que existe um direcionamento das legislações[4] no sentido de tornar a execução o mais efetiva possível e garantir a satisfação do direito do credor. A preocupação com a segurança jurídica, preponderante na formação do conceito moderno de Direito, justificava-se de acordo com o paradigma vigente e os interesses da sociedade, sendo uma das consequências da Revolução Francesa. Adverte Jorge Pinheiro Castelo que essa postura filosófica e ideológica, advinda do racionalismo, do liberalismo e do positivismo dos séculos XVIII e XIX sobre a ciência processual, impunha um confinamento dos juristas no mundo meramente jurídico conceitual, separado do mundo social, dos valores vigentes na sociedade e da realidade histórica[5]. Atualmente, estamos em meio à reforma processual, com inclusão de mecanismos com o objetivo da celeridade processual, efetividade do processo, em detrimento da segurança jurídica, tenta-se ultrapassar a concepção do modelo liberal e do paradigma do pensamento do velho mundo moderno para adotar um processo ajustado ao mundo e ao pensamento pós-moderno.

A análise da execução no processo trabalhista, portanto, é polêmica, em face das diversas interpretações doutrinárias e jurisprudenciais, é de importância singular e merece toda a atenção dos aplicadores do Direito. Preocupação maior surge em decorrência das alterações do CPC, diante das Leis ns. 11.232/05 e 11.382/06, que modificaram profundamente o processo de execução, sendo necessária a averiguação da compatibilidade entre as novidades instituídas e o processo do trabalho.

---

(4) Citam-se como exemplos o código de processo adotado na Venezuela e o na Espanha. Na Venezuela, a *Ley Orgánica Procesal del Trabajo — Gaceta Oficial n. 37.504 Extraordinário del 13 de agosto de 2002*, no capítulo VIII está estabelecido o procedimento de execução (*Procedimiento de Ejecución*), nos arts. 180 a 186. Somente como registro, refere-se o contido no art. 183 que menciona que deverá ser observado o disposto no Código de Processo Civil, que não se oponha às disposições desta lei, mas em nenhum caso pode contrariar os princípios da celeridade (referido como brevidade), oralidade, imediação e concentração. A importância do código, em se tratando de execução, está prevista no art. 184 que dá ao juiz a faculdade para dispor de todas as medidas que considere pertinentes, a fim de garantir a efetiva execução da sentença e que esta discussão não seja ilusória. Poderá, ainda, ditar qualquer disposição complementar para assegurar a efetividade e o resultado da medida que houver determinado. Na Espanha, o código de processo, *Ley de Enjuiciamiento Civil* n. 1/2000, nos seus arts. 517 a 720 estabelece o processo de execução. Trata-se de uma nova regulamentação, muito mais detalhada e prolixa do que a anterior, haja vista que a legislação revogada se encontrava deficiente e lacunosa para a solução dos problemas encontrados na execução. A nova regulação protege mais o interesse do credor. No ordenamento jurídico nacional, na Lei n. 11.101/05, que disciplina a recuperação judicial e a falência, há previsão no art. 82, § 2º, que trata a responsabilização dos sócios na falência, que o juiz poderá de ofício, ou mediante requerimento das partes interessadas, ordenar a indisponibilidade de bens particulares dos réus até o julgamento da ação de responsabilização. Assim, possibilita-se uma medida de natureza cautelar para garantir um provimento executivo, de ofício.

(5) Efetividade e segurança jurídica — na evolução do pensamento ocidental. *Revista LTr*, n. 65-07, p. 791-800.

1

DESENVOLVIMENTO DA FORMA DA SATISFAÇÃO DO CREDOR

1.1. EVOLUÇÃO DO DIREITO

Analisar a evolução do Direito já renderia, por si só, uma obra específica, haja vista a importância e a profundidade do tema. Na presente explanação, a pretensão é tão só apresentar um breve relato das situações vivenciadas na sociedade, em cada momento histórico.

De início, citamos a lição de Tercio Sampaio Ferraz Júnior[1], no sentido de que o Direito é um dos fenômenos mais notáveis na vida humana. Compreendê-lo é compreender uma parte de nós mesmos. É saber em parte por que obedecemos, por que mandamos, por que nos indignamos, por que aspiramos a mudar em nome de ideais, por que em nome de ideais conservamos as coisas como estão. Ser livre é estar no Direito e, no entanto, o Direito também nos oprime e tira-nos a liberdade. Por isso, compreender o Direito não é um empreendimento que se reduz facilmente a conceituações lógicas e racionalmente sistematizadas.

O elemento organizador das sociedades primitivas é baseado no parentesco. Nessa situação, havia uma forma rígida de distribuição social,

---

(1) FERRAZ JUNIOR, Tercio Sampaio. *Introdução ao estudo do direito:* técnica, decisão, dominação. 5. ed. São Paulo: Atlas, 2007. p. 21.

conforme a posição do parentesco. Com o desenvolvimento da sociedade, tal elemento vai perdendo sua importância, aparecendo o centro político como estabelecedor do equilíbrio social. As comunidades organizam-se como *polis* ou sociedade política (*civitas sive societas civilis*). Tercio Sampaio Ferraz Júnior[2] ressalta que essa transformação exige que o Direito se manifeste por meio de fórmulas prescritivas de validade permanente, que não se prendem necessariamente às relações de parentesco, mas reconhecem certas possibilidades de escolha, participação na vida da cidade (liberdade participativa). O Direito, assim, continua sendo uma ordem que atravessa todos os setores da vida social (político, econômico, religioso, cultural), mas que não se confunde com eles.

O Direito, no passar dos anos, tomou várias formas dentro da organização social. Na Antiguidade, havia a distinção bem presente entre a esfera privada e a esfera pública. Aristóteles[3] já mencionava que todo o cidadão pertence a duas ordens de existência, pois a *polis* dá a cada indivíduo, além da vida privada, uma espécie de segunda vida, sua *bios-politikós*. Havia uma distinção entre a *oika* e a *polis*, sendo a primeira a casa, reconhecida de um governo só, e a segunda, de muitos governantes. A esfera privada referia-se às necessidades (sobrevivência) do próprio homem, como alimento, moradia, entre outras, tendo o comando do *pater familias*. O cidadão exercia atuação em outro âmbito, na *polis* ou esfera pública, em conjunto com outros iguais, que se governavam. A ação do cidadão, *politikon zoon*, era ilimitada e imprevisível quanto à ação. Alguns limites existiam a esta atuação, como os limites territoriais e as regras de comportamento, como a propriedade. No período, havia diferença entre a *lex* e o *jus*, sendo que o que dava estabilidade ao *jus* era em virtude do que se considerava justo.

Na Era Moderna, grande alterações ocorreram, em face da progressiva redução do *jus* à *lex*, do Direito à norma, como comando impositivo da vontade em relação a outra com objetivo de atingir os fins: paz, segurança, bem-estar, entre outras. A legitimidade do comando passa a correlacionar-se com os fins que o servem. Há uma relação pragmática, meios e fins. Na Era Moderna, a esfera pública, que na Antiguidade era do homem político, passa a ser do mercador, haja vista que se analisam as pessoas como produtoras e segundo a utilidade de seus produtos. O Direito, também, passa a ser considerado como um bem que se produz por meio de normas. É, como já referido, a identificação do Direito com a lei, ou seja, o *jus* com a *lex*. O Direito é encarado como um conjunto de normas, correspondentes a direitos subjetivos.

---

(2) *Ibidem*, p. 54.
(3) *Apud* FERRAZ JUNIOR, Tercio Sampaio. *Introdução ao estudo do direito*: técnica, decisão, dominação. 5. ed. São Paulo: Atlas, 2007. p. 23.

Essa realidade evolui para uma sociedade de consumo, em que o Direito torna-se instrumento de atuação, controle, planejamento, sendo a ciência jurídica, nos ensinamentos de Tercio Sampaio Ferraz Júnior[4], um saber tecnológico. Nessa sociedade, o Direito, como objeto de consumo, encontra enorme possibilidade de conteúdo, pois tudo é possível de ser normatizado. A congruência interna deixa de assentar-se sobre a natureza, sobre o costume, sobre a razão, sobre a moral e passa reconhecidamente a basear-se na uniformidade da própria vida social. Há indiferença quanto ao que valia e o que deixa de valer, quanto à compatibilidade de conteúdos, pois é aceita a inconsistência e convive-se com ela. O Direito é visto como bem de consumo.

Esse estágio é bem descrito na obra de Lourival Vilanova[5], quando ressaltado que um conceito fundamental do estudo lógico do Direito reside no *dever-ser*. O *dever-ser* é tomado como mero conceito relacional: serve para relacionar termos sujeitos da proposição jurídica. Não exprime nenhuma categoria metafísica; mas é o conceito geral relacionante que dá conta do que é comum aos modos de proibir, obrigar e permitir comportamentos humanos. A admissão do caráter irredutível da proposição normativa é associada a outra tese: as normas são válidas ou não válidas. Por isso, o sistema do Direito Positivo — diferentemente do sistema da Ciência do Direito (Ciência dogmática) — é válido ou não válido, nunca, em sentido próprio, verdadeiro ou falso. Outras características do sistema do Direito Positivo, como eficácia, ineficácia, justiça, injustiça, são características de sistema cuja função não é *conhecer* o comportamento social, mas *prescrever* como deve ser tal comportamento para realizar os valores da ordem, da justiça, da solidariedade etc. Portanto, o Direito Positivo existe como técnica de ordenação da conduta humana, numa situação global historicamente individualizada. E comunica essa tendência paradigmática à ciência mesma que o converte em objeto de conhecimento. O Direito Positivo visa a controlar conduta, impondo formas normativas a essa conduta e, por meio delas, a alcançar fins, uns permanentes, outros variáveis, de acordo com o ritmo histórico e a índole da própria cultura.

1.2. RAÍZES HISTÓRICAS DA EXECUÇÃO NO DIREITO ROMANO

O processo sempre teve como objetivo a composição do litígio, mesmo nas suas manifestações mais primitivas e rudimentares. O sistema romano, por sua importância, será analisado, pois serviu como fonte de quase todos os sistemas do mundo ocidental, em especial no que se refere ao Direito privado.

---

(4) *Ibidem*, p. 28.
(5) VILANOVA, Lourival. *Estruturas lógicas e o sistema de direito positivo*. São Paulo: Noeses, 2005. p. 22 e 35.

Divide-se o processo romano[6] em dois estágios: o anterior às Leis das XII Tábuas e o período que as sucedeu. Por ser de maior importância, será apresentado resumidamente o segundo período.

A partir da Lei das XII Tábuas, o processo romano dividiu-se em três períodos, na seguinte ordem: o das *legis actiones*, que abrange desde os primórdios até a metade do século II a. C.; o das *per formulas* ou formulário, da metade do século II a. C. até o século III d. C.; e o da *cognitio extra ordinem*, a partir do século III.

No primeiro período, o das ações da lei, o que prevalecia era o juízo privado, sendo atividade processual fixada na Lei das XII Tábuas, tais como *actio por sacramentum, actio per judicis arbitrivi postulationem, actio per conditionem, actio per manus injectionem* e *actio per pignoris capionem*[7]. As três primeiras referiam-se ao processo de conhecimento, e as últimas, ao de execução.

---

(6) Tercio Sampaio Ferraz Jr. (*Introdução ao estudo do direito*: técnica, decisão, dominação. 5. ed. São Paulo: Atlas, 2007. p. 56) bem explica que na Antiguidade Clássica, o Direito (*jus*) era um fenômeno de ordem sagrada. Em Roma, foi uma ocorrência imanente a sua fundação, ato considerado miticamente como decisivo e marcante na configuração de sua cultura, por tornar-se uma espécie de projeto a ser aumentado e engrandecido no tempo e no espaço. Foi essa ideia, transmitida de geração em geração, por meio da tradição, que delineou sua expansão na forma de império, único em suas características em toda a Antiguidade. Assim, o Direito, forma cultural sagrada, era o exercício de uma atividade ética, a prudência, virtude moral do equilíbrio e da ponderação nos atos de julgar. Nesse quadro, a prudência ganhou uma relevância especial, recebendo a qualificação particular de *Jurisprudentia*. A jurisprudência romana desenvolveu-se numa ordem jurídica que, na prática, correspondia apenas a um quadro regulativo geral. A legislação restringia-se, por seu lado, tanto na época da República, quanto na do Principado, à regulação de matérias muito especiais. Assim, o Direito Pretoriano não era algo complexo, uma vez que, de modo semelhante à equidade no Direito anglo-saxão, representava apenas uma forma supletiva de ordem jurídica vigente: era criado *adjuvandi vel suplendi vel corrigendi juris civilis gratia* (para ajudar ou suprir ou corrigir o Direito Civil). Além disso, não era apresentado na forma de proposições jurídicas materiais. O edito do pretor, no qual o direito pretoriano estava contido, por exemplo, consistia em esquemas de ação para determinados fatos-tipos e em fórmulas para a condução de processos. Por isso, não apenas faltavam certas regras (como as de preenchimento de contratos) mas também, quando revestiam o aspecto de fórmulas. Apenas com o desenvolvimento do *Concilium* Imperial e seus jurisconsultos, juízes estatais, é que apareceram as *responsas*, que eram formas escritas, termos de informações sobre determinadas questões jurídicas. O pensamento prudencial, desenvolvido por meio de *responsa* e sob a proteção de um domínio politicamente estabilizado, manifestou-se, assim, com um poder de argumentar e provar.

(7) A concepção dos romanos em relação à *actio* é distinta à do direito moderno. Nos dois primeiros períodos, os romanos não faziam distinção entre pretensão e direito subjetivo; a proteção ao direito subjetivo surgia de maneira formal, por meio de uma fórmula própria, que inclusive criava a *actio* e, em consequência, o próprio direito. Havia mais um sistema de ações do que de direitos. Para o Direito Romano, não havia uma *actio* em sentido geral, mas várias *actiones* com sentidos diversos. Cada direito estava relacionado com uma *actio* e, de todas as formas, não havia nenhuma pretensão de que se pudesse fazer chegar a um tribunal se não existia a ela relacionada uma determinada ação. Para aprofundar o assunto ALVES, José Carlos Moreira. *Direito romano*. 10. ed. Rio de Janeiro: Forense, 1997. v. I, p. 182 e ss.; NORONHA, Carlos Silveira. *A actio iudicati*: um instrumento de humanização da execução. In: ASSIS, Araken de (coord.). *O processo de execução*: estudos em homenagem ao professor Alcides de Mendonça Lima. Porto Alegre: Sergio Fabris, 1995. p. 95-126; BORGES, Marcos Afonso. Breve notícia sobre a evolução histórica do direito processual civil. *Revista de Processo*, n. 50, ano 13, p. 25-46, abr./jun. 1988. SILVA, Ovídio Baptista da. *Jurisdição e execução na tradição romano-canônica*. 2. ed. São Paulo: Revista dos Tribunais, 1998. SANTOS, Moacyr Amaral. *Primeiras linhas do direito processual civil*. 16. ed. São Paulo: Saraiva, 1993. v. I, p. 38 e ss.

O procedimento, nesta época, era dividido em duas partes: *in iure* e *in iudicio*. Na primeira, após a citação do demandado pelo autor, as partes compareciam perante o magistrado, formulavam o pedido e a resposta. Elas se caracterizaram pela oralidade: o magistrado apenas presidia o ato, dava a ação (*dare iudicem*) e nomeava o juiz (árbitro). Na segunda fase, o juiz (*iudex*) novamente ouvia as partes e suas testemunhas e, se convencido, proferia a sentença, absolvendo ou condenando o réu. A decisão era irrecorrível. O autor vitorioso estava obrigado a valer-se de outra *legis actio* (*a actio per manus injectionem*) para obter a execução da decisão que lhe era favorável. O processo era visto como um negócio privado entre os litigantes, sendo que ao magistrado competia apenas presidir a formação da *litis contestatio* e remeter a causa a um juiz, que era escolhido pelas partes.

Houve a necessidade, em decorrência da expansão de Roma, de instituir uma nova magistratura com o objetivo de solucionar os litígios entre estrangeiros e romanos, pois as *legis actiones* somente poderiam ser utilizadas pelos cidadãos romanos. Criou-se a figura do *pretor peregrino* que, com fórmulas escritas, precisava o objeto do litígio com as quais autor e réu compareciam perante o *iudex*. Com a *Lex Aebutia*, entre 149 a 126 a. C., passou o sistema formular a ser aplicado aos romanos, embora fossem mantidas algumas das ações da lei.

O procedimento formulário era menos formal e mais rápido do que o das ações da lei. O processo *per formula* era constituído de um documento escrito no qual se fixava o ponto litigioso e outorgava-se ao juiz (árbitro — *apud iudicem*) poder para condenar ou absolver o réu, conforme ficasse, ou não, provada a pretensão do autor. A condenação sempre era pecuniária, ainda que versasse sobre coisa certa e determinada.

A cognição, no *cognitio extra ordinem*, foi estatizada e unificada. Somente neste procedimento, a Justiça passou a ser pública. Não mais há divisão nas fases do *in iure* e *apud iudicem*, pois a instância desenrola-se inteiramente perante um juiz, que é parte integrante do Estado, tendo este poderes de julgar e de fazer cumprir a decisão (*imperium*). O sistema oral dá lugar ao procedimento escrito. Há possibilidade da *apellatio*, como recurso genuíno.

Ultrapassadas as considerações gerais do processo romano, analisa-se com mais detalhes a execução. Como observado por Liebman[8], a matéria a respeito da execução romana é, em certos pontos, controvertida e, em outros, obscura, por causa da insuficiência das fontes.

O mais antigo processo executivo romano, conforme referido por Alfredo Buzaid, era privado e penal, tendo por objeto a pessoa do devedor, cabendo

---

(8) LIEBMAN, Enrico Tullio. *Embargos do executado*. Campinas: ME, 2000.

ao credor lançar mão do devedor, compelindo-o, no processo de conhecimento, a comparecer em juízo e, no processo de execução, reduzi-lo a cárcere privado, à condição de detento. Era penal, porque visava dobrar a vontade do devedor, já que o inadimplemento da obrigação era considerado uma quebra à honra da palavra empenhada e, portanto, uma ofensa que deveria ser punida[9].

A execução, no período das *legis actiones*, processava-se normalmente contra a pessoa do devedor, por meio da *legis actio per manus injectionem*. Confessada a dívida, ou julgada a ação, cabia a execução 30 dias depois, sendo concedido esse prazo a fim de que o devedor pudesse pagar o débito. Se este não fosse solvido, o exequente lançava as mãos sobre o devedor e conduzia-o a juízo. Se o executado não satisfizesse o julgado e se ninguém comparecesse para afiançá-lo, o exequente levava-o consigo, amarrando-o com uma corda, ou algemando-lhe os pés. A pessoa do devedor era adjudicada ao credor e reduzida a cárcere privado durante 60 dias. Se o devedor não se mantivesse à sua custa, o credor oferecia-lhe diariamente algumas libras de pão. Durante a prisão, era levado a três feiras sucessivas e aí apregoado o crédito. Se ninguém o solvesse, era aplicada ao devedor a pena capital, podendo o exequente matá-lo ou vendê-lo *trans Tiberim*[10]. Havendo pluralidade de credores, podia o executado, na terceira feira, ser retalhado; se fosse cortado a mais ou a menos, isso não seria considerado fraude.

Um dos mais vetustos institutos do pagamento de dívidas no Direito Romano era o *nexum*. Acreditam alguns doutrinadores que ele era mais antigo que a Lei das XII Tábuas e tem-se como o mais antigo contrato formal na sociedade romana, mediante o qual um homem poderia dar-se como garantia do cumprimento de uma prestação (*pignoris se dari passi sunt*). O *nexum* significava um constrangimento corporal sobre a pessoa do obrigado, que durava até satisfazer a prestação, mediante trabalho para o credor; aquele sofria, por conseguinte, uma *capitis deminutio*. Na opinião de Levieil de La Massonière, a condição do *nexum* não era certamente a do submetido à escravidão, pois o obrigado gozava uma relativa liberdade, embora não pudesse dispor dos frutos do trabalho até cumprir a obrigação assumida. A pessoa do devedor podia ser substituída pela de *filius familiae*, que ficava em igual situação que o *nexus*[11].

Acredita-se que a primeira forma de constrição do patrimônio do devedor, que se manifestou no mais antigo Direito Romano, foi a *pignoris*

---

(9) BUZAID, Alfredo. *Do concurso de credores no processo de execução*. São Paulo: Saraiva, 1952. p. 42.
(10) Nenhum romano podia perder a liberdade dentro dos limites da cidade, exigindo-se que fosse vendido como escravo além do rio Tibre, nas terras pertencentes aos etruscos.
(11) MARTÍNEZ, Roberto Garcia. *Derecho concursal*. Buenos Aires: Abeledo-Perrot, p. 7-9.

capio. Reservava-se esta ação para alguns créditos especiais[12] e consistia na apreensão de bens do devedor, sem a participação do magistrado[13].

Pignus capere significa a apreensão da coisa do devedor para garantia do crédito. Mas tal apreensão — ensinou Rocco —, ao contrário do que as ideias modernas levariam muito facilmente a admitir, não tinha por escopo a satisfação do crédito sobre a coisa, mas constituía simplesmente um meio particular de coação de vontade. Lançava-se a mão sobre bens do devedor para vencer-lhe a obstinação e constrangê-lo a satisfazer o seu débito. A *pignoris capio* desse período atribuía, por isso, ao credor o direito de imitir-se na posse da coisa, de tê-la para si e até de destruí-la; não, porém, de vendê-la para satisfazer-se pelo preço[14].

A *manus injectio* e a *pignoris capio* são instituições de defesa privada do período das leis das ações. O extremo rigor do primitivo processo civil romano não perdurou longo tempo. Fez-se logo sentir a necessidade de uma reforma. Em 362 a.C., foi publicada a *Lex Poetelia Papiria*: seu objetivo foi fortalecer a intervenção do magistrado. Assim, foi abolida a faculdade de matar o devedor insolvente, de vendê-lo como escravo, ou de detê-lo na cadeia. Em substituição do sistema das *legis actiones* pelo processo formular, a *legis actio per manus iniectionem* alterou para a *actio iudicati*. Houve a humanização da execução, sem eliminar de todo a execução pessoal, mas suavizando os seus rigores.

Como, porém, no primitivo período das *legis actiones* e do *formular*, era indispensável a presença de duas partes para a constituição do juízo, a ocultação do devedor obstava a realização dos fins do processo. Foi para suprir essa lacuna, escreveu Rocco, que o pretor concedeu a *missio in bona* contra o

---

(12) Direito militar, religioso e público, ou administrativo. Os três casos de aplicação desta lei em matéria militar provinham do costume *introducta est moribus rei militaris*, como sanção por falta de pagamento de seus soldos, que era devido *ab eo qui distribuebat*. O *aes equestre* era o dinheiro devido ao soldado para a compra de seu cavalo; uma *pignoris capio* lhe era conferida para cobrá-lo. Mas contra quem? Segundo Tito Lívio (I, 43-9), era o tesouro que devia o dinheiro da compra do cavalo: *ad equos emendos x milia aeris ex publico data*. Por *aes hordiarium* entende-se o dinheiro para a compra do alimento do cavalo. O soldado tinha direito ao *pignus capare* não contra o *tribunus aerarii*, mas contra os próprios contribuintes, devedores do imposto. Em matéria religiosa, a *legisactio per pignoriscapionem* era concedida contra quem comprasse uma vítima e não pagasse o preço. Compreende-se a concessão ao particular de tal meio executivo, porque o interesse religioso exigia que nenhum obstáculo material, como o não pagamento do preço, viesse embaraçar o cumprimento dos deveres para com os deuses. O segundo caso visa à *locatio jumenti pro dape*: não tendo um lavrador dinheiro para celebrar a *daps*, alugava a alguém o seu *jumentum*, com o objetivo de destinar o preço do aluguel ao sacrifício. Era-lhe concedida, pela Lei das XII Tábuas, a ação para haver o preço não pago. E, por último, em matéria fiscal, Gaio (§ 28) indica que a *pignoris capio* dos publicanos não vem do costume, mas da lei, e esta é a *lex censoria*. Mas a *lex censoria* não é, como já se acreditou, uma lei ou plebiscito obtido por provocação de um *Censorius*, mas uma cláusula do contrato que os censores celebravam com os cobradores de impostos (BUZAID, Alfredo. *Do concurso de credores no processo de execução*. São Paulo: Saraiva, 1952. p. 51-52).
(13) *Ibidem*, p. 50.
(14) *Ibidem*, p. 53.

devedor *qui fraudationis causa latitat*. Porém, a ocultação devia ser fraudulenta, isto é, com o acinte de prejudicar os credores, porque havia casos em que ela podia ocorrer por fins honestos[15].

Ressalta Waldemar Ferreira que coube ao pretor P. Rutilio Rufo introduzir o processo da *bonorum venditio*, como fecho da *missio in possesionem*, ou seja, a tomada de posse pelos credores e por iniciativa de qualquer deles; mas por decreto pretoriano, dos bens do devedor insolvente que fugia ou falecia. Representavam-se eles, nessa *posessio*, por um deles, escolhido pelo pretor, como *curator bonorum*, incumbido de guardar os bens e conservá-los[16].

O instituto da *missio* estendeu-se mais tarde aos devedores *confessi* ou *judicati*, que não satisfaziam a obrigação. Pode dizer-se que foi mediante esse processo histórico que surgiu a execução patrimonial, a qual veio substituir a execução pessoal, com a vantagem de ser mais prática e menos vexatória no objetivo de atuar coativamente sobre a vontade do devedor, pois, embora a execução recaísse sobre os bens, não visava senão agir sobre a vontade do devedor inadimplente. E tanto isso é verdade que a *missio* não recaía apenas sobre a parte necessária ao pagamento do credor, mas sobre todo o patrimônio, o que indica que ela era ainda um meio de coação da vontade, distinguindo-se claramente da forma de execução dos nossos dias. Foi aí, sobretudo, que a necessidade de pôr um termo à fraude reclamou do pretor medidas mais enérgeticas e solução mais prática. Concedeu-se, então, o instituto da *bonorum venditio*, segundo o qual os bens do executado eram alienados a uma pessoa, considerada como um sucessor, à semelhança do herdeiro, o qual, recebendo os bens, obrigava-se a pagar os credores, oferecendo um determinado percentual para a satisfação dos créditos[17].

O procedimento da *bonorum venditio*, como referido, é constituído de duas fases sucessivas: uma de caráter preliminar e acautelatório — a *missio*; outra, verdadeiramente executiva — a *venditio*. Com a concessão da *missio*, era determinada a ordem de proceder às publicações (*proscriptiones*) na forma de edital (*libelli*).

Transcorrido o prazo de estilo, de 30 e 15 dias, que se referia à execução contra pessoa viva e morta, eram convocados os credores pelo pretor, sendo eleito o *magister*, com incumbência de vender os bens, em bloco, ao *bonorum emptor*, que, fingindo-se sucessor do devedor, pagasse aos credores nas suas proporções.

Caso o passivo do patrimônio excedesse o ativo, o *emptor* oferecia aos credores uma quantia inferior ao crédito, ou melhor, uma porcentagem

---
(15) *Ibidem*, p. 54-55.
(16) FERREIRA, Waldemar. *Tratado de direito comercial*. São Paulo: Saraiva, 1965. v. 14, p. 7-8.
(17) BUZAID, Alfredo. *Do concurso de credores no processo de execução*. São Paulo: Saraiva, 1952. p. 55-56.

correspondente ao crédito de cada um. No dia designado para a venda, o *magister* transferia os bens ao comprador que oferecia a mais alta porcentagem. O *emptor* passava a ser o sucessor a título universal do devedor, mediante uma ficção de morte, que lhe atribuía a qualidade de herdeiro[18].

Essa espécie de liquidação não evitava que o devedor fosse marcado com a nota de *infâmia*. Perdia, em consequência, seus direitos civis, sendo considerado como se morto fosse. Aplicava-se essa sanção ao devedor que se foragia em outras terras[19].

Ao lado desse processo, a *Lex Julia Bonorum* de 737 a.C. permitiu ao devedor romano o abandono do patrimônio ao credor ou aos credores. Esta *bonorum cessio* tinha por fim evitar a execução pessoal sobre o devedor e a imposição da infâmia, além de assegurar uma reserva de bens, adquiridos posteriormente ao abandono, do que fosse necessário para viver. Tal faculdade somente era admissível aos devedores de boa-fé.

O *pignus ex causa judicati captum* transformou o procedimento executivo, no Direito Romano, no procedimento *cognitio extra ordinem*. Alfredo Buzaid ressalta que marca um progresso notável na história da execução da sentença limitar a penhora e a venda dos bens necessários para assegurar a execução do julgamento. A penhora assegurava a prioridade ao primeiro credor penhorante[20]. Refere, ainda, o autor que a *missio in bona* não foi suprimida com a introdução do *pignus captum*. Ao contrário, ambas subsistiram até o direito justinianeu, com as suas aplicações peculiares. Verifica-se um ou outro meio executivo conforme a posição do executado. Se este fosse solvente, o credor utilizava o *pignus ex judicati causa captum*, que era uma forma especial de execução, que recaía sobre bens do devedor; mas, se este fosse insolvente, ou tivesse fugido, ou formulasse a *bonorum cessio*, nesse caso, cabia a *missio in bona*, que era forma de execução universal, abrindo-se o concurso de credores[21].

Concluindo, no tempo das ações da lei, a execução é privada e recai sobre a pessoa do devedor, respondendo este com sua liberdade e honra, sua vida e seu corpo, por suas dívidas. Ela se dava na forma da *manus injectio* e da *pignoris capio*. No período formular, houve alteração da execução. Embora continuasse a viger o sistema anterior, o patrimônio passou a prevalecer em substituição à pessoa, com a consequente humanização do processo de execução, surgindo as formas da *cessio bonorum* e *venditio bonorum*.

---

(18) *Ibidem*, p. 68-73.
(19) REQUIÃO, Rubens. *Curso de direito falimentar*. 17. ed. São Paulo: Saraiva, 1998. p. 9.
(20) BUZAID, Alfredo. *Do concurso de credores no processo de execução*. São Paulo: Saraiva, 1952. p. 83-84.
(21) *Ibidem*, p. 85.

No procedimento extraordinário, o modelo processual foi alterado, desaparecendo a divisão de procedimento e unificando-o sob a regência de um magistrado único, com as partes não mais influenciando o destino do processo. Surgiu a figura da *pignus ex causa judicati captum*, limitando a penhora e a venda aos bens necessários para assegurar a execução do julgamento, no caso de credor solvente. Mas se este fosse insolvente, ou tivesse fugido, ou formulasse a *bonorum cessio*, nesse caso cabia a *missio in bona*, que era a forma de execução universal, abrindo-se o concurso de credores. Defendem alguns estudiosos que, neste estágio, a execução passou a ser mero complemento da cognição[22], perdendo autonomia como ação executiva.

1.3. EVOLUÇÃO LEGISLATIVA E DESENVOLVIMENTO DOS INSTITUTOS NO DIREITO PÁTRIO — A PARTIR DA INDEPENDÊNCIA

Aplicavam-se, no Brasil colonial, as Ordenações do Reino de Portugal[23], sendo que, no período do descobrimento, vigiam as Ordenações Afonsinas e, posteriormente, as Manoelinas e Filipinas.

Proclamada a Independência, continuou ainda a vigorar o sistema do Direito Filipino e as leis extravagantes até a publicação do Decreto n. 737, de 25 de novembro de 1850, que regulava o processo comercial. Implantada a República, o Governo Provisório, pelo Decreto n. 763, de 19 de setembro de 1890, determinou que fossem aplicadas ao processo, julgamento e execução de causas cíveis em geral as disposições do Decreto n. 737, salvo quanto às disposições das Ordenações relativas a processos especiais, como as ações possessórias e outras, além dos feitos de jurisdição graciosa. Só então o Brasil passou a ter um Código de Processo, que unificou o tratamento das causas civis e comerciais. Esse regulamento teve duração maior em alguns Estados que em outros. Com a promulgação da primeira Constituição Republicana, em 1891, foi atribuída aos Estados da União a competência para legislar sobre o Direito Processual, tendo as unidades da federação cuidado de elaborar o seu próprio estatuto[24].

Havia, na legislação referida, a previsão de três espécies de execução: a) ação decenária (ou ação de assinação de 10 dias), provinda das Ordenações Lusitanas, utilizada para a cobrança de dívidas representadas por escrituras

---

(22) NORONHA, Carlos Silveira. A *actio iudicati*: um instrumento de humanização da execução. In: ASSIS, Araken de (coord.). *O processo de execução*: estudos em homenagem ao professor Alcides de Mendonça Lima. Porto Alegre: Sergio Fabris, 1995. p. 122.
(23) Para aprofundar o assunto ver FERREIRA, Waldemar. *Tratado de direito comercial*. São Paulo: Saraiva, 1965. v. 14, p. 19 e segs., e BUZAID, Alfredo. *Do concurso de credores no processo de execução*. São Paulo: Saraiva, 1952. p. 109 e segs.
(24) BUZAID. *Op. cit.*, p. 136-137.

públicas, contratos mercantis, letras de câmbio, notas promissórias, apólices de seguro, conhecimento de fretes e outros títulos, relacionados nos arts. 246 e seguintes do Decreto; b) ação executiva, que era empregada nos casos em que a ação decenária não era possível, tais como cobrança de despesas e comissão de corretagem, frete de navios e fretes e aluguéis de transportes, conforme os arts. 308 e seguinte; c) execução de sentença em que esta era o título exequendo, disciplinada na segunda parte do Decreto, a partir do art. 476.

Na segunda parte do Decreto n. 737, de 25 de novembro de 1850, está disciplinada "Da execução", tratando de várias matérias em seis Títulos e Capítulos. O Título II da segunda parte trata "Das sentenças ilíquidas", prevendo que para essas havia necessidade da liquidação, que tinha lugar quando a sentença versava sobre furtos e causas que constituíam em peso, número e medida; quando a sentença versava sobre interesses, perdas e danos, e quando a ação era universal ou geral (art. 503). Sendo a sentença ilíquida, a primeira citação do executado era para oferecer os artigos de liquidação na primeira audiência em Juízo (art. 504). Caso oferecidos os artigos na audiência, o réu poderia contestar os mesmos no prazo de 5 (cinco) dias, passando para a instrução probatória (art. 505). Da sentença de liquidação cabia agravo de petição ou de instrumento (art. 669, § 12). Prosseguia-se a execução sem a necessidade de nova citação, procedendo-se à penhora e termos ulteriores (art. 506).

Quanto às sentenças líquidas, o art. 507 e seguintes estabelecia que o devedor era citado para pagar ou nomear bens à penhora no prazo de 24 (vinte e quatro) horas. A nomeação à penhora era considerada inválida se o executado não observasse a ordem legal (1º — dinheiro, ouro, prata e pedras preciosas; 2º — títulos da dívida pública e quaisquer papéis de crédito do governo; 3º — móveis e semoventes; 4º — bens de raiz ou imóveis; 5º — direitos e ações. Entre os imóveis, compreendiam-se as embarcações — art. 512); se o executado não nomeasse os bens especialmente hipotecados ou consignados para o pagamento; se o executado nomeasse bens já penhorados em outra execução; se não indicasse bens livres e desembaraçados, e se os bens nomeados não fossem suficientes para o pagamento da dívida (art. 508). Caso não pagasse e nem nomeasse bens à penhora, ou os fizesse incorretamente (art. 508), seriam os bens do devedor penhorados pelos Oficiais de Justiça (arts. 510 a 516). O depósito poderia ficar a encargo do executado, caso assinasse o auto de penhora (art. 522), assumindo a responsabilidade de entregar os bens no prazo de três dias da determinação do juízo. Caso assim não procedesse, o depósito seria realizado no depósito público, depósito geral ou depósito particular (art. 526). O executado que escondesse os bens para que não fossem penhorados, ou deixasse de possuí-los por dolo, seria preso até que entregasse os bens, ou o seu equivalente, até o prazo de um ano (art. 525). Não eram passíveis de penhora os bens inalienáveis; os ordenados e vencimentos dos magistrados e empregados públicos; os soldos e vencimentos dos militares; as soldadas da gente de mar, e salários dos guarda-livros, feitores, caixeiros e operários; os equipamentos militares; os utensílios e ferramentas dos mestres e oficiais mecânicos, que fossem indispensáveis a suas ocupações ordinárias; os materiais necessários para as obras; as pensões, terças e montepios; imagens sacras de pequeno valor; fundos sociais pelas dívidas dos sócios; o que fosse indispensável para a cama, vestuário do executado e de sua família, não sendo precioso; provisões de comida que se achassem na casa do executado (art. 529). Eram considerados relativamente impenhoráveis as imagens sagradas e ordenamento de altar de grande valor; os vestuários que os empregados públicos usassem no exercício de suas funções; os livros dos juízes, professores, advogados e estudantes; as máquinas e instrumentos destinados ao ensino, a profissionais liberais ou à ciência; frutos e rendimento dos bens inalienáveis; fundos líquidos que o executado possuísse na companhia ou sociedade comercial a que pertencesse (art. 530). Alguns bens só poderiam ser penhorados verificadas as cláusulas que neles contivessem, como os bens particulares dos sócios por dívidas da sociedade, depois de executados todos os bens sociais; as máquinas, escravos, bois, cavalos que fossem efetiva e imediatamente empregados nas fábricas de mineração, açúcar, lavouras de cana, sendo penhorados juntamente com as mesmas fábricas e os navios (art. 531).

O Capítulo III, "Da avaliação", dispunha que, feita a penhora, transcorridos seis dias sem embargo, seria procedida a avaliação (art. 532) pelos avaliadores que o Tribunal do Comércio deveria nomear anualmente (art. 533). Não seria repetida a avaliação, salvo as hipóteses de ignorância ou dolo dos avaliadores (art. 536, § 1º) e na existência de algum ônus ou defeito desconhecido, até a avaliação (art. 536, § 2º). No Capítulo IV, "Dos editais e pregões", havia menção de que, feita a avaliação, elaborar-se-iam os editais que seriam fixados na praça do comércio, no fórum e impressos em jornais (art. 538), contendo o preço da avaliação, qualidade dos bens e suas conformações, no caso de imóvel, e o dia da arrematação (art. 539). Os editais para coisas móveis eram de 10 dias e, de imóveis, 20 dias (art. 540). A arrematação ocorria, impreterivelmente, no dia anunciado, salvo motivo ponderoso (art. 543), sendo transferida a data e novamente anunciada por editais. Havia previsão de multa ou suspensão, no caso de culpa, da transferência da data da arrematação para o depositário, escrivão ou porteiro (art. 545). No caso da penhora em dinheiro, deveria ocorrer a fixação de editais para os credores incertos exercerem o direito de preferência e, somente após ocorrer o levantamento do dinheiro pelo exequente (art. 547). Para a arrematação, no Capítulo V, estabeleceu-se que a realização era no dia e lugar anunciados, publicamente, na presença do juiz, escrivão ou porteiro (art. 548). Admitia-se apresentar lance a todo aquele que estivesse na administração de seus bens, com exceção dos juízes, escrivães, depositários, avaliadores e oficiais de justiça, tutores, curadores e testamenteiros, pessoa desconhecida sem fiador e ao credor, salvo licença do juiz (art. 549). A arrematação ocorreria pelo maior lance que cobrisse o valor da avaliação, com dinheiro à vista, ou com fiança em três dias (art. 550). Não havendo lanço que cobrisse o valor da avaliação, mas somente o da adjudicação, a arrematação seria feita por este preço (art. 553). Não podia haver retratação na arrematação (art. 554). Se o arrematante ou o seu fiador não pagasse o preço nos três dias seguintes ao ato da arrematação (art. 550), seria preso até a quitação e, contra o fiador, processar-se-ia executivamente (art. 555). O valor da arrematação não seria levantado sem fiança pendendo embargos, ou ação de nulidade (art. 556) ou embargo ou protesto de preferência e rateio (art. 557 — nestas situações nem com fiança). No Capítulo VI, "Da adjudicação", havia menção de que não havendo lançador que cobrisse o preço da avaliação (art. 550), ou da adjudicação (art. 553), seriam os bens adjudicados ao credor, com abatimento de 10% para bens móveis que tinham valor intrínseco; 25% para bens móveis sem valor intrínseco e 20% para bens imóveis (art. 560). Sendo o valor do bem superior ao crédito do exequente, deveria esse proceder à consignação do excesso (art. 561). A adjudicação ocorreria sem abatimento se o devedor não tivesse mais bens ou não o bastante para o pagamento das dívidas (art. 562, § 1º) e se os bens penhorados chegassem pela sua avaliação para o pagamento da dívida (art. 562, § 2º). Os demais credores poderiam discutir a preferência nos autos ou em ação ordinária (art. 563). Se os bens fossem indivisíveis e de valor superior ao dobro da dívida, não poderiam ser arrematados ou adjudicados; contudo os seus rendimentos seriam repassados ao credor (art. 564). No caso de a totalidade das dívidas excederem a metade do valor do bem, se o executado tivesse outros de menor valor, e se os bens não produzissem rendimento algum, poderia haver a arrematação ou adjudicação (art. 564, §§ 1º a 3º). A adjudicação dos rendimentos não impedia a arrematação da propriedade em virtude de execuções supervenientes (art. 567). A remição da execução pelo executado, e dos bens pela mulher, ascendente ou descendente, ocorreria até a assinatura do auto de arrematação ou publicação da decisão de adjudicação, conforme previsão do art. 546.

A Constituição Federal de 1934 restabeleceu a competência da União para legislar sobre processo, que tinha sido afastada pela Carta de 1891.

O Código de Processo Civil (CPC), publicado pelo Decreto n. 1.608, de 18 de setembro de 1939, entrou em vigor a partir de 1º de março de 1940. Neste Código, havia a divisão do processo de execução em ação executiva e execução de sentença. Com relação à ação executiva, dispunha o art. 298 que ela era destinada à cobrança de custas dos serventuários da Justiça; dos emolumentos dos intérpretes ou tradutores públicos; das despesas dos corretores, leiloeiros ou porteiros; dos condutores ou comissários de fretes; dos honorários de médicos, cirurgiões-dentistas, engenheiros, advogados e professores; dos credores por dívidas garantidas por caução ou hipoteca; dos credores de foros, laudêmio, aluguéis ou rendas de imóveis; crédito dos administradores para cobrança do coproprietário de edifício de apartamentos relativo a despesas gerais; dos credores de faturas ou contas assinadas e reconhecidas pelo devedor; dos créditos líquidos e certos, representados por instrumento público, ou por escrito particular, assinado pelo devedor e subscrito por duas testemunhas; de letra de câmbio, cheque, nota promissória; dos portadores de *warrants* ou conhecimento de depósitos; do liquidatário da massa; para cobrança de soma estipulada nos contratos de seguro de vida. Iniciava-se, a mesma, pela citação do réu, com a finalidade do pagamento no prazo de 24 horas, sob pena de penhora (art. 299, *caput*). Realizada a penhora, o réu tinha 10 dias para contestar a ação e não embargar, prosseguindo a mesma pelo rito ordinário (art. 301). A execução de sentença, ou seja, ação executória (Livro VIII) estava disciplinada nos arts. 882 ao 905. Nesta modalidade, o executado podia apresentar embargos.

No CPC de 1939, no Livro VIII, "Da execução", a liquidação da sentença estava disciplinada nos arts. 906 a 917. No art. 889, havia menção de que sendo ilíquida a condenação, proceder-se-ia primeiro sua liquidação. A liquidação de sentença representava o início da execução, quando a sentença não fixava o valor da condenação ou não lhe individualizava o objeto (art. 906). Havia a citação da liquidação, que poderia ser procedida por cálculos do contador, por arbitramento ou por artigos (art. 907). A liquidação por cálculo visava aos juros acrescidos ou rendimentos do capital, cuja taxa fosse conhecida; aos valores dos gêneros que tivessem cotação em bolsa, comprovada nos autos por certidão e aos valores dos títulos da dívida pública, ações ou obrigações de sociedades, quando tivessem cotação de bolsa (art. 908). O arbitramento ocorreria nas hipóteses de que as partes tivessem convencionado ou estivesse determinado em sentença, ou quando, para fixar o valor da sentença não houvesse necessidade de provar fato novo (art. 909). Far-se-ia a liquidação por artigos quando, para determinar o valor da condenação, houvesse a necessidade de alegar e provar fatos que deviam servir de base à liquidação. No art. 915, estava determinado que se as provas não fornecessem elementos suficientes para que o juiz determinasse o valor da condenação, o liquidante seria condenado nas custas, procedendo-se à nova liquidação. Proferindo-se a sentença de liquidação a execução prosseguia sem nova citação (art. 917).

Com relação à penhora, a matéria era tratada a partir do art. 923, que determinava a nomeação de bens à penhora pelo executado. Havia previsão de que não seria válida a nomeação feita pelo executado caso não obedecida a gradação legal (1º — dinheiro, pedras e metais preciosos; 2º — títulos da dívida pública e papéis de crédito que tinham cotação em bolsa; 3º — móveis e semoventes; 4º — imóveis ou navios; 5º — direitos e ações — art. 930); se não fossem nomeados os bens especialmente obrigados ou consignados ao pagamento; e se, havendo no lugar da execução, fossem nomeados bens situados em outra circunscrição judiciária, salvo com anuência do exequente; se os bens nomeados não fossem livres e desembaraçados e houvesse outros que o eram; se os bens nomeados fossem insuficientes para assegurar a execução (art. 923). Se o exequente não impugnasse, a nomeação seria reduzida a termo (art. 925), mas, caso contrário, a faculdade da indicação dos bens seria desse (art. 926). Com o não pagamento da execução no prazo de 24 (vinte e quatro) horas e a não nomeação de bens, procedia-se à penhora de tantos bens necessários a assegurar a execução pelo oficial de justiça (arts. 927 e 928). Quando a penhora não bastasse ao integral pagamento do credor, era lícito ao devedor apresentar relatório de seu estado patrimonial, com a discriminação do ativo e passivo, a fim de que se instaurasse, desde logo, o concurso de credores com a notificação dos interessados (art. 929). A penhora considerava-se feita mediante a apreensão e depósito dos bens, devendo constar de um só auto as diligências efetuadas (art. 935). Havia a possibilidade de penhora de créditos na forma dos arts. 936 a 939. Eram considerados absolutamente impenhoráveis: os bens inalienáveis por força de lei; as provisões de comida e combustíveis necessários à manutenção dos executados e de sua família durante um mês; anel nupcial e retratos de família; uma vaca de leite e outros animais domésticos, à escolha do devedor, necessários à sua alimentação ou às suas atividades, em número que o juiz fixava de acordo com as circunstâncias; os objetos de uso doméstico, quando evidente que o produto da venda dos mesmos seria ínfimo em relação ao valor da aquisição; os socorros em dinheiro ou em natureza, concedidos ao executado por ocasião de calamidade pública; os vencimentos dos magistrados, professores e funcionários públicos, o soldo e fardamento dos militares, os salários e soldadas em geral, salvo para pagamento de alimentos à mulher ou aos filhos, quando o executado houvesse sido condenado a essa prestação; as pensões, terças e montepios, percebidos dos cofres públicos, de estabelecimento de previdência, ou provenientes de liberalidade de terceiro, e destinados ao sustento do executado ou da família; os livros, máquinas, utensílios e instrumentos necessários ou úteis ao exercício de qualquer profissão; o prédio rural lançado para efeitos fiscais por valor inferior ou igual a dois mil cruzeiros (Cr$ 2.000,00), desde que o devedor nele tivesse a sua morada e o cultivasse com trabalho próprio ou da família; os materiais necessários para obra em andamento, salvo se estas fossem penhoradas; os fundos sociais, pelas dívidas particulares do sócio, não compreendendo a isenção aos lucros líquidos verificados em balanço; separadamente, os móveis, o material fixo e rodante das estradas de ferro, e os edifícios, maquinismos, animais e acessórios de estabelecimento de indústria extrativa, fabril, agrícola e outras indispensáveis ao seu funcionamento; seguro de vida; o indispensável para a cama e vestuário do executados ou de sua família, bem como os utensílios de cozinha (art. 942). Eram relativamente impenhoráveis: os frutos e rendimentos dos bens inalienáveis, salvo se destinados a alimento de incapazes ou de mulheres viúvas ou solteiras; os fundos líquidos que possuísse o executado em sociedade comercial (943). Havia a possibilidade da substituição objetiva da penhora, ou seja, a substituição do bem penhorado por dinheiro (art. 949), bem como a remição da execução (art. 952). O executado poderia embargar a penhora no prazo de cinco dias (art. 948). A penhora de estabelecimento poderia ocorrer, na forma do art. 954, nomeando-se um administrador, bem como de vias férreas, linhas telefônicas e telegráficas, empresas de luz, água e outros serviços públicos, sendo nomeado depositário um dos seus administradores (art. 953).

Ocorria a avaliação se a penhora não fosse embargada ou fossem rejeitados os embargos, ou se a ação executiva (título extrajudicial) fosse julgada procedente pelo avaliador do juízo ou, na falta deste, por pessoa idônea nomeada pelo juiz (art. 957). O prazo para a avaliação era de dez dias (art. 958). Os títulos da dívida pública, ações e papéis de crédito negociáveis em bolsa eram o valor de cotação oficial do dia (art. 959). A avaliação não se repetia, salvo se provado erro ou dolo do avaliador e se, entre a data da avaliação e da a arrematação, fosse verificada a existência de ônus sobre o bem ou defeitos (art. 960). Concluída a avaliação, os bens iam para a arrematação (art. 961).

A arrematação era precedida de edital (art. 963), fixado na porta do prédio do juízo e publicado três vezes em jornal local de maior circulação (art. 964), e uma vez em órgão oficial, nas comarcas das capitais, com prazo mínimo entre a praça e o primeiro edital de 10 (dez) dias, em se tratando de bens móveis, e de 20 (vinte) dias de imóveis (art. 964). A arrematação deveria ser realizada na presença do juiz, escrivão e porteiro (art. 965), mediante pagamento à vista ou apresentação de caução idônea (art. 967). Em relação aos bens imóveis, poderia o arrematante propor o pagamento de 50% (cinquenta por cento) no ato e o restante a prazo; mas deveria existir acordo entre os interessados. Era dada preferência pela venda global, em se tratando de diversos bens (art. 968), e ocorria a interrupção da venda no caso de o valor de um dos bens arrematados ser suficiente para o pagamento do total do débito (art. 969). O credor hipotecário e o senhorio deveriam ser cientificados da arrematação (art. 971). Com relação aos bens dos menores, o valor desses deveria alcançar o mínimo de 80% do valor da avaliação (art. 972). A venda particular era prevista (art. 973). Um bem imóvel poderia ser dividido para a arrematação, caso fosse possível (art. 974). A arrematação deveria ser reduzida a um auto, assinado pelo juiz, escrivão, arrematante e porteiro (art. 975), não podendo ser retratada, salvo nas hipóteses legais (art. 976). O preço da arrematação não poderia ser levantado se houvesse protesto de preferência ou rateio (art. 977). Se o arrematante ou o seu fiador não pagasse o preço, era imposta multa de 20% (art. 978), salvo as hipóteses legais (art. 978, § 3º), a — se, por qualquer motivo, fosse incapaz de contratar ou se lhe houvesse sido aberta a falência; b — se oferecer outro lançador, que entre *incontinenti* com o preço da arrematação; c — se, constando do edital não estivessem os bens sujeitos a ônus real, fosse verificada a existência de ônus dessa natureza. Até a expedição da carta de arrematação, poderia ser desfeita a arrematação na hipótese do art. 978, § 3º, c (art. 979), com a devolução do dinheiro ao arrematante.

Já a adjudicação, que estava disciplinada no Capítulo VIII do CPC de 1939, estabelecia que, realizada a praça, ou o leilão, poderia o exequente requerer que lhe fossem adjudicados os bens, pelo preço da avaliação, se não houvesse licitante, ou pelo preço do maior lanço (art. 981). O pedido da adjudicação deveria ser realizado antes de assinado o auto de arrematação (art. 981, parágrafo único). Na concordância do executado, poderia o credor requerer a adjudicação não do bem penhorado, mas dos rendimentos desse (art. 982). Caso a adjudicação fosse requerida pelo exequente ou outro credor que tivesse protestado pela preferência ou rateio, instaurava-se, nesse caso, concurso sobre os bens (art. 983).

A remição era facultada até a assinatura do auto ou até a publicação da sentença de adjudicação, podendo ser total ou parcial, oferecendo valor igual ao da avaliação, no caso da inexistência de licitante, ou do maior lanço (art. 986 do CPC de 1939). Igual direito caberia ao cônjuge, descendentes ou ascendentes (art. 986, § 1º). Não podia existir remição parcial no caso de licitante para todos os bens (art. 987). Havendo vários pretendentes à remição, seria preferido o que oferecesse maior preço, e, em igualdade de condições, o executado ou seu cônjuge e sucessivamente, os descendentes e ascendentes (art. 988). A remição seria procedida por meio de pedido para o juiz, depositando o valor em 48 (quarenta e oito) horas (art. 989).

É importante o conhecimento da sistemática adotada pelo Código de 1939, pois a CLT foi sistematizada na vigência de tal código, o que nos leva à possibilidade da análise da omissão do regramento trabalhista ter sido proposital ou não pelo legislador.

No atual Código de Processo Civil, de 1973, houve a unificação dos procedimentos da execução, embora tenham sido estabelecidos procedimentos diferenciados para a existência ou não de bens do devedor, sendo eles coletivos, no caso de devedores insolventes, nos arts. 748 a 786, e singulares nos demais casos, art. 566 e seguintes. A avaliação está prevista nos arts. 680 a 685; a arrematação, nos arts. 686 a 707; a adjudicação, nos arts. 714 e 715, e a remição, nos arts. 651 e 787 a 790, que serão objeto de análise oportuna.

Com as recentes alterações do Código de Processo Civil, em face da Lei n. 11.232/05, não há mais processo de execução autônomo em se tratando de execução de título judicial, mas, sim, cumprimento da sentença, conforme o art. 475, I e seguintes[25]. O cumprimento de sentença será efetivado na forma dos arts. 461 e 461-A, quando se tratar de obrigação de fazer, de não fazer ou de entregar coisa, e na forma do disposto nos arts. 475-I a 475-R, quando for a execução de quantia certa. A Lei n. 11.382/06 apresentou várias alterações do CPC, principalmente relacionadas à fase da constrição do patrimônio do devedor e da fase da expropriação.

---

(25) Ressalvadas as hipóteses da execução de alimentos (arts. 732 e seguintes do CPC) e contra a Fazenda Pública (art. 730 e seguintes) que, mesmo se tratando de título judicial, será procedida por meio de processo de execução autônomo.

2

EXECUÇÃO NO ORDENAMENTO PÁTRIO

O devedor, não cumprindo voluntariamente a prestação devida, faz surgir ao credor a possibilidade de, mediante a atuação estatal, pela execução forçada, obter o bem jurídico devido ou o valor equivalente.

A partir do momento em que o Estado invocou para si a responsabilidade de solucionar os conflitos intersubjetivos de interesses, deve realizá-lo da melhor forma possível, garantindo a utilização dos meios previamente estabelecidos para tal intento.

Quando alguém se sente ferido em algum direito, o que é fato puramente psicológico, o Estado tem interesse em acudir à sua revolta, em pôr algum recurso ao alcance do lesado, ainda que tenha havido erro de apreciação por parte do ofendido. A Justiça vai recebê-lo, não porque tenha direito subjetivo, de direito material, nem, tampouco, ação: recebe-o como alguém que vem prestar, perante os órgãos diferenciados do Estado, a sua declaração de vontade, exercendo a sua pretensão à tutela jurídica[1].

A pacificação é uma das consequências da jurisdição e de todo o sistema processual. Está relacionada com o resultado do exercício da jurisdição perante a sociedade, a vida gregária dos seus membros e a felicidade pessoal de cada um[2].

---

(1) MIRANDA, Pontes de. *Tratado das ações*. Campinas: Bookseller, 1998. t. I, p. 247.
(2) CINTRA, Antonio Carlos de Araújo; GRINOVER, Ada Pellegrini; DINAMARCO, Cândido Rangel. *Teoria geral do processo*. 16. ed. São Paulo: Malheiros, 2000. p. 24.

O processo é o caminho por intermédio do qual se exercita o direito de ação e por meio do qual atua a jurisdição. Tais conceitos e realidade (jurisdição — ação — processo) encontram a sua raiz filosófica mais remota no ideal de justiça.

O monopólio do Estado quanto ao poder-dever de solucionar conflitos de interesses (jurisdição) e o direito de pleitear essa solução (ação) consistem, inafastavelmente, em dois dos pilares que sustentam o equilíbrio dinâmico do Estado de Direito.

A função dos órgãos judiciários não é só julgar, isto é, declarar qual seja a regra jurídica concreta estabelecida pelo direito de regular o caso submetido a julgamento, mas também realizar praticamente a regra sancionadora decorrente da inobservância daquela primeira regra, isto é, do inadimplemento do obrigado[3].

A atividade desenvolvida pelos órgãos judiciários para dar atuação à sanção recebe o nome de execução; execução é a atividade que tem por finalidade conseguir, por meio do processo e sem concurso da vontade do obrigado, o resultado prático a que tendia a regra jurídica que não foi obedecida.

Ensina Eduardo Couture que o processo de execução é o conjunto de atos destinados a assegurar a eficácia prática da sentença. Os processos específicos de execução, em seu conjunto, consistem antes em agir que em decidir. O direito entra aqui em contato com a vida, tanto assim que o seu aspecto exterior se evidencia mediante transformações das coisas[4].

O conhecimento e o julgamento da lide (processo de cognição) e a atuação da sanção (processo de execução) são duas formas igualmente importantes da atividade jurisdicional, que se completam, estando uma a serviço da outra. O julgamento sem execução significaria proclamação do direito em concreto sem sua efetiva realização prática; e, por sua vez, execução sem cognição poderia resultar no arbítrio mais evidente[5]. Claro que há de se referir que, na execução, a cognição pode ocorrer posteriormente, ou seja, nos embargos opostos, sem revelar qualquer irregularidade no processo. Há também a execução provisória, quando ainda não esgotou a prestação da tutela cognitiva, bem como os efeitos da antecipação da tutela (art. 273 do CPC). Pela argumentação, menciona-se a existência de determinados procedimentos que se afastam dessa dicotomia entre cognição e execução, desenvolvendo uma relação processual desde o acertamento até a realização material do direito reconhecido, sendo denominadas de "ações executivas *lato sensu*" (ações de despejo, ações possessórias, ações de depósito, entre outras). Com as recentes

---

(3) LIEBMAN, Enrico Tullio. *Processo de execução*. São Paulo: Saraiva, 1946. p. 15.
(4) COUTURE, Eduardo J. *Fundamentos do direito processual civil*. Campinas: REDlivros, p. 371-375.
(5) LIEBMAN, Enrico Tullio. *Processo de execução*. São Paulo: Saraiva, 1946. p. 16.

alterações do Código de Processo Civil, em face da Lei n. 11.232/05, não há mais processo de execução autônomo em se tratando de execução de título judicial (salvo nas hipóteses dos arts. 730 e 732 do CPC), mas, sim, cumprimento da sentença, conforme o art. 475, I e seguintes. O cumprimento de sentença será efetivado na forma dos arts. 461 e 461-A, quando se tratar de obrigação de fazer, de não fazer ou de entregar coisa; na forma do disposto nos arts. 475-I a 475-R, quando for a execução de quantia certa.

No desempenho da atividade executiva, o juiz expede atos de natureza radicalmente diversa daquelas proferidas no âmbito da função cognitiva. Nesta última, a relevância do ato judicial mede-se pelo conteúdo decisório, conforme a previsão dos arts. 162 e 163 do CPC. O motivo da diferença deve-se à diversidade das tarefas atribuídas ao juiz. Em sede cognitiva, a missão judicial transforma o fato em direito; na execução, o direito, ou seja, a regra jurídica concreta há de traduzir-se em fatos. Claro está que, sob muitos aspectos, o ato executivo compartilha a disciplina dos atos processuais em geral; todavia há distância considerável de conteúdo e de efeitos[6].

A posição das partes é diferente na cognição e na execução. Na cognição, elas estão em posição de equilíbrio, pois não se sabe qual delas está com a razão. Na execução, não há equilíbrio entre as partes: uma delas foi condenada, e sobre este ponto não pode mais, em regra, haver discussão. O processo de execução não é de índole contraditória, mas é certo que a controvérsia pode reaparecer nos embargos.

O juiz, no conhecimento, pesquisa a verdade e a vontade da lei que lhe corresponda até a sua decisão. Já na execução, tudo se passa em torno da prática de atos materiais tendentes à realização de um direito subjetivo já reconhecido, tais como a penhora de bens do devedor, a alienação forçada deles e o pagamento do credor com o produto assim apurado.

O devedor responde, para cumprimento das obrigações assumidas, com a totalidade de seu patrimônio, sendo presentes e futuros os bens, salvo restrições estabelecidas na lei. A todo credor, é dado tratamento igualitário para a solução de seus créditos, salvo as preferências legais (art. 957 do Código Civil). Enquanto o devedor possuir bens livres e desembaraçados, o credor obtém a satisfação de seu direito em execução singular. Esta lhe assegura uma posição mais cômoda na controvérsia e mais eficaz no resultado. Contudo, tal situação há de ser analisada de forma mais precisa, pois pode haver patrimônio que não pode servir como garantia aos credores, que é o caso dos bens impenhoráveis.

O credor tem interesse de intervir na execução alheia toda vez que as dívidas excederem a importância dos bens do devedor ou estes forem

---

(6) ASSIS, Araken de. *Manual de processo de execução*. 11. ed. São Paulo: RT, 2007. p. 89.

impenhoráveis. Todo o credor tem direito ao pagamento integral; não possuindo o devedor bens disponíveis para a satisfação de todos, deverá existir rateio entre os credores, ressalvadas as legítimas preferências.

Na forma original do Código de Processo Civil de 1973, a execução poderia ser realizada por título extrajudicial contra devedor solvente (antiga ação executiva), por título extrajudicial contra devedor insolvente (antigo *concursus creditorum*) e por título judicial contra devedor solvente ou insolvente (antiga execução de sentença). Com as alterações recentes, em face da Lei n. 11.232/05, foi modificada profundamente tal sistemática, não havendo mais a previsão de um processo de execução autônomo, em se tratando de execução de título judicial, mas, sim, o cumprimento da sentença, conforme o art. 475, I e seguintes. O cumprimento de sentença será efetivado na forma dos arts. 461 e 461-A, quando se tratar de obrigação de fazer, de não fazer ou de entregar coisa; na forma do disposto nos arts. 475-I a 475-R, quando for a execução de quantia certa. Houve, também, a revogação do Capítulo VI do Título I do Livro II do CPC (arts. 603/611), determinando que a liquidação de sentença ocorra no processo do conhecimento, por força do disposto nos arts. 475-A a 475-H; a alteração do Capítulo II, Título III, Livro I, para "Embargos à Execução contra a Fazenda Pública" (arts. 741 a 743); extinção da figura dos embargos à execução, fundados em título judicial, para estipular a impugnação, no próprio processo de conhecimento, sem necessidade de autos apartados, e a retirada da possibilidade da indicação de bens à penhora do devedor.

Não houve alteração quanto ao procedimento, pois, no caso de devedor solvente, é de caráter individualista, realizado no interesse particular do credor, com aquisição de direito de preferência por meio de penhora (arts. 646 a 735 do CPC), reproduzindo-se o princípio romano *priori in tempore potior in iure*. Contudo, não tendo o devedor condições de responder pelas dívidas assumidas com os credores, é necessário o tratamento coletivo da situação. O sistema jurídico, nesta circunstância, estabelece dois tipos de procedimentos coletivos — insolvência (arts. 748 a 786 do CPC) e falência (empresários e sociedades empresárias — Lei n. 11.101/05) —, visando ao tratamento igualitário entre os credores, respeitada a categoria de seus créditos. Caso não fossem adotadas tais providências, poderia ocorrer benefício de uns em detrimento de outros, pois o devedor não teria qualquer possibilidade de saldar seus créditos, ainda que em parte.

2.1. EXECUÇÃO COLETIVA E SINGULAR

A prestação jurisdicional, visando à satisfação da obrigação contida no título executivo, é realizada de duas formas, mediante a execução singular ou coletiva. A execução trabalhista prevê somente a primeira hipótese, ou seja, a execução singular. Relembramos que será objeto de análise a estrutura contida no CPC, referente ao Livro II, e na CLT, que pela importância dos temas serão apreciadas separadamente.

Como já referido, o devedor responde, para cumprimento das obrigações assumidas, com a totalidade de seu patrimônio, sendo presentes e futuros os bens, salvo restrições estabelecidas na lei. A todo credor, é dado tratamento igualitário para a solução de seus créditos, salvo as preferências legais (art. 957 do Código Civil). Até o momento que o devedor possuir bens livres e desembaraçados, o credor obtém a satisfação de seu direito em execução singular (Livro II, Capítulo IV do CPC e CLT), pois esta assegura-lhe uma posição mais cômoda na controvérsia e mais eficaz no resultado. Contudo, inexistindo patrimônio suficiente, deverá haver rateio entre os credores, ressalvadas as legítimas preferências.

A respeito, menciona Salvatore Satta[7]: "La concursividad de un procedimiento implica que la consecuencia de la crisis económica de la empresa, esto es, la insatisfacción de los acreedores, sea reparada mediante una regulación igual para todas las relaciones (*par condictio creditorum*), salvo naturalmente las causas legítimas de prelación, es dicir, que las relaciones se presenten ya al concurso como desiguales. Desde el punto de vista del deudor, la concursalidad comporta que la regulación se produza con todos sus bienes, porque de todos sus bienes el deudor debe extraer los medios para liberarse de sus deudas". Acrescenta que "surge na necesidad de substituir la ejecución singular, expresión típica del derecho individual (y estábamos por dicir egoísta) del acreedor, con un procedimiento que, partiendo del presuposto declarado de la imposibilidad del deudor de satisfacer todas sus obrigaciones, aunque fuese manifestada por un solo incumprimiento, mire a satisfacer todas esas obrigaciones y todas em igual medida, y no con uno o varios bienes determinados, sino con todos los bienes del deudor (tales como existen en sua patrimonio)".

Podemos dizer que existem dois sistemas que regulam o conflito entre credores e devedores: o sistema da regulação unitário e o sistema da regulação paralela. No sistema da regulação unitária, a lei parte da distinção entre devedor solvente e devedor insolvente. Em relação ao primeiro, a execução é especial, no sentido de lhe serem penhorados os bens necessários à satisfação do direito do credor. Reproduz-se aqui o princípio romano *priori in tempore potior in iure*. No caso de o devedor ser insolvente, seja ou não empresário, ele está sujeito à execução coletiva. Esta abrange todos os bens do devedor, a fim de serem alienados em benefício de todos os credores. Já no sistema da regulamentação paralela, a lei parte da distinção entre devedor civil e

---

(7) SATTA, Salvatore. *Instituciones del derecho de quiebra*. Buenos Aires: Jurídicas Europa-América, 1951. p. 5 e 32.

empresário. Admitindo o pressuposto da insolvência, do desequilíbrio econômico ou da cessação do pagamento de obrigação líquida e certa e havendo pluralidade de credores, o devedor empresário fica sujeito à falência, e os demais, à insolvência[8].

Antes da vigência do atual Código de Processo Civil (1973), somente o devedor comerciante era levado à execução universal. O executado civil, mesmo insolvente, não estava sujeito à execução universal, sendo que o máximo que poderia ocorrer, mediante concurso de credores, era a coletivização da execução pendente, mas não a sua universalização[9]. Alfredo Buzaid, referindo Liebman, ensinava que tanto a falência quanto o concurso de credores são execuções coletivas. A primeira é execução coletiva universal: ela se realiza pela liquidação de todo o patrimônio do devedor e vai procurar todos os credores de que houver notícia, porque a sua finalidade é garantir a igualdade de condições de todos os credores e, ao mesmo tempo, sanear a situação de um comerciante, cuja insolvência é prejudicial ao desenvolvimento normal das relações comerciais. Já o concurso de credores é execução coletiva especial, limitada aos bens encontrados de fato e penhorados, e aos credores que fizeram protesto por preferência ou rateio, tendo apenas o escopo de evitar a desigualdade de condições dos credores diligentes. Buzaid ainda ressalta que, estabelecendo um confronto entre ambos, verifica-se que o concurso *particular* de credores do devedor civil é de natureza inferior ao concurso *universal*, resultante de falência do comerciante. A falência, portanto, é um concurso universal; o concurso de credores é um juízo particular[10].

Na redação original do Código de Processo Civil de 1973, como já ressaltado, a execução seria realizada por título extrajudicial contra devedor solvente (antiga ação executiva), por título extrajudicial contra devedor insolvente (antigo *concursus creditorum*) e por título judicial contra devedor solvente ou insolvente (antiga execução de sentença). Com as alterações do CPC, pela Lei n. 11.232/05, não mais existe a execução de títulos judiciais, mas, sim, o cumprimento de sentença, disciplinado no art. 475 e seguintes.

O procedimento, no caso de devedor solvente, é de caráter individualista, realizado no interesse particular do credor, com aquisição de direito de preferência mediante penhora (arts. 646 a 735 do CPC), reproduzindo-se o princípio romano *priori in tempore potior in iure*. Não sendo o patrimônio do devedor suficiente para responder pelas dívidas assumidas com os credores, é necessário o tratamento coletivo da situação.

---

(8) Ressalvadas as situações específicas previstas na lei para os casos de liquidação de empresas em regime especial. Para aprofundar ver SOUZA, Marcelo Papaléo de. *A nova lei de recuperação e falência e as suas consequências no direito e no processo do trabalho*. 3. ed. São Paulo: LTr, 2009.
(9) DINAMARCO, Cândido Rangel. *Execução civil*. 7. ed. São Paulo: Malheiros, 2000. p. 339.
(10) BUZAID, Alfredo. *Do concurso de credores no processo de execução*. São Paulo: Saraiva, 1952. p. 33-34. A citação feita por Buzaid corresponde às p. 285-286 da obra *Processo de execução*, de Liebman.

Uma diferença definitiva entre a execução singular e a coletiva é que, na primeira, somente parte do patrimônio do executado responde, sendo que a penhora se restringe aos bens necessários à solução da dívida; na coletiva, ou universal, a totalidade do patrimônio é atingida, com a arrecadação geral de todos os bens penhoráveis, bem como a inclusão de todos os credores. Ressalta-se, como bem referido por Cândido Rangel Dinamarco[11], que a individual é ordinariamente singular, embora possa ser penhorada e expropriada uma pluralidade de bens (não a universalidade do patrimônio, como tal), e que, numa execução singular, seja lícito formar-se uma pluralidade de credores na disputa do produto da alienação do bem penhorado (arts. 711-713 do CPC).

A intervenção de outro credor, na execução singular, ou mediante protesto por preferência, ou em virtude da ocorrência de nova penhora sobre os mesmos bens do executado, gera o processo executivo cumulativo. Seu pressuposto subjetivo é a existência de uma pluralidade de credores, e seu pressuposto objetivo é a existência dos mesmos bens do devedor civil sobre os quais os credores procuram a satisfação de suas pretensões[12].

Na insolvência, compreendida como insuficiência dos bens expropriáveis no patrimônio executado para atender os créditos exigíveis (art. 748 do CPC), originam-se limitações recíprocas aos credores. A satisfação cabal de todos é impossível. Este fato doloroso conduz às duas características fundamentais do processo executivo destinado a equacioná-lo: em primeiro lugar, a universalização objetiva da penhora, a fim de sujeitar à execução todos os bens do executado; em segundo, a universalização subjetiva, consumada no chamamento de todos os credores, para o fito de harmonizar seus créditos ao déficit patrimonial[13].

No entanto, somente há o início da execução coletiva com a decisão que declarar a insolvência civil (CPC) ou a falência (Lei n. 11.101/05) pelo juízo competente, que não é o trabalhista. Desta forma, mesmo que constatada faticamente a inexistência de bens do devedor, devem ser aplicadas as regras previstas na CLT relacionadas à execução trabalhista, haja vista a ausência da decisão judicial, que inicia a execução coletiva.

O concurso universal, construído segundo a premissa da universalização total, admite exceções em dois sentidos, referidas por Araken de Assis[14]: uma do ponto de vista objetivo, pois os bens impenhoráveis não comportam arrecadação, e a outra do ponto de vista subjetivo, uma vez que a Fazenda Pública, conforme dispõe o art. 187 do Código Tributário Nacional (CTN), não participa de concursos, exceto entre pessoas jurídicas de direito público.

---

(11) DINAMARCO, Cândido Rangel. *Execução civil*. 7. ed. São Paulo: Malheiros, 2000. p. 339.
(12) BUZAID, Alfredo. *Do concurso de credores no processo de execução*. São Paulo: Saraiva, 1952. p. 31.
(13) ASSIS, Araken de. *Manual de processo de execução*. 11. ed. São Paulo: RT, 2007. p. 807.
(14) *Idem*.

Como execução coletiva, há, no ordenamento pátrio, a falência, no caso de empresário e sociedade empresária, e a insolvência, no caso de devedor civil. Existe, ainda, a forma de liquidação de empresas em regime especial, essa de natureza administrativa. Outra circunstância, instituída pela Lei n. 11.101/05, é a da recuperação judicial que visa à manutenção da atividade produtiva e, caso não tenha êxito, ocasionará a falência como consequência.

2.2. ALTERAÇÕES NO PROCESSO DE EXECUÇÃO DO CPC

As Leis n. 11.232/05 e 11.382/06 trouxeram alterações significativas no Código de Processo Civil, superando a sistemática que tinha sido originariamente introduzida nesse, voltando a tratar de maneira diferenciada a satisfação da obrigação contida no título executivo judicial e no extrajudicial. Pela importância do tema, as leis serão apreciadas separadamente, sendo que os seus reflexos no processo de execução trabalhista serão aprofundados quando da análise dos tópicos específicos, que ocorrerá posteriormente[15].

2.2.1. Alterações decorrentes da Lei n. 11.232/05

O previsto originalmente no Código de Processo Civil de 1973 era de que a execução poderia ocorrer em decorrência de: título extrajudicial, contra devedor solvente (antiga ação executiva); título extrajudicial contra devedor insolvente (antigo *concursus creditorum*); e título judicial contra devedor solvente ou insolvente (antiga execução de sentença). Como já referido, as alterações recentes, em face da Lei n. 11.232/05, modificaram profundamente a sistemática até então vigente, não mais prevendo um processo de execução autônomo, em se tratando de execução de título judicial[16], mas, sim, cumprimento da sentença, na forma do art. 475-I e seguintes. O cumprimento de sentença será efetivado na forma dos arts. 461 e 461-A, quando se tratar de obrigação de fazer, de não fazer ou de entregar coisa e na forma do disposto nos arts. 475-I a 475-R, quando for a execução de quantia certa. Houve, também, a revogação do Capítulo VI do Título I do Livro II do CPC (arts. 603/611), determinando que a liquidação de sentença ocorra no processo do conhecimento, por força do disposto nos arts. 475-A a 475-H; a alteração do Capítulo II, Título III, Livro I, para "Embargos à Execução contra a Fazenda Pública" (arts. 741 a 743); extinção dos embargos à execução, fundados em título judicial, para estipular a impugnação, no próprio processo de

---

(15) Serão objeto de análise comparativa com o processo do trabalho as alterações decorrentes da Lei n. 11.382/06, por tratar da fase da expropriação, sendo que as alterações decorrentes da Lei n. 11.232/05 serão verificadas em obra específica, que brevemente será editada.
(16) Há, ainda, como processos autônomos, a execução contra a Fazenda Pública (arts. 730 e 731 do CPC) e execução de pensão alimentícia (art. 732 e seguintes do CPC).

conhecimento, sem necessidade de autos apartados, e a retirada da possibilidade da indicação de bens à penhora do devedor.

Os avanços da legislação são no sentido de tornar a execução o mais efetiva possível e garantir a satisfação do direito do credor. Atualmente, estamos em meio à reforma processual[17], com inclusão de mecanismos com o objetivo da celeridade processual, efetividade do processo, em detrimento da segurança jurídica. O que se pretende é ultrapassar a concepção do modelo liberal e do paradigma do pensamento do velho mundo moderno para adotar um processo ajustado à realidade atual.

É inegável que a nova realidade legislativa e o clamor da sociedade pelo processo mais efetivo impõem reflexões sobre os conceitos teóricos. O juiz assume o papel de impor no mundo dos fatos os efeitos da tutela jurisdicional. Trata-se de tarefa árdua, como salienta Athos Gusmão Carneiro, ao afirmar que "a execução permanece o 'calcanhar de Aquiles' do processo. Nada mais difícil, com frequência, do que impor no mundo dos fatos os preceitos abstratamente formulados no mundo do Direito"[18]. As alterações não podem se resumir à superfície, sendo preciso erguer uma base teórica consistente e confiável que proporcione os melhores e mais concretos resultados.

Analisando as alterações do CPC, temos, inicialmente, que referir a respeito da natureza da sentença que será cumprida. No entender de Araken de Assis[19], a sentença que será cumprida não tem força executiva, pelo fato de que os atos executivos se realizam no mesmo processo. Sustenta que a Lei n. 11.232/05 não transformou todas as sentenças em executivas e, muito menos, em "executivas *lato sensu*", por sinal expressão altamente imprópria, pois subentende uma sentença executiva *stricto sensu*. A classificação das sentenças,

---

(17) OLIVEIRA, Carlos Alberto Alvaro de. *Do formalismo no processo civil*. São Paulo: Saraiva, 1997. p. 106. Em verdade, como demonstra Cândido Rangel Dinamarco, "a remodelação do código de 1973 começou, a bem dizer, já no próprio ano em que foi editado e durante a própria *vacatio legis* (...). Sobre as diversas leis que alteraram nosso sistema processual, veja DINAMARCO, Cândido Rangel. *A reforma da reforma*. 5. ed. rev. e atual. São Paulo: Malheiros, 2003. p. 25 e seguintes. WATANABE, Kazuo. Tutela antecipatória e tutela específica das obrigações de fazer e não fazer (arts. 273 e 461 do CPC). In: TEIXEIRA, Sálvio de Figueiredo (coord.). *Reforma do Código de Processo Civil*. São Paulo: Saraiva, 1996. p. 43-47.

(18) Completa o mestre gaúcho: "Com efeito: após o longo contraditório no processo de conhecimento, ultrapassados todos os percalços, vencidos os sucessivos recursos, sofridos os prejuízos decorrentes da demora (quando menos o *damno marginale in senso stretto* de que nos fala Italo Andolina), o demandante logra obter ao fim a prestação jurisdicional definitiva, com o trânsito em julgado da condenação da parte adversa. Recebe então a parte vitoriosa, de imediato, sem tardança maior, o 'bem da vida' a que tem direito? Triste engano: a sentença condenatória é título executivo, mas não se reveste de preponderante eficácia executiva. Se o vencido não se dispõe a cumprir a sentença, haverá de iniciar o processo de execução, efetuar nova citação, sujeitar-se à contrariedade do executado mediante 'embargos', com sentença e a possibilidade de novos e sucessivos recursos". CARNEIRO, Athos Gusmão. Nova execução — aonde vamos? Vamos melhorar. *Revista Síntese de Direito Civil e Processual Civil*, ano VI, n. 34, mar./abr. 2005. p. 19-27.

(19) ASSIS, Araken de. *Manual da execução*. 11. ed. São Paulo: RT, 2007. p. 87 e seguintes.

segundo o autor, decorre de suas forças e por seus efeitos — declaração, constituição, condenação, execução e mandamental — assentada no direito material. Ressalta que o objetivo da lei é elogiável, no sentido de concentrar atos do procedimento executivo, economizando tempo e esforços.

Analisados o processo executivo e o sincretismo previsto na nova sistemática, Araken de Assis[20] assevera que a independência da função executiva, ao admitir sua autonomia, pressupõe o aparecimento de uma outra relação processual, totalmente diversa daquela pretérita, existente no "processo" de cognição. Está atrelado à iniciativa da parte (art. 262 do CPC), o que também ocorre na hipótese do art. 475-J, *caput*. Conforme a concepção largamente aceita, a ação executiva forma uma classe própria, única e separada daquelas ações típicas do processo do conhecimento. As eficácias (da ação material) são cinco, e o processo executivo é criado a partir da pretensão (pré-processual) a executar, a que respeita ação (processual) provocadora da respectiva tutela jurisdicional. Na base de todo o Livro II do CPC e, agora, na do cumprimento da sentença (art. 475-I), encontra-se a pretensão a executar. É inegável que, a partir da Lei n. 10.444/02, buscou-se confinar toda atividade executiva, tratando-se de prestação *faciendi* e prestação para entrega de coisa, no âmbito da relação processual que originou o provimento antecipatório ou final, independentemente da força da ação. Por via de consequência, o princípio da autonomia da função executiva, do seu ponto de vista estrutural, acabou excepcionado. A evolução culminou com a Lei n. 11.232/05, que institui tal regime para todos os pronunciamentos judiciais com força condenatória e efeito executivo (art. 475-N).

Com correção, referem Luiz Rodrigues Wambier, Teresa Arruda Alvim Wambier e José Miguel Garcia Medina[21] que a definição de sentença (art. 162, § 1º do CPC) era incorreta, funcional e estrutural, pois, no caso de sentença "executiva *lato sensu*", a sentença não correspondia ao fim do processo. Outra situação facilmente verificada era a hipótese de recurso, sendo que, nesta situação, a sentença não punha termo ao processo. Portanto, mais adequada a redação do art. 162 do CPC com a Lei n. 11.232/05, no sentido de que a sentença é ato do juiz que implica alguma das situações previstas nos arts. 267 e 269 do CPC. Ressaltam, ainda, que atualmente, na hipótese de a sentença determinar o pagamento de quantia certa, o seu cumprimento, na forma do art. 475-J do CPC, depende, ainda, do necessário requerimento do credor, com o início das atividades executivas, mas na mesma relação processual. Assim, o princípio da autonomia entre processo de conhecimento e de execução, no que se refere à execução de sentença, foi desprezado e quase que totalmente eliminado no Direito Processual Civil brasileiro, com a reforma

---

(20) *Ibidem*, p. 105 e seguintes.
(21) WAMBIER, Luiz Rodrigues; WAMBIER, Teresa Arruda Alvim; MEDINA, José Miguel Garcia. *Breves comentários à nova sistemática processual civil*. São Paulo: RT, p. 32 e seguintes.

realizada pela Lei n. 11.232/05. Reforçando o argumento, citamos o pensamento de Ada Pellegrini Grinover[22] no sentido de que a Lei n. 11.232/05 eliminou do processo civil brasileiro a categoria das chamadas *sentenças condenatórias puras*, ou seja, aquelas que demandavam um processo de execução autônomo.

A sistemática do cumprimento da sentença (atividade executiva) na própria relação processual não é nova no ordenamento jurídico nacional. Menciona Guilherme Rizzo Amaral[23] que os arts. 461 e 461-A do CPC permitem ao juiz a adoção de técnicas de tutela mandamental e executiva, nos casos em que o devedor do demandado consiste num fazer, não fazer ou entrega da coisa. Além das hipóteses referidas, tínhamos várias outros processos que permitiam a situação descrita (*v. g.* ações de despejo, ação de depósito, ações possessórias, entre outras). Tais sentenças, assim nas decisões que antecipam a tutela ao autor, podem combinar simultânea ou sucessivamente os efeitos mandamentais e executivos, independentemente de modificação formal das mesmas e sem ter de cogitar em afronta ao art. 463 do CPC. Trata-se, segundo o autor, de uma *instabilidade virtuosa* da decisão, eis que se reconhece a adaptabilidade e a maleabilidade frente à eventual resistência ao seu cumprimento, verificado no plano real.

Sem a pretensão de apresentar um estudo aprofundado a respeito da divisão e classificação das ações — ternária e quinária — pela pertinência do tema ao assunto ora debatido, referimos a posição de José Roberto dos Santos Bedaque[24], no sentido de que "não obstante a excelência dos argumentos e a notoriedade de seus defensores, a classificação quinária, além de não contribuir para o aperfeiçoamento científico do Direito Processual, também do ponto de vista prático não apresenta grande utilidade. Ao contrário, é teoricamente criticável, visto que fundada em critérios heterogêneos. A aplicação dos

---

(22) GRINOVER, Ada Pellegrini. Cumprimento da sentença. RENAULT, Sérgio Rabello Tamm; BOTTINI, Pierpaolo Cruz (coord.) *A nova execução de títulos judiciais*: comentários à Lei n. 11.232/05. São Paulo: Saraiva, 2006.
(23) AMARAL, Guilherme Rizzo. *A nova execução: comentários à Lei n. 11.232, de 22 de dezembro de 2005*. OLIVEIRA, Carlos Alberto Alvaro (coord.). Rio de Janeiro: Forense, 2006, p. 76. Ressalta o autor, ainda, que "reluto em aceitar que a natureza das obrigações (ou deveres) submetidas, hoje, à técnica de tutela condenatória (obrigações de pagar quantia), seja incompatível com a técnica de tutela mandamental ou executiva. O que há, isto sim, é uma *incompatibilidade legislativa*, pois o Código de Processo Civil determinava, em sua redação anterior, que as sentenças que condenassem ao pagamento de quantia certa deveriam ser efetivadas através de processo autônomo de execução, deixando a tutela mandamental e executiva *lato sensu* para o cumprimento dos deveres de fazer, não fazer e entrega de coisa. Agora, após a recente reforma, continua o juiz preso à sistemática bastante semelhante, pois somente procede à execução mediante requerimento do autor, e tem seus poderes limitados à incidência da multa de 10%, *ex vi legis*, sobre o valor da condenação, não havendo nada semelhante ao § 5º do art. 461 do CPC, por exemplo, o que conferiria maior agilidade e efetividade à atividade jurisdicional".
(24) BEDAQUE, José Roberto dos Santos. *Efetividade do processo e técnica processual*. São Paulo: Malheiros, 2006. p. 517 e seguintes.

conceitos concebidos abstratamente acaba gerando dificuldades práticas desnecessárias. A partir da situação de direito material posta em juízo, não há diferença ontológica entre condenar, possibilitando o uso de meios de sub--rogação, e ordenar o adimplemento, com ou sem o uso de meios de coerção. Da mesma forma, não deixa de ser condenatória a sentença apenas porque os atos materiais destinados a efetivá-la integram uma fase do mesmo processo. A propósito, se a tutela contiver condenação e ordem, será condenatória e mandamental, mesmo levando em conta ser uma só a crise de direito material? A diferença está, portanto, não na natureza da crise, mas na forma de efetivar o comando emergente da sentença, que também poderá ser não apenas condenatória e mandamental, mas executiva e mandamental, caso os meios de sub-rogação possam ser atuados no mesmo processo e sejam acompanhados de uma ordem de cumprimento".

Para o presente estudo, o que interessa referir é que, em se tratando de título executivo judicial (art. 475-N do CPC), será cumprida (atividade executiva) na mesma relação processual, sem a necessidade de processo autônomo, na forma do art. 475-I do CPC, haja vista a alteração procedida pela Lei n. 11.232/05, ressalvadas as situações contidas nos arts. 730 e 732 do CPC.

2.2.1.1. Liquidação de sentença

A liquidação de sentença, na forma original do CPC, estava disciplinada no Capítulo VI, do Título I, do Livro do Processo de Execução (Livro II), do art. 603 ao art. 611, muito embora a liquidação de sentença fosse necessária antes do início do processo de execução, haja vista que este prescindia de título executivo, com obrigação certa, líquida e exigível, a liquidação estava inserida nesse.

O art. 475-A estabelece que a liquidação de sentença determinará o valor devido. Não há mais referência à individualização do objeto, como ocorria na forma do revogado art. 603 do CPC. Tal situação tem uma razão de ser, haja vista que a individualização do objeto da condenação, ou seja, quando a obrigação for de entregar coisa — móvel ou imóvel, fungível ou infungível, certa ou incerta —, ocorrerá no forma estipulada no art. 461-A do CPC, no curso da própria ação (cf. § 1º do art. 461-A).

A liquidação de sentença não mais prescinde de citação do requerido, como exigência do revogado parágrafo único do art. 603 do CPC, necessitando, sim, da intimação do réu na pessoa de seu advogado (art. 475-A, § 1º do CPC).

Pelo disposto no art. 475-A, § 2º do CPC, a liquidação pode ser requerida na pendência de recurso, sendo a mesma processada em autos apartados. Trata-se da liquidação de sentença "provisória", diante da pendência de recurso interposto contra a decisão. No § 3º (art. 475 do CPC), há referência à impossibilidade de sentença ilíquida quando se tratar do processo comum sumário, na forma do art. 275, inciso II, alíneas d e e do CPC, situação que não merece maiores explicações, pois trata de matéria que extrapola a competência trabalhista.

No art. 475-B do CPC está determinado que o credor, quando a determinação do valor da condenação depender apenas de cálculos aritméticos, deverá instruir o pedido com memória discriminada e atualizada. No caso da não observância de tais requisitos, entendemos que o juiz deve determinar a juntada do mesmo, sob pena da aplicação do art. 616 do CPC (ou art. 284 do CPC, pois enquadrada agora no processo de conhecimento). O § 1º estabelece a possibilidade da requisição pelo juiz, em face do requerimento do credor, dos dados que se encontrem em poder do devedor ou de terceiros, para a confecção dos cálculos. A não entrega gera a presunção da correção dos cálculos apresentados pelo credor (§ 2º). No § 3º, há a hipótese do juiz valer-se do contador do juízo, quando os valores apresentados pelo credor supostamente excederem a obrigação contida na decisão ou nos casos de assistência judiciária. De acordo com o § 4º, não concordando o credor com o valor obtido pelo contador do juízo, far-se-á a execução pelo valor originariamente pretendido; mas a penhora terá por base o valor encontrado pelo contador.

Os novos arts. 475-C a 475-F correspondem aos arts. 606 a 609 do CPC, revogados pela Lei n. 11.232/05, tratando da liquidação por arbitramento e por artigos. Não há qualquer diferença na sistemática da nova lei com a estabelecida nos artigos revogados. A liquidação por arbitramento ocorrerá quando houver necessidade de conhecimentos técnicos para quantificar a obrigação e, por artigos, quando ocorrer a necessidade de alegar e provar fato novo.

O art. 475-G do CPC repete o disposto no art. 609 revogado, estabelecendo a impossibilidade de alteração ou modificação dos critérios estabelecidos na sentença liquidanda.

O art. 475-H trata de novidade inserida pela Lei n. 11.232/05, no sentido da utilização do agravo de instrumento para guerrear a decisão da liquidação de sentença. Sem entrar no mérito da classificação da decisão da liquidação, tal sistemática representa grande alteração ao originariamente previsto no CPC, que era o recurso de apelação, sem efeito suspensivo (art. 520, III, do CPC).

2.2.1.2. Cumprimento da sentença

Uma das alterações mais importantes dos últimos anos no CPC, sem sombra de dúvida, decorre das estipulações contidas do Capítulo X, Título

VIII, no livro do processo de conhecimento — "Do cumprimento da sentença". Os arts. 475-I a 475-R inovam a sistemática da tutela jurisdicional para a satisfação da sanção imposta no título executivo judicial, com a criação do cumprimento da sentença, sem a necessidade da utilização do processo autônomo de execução, como era a prevista na forma original. Até a reforma, pela divisão dos livros no CPC, a satisfação ocorreria por meio do processo de execução, que tinha sido unificado em relação ao CPC de 1939. Agora, em face das alterações da Lei n. 11.232/05, não há mais necessidade de outra relação processual para aplicar as regras da tutela que visam à satisfação da obrigação contida no título judicial[25].

O cumprimento da sentença será utilizado para a satisfação das obrigações de pagamento de quantia certa (art. 475-I do CPC), bem como nos casos de obrigação de fazer e não fazer e obrigação de dar coisa certa ou incerta; mas, para essas, ocorrerá na forma dos arts. 461 e 461-A do CPC.

Para o cumprimento da sentença, o juiz deverá utilizar as medidas executivas diretas (ou de sub-rogação) ou indiretas (ou de coerção), bem como conceder tutela mandamental. Pela sistemática do cumprimento fundado no art. 475-J do CPC, observamos a predominância dos atos de execução direta (ou de sub-rogação); mas, no mesmo dispositivo legal, há menção do acrescido de multa no percentual de 10% (dez por cento), sendo a hipótese de multa como medida coercitiva legal.

Como bem referem Luiz Rodrigues Wambier, Teresa Arruda Alvim Wambier e José Miguel Garcia Medina[26], a sentença proferida com fundamento no art. 475-J do CPC é *sui generis*, pois reúne características de sentença condenatória e de sentença executiva *lato sensu*: de um lado, a execução por expropriação (que é modalidade de execução direita) dependerá de requerimento do credor, o que permite inferir que a sentença é *meramente condenatória*, já que tais atos executivos não podem ser determinados pelo juiz na própria sentença; de outro, a imposição de multa, como medida coercitiva (que é modalidade de execução indireta), decorrerá automaticamente do descumprimento da sentença, razão pela qual pode a mesma ser considerada, sob este prisma, executiva *lato sensu*.

Muito interessante e oportuno é mencionar o entendimento dos autores citados quanto à aplicação, no que couber, da sistemática prevista para o cumprimento da sentença à execução de liminar que antecipa efeitos da tutela em ação condenatória, uma vez que o procedimento previsto no art. 475-J e seguintes aplicar-se-á, "no que couber", à execução da referida liminar. O procedimento regulado no Capítulo X, ora comentado, deverá ser usado pelo

---

(25) Salvo nas hipóteses de execução contra a Fazenda Pública e de alimentos.
(26) WAMBIER, Luiz Rodrigues; WAMBIER, Teresa Arruda Alvim; MEDINA, José Miguel Garcia. *Breves comentários à nova sistemática processual civil*. São Paulo: RT, p. 136-137.

juiz como "parâmetro operativo" na execução de liminar que antecipa efeitos da tutela, em ação voltada ao cumprimento de dever de pagar quantia em dinheiro. Pensamos que tal entendimento não se aplica às hipóteses previstas nos arts. 461 e 461-A do CPC, haja vista a diferenciação apresentada pelo legislador no art. 475-I do CPC.

No § 1º do art. 475-I do CPC está estabelecido que a execução de sentença impugnada por recurso destituído de efeito suspensivo é provisória, aplicando-se o disposto no art. 475-O do CPC.

2.2.1.3. Multa coercitiva — art. 475-J do CPC

Podemos concluir, analisando a forma original prevista no CPC de 1973, que o legislador estabeleceu, para a execução, as seguintes premissas básicas: autonomia, *nulla executio sine titulo* e a tipicidade das medidas executivas. Com as reformas ocorridas no transcorrer dos anos, verificamos que tais requisitos vêm sendo enfraquecidos ou mesmo desconsiderados. Denota-se, atualmente, que o sincretismo entre cognição e execução predomina sobre o princípio da autonomia, sendo que tal requisito se restringe à execução fundada em título extrajudicial ou às situações de execução de alimentos, e contra a Fazenda Pública (arts. 730 e 732 do CPC).

Observamos, inicialmente, que a alteração decorrente do art. 475-J do CPC representa unificação procedimental com a eliminação da autonomia[27] do processo de conhecimento e de execução, já que os atos serão realizados no mesmo processo. Ressaltamos que tal circunstância já era observada em determinados procedimentos antes da reforma analisada, tais como as ações executivas *lato sensu*, atos executivos decorrentes do reconhecimento das obrigações referidas nos arts. 461 e 461-A do CPC e no caso de antecipação dos efeitos da tutela; mas agora é regra geral e não mais exceção.

Considerando a unificação procedimental não mais se justifica outra citação do réu/executado.

Alteração constatamos, também, em relação à possibilidade da *execução indireta* da sentença que condena ao pagamento de quantia certa, pois há previsão de medida executiva coercitiva *ope legis*, em face do descumprimento da obrigação reconhecida na sentença condenatória com a incidência de multa de 10% sobre o valor da condenação[28]. Para essa incidência, não há

---

(27) A autonomia que se refere é apenas formal, ou seja, não há mais a necessidade de outro processo. Contudo, nos atos praticados pelo juiz no processo de conhecimento e na execução, ou mesmo no cumprimento de sentença, há autonomia (teleológica e ideológica). No conhecimento, o objetivo é da certificação do direito alegado, e, nos atos executivos, é a satisfação da obrigação reconhecida.
(28) Situação interessante e apropriada é a análise de quando será "imposta" a multa, que no entender de Luiz Guilherme Marinoni e Sérgio Cruz Arenhart (*Curso de processo civil*: execução. São

necessidade do requerimento do credor; mas para os prosseguimentos dos atos executivos sim, haja vista o referido no art. 475-J do CPC do "requerimento do credor". Dessa forma, a sentença que reconhece obrigação por quantia certa, *ex vi* do art. 475-J do CPC, é dotada de duas eficácias executivas distintas: é sentença imediatamente executiva no que respeita à incidência da medida coercitiva (multa); é sentença condenatória, ou seja, mediatamente executiva em relação à realização da execução por expropriação.

O juiz, portanto, observando o disposto no art. 475-J do CPC, impõe a multa no caso de descumprimento da condenação, o que difere das hipóteses do art. 461, §§ 5º e 6º, em que pode impor multa *ex officio*, em periodicidade e valor arbitrados, alterando-a caso entenda insuficiente ou excessiva. Nesse caso, opera o princípio da *atipicidade* das medidas executivas.

A multa referida no art. 475-J do CPC é *medida executiva coercitiva*, não se confundindo como medida punitiva. Dessa forma, não há empecilho de que a multa do art. 475-J do CPC seja aplicada em conjunto com a prevista no art. 14, V e parágrafo único, do mesmo Código.

O executado não é intimado para pagar ou nomear bens à penhora, como ocorria na sistemática anterior (citação), mas, sim, para cumprir a obrigação. Caso não cumpra, incidirá a multa e, a requerimento do credor, realizar-se-ão atos executivos de expropriação. No caso de execução provisória, o requerente ficará responsabilizado pelos danos causados ao réu (art. 475-O do CPC). Pela nova sistemática, poderá o exequente indicar os bens a serem penhorados (art. 475-J, § 3º do CPC), devendo o Oficial de Justiça proceder à avaliação, salvo quando depender de "conhecimentos especializados" (art. 475-J, § 3º do CPC). Caso não requeira o cumprimento da sentença no prazo de seis meses, os autos são arquivados, sem prejuízo do desarquivamento mediante requerimento da parte interessada (art. 475-J, § 5º do CPC).

2.2.1.4. Impugnação — arts. 475-L e 475-M do CPC

Pelas modificações introduzidas pela Lei n. 11.232/05, em se tratando de título executivo judicial, não há mais a apresentação de embargos à execução, salvo na hipótese de execução contra a Fazenda Pública (art. 741 do CPC). Na

---

Paulo: RT, 2007. p. 236-237) é o seguinte: "O efeito condenatório da sentença não se opera apenas com o trânsito em julgado ou com alguma subsequente comunicação ao réu de que deve cumpri-la. Como sinaliza a própria ideia de "execução provisória" (*rectius*: execução da decisão provisória), o efeito condenatório é capaz de incidir a partir do momento em que contra a sentença não exista recurso com efeito suspensivo. (...) Em síntese: quando o recurso tem efeito suspensivo, não se inicia a contagem do prazo de quinze dias para o cumprimento da sentença; quando o recurso não tem efeito suspensivo, o prazo flui a partir do instante em que o réu tem ciência da decisão". Ressaltamos, por fim, a necessidade da ciência do devedor, pessoalmente ou de seu procurador, para o início da contagem do prazo.

redação original do CPC de 1973, foi unificado o procedimento da execução fundada em título judicial e em título extrajudicial, existindo diferença fundamental entre as duas espécies no que se referiam às matérias que poderiam ser arguidas pelo executado, nos embargos à execução (cf. art. 741 — em sua redação anterior — e art. 745 do CPC).

Caso o devedor pretenda insurgir-se à execução, deverá oferecer impugnação, no prazo de 15 dias (art. 475-J, § 1º do CPC). A impugnação não se reveste da natureza de ação autônoma, tal como ocorre com os embargos à execução[29], não suspendendo mais a execução, salvo se presentes os requisitos do art. 475-M do CPC. Um dos requisitos para a possibilidade da impugnação, como já ocorria nos embargos à execução fundada em título judicial, no sistema revogado, é a penhora (art. 475-J, § 1º do CPC).

As matérias que poderão ser alegadas na impugnação estão dispostas no art. 475-L do CPC (I — falta ou nulidade da citação, se o processo correu à revelia; II — inexigibilidade do título; III — penhora incorreta ou avaliação errônea; IV — ilegitimidade das partes; V — excesso de execução; VI — qualquer causa impeditiva, modificativa ou extintiva da obrigação, como pagamento, novação, compensação, transação ou prescrição, desde que superveniente à sentença;) sendo que não há impedimento de o juiz conhecê--las de *officio*, *v. g.*, quando a sentença é juridicamente inexistente, em razão da ausência de citação (art. 475-L, I). O § 1º do dispositivo legal ora referido considera "inexigível" o título judicial fundado em lei ou ato normativo tido como inconstitucional pelo STF ou em que se tenha adotado interpretação de lei ou ato normativo tido pelo Supremo Tribunal Federal como não compatível com a Constituição Federal.

Outra novidade interessante é a exigência ao executado, caso apresente a impugnação sob o argumento de excesso de execução (art. 475-L, § 2º do CPC), da menção do valor que entende correto, sob pena de rejeição liminar da impugnação.

Quanto aos efeitos da impugnação, há alteração em relação à sistemática anterior, pois os embargos à execução fundados em título judicial ou extrajudicial, eram "sempre recebidos com efeito suspensivo" (art. 739, § 1º do CPC). Em virtude da alteração do dispositivo legal, o juiz atualmente deve analisar e ponderar os direitos do exequente e os do executado para decidir quais os efeitos da impugnação apresentada. Antigamente, não interessavam os argumentos apresentados nos embargos, pois mesmo que manifestamente improcedentes, o juiz deveria atribuir o efeito suspensivo. Destarte, a suspensão da execução da sentença, que antes era *ope legis* hoje é *ope judicis*,

---

(29) A impugnação constitui-se em incidente processual e não em processo autônomo, como ocorre nos embargos. Pode ser proposta por simples petição, mas atendendo os requisitos do art. 475-L do CPC.

ou seja, decorre de decisão do juiz, interpretando as situações de cada caso (art. 475-M do CPC). As exigências previstas no art. 475-M do CPC para suspensão do processamento são: a relevância da fundamentação e o risco de dano grave de difícil ou incerta reparação. A suspensão poderá ocorrer após a arrematação, impedindo que o exequente levante dinheiro obtido com a alienação do bem.

A suspensão da execução será revista caso o exequente ofereça "caução suficiente e idônea", na forma do art. 475- M, § 1º do CPC. Entendemos que a exigência de caução pode ser relativizada nas hipóteses do art. 475-O, § 2º do CPC, quando a obrigação decorrer de créditos de natureza alimentar ou de ato ilícito, até o limite de 60 (sessenta) vezes o salário mínimo, devendo o exequente demonstrar a situação de necessidade.

O procedimento em relação à impugnação será realizado nos próprios autos, quando deferido o efeito suspensivo e, em autos separados, quando não, facilitando a continuidade da execução (art. 475-M, § 2º do CPC).

A natureza jurídica da decisão que julga o incidente de impugnação à execução decorre do alcance desta, ou seja, se importar em extinção da execução caberá a apelação e, caso contrário, será recorrível por agravo de instrumento (art. 475-M, § 3º do CPC).

2.2.1.5. Títulos judiciais — art. 475-N do CPC

Os títulos judiciais decorrem, via de regra, dos procedimentos jurisdicionais. Faz-se essa ressalva, pois o legislador equipara a títulos judiciais provimentos extrajudiciais, para efeito de desenvolvimento do cumprimento da sentença, na forma prevista no art. 475-J do CPC. Algumas novidades são apresentadas no art. 475-N em relação ao revogado art. 584 do CPC.

Nos termos do art. 475-N, I, do CPC, temos que é título executivo judicial "a sentença proferida no processo civil que *reconheça a existência de obrigação* de fazer, não fazer, entregar coisa ou pagar quantia", substituindo o revogado art. 584, I, do CPC, que considerava título executivo "a sentença *condenatória* proferida no processo civil". Tal alteração representa importante modificação, pois, em razão da nova sistemática, não só as sentenças condenatórias, mas as outras categorias de sentença necessitam, para tal circunstância, o reconhecimento da existência de obrigação[30].

---

(30) Mesmo antes das modificações analisadas, decorrentes da Lei n. 11.232/05, o STJ já decidia no sentido da possibilidade da execução de sentenças não condenatórias (REsp n. 588.202-PR, Rel. Min. Teori Zavascki). WAMBIER, Luiz Rodrigues; WAMBIER, Teresa Arruda Alvim; MEDINA, José Miguel Garcia. *Breves comentários à nova sistemática processual civil* (São Paulo: RT, p. 167) ressaltam que pode ocorrer que seja movida ação declaratória de inexistência de dívida e o pedido ser julgado improcedente e, caso a sentença de improcedência proferida em tal ação reconheça,

O revogado art. 584 do CPC já estabelecia como título judicial a sentença penal condenatória; a sentença homologatória de conciliação ou de transação, ainda que verse matéria não posta em juízo; sentença estrangeira homologada; o formal e certidão de partilha e a sentença arbitral. Tais modalidades de títulos estão previstos no art. 475-N do CPC, que incluiu, ainda, o acordo extrajudicial, homologado judicialmente.

2.2.1.6. Execução provisória — art. 475-O do CPC

Poucas modificações estão presentes nas alterações da Lei n. 11.232/05, com o art. 475-O do CPC em relação ao revogado art. 588 do CPC. A Lei n. 10.444/02 já havia alterado substancialmente o art. 588, passando a dotar a execução provisória de maior abrangência e eficácia. Antes da referida alteração, o CPC primava pela segurança jurídica como fundamento; após, a ênfase é da efetividade do provimento. A execução provisória importa em risco ao direito dos litigantes, sendo que o legislador previu, como regra geral, a necessidade da garantia do juízo para reparação de eventuais equívocos decorrentes da postulação do exequente.

Estipula o art. 475-O, I, do CPC, que o credor tem responsabilidade pela reparação dos danos causados ao devedor, se a sentença, provisoriamente executada, for reformada.

Ressaltam Luiz Rodrigues Wambier, Teresa Arruda Alvim Wambier e José Miguel Garcia Medina que a restituição das partes ao estado anterior, diferentemente da restituição das coisas ao estado anterior, tal como previa o art. 588 do CPC em sua redação original, faz com que a decisão do tribunal — que tenha modificado ou anulado a sentença executada (ou o acórdão executado) "provisoriamente até o final", isto é, com atos de expropriação já consolidados — alcance apenas as partes e não, os terceiros adquirentes dos bens levados à hasta pública, por exemplo. Assim, *restituição das partes ao estado anterior* significa a restituição do devedor do valor do bem que lhe tenha sido penhorado ou a reposição do *quantum* que tenha sido levantado. Trata-se de sistema evidentemente inovador, que rompe com a tradição até então vigente entre nós, e que passa a permitir, sem sombra de dúvida, que o patrimônio do "executado provisoriamente" seja atingido de modo efetivo, inclusive com a expropriação de bens e sua aquisição por terceiros, ainda que haja só a "vigência" de força executiva provisória[31].

---

expressamente, a existência de obrigação, pensamos que, também neste caso, terá formado o título executivo. No processo do trabalho, a situação referida já existia, pois, o não acolhimento do pedido do inquérito de apuração de falta grave, ensejava a possibilidade da execução dos salários do período do afastamento, na forma do art. 495 da CLT.
(31) WAMBIER, Luiz Rodrigues; WAMBIER, Teresa Arruda Alvim; MEDINA, José Miguel Garcia. *Breves comentários à nova sistemática processual civil*. São Paulo: RT. p. 184.

O valor dos prejuízos sofridos pelo executado será arbitrado pelo juiz, com base em critérios e dados indicados na decisão.

Há caso de inexigência da caução pelo exequente, quando se tratar de crédito de natureza alimentar de valor igual ou inferior a 60 vezes o salário mínimo, somando-se a isso o fato de o exequente encontrar-se em estado de necessidade.

2.2.1.7. Competência para o cumprimento da sentença — art. 475-P do CPC

O art. 475-P do CPC trata da competência para a execução de sentença, em que pese o art. 575 do CPC não ter sido revogado. No art. 475-P, parágrafo único, há a previsão da faculdade do exequente requerer a execução em juízo distinto daquele que tenha processado ("juízo que processou a causa no primeiro grau de jurisdição"), local onde se encontram bens sujeitos à expropriação ou do atual domicílio do executado. A solução pretendida pelo legislador é no sentido de tornar mais efetiva a execução, o que sem dúvida trará resultados práticos interessantes.

2.2.2. Alterações decorrentes da Lei n. 11.382/06

Complementando o ciclo de reforma do processo de execução previsto no CPC, a Lei n. 11.382/06 apresenta alterações importantes. A Lei n. 11.232/05 ampliou, como regra geral, o sincretismo dos processos de conhecimento e execução, não mais sendo exigido, no caso de título executivo judicial, processo autônomo para a tentativa da satisfação do seu direito, ocorrendo no mesmo em que foi reconhecido. Após a alteração, pela referida lei, temos como processo de execução autônomo no CPC as formas de satisfação das obrigações previstas em títulos extrajudiciais e, em decorrência da peculiaridade das obrigações, os créditos contra a Fazenda Pública (arts. 730 e 731 do CPC) e os alimentos (arts. 732 e seguintes do CPC). As regras do Livro II do CPC, que passaram a tratar da execução de título extrajudicial, devem ser utilizadas como subsidiárias, complementando o cumprimento da sentença (art. 475-R do CPC), haja vista conterem matérias relacionadas à contrição patrimonial e à expropriação de bens.

O que se observa com as mudanças introduzidas pelas referidas leis é que as mesmas visam à efetividade do processo, simplificando os procedimentos e agilizando os métodos de satisfação da obrigação contida nos títulos executivos.

A Lei n. 11.382/06 disciplina a forma de satisfação das obrigações contidas nos títulos extrajudiciais, ressaltando aspectos de economia e efetividade do processo, além de estabelecer novidades na constrição patrimonial e na expropriação dos bens do devedor. Segundo depreendemos da análise do texto legal, podemos rapidamente verificar as seguintes modificações, além de outras: a penhora e a avaliação ocorrerão na mesma oportunidade, sendo que cabe ao credor a indicação dos bens; não mais há a necessidade de segurança do juízo para os embargos, como também não ocorre a suspensão no processamento; há a possibilidade do parcelamento da dívida a requerimento do devedor; foi alterada a ordem dos meios de expropriação do patrimônio do devedor; não há mais previsão do instituto da remição de bens; e alterou-se a penhorabilidade de bens do devedor. Em razão da importância das modificações introduzidas, as mesmas serão analisadas nos itens a seguir.

2.2.2.1. Exigência para a execução

As alterações no art. 580 do CPC não introduziram nenhuma novidade, mas aperfeiçoaram a sua redação. Podemos constatar como requisitos para a execução forçada, contidos no art. 580 do CPC: a) a não satisfação da obrigação; b) a certeza, liquidez e exigibilidade da obrigação; e c) a necessidade da consubstanciação da obrigação em um título executivo.

O inadimplemento corresponde ao não pagamento voluntário da obrigação assumida. Esta obrigação deve ser certa, ou seja, não deve haver dúvida quanto a sua existência; há de ser líquida, ou seja, determinado o objeto da obrigação; e exigível, no sentido de que a mesma já esteja vencida.

Na redação original do CPC (art. 586), havia menção da exigência de que o título fosse líquido, certo e exigível, sendo equivocado, pois tais atributos não são do título, mas, sim, da obrigação contida no mesmo. Com relação à interpretação do contido no art. 586 do CPC, apresenta-se o entendimento de Humberto Theodoro Júnior, no sentido de que: a) o contrato por ser bilateral não perde o atributo da exequibilidade por parte do contratante que já cumpriu a prestação a seu encargo. A certeza da obrigação insatisfeita pelo outro contratante é atingida pela prova pré-constituída da contraprestação realizada pelo exequente; b) não há liquidez da obrigação, quando fundada em cumprimento ou violação do contrato, de onde emerge segundo fatos ainda pendentes de prova; c) a necessidade de simples operações aritméticas para se definir o *quantum debeatur* não elimina a liquidez da obrigação, para efeito de sua execução forçada, nem mesmo quando o cálculo se faça com base em dados fora do título, mas de fontes precisas, como cotação oficial, juros, correção monetária; etc. d) o fato de o vencimento da dívida somente ter ocorrido no curso do processo não priva o título extrajudicial de sua exequibilidade[32].

---

(32) THEODORO JÚNIOR, Humberto. *A reforma da execução do título extrajudicial*. Rio de Janeiro: Forense, 2007. p. 22-23.

No caso de o título não corresponder à obrigação certa, líquida e exigível será considerada nula a execução (art. 618, I do CPC).

A revogação do art. 583 do CPC deu-se pela introdução do cumprimento da sentença em relação aos títulos executivos judiciais pela Lei n. 11.232/05, não se justificando a manutenção do mesmo em face da nova sistemática legal.

2.2.2.2. Títulos executivos extrajudiciais

A nova redação do art. 585 do CPC repete os títulos executivos extrajudiciais contidos originalmente, introduzindo pequenas alterações. São considerados títulos executivos extrajudiciais: I — letra de câmbio, nota promissória, duplicata, debênture e cheque; II — escritura pública ou outro documento público assinado pelo devedor; documento particular assinado pelo devedor e por duas testemunhas; instrumento de transação referendado pelo Ministério Público, pela Defensoria Pública ou pelos advogados dos transatores; III — contratos garantidos por hipoteca, penhor, anticrese e caução, bem como os de seguro de vida; IV — crédito decorrente de foro ou laudêmio; V — crédito, documentalmente comprovado, decorrente de aluguel de imóvel, bem como de encargos acessórios, tais como taxas e despesas de condomínio; VI — crédito de serventuário de justiça, de perito, de intérprete, ou de tradutor, quando as custas, emolumentos ou honorários forem aprovados por decisão judicial; VII — certidão de dívida ativa da Fazenda Pública da União, dos Estados, do Distrito Federal, dos Territórios e dos Municípios, correspondentes aos créditos inscritos na forma da lei; VIII — todos os demais títulos a que, por disposição expressa, a lei atribuir força executiva.

Do rol, na forma original do CPC, foi excluído o contrato de seguro de acidentes pessoais que, na redação, estava referido no inciso III do art. 585 do CPC.

2.2.2.3. Averbação — art. 615-A do CPC

Situação nova introduzida pelo legislador no CPC foi a figura da averbação nos registros dos bens em face da existência de execução, na forma do art. 615-A do CPC.

O previsto no artigo mencionado vai além do já previsto na forma original do CPC, o registro da penhora, para conhecimento *erga omnes*, o que inviabilizava a alegação de boa-fé do adquirente do bem, caracterizando a fraude à execução (art. 593 do CPC). O art. 615-A faculta ao exequente a obtenção de certidão do ajuizamento da execução para levá-la à averbação no registro público (registro de imóveis, registro de veículo ou outros registros de bens). Para tal efeito, não há necessidade de mandado judicial, devendo, contudo, o exequente que requer a averbação informar ao juízo (art. 615-A, § 1º do CPC). A averbação tem efeito até a penhora dos bens do devedor, perdendo sua utilidade após tal fato (art. 615-A, § 2º do CPC). No caso do bem ter sido alienado após a averbação, os efeitos são os mesmos dos realizados após a penhora, a possibilidade da declaração de ineficácia da alienação, haja vista configurada a fraude à execução (arts. 615-A, § 3º e 593 do CPC).

Considerando o efeito que a averbação pode trazer ao devedor, caso o exequente utilize esse novo instituto com intuito de prejudicar o executado ou mero capricho, desproporcionalmente ao seu crédito, deverá ser considerado litigante de má-fé, indenizando o devedor, que será processado em autos apartados (art. 615-A, § 4º do CPC).

2.2.2.4. Prazo para pagamento

A nova redação do art. 652 do CPC altera, em muito, a sistemática anterior. Pela nova previsão legal, o devedor tem o prazo de 3 (três) dias para efetuar o pagamento da dívida, sendo que anteriormente o prazo era de 24 (vinte e quatro) horas para pagar ou nomear bens à penhora.

O prazo do pagamento foi ampliado ao devedor; mas retirada a possibilidade de nomear bens à penhora, que incumbe ao credor, quando da inicial da execução (art. 652, § 2º do CPC). Outra novidade introduzida é que, se o devedor pagar o valor da execução no prazo legal, os honorários estipulados pelo juiz serão reduzidos à metade (art. 652-A do CPC).

2.2.2.5. Constrição patrimonial

A fase da constrição patrimonial do executado inicia-se com a observação do descumprimento do mandado de citação, ou seja, no caso de quantia certa, o inadimplemento do devedor no prazo estipulado em lei. Inovações importantes e interessantes decorrentes da Lei n. 11.382/06 referente à penhora dos bens serão analisadas em seguida, em que pese de forma sucinta.

2.2.2.5.1. Bens impenhoráveis e relativamente penhoráveis

Com relação à constrição do patrimônio do executado, a Lei n. 11.382/06 altera a relação dos bens penhoráveis, retirando alguns e colocando novas situações. Pelo atual regramento são impenhoráveis (art. 649 do CPC): I — os bens inalienáveis e os declarados, por ato voluntário, não sujeitos à execução; II — os móveis, pertences e utilidades domésticas que guarnecem a residência do executado, salvo os de elevado valor ou que ultrapassem as necessidades comuns correspondentes a um médio padrão de vida; III — os vestuários, bem como os pertences de uso pessoal do executado, salvo se de elevado valor; IV — os vencimentos, subsídios, soldos, salários, remuneração, proventos de aposentadoria, pensões, pecúlios e montepios; as quantias recebidas por liberalidades de terceiros e destinadas ao sustento do devedor e sua família, os ganhos de trabalhador autônomo e os honorários de profissional liberal, observado o disposto no § 3º deste artigo; V — os livros, as máquinas, as ferramentas, os utensílios, os instrumentos ou outros bens móveis necessários ou úteis ao exercício de qualquer profissão; VI — o seguro de vida; VII — os materiais necessários para obras em andamento, salvo se esses forem penhorados; VIII — a pequena propriedade rural, assim definida em lei, desde que trabalhada pela família; IX — os recursos públicos recebidos por instituições privadas para aplicação compulsória em educação, saúde e assistência social; X — até o limite de 40 (quarenta) salários mínimos, a quantia depositada em caderneta de poupança. O referido artigo traz exceções que estão mencionadas nos seus § 1º — a impenhorabilidade não é oponível à cobrança do crédito concedido para a aquisição do próprio bem; § 2º — o disposto no inciso IV do *caput* deste artigo não se aplica no caso de penhora para pagamento de prestação alimentícia.

Da antiga redação do art. 649 do CPC, foram suprimidas as hipóteses de impenhorabilidade de: provisão de alimentos e de combustível; anel nupcial e os retratos de família; os equipamentos dos militares.

Algumas situações novas são interessantes para análise. Primeiro é a menção da penhorabilidade dos móveis, pertences e utilidades domésticas que guarnecem a residência do executado, de elevado valor ou que ultrapassem as necessidades comuns correspondentes a um médio padrão de vida. Portanto, há a possibilidade de, no caso concreto, concluir que bens guarnecem a residência do executado de elevado valor (obras de arte, tapetes, aparelhos eletrônicos, móveis antigos, entre outros) e que ultrapassem as necessidades comuns de um padrão médio (quantidade de aparelhos de televisão, geladeiras, mobílias, aparelhos de ar condicionado, entre outros) poderão ser objeto da penhora. Esta circunstância é muito importante por causa da diversidade das classes sociais existentes no país[33]. Pensamos que não se

---

(33) Só para relembrar, a renda mensal média dos trabalhadores é baixa, sendo que essa consideração deve ser observada quando da avaliação dos bens passíveis de penhora. Segundo estudo do IBGE (Instituto Brasileiro de Geografia e Estatística — site <www.ibge.gov.br>), Pesquisa Mensal de Emprego, que analisa as regiões metropolitanas do país — Recife, Salvador, Belo Horizonte, São Paulo, Rio de Janeiro e Porto Alegre — considerando o período dos anos de 2003 a 2007, o rendimento médio somando as regiões referidas, para os trabalhadores do setor privado com carteira assinada era de R$ 1.115,32; trabalhadores sem carteira assinada de R$ 761,13; trabalhadores por conta própria de R$ 950,35 e trabalhadores domésticos de R$ 414,78 (dezembro de 2007). Portanto essa situação deve ser sopesada. Ademais, verificamos que nas regiões metropolitanas o rendimento, via de regra, é superior ao rendimento alcançado pelo trabalhador no interior do país. Assim, para efeito da verificação do alcance da expressão contida no dispositivo legal, o juízo deve considerar o padrão médio da população que, como verificado, alcança algo em torno de dois salários mínimos.

justifica que o executado permaneça vivendo com o conforto, fora de um padrão médio de sobrevivência da população, em detrimento dos credores, principalmente os trabalhistas, considerando o caráter alimentar de seu crédito.

Com relação ao vestuário, como os pertences de uso pessoal, há referência de que, se forem de elevado valor, são penhoráveis.

No que se refere à impenhorabilidade dos valores decorrentes do trabalho do devedor, como empregado ou não, houve ampliação em relação à sistemática anterior; mas ficou mantida a exceção decorrente de cobrança de parcela de pensão alimentícia.

Quanto aos bens necessários ao exercício de profissão, a lei repetiu o que já havia previsão, acrescentando que atinge também a outros bens móveis necessários ou úteis. A previsão da impenhorabilidade do seguro de vida é repetida na nova redação do art. 649 do CPC.

No que pertine à propriedade rural, o legislador alterou a redação para referir a "pequena propriedade rural", cuja impenhorabilidade estava mencionada já na Constituição Federal (CF). Definiu, também, que essa pequena propriedade deve ser "trabalhada pela família", como contido na CF. O que ficou afastado foi a possibilidade da penhora decorrente de contratos com garantia de hipoteca, que não mais é aceita em se tratando de pequena propriedade rural, explorada pela família.

Como novidade, presenciamos a impossibilidade de penhora de recursos públicos recebidos por instituições privadas para aplicação compulsória em educação, saúde ou assistência social. Tal circunstância não induz à conclusão de que todos os bens das entidades recebedoras dos recursos públicos sejam considerados impenhoráveis, mas tão somente os recursos públicos remetidos. Dessa forma, os bens das instituições privadas continuam sendo penhoráveis, sendo protegidos os recursos públicos recebidos. Outra inovação é relacionada à impenhorabilidade dos valores em caderneta de poupança até o limite de 40 (quarenta) salários mínimos. Reputa Humberto Theodoro Júnior[34] que se trata da situação de "segurança alimentícia ou de previdência pessoal e familiar" do executado. Entende-se que tais situações, em se tratando de direito do trabalhador, direito fundamental previsto no art. 7º da Constituição Federal, devem ser relativizadas, sob pena de não mais serem garantidos os direitos desses.

O Estado tem como fundamento os valores sociais do trabalho e da livre iniciativa, além de outros (art. 1º da Constituição Federal) e, como objetivo fundamental, criar uma sociedade livre, justa, solidária e desenvolvida, sem

---

(34) THEODORO JÚNIOR, Humberto. *A reforma da execução do título extrajudicial*. Rio de Janeiro: Forense, 2007. p. 53.

pobreza e desigualdades, sem preconceitos ou discriminações, na qual garanta o bem de todos (art. 3º da Constituição Federal). Verificamos, já no início da Constituição, referência expressa no sentido da garantia dos direitos individuais e sociais, da igualdade e da justiça. Como objetivo do Estado, temos, também, o desenvolvimento nacional.

No art. 7º da Constituição Federal, seus incisos especificam os direitos fundamentais dos trabalhadores. Quanto à aplicação desses direitos, ressalta Ingo Wolfgang Sarlet[35] que, a exemplo das demais normas constitucionais e independentemente de sua forma de positivação, os direitos fundamentais prestacionais, por menor que seja sua densidade normativa ao nível da Constituição, sempre estarão aptos a gerar um mínimo de efeitos jurídicos, aplicando-se-lhes, na medida dessa aptidão, a regra geral, já referida, no sentido de que inexiste norma constitucional destituída de eficácia e aplicabilidade. Guerra Filho[36] sustenta que praticar a "interpretação constitucional" é diferente de interpretar a Constituição de acordo com os cânones tradicionais da hermenêutica jurídica, desenvolvidos, aliás, em época em que as matrizes do pensamento jurídico assentavam-se em bases privatísticas. A intelecção do texto constitucional também se dá, em um primeiro momento, recorrendo aos tradicionais métodos filológico, sistemático, teleológico etc. Apenas haverá de ir além, empregar outros recursos argumentativos, quando, com o emprego do instrumental clássico da hermenêutica jurídica, não se abstenha como resultado da operação exegética uma "interpretação conforme a Constituição", a *verfassungkonforme Auslegung* dos alemães, que é uma interpretação de acordo com as opções valorativas básicas, expressas no texto constitucional.

Considerando o processo como instrumento, devemos analisar seus institutos em conformidade com as necessidades do direito substancial. Dessa forma, a eficácia do sistema processual será considerada em relação à utilidade produzida para o ordenamento jurídico material.

Gomes Canotilho[37] refere que existe uma restrição legal de direito fundamental quanto ao âmbito de proteção de um direito fundado numa norma constitucional que é direta ou indiretamente limitado mediante lei. De um modo geral, as leis restritivas de Direito "diminuem" ou limitam as possibilidades de ação garantidas pelo âmbito de proteção da norma consagradora desses direitos e a eficácia de proteção de um bem jurídico inerente a um direito fundamental.

---

(35) SARLET, Ingo Wolfgang. *A eficácia dos direitos fundamentais.* 5· ed. Porto Alegre: Livraria dos Tribunais, 2005. p. 282.
(36) GUERRA FILHO, Willis Santiago. *Introdução ao direito processual constitucional.* Porto Alegre: Síntese, 1999. p. 39.
(37) CANOTILHO, J. J. Gomes. *Direito constitucional e teoria da Constituição.* 3. ed. Coimbra: Almedina, 1999. p. 1.090.

Importa consignar que, da reserva legal dos direitos fundamentais, resultam os limites da atuação do legislador, isto é, em que medida poderá o legislador buscar a concretização de determinados fins que justifiquem uma restrição no âmbito de proteção dos direitos fundamentais e, de outra parte, em que medida poderá utilizar a lei como meio de alcançar os fins almejados.

Gilmar Ferreira Mendes[38] relata que no princípio da proporcionalidade cuida-se, fundamentalmente, de aferir a compatibilidade entre os meios e fins, de modo a evitar restrições desnecessárias ou abusivas contra os direitos fundamentais.

Muito bem explica Eduardo Melo de Mesquita[39] que o princípio da proporcionalidade deve ser entendido como limite jurídico-constitucional à atividade estatal, pautado nos princípios regentes e fundamentais do Estado de Direito, notadamente a supremacia das normas constitucionais. Dessa forma, sendo restrição de direitos fundamentais dos trabalhadores, tal situação não pode ser aceita, mormente pois há a garantia do direito patrimonial do devedor. Ressaltamos que a conclusão referida limita-se à hipótese do direito do trabalhador, assegurada no art. 7º da Constituição Federal, haja vista não ser necessária e nem razoável a limitação imposta. Com relação aos valores recebidos por entidades de saúde e educação deverá, no caso concreto, ser verificada a razoabilidade da apreensão do patrimônio e os interesses gerais dessa, no sentido de equalizar os interesses opostos, assegurar os direitos dos trabalhadores e não inviabilizar o funcionamento das mesmas.

As regras de impenhorabilidade, contudo, não são aplicáveis na cobrança dos valores decorrentes da aquisição do próprio bem, assim como, dos casos do inciso IV do art. 649 do CPC, quando se tratar de pagamento de pensão alimentícia.

Outra previsão no ordenamento jurídico para as hipóteses de impenhorabilidade, entre várias, é a situação da impenhorabilidade dos bens referidos na Lei n. 8.009/90. A referida lei cria uma situação especial ao bem de família. No parágrafo único do art. 650 do texto aprovado no Congresso Nacional, havia menção de que impenhorabilidade estaria restrita a imóveis residenciais cujo valor não ultrapassasse o valor equivalente a mil salários mínimos. O Presidente da República vetou o referido parágrafo único, sob o argumento de que "apesar de razoável, a proposta quebra a tradição surgida com a Lei n. 8.009, de 1990, que 'dispõe sobre a impenhorabilidade do bem de família', independente do seu valor". Perdeu-se a possibilidade de ficar estabelecido o critério razoável para a interpretação da lei referida. Hoje há possibilidade de devedores residirem em imóveis de grande valor em detrimento dos

---

(38) MENDES, Gilmar Ferreira. *Controle de constitucionalidade* — aspectos jurídicos e políticos. São Paulo: Saraiva, 1990. p. 43.
(39) MESQUITA, Eduardo Melo de. *As tutelas cautelares e antecipada*. São Paulo: RT, 2002. p. 326.

credores, que, muitas vezes, detêm situação econômica menos favorável que esses. Referimos a posição de Luiz Guilherme Marinoni e Sérgio Cruz Arenhart[40] no sentido de que "o veto viola frontalmente a cláusula da proibição de proteção insuficiente (*untermassverbot*). De fato, ao vedar a penhora sobre parcela de altos salários ou sobre bens de vulto, o Executivo inviabiliza a proteção adequada do direito fundamental à tutela jurisdicional efetiva. O impedimento de penhora de tais bens obstaculiza a tutela prometida pelo direito material e, por consequência, o exercício efetivo do direito fundamental de ação ou a tutela jurisdicional efetiva (art. 5º, XXXV, da CF). Ou melhor, o Estado, diante do veto, está conferindo proteção insuficiente ao direito fundamental de ação, impedindo o seu exercício de forma efetiva ou de modo a permitir a tutela do direito ao crédito. Na verdade, ao chancelar a intangibilidade do patrimônio do devedor rico, o Estado abandona o cidadão sem fundamentação constitucional bastante".

No art. 650 do CPC, com nova redação, há referência da penhorabilidade relativa, ou seja, na falta de outros bens, podem ser penhorados os frutos e rendimentos dos bens inalienáveis, salvo quando destinados à satisfação de prestação alimentícia. A nova redação é melhor que a anterior, pois deixa clara a situação: são penhoráveis relativamente no caso da falta de outros bens e penhoráveis quando se tratar de satisfação de prestação alimentícia.

2.2.2.5.2. *Ordem de penhora*

A nova sistemática determina que, na mesma oportunidade da penhora, o Oficial de Justiça procederá a avaliação do bem (arts. 143, V e 652, § 1º do CPC), salvo se depender de conhecimentos específicos, oportunidade em que o juiz nomeará avaliador (art. 680 do CPC).

Ressaltamos que, num mesmo mandado, o Oficial de Justiça tem a incumbência de citar o executado, proceder à penhora e à avaliação do bem. Citado o devedor, o executante certifica o ocorrido nos autos (devolvendo a primeira via ao cartório), ficando com a segunda via do mandado para que, na hipótese do não pagamento no prazo de 3 (três) dias, proceder à penhora e à avaliação, com imediata intimação do executado. No caso do exequente ter indicado bem à penhora na petição inicial (art. 652, § 2º do CPC), o Oficial deverá observar o referido para a constrição. Não existindo a indicação, deverá penhorar os bens que encontre, em montante suficiente para garantir a satisfação da execução dos créditos e acessórios, caso tenha sido determinado pelo juiz.

---

(40) MARINONI, Luiz Guilherme; ARENHART, Sérgio Cruz. *Curso de processo civil:* execução. São Paulo: RT, 2007. p. 256.

Não encontrando bem à penhora, poderá o Juiz, de ofício ou a requerimento do exequente, intimar o executado, na pessoa do seu advogado, para que informe os passíveis à penhora (art. 652, § 3º do CPC). Pela nova redação do art. 600, IV do CPC, temos o dever do executado intimado indicar ao juiz, no prazo de cinco dias, quais são e onde se encontram os bens sujeitos à penhora e seus respectivos valores sob pena de considerar-se a prática de atos atentatórios à dignidade da Justiça, sendo cabível a multa prevista no art. 601 do CPC. A nova redação é melhor e mais incisiva que a anterior, não mais devendo ser indagada a intenção do devedor em obstruir a penhora por meio da ocultação de seu patrimônio, pois a simples não informação ao juízo já caracterizará a má-fé, haja vista que é dever das partes a cooperação para a prestação jurisdicional. No caso da inexistência de bens, por óbvio, não há como aplicar o dispositivo legal.

A ordem que deverá ser observada para a penhora dos bens do devedor está descrita no art. 655 do CPC, sendo a seguinte: I — dinheiro, em espécie ou em depósito ou aplicação em instituição financeira; II — veículos de via terrestre; III — bens móveis em geral; IV — bens imóveis; V — navios e aeronaves; VI — ações e quotas de sociedades empresárias; VII — percentual do faturamento de empresa devedora; VIII — pedras e materiais preciosos; IX — títulos da dívida pública da União, Estados e Distrito Federal com cotação em mercado; X — títulos e valores mobiliários com cotação em mercado; XI — outros direitos. Como já referido, não cabe mais ao devedor nomear bens à penhora, como ocorria na sistemática anterior (art. 652 do CPC — revogado). A incumbência do apontamento dos bens que deverão ser penhorados pelo Oficial de Justiça é do credor, que os deverá indicar na petição inicial (art. 652, § 2º do CPC), cabendo ao devedor impugnar a indicação, quando não observada a ordem legal (art. 655 do CPC).

O dinheiro continua como o primeiro bem na ordem legal, não importando onde esteja (art. 655-A do CPC), salvo as limitações contidas no art. 649 do CPC. Ocorreu alteração significativa quanto à ordem dos demais bens, haja vista que os veículos de via terrestre foram galgados à segunda posição, e os demais, na seguinte ordem: bens móveis; bens imóveis; navios e aeronaves; ações e cotas de sociedades empresárias; percentual de faturamento da empresa devedora; pedras e metais preciosos; títulos da dívida pública com cotação de mercado e outros direitos.

Em se tratando da execução de valores decorrentes de obrigações com garantias hipotecárias, pignoratícia ou anticrética, a penhora deverá incidir, preferencialmente, sobre os bens dados em garantia, na forma do art. 655, § 1º do CPC.

Existindo a penhora de bem imóvel, deverá ocorrer a intimação do cônjuge do executado (art. 655, § 2º do CPC). Tal situação deve ser assegurada pelo juízo aos casados em regime de comunhão total e parcial, sendo desnecessária na hipótese de separação total (art. 1.647 do Código Civil). Como o Juiz, na maioria das vezes, não tem comprovação nos autos do regime de comunhão do casal, deve proceder à intimação.

2.2.2.5.3. Penhora on line e penhora de faturamento

Inovação importante introduzida pela Lei n. 11.382/06 foi a previsão no CPC da penhora *on line*, estabelecendo que o juiz, a requerimento do exequente, requisitará ao Banco Central do Brasil, preferencialmente por meio eletrônico, informações a respeito de saldos em instituições financeiras em nome do executado, podendo, no mesmo ato, determinar a sua indisponibilidade no limite do valor executado (art. 655-A do CPC). As informações resumir-se-ão à existência ou não de valores até o limite da execução (art. 655-A, § 1º do CPC). A prova de que os valores constritos são impenhoráveis é do executado (art. 655-A, § 2º do CPC).

Em decorrência da Lei Complementar n. 118/05, que alterou os artigos do Código Tributário Nacional (CTN), já havia a previsão de que, caso o devedor tributário, devidamente citado, não pagasse e nem apresentasse bens à penhora, o juiz determinaria a indisponibilidade de seus bens e direitos, comunicando a decisão, preferencialmente por meio eletrônico, aos órgãos e entidades que promovem registro de transferência de bens, especialmente ao registro público de imóveis e às autoridades supervisoras do mercado bancário e do mercado de capitais, a fim de que, no âmbito de suas atribuições, fizesse cumprir a ordem judicial (art. 185-A do CTN).

Em se tratando de penhora de faturamento da empresa executada, será nomeado depositário que apresentará em juízo a forma de efetivação da constrição, bem como prestará contas mensalmente (art. 655-A, § 3º do CPC). O que deve ser observado no procedimento adotado é que a penhora efetuada represente meio menos oneroso ao devedor; a inexistência de outros bens ou que estes sejam de difícil comercialização; a nomeação de depositário-administrador que apresentará meio de satisfação da obrigação sem inviabilizar o empreendimento. O plano apresentado pelo depositário deve ser aceito pelo juiz para ser aplicado à empresa. Com a aceitação do juízo, o depositário figurará como um interventor na gestão da empresa, durante o período do cumprimento da obrigação em execução, tomando todas as providências necessárias para o atendimento da satisfação da obrigação.

2.2.2.5.4. Penhora de bem indivisível

Muitas discussões surgiam a respeito da penhora de bem indivisível, sendo sustentado por alguns que somente parte do bem deveria ser penhorado, caso alcançado o montante da garantia do juízo; outros defendiam a penhora e a divisão do produto alcançado na expropriação.

O art. 655-B do CPC traz inovação importante, prevendo que, no caso de penhora de bem indivisível, a meação do cônjuge alheio à execução recairá sobre o produto da alienação e não sobre parte do bem. É uma escolha importante com objetivo à efetividade do processo de execução, haja vista que era observada a falta de liquidez da alienação de parte do bem indivisível.

2.2.2.5.5. Substituição do bem penhorado

A substituição do bem penhorado pode ser invocada pelo devedor e pelo credor. Em decorrência da alteração da forma de indicação dos bens a serem penhorados, passando para o credor tal faculdade, cresceu de importância a análise da possibilidade da substituição do bem penhorado. No caso de o credor não indicar os bens à penhora (art. 652, § 2º do CPC) e não encontrando o Oficial de Justiça bens em suas diligências, caberá ao devedor tal providência (art. 652, § 2º do CPC). Assim, poderá tanto o devedor como o credor requerer a substituição (art. 656 do CPC) do bem penhorado, no caso de: não ser obedecida a ordem legal; a penhora não incidir sobre os bens designados por lei, contrato ou ato judicial para o pagamento; haver bens no foro da execução; haver bens livres, a penhora ocorrerá sobre bens já penhorados ou objeto de gravame; incidir sobre bens de baixa liquidez; se fracassada a tentativa de alienação judicial do bem; ou o devedor não indicar o valor ou omitir qualquer das circunstâncias referidas nos incisos do art. 668 do CPC.

Importante é a referência de bens de "baixa liquidez", o que autoriza o juízo a determinar nova penhora, em face do não interesse na aquisição do bem penhorado, visando à efetividade do processo executivo.

Há no CPC outro artigo que trata da substituição de bem penhorado, art. 668 do CPC, que ressalta a possibilidade de o executado requerer a substituição do bem, caso demonstre a inexistência de prejuízos ao exequente e seja a forma menos gravosa para ele. Mas, para tanto, deverá o devedor indicar: 1º) quando se tratar de bem imóvel, a respectiva matrícula e registro, situando-o com divisa e confrontações; 2º) quando for bem móvel, particularizar o estado do mesmo e o local onde se encontra; 3º) quando forem semoventes, especificá-los, indicando o número de cabeças e o imóvel em que se encontram; 4º) quando forem créditos, indicar o devedor e qualificá-lo, descrevendo a origem da dívida, o título que a representa e a data do vencimento. Deverá o devedor, ainda, atribuir o valor aos bens indicados à penhora. A hipótese referida no art. 668 do CPC deve ser exercida pelo executado no prazo de 10 (dez) dias contados da intimação da penhora. Transcorrido esse prazo, não mais poderá requerer a substituição pelos fundamentos do art. 668 do CPC.

A demonstração de ausência de prejuízos ao exequente, referida no art. 668 do CPC, está vinculada à possibilidade da conversão do bem penhorado em numerário, ou seja, relacionada à alienação do bem com que se pretende substituir o penhorado. Dessa forma, demonstrado cabalmente, expressão utilizada no artigo referido, pelo executado que o bem substituto não trará prejuízos à execução, relacionados à comercialização do mesmo, bem como represente a forma menos gravosa (art. 620 do CPC), poderá ser acolhido pelo juiz o requerimento da substituição.

É obrigação do devedor indicar, no prazo fixado pelo juiz, o local onde se encontram os bens, exibir prova de propriedade, bem como abster-se de qualquer atitude que dificulte ou embarace a penhora, sob pena da caracterização da litigância de má-fé (art. 656, § 1º do CPC).

A penhora poderá ser substituída por fiança bancária ou seguro-garantia judicial, caso essa garantia supere em 30% o valor total da execução (art. 656, § 2º do CPC). Tal situação já era prevista na Lei n. 6.830/80 (Lei de Execuções Fiscais), a qual inclusive estava na mesma ordem de preferência para penhora do dinheiro do executado, mas não com o acréscimo referido.

No caso de o devedor pretender oferecer bem imóvel em substituição de penhora, deverá fazê-lo com expressa anuência do cônjuge (art. 656, § 3º do CPC).

Para decidir sobre a substituição da penhora, o Juiz ouvirá a parte contrária no prazo de três dias (art. 657 do CPC). Caso julgue procedente o pleito, determinará a lavratura do respectivo termo.

2.2.2.5.6. Limites da penhora

Quanto aos limites de constrição, a penhora deverá atingir o valor total da execução, considerando o principal atualizado, juros, custas e honorários advocatícios (art. 659 do CPC). A penhora será efetuada mesmo que os bens estejam em posse de terceiros (art. 659, § 1º do CPC).

Diferentemente do que ocorre na execução coletiva, em que se aplica o princípio da universalidade, formando-se a massa objetiva com a totalidade do patrimônio do executado, na execução singular adota-se o princípio da suficiência, ou seja, a constrição do patrimônio da execução tem relação ao valor da obrigação que pretende ter satisfeita, com os acréscimos legais. Humberto Theodoro Júnior[41] faz observação importante no sentido de que o processo poderá durar algum tempo, sendo que, na penhora, deverá ser observada margem destinada a satisfazer os acréscimos decorrentes do

---

(41) THEODORO JÚNIOR, Humberto. *A reforma da execução do título extrajudicial*. Rio de Janeiro: Forense, 2007. p. 90.

período processual. Assim, não há como estabelecer uma igualdade matemática entre a dívida e o valor do bem penhorado, mas observar a razoabilidade entre os bens penhorados e o valor em execução, não se tolerando excessos evidentes.

Outro princípio observado no CPC é o da utilidade que, como no regramento anterior, estipula que não será levada a efeito a penhora se evidente que o produto da execução dos bens for totalmente absorvido pelo pagamento das custas, devendo o Oficial de Justiça descrever os bens que guarnecem a residência ou estabelecimento do executado (art. 659, §§ 2º e 3º do CPC).

No que pertine à penhora de bens imóveis, determina o art. 659, § 3º do CPC, que será realizada por auto ou termo, cabendo ao exequente providenciar a averbação junto ao registro imobiliário, mediante a apresentação de certidão de inteiro teor do ato, independente de mandado judicial, para conhecimento de terceiros. Determina, ainda, que, independente do local em que se encontra o imóvel, quando apresentada a certidão da respectiva matrícula, a penhora será realizada a termo, sendo intimado o executado, pessoalmente ou por intermédio de seu procurador, e por esse ato constituído como depositário (art. 659, § 5º do CPC).

Como ocorre no caso de penhora de numerário, poderão os Tribunais estabelecer procedimento de averbação de penhora de bens imóveis e móveis por meios eletrônicos (art. 659, § 6º do CPC).

2.2.2.5.7. Depósito

O depósito dos bens foi alterado, em face da incorporação dos parágrafos ao art. 666 do CPC. Na redação original, o depósito deveria ser feito em poder do executado; mas, na discordância do credor, o encargo seria incumbido a terceiros.

Pela nova sistemática, o depósito será realizado, preferencialmente (art. 666 do CPC): I — no Banco do Brasil, na Caixa Econômica Federal, ou em um banco de que o Estado-Membro da União possua mais da metade do capital social integralizado; ou, em falta de tais estabelecimentos de crédito, ou agências suas no lugar, em qualquer estabelecimento de crédito, designado pelo juiz, as quantias em dinheiro, as pedras ou metais preciosos, bem como os papéis de crédito; II — em poder de depositário judicial, os móveis e os imóveis urbanos; III — em mãos de depositário particular, os demais bens.

Foi acrescentado, na nova redação, que o depósito poderá ser realizado em poder do executado, quando existir a expressa anuência do exequente ou nos casos de difícil remoção (art. 666, § 1º do CPC). No caso de joias, pedras e objetos preciosos, estes serão depositados com registro do valor estimado de resgate (art. 666, § 2º do CPC), sendo essa medida salutar no sentido da possibilidade da substituição por dinheiro, dirimindo eventuais controvérsias a respeito.

Outra novidade legislativa é a confirmação do que a jurisprudência já havia pronunciado, no sentido da desnecessidade de processo próprio para prisão do depositário infiel, podendo ser determinada nos mesmos autos da execução (art. 666, § 3º do CPC — Súmula n. 619 do STF). Contudo, em face do entendimento majoritário no Supremo Tribunal Federal (Súmula Vinculante n. 25) da impossibilidade de prisão do depositário infiel, concluímos pela inaplicação do referido dispositivo legal, o que, com a devida vênia, representa um grande equívoco e um prejuízo manifesto à execução.

Em se tratando de bem imóvel, deve ser observada a regra do art. 659, § 5º do CPC, no sentido de que da penhora, formalizada mediante termo, será intimado o devedor e constituído como depositário, independente de compromisso formal e expresso.

2.2.2.6. Avaliação

Em comparação com a forma originalmente prevista no CPC, a avaliação sofreu grandes alterações. Segundo o disposto no art. 680 do CPC, após a Lei n. 11.382/06, a avaliação é encargo do Oficial de Justiça, salvo quando o exequente aceitar o valor atribuído pelo executado (hipótese referida no art. 668, parágrafo único, inciso V do CPC). A avaliação só será realizada por terceiros, com conhecimentos específicos, no caso das necessidades desses, devendo o juiz fixar prazo de no máximo de 10 (dez) dias para apresentação do laudo (art. 680 do CPC).

A determinação do encargo da avaliação ao Oficial de Justiça não é novidade no ordenamento pátrio, sendo prevista, *v. g.*, nos casos da execução fiscal e da execução trabalhista. A jurisprudência do Superior Tribunal de Justiça era controvertida a respeito da possibilidade da realização da avaliação pelo oficial, sob o argumento de que esse não tinha conhecimento técnico necessário para o desempenho de tal tarefa. Contudo, pela nova sistemática processual, a incumbência originária da avaliação é do Oficial de Justiça e, só por exceção, transferida a terceiro com conhecimentos técnicos específicos.

O laudo da avaliação integrará o auto de penhora, ou será juntado ao processo no prazo determinado pelo Juiz, contendo a descrição dos bens, com suas características, indicação do estado em que se encontram e do valor atribuído. Em se tratando de bem imóvel, o avaliador, considerando a suscetibilidade da divisão cômoda, deverá avaliá-lo em partes, sugerindo os possíveis desmembramentos (art. 681, I, II, e parágrafo único do CPC).

Somente será possível nova avaliação se as partes arguirem, fundamentadamente, o erro na avaliação ou o dolo dos avaliadores; ou, for verificada após a avaliação a diminuição ou majoração do valor do bem; ou, houver fundada dúvida sobre o valor atribuído ao bem pelo executado (art. 683 do CPC).

Não há necessidade de avaliação no caso da aceitação pelo exequente do valor atribuído pelo executado ou se tratar de títulos ou mercadorias que tenham cotação em bolsa (art. 684 do CPC).

Após a avaliação, o juiz poderá mandar, a requerimento da parte interessada e ouvida a parte contrária, reduzir a penhora ou transferir para outros bens, que bastem para a execução; ou ampliar a penhora, quando insuficiente para a satisfação da execução (art. 685 do CPC). Após tais providências, o juiz determinará que sejam publicados os editais de praça (art. 685, parágrafo único do CPC).

2.2.2.7. Ordem da expropriação

A sistemática da expropriação dos bens do devedor foi alterada profundamente com a Lei n. 11.382/06. O art. 647 do CPC foi modificado, prevendo a seguinte ordem da expropriação: 1º) adjudicação em favor do exequente ou das pessoas indicadas no § 2º do art. 685-A do CPC; 2º) alienação por iniciativa particular; 3º) alienação em hasta pública; 4º) usufruto de bem móvel ou imóvel.

Pela redação original do art. 647 do CPC, a ordem até então vigente era a arrematação, adjudicação e o usufruto. A nova redação do artigo citado altera a ordem e traz a inovação da alienação particular, de que já existia uma hipótese no CPC (art. 700), mas com aplicação restrita.

2.2.2.7.1. Adjudicação

Com a alteração legal, a adjudicação dos bens do devedor é preferente, tanto para o credor quanto para os parentes do executado (art. 685-A, §§ 2º e 3º). A hasta pública, que pelo sistema revogado era a primeira situação, passa para a terceira na ordem, sendo precedida pela alienação particular. Na quarta posição, está a hipótese do usufruto dos bens do devedor, tanto os móveis quanto os imóveis.

A adjudicação pelo exequente terá como base o valor da avaliação (art. 685-A do CPC). No caso deste valor ser superior ao valor do crédito do exequente, esse terá que depositar de imediato a diferença, ficando a mesma à disposição do executado. No caso de superior o valor da execução, prosseguirá o processo normalmente (art. 685-A, § 1º do CPC). Como já referido, a adjudicação pode ser requerida pelo cônjuge, descendentes ou ascendentes do executado. Poderão, ainda, requerer a adjudicação o credor com garantia real e os credores concorrentes que tenham penhorado o mesmo bem (art. 685-A, § 2º do CPC). Havendo mais de um pretendente entre eles, ocorrerá a licitação, prevalecendo o interesse do cônjuge, descendente ou ascendente, nessa ordem (art. 685-A, § 3º do CPC). Os sócios terão preferência em se tratando de penhora de quota, em relação a terceiros da sociedade (art. 685-A, § 4º do CPC).

A redação do art. 685-A do CPC supera os limites contidos no art. 714 do CPC, já não mais se referindo à adjudicação de imóvel, mas a qualquer bem penhorado, como já era aceito na jurisprudência.

Existindo a pretensão dos exequentes na adjudicação, caso não haja preferência prevista no direito material, primeiro deverá ser observado quem oferecer maior valor ao bem penhorado; segundo a preferência do cônjuge, descendente e ascendente, nessa ordem e, posteriormente, os demais exequentes (o critério é o da anterioridade da penhora — art. 612 do CPC). Na situação da penhora de cotas de sociedade, terão preferência os sócios da mesma.

Não estipula o art. 685-A do CPC o prazo para o requerimento da adjudicação, concluindo-se que possa ser realizada até a alienação. Contudo, se o juiz tiver intimado o exequente a respeito da adjudicação, e esse não tiver manifestado sua intenção, entendemos que, se o fizer depois dos atos necessários à alienação, deverá arcar com tais despesas. Situação diversa será a da não alienação particular ou em hasta pública, por inexistência de interessado ou outro motivo alheio à vontade do exequente, sendo que, nesse caso, não poderão ser imputadas ao credor as despesas realizadas.

Considerar-se-á perfeita e acabada a adjudicação com a lavratura e assinatura do auto pelo juiz, escrivão e, se estiver presente, o executado, sendo expedida carta de adjudicação em se tratando de imóvel, e mandado de entrega, no caso de bens móveis (art. 685-B do CPC). A carta de adjudicação deverá conter a descrição do imóvel, com referência à matrícula e ao registro, cópia do auto de adjudicação e prova de quitação de imposto de transmissão (art. 685-B, parágrafo único do CPC).

2.2.2.7.2. Alienação particular

Refere o texto legal, art. 685-C do CPC, que, no caso de não requerida a adjudicação, poderá o exequente, por sua própria iniciativa ou por intermédio de corretor credenciado perante a autoridade judiciária, proceder à alienação particular. A alienação particular, na forma proposta no artigo referido, é mais ampla que a existente no texto original do CPC (art. 700 — revogado), que previa a alienação de bem imóvel, por corretor inscrito em entidade oficial da classe.

A novidade introduzida[42], portanto, em relação ao anteriormente existente no CPC, é mais abrangente, pois possibilita que, para qualquer bem penhorado, tanto imóvel quanto móvel, seja utilizada, podendo ser procedida pelo próprio exequente ou por corretor. Sem sombra de dúvida, representa forma mais eficaz na tentativa da alienação do bem penhorado, haja vista a possibilidade de, no caso concreto, o juiz definir parâmetros que facilitem a mesma.

Para a alienação particular, deve ocorrer, inicialmente, a inexistência de interesse na adjudicação e o requerimento do credor. Com a postulação do exequente e aceitação pelo juiz, esse fixará o prazo em que deve ser efetivada a alienação particular, a forma de publicidade, o preço mínimo (que deve ser o da avaliação — art. 680 do CPC), as condições de pagamento e as garantias, bem como, se for o caso, a comissão de corretagem (art. 685-C, § 1º do CPC).

A formalização da alienação particular é por termo nos autos, assinado pelo juiz, pelo exequente, pelo adquirente e pelo executado, se presente. Será expedida a carta de alienação de imóvel para respectivo registro, ou mandado de entrega, no caso de móvel (art. 685-C, § 2º do CPC).

Quanto ao procedimento da alienação particular, os Tribunais deverão definir mediante provimentos, inclusive disciplinando a utilização de meios eletrônicos. No caso dos corretores, deve ser exigido exercício mínimo de cinco anos de profissão (art. 685-C, § 3º do CPC) e credenciados no juízo. Uma consequência óbvia, mas que deve ser referida, no caso de o credor proceder à alienação, não será devida a esse comissão, como no caso do corretor credenciado.

Ressaltamos, ao final, que a alienação particular não se trata de forma de alienação extrajudicial, mas sim, de procedimento judicial, realizado pelo próprio credor ou corretor credenciado. Para a formalização do procedimento, deverá ser elaborado termo lavrado nos autos, subscrito pelo juiz, exequente e adquirente, com obrigatoriedade, facultada a participação do executado. No caso de imóvel, será expedida carta de alienação, para posterior registro junto ao Registro Imobiliário, para que seja realizada a transferência de propriedade.

2.2.2.7.3. Expropriação em hasta pública

Pelo novo regramento, a arrematação passou a ser a terceira opção na satisfação do credor, haja vista que precedida da adjudicação e da alienação

---

(42) Formas de alienação particular já estavam presentes no ordenamento jurídico, *v. g.*, no caso de alienação fiduciária (Decreto-lei n. 911/69 e Lei n. 9.514/97) e bens hipotecados (Lei n. 5.741/71).

particular. Caso não requeridas as duas modalidades anteriormente referidas, os bens penhorados serão levados à hasta pública.

Para conhecimento geral da modalidade expropriatória, a hasta pública sempre será precedida de edital (art. 686 do CPC), que deverá conter: I — a descrição do bem penhorado, com suas características e, tratando-se de imóvel, a situação e divisas, remissão à matrícula e aos registros; II — o valor do bem; III — o lugar onde estiverem os móveis, veículos e semoventes, e, sendo direito e ação, os autos do processo em que foram penhorados; IV — o dia e hora de realização da praça, se bem imóvel, ou o local, dia e hora de realização do leilão, se bem móvel; V — menção da existência de ônus, recursos ou causas pendentes sobre os bens a serem arrematados; VI — a comunicação de que, se o bem não alcançar o lanço superior à importância da avaliação, seguir-se-á, em dia e hora que forem desde logo designados entre os 10 (dez) e os 20 (vinte) dias seguintes, a sua alienação pelo maior lanço (art. 692 do CPC).

Em se tratando de título ou de mercadorias, que tenham cotação em bolsa, no edital, terá a menção do valor da última cotação anterior à data da sua expedição.

O local da realização da praça será no átrio do edifício do Fórum, sendo que o leilão será efetuado no local onde estiverem os bens ou no lugar designado pelo juiz (art. 686, § 2º do CPC).

No caso de bens que não possuam avaliação superior a 60 (sessenta) salários mínimos, será dispensada a publicação de editais, sendo que o preço da arrematação não poderá ser inferior ao da avaliação (art. 686, § 3º do CPC). Na forma original do CPC, o valor para adotar o procedimento simplificado era equivalente a 20 (vinte) salários mínimos, mas já adotavam as restrições que foram mantidas na nova redação.

Segundo o disposto no art. 687 do CPC, o edital deverá ser afixado no local de costume e publicado, em resumo, com antecedência mínima de 5 (cinco) dias, pelo menos uma vez em jornal de ampla circulação local. Em se tratando de credor com benefício da justiça gratuita, a publicação do edital será realizada no órgão oficial (art. 687, § 1º do CPC). É facultado ao juiz, observando o valor dos bens penhorados e as peculiaridades da comarca, alterar a forma e a frequência da publicação na imprensa, mandando divulgar avisos em emissora local e adotar outras providências tendentes à mais ampla publicidade, inclusive recorrendo a meios eletrônicos de divulgação (art. 687, § 2º do CPC).

Os editais de praça serão divulgados pela imprensa preferencialmente na seção ou local reservado à publicidade de negócios imobiliários, sendo facultado ao juiz determinar a reunião de publicações em lista referente a mais de uma execução (art. 687, §§ 3º e 4º CPC).

Quanto à ciência do executado do dia, da hora e do local da hasta, será procedida por meio da intimação do seu advogado, por meio de mandado, carta registrada, edital ou outro meio idôneo (art. 687, § 5º do CPC). No caso da inexistência de procurador constituído nos autos, será o executado intimado pessoalmente pelas mesmas formas anteriormente referidas. Não há necessidade de intimação do cônjuge na realização da hasta pública, sendo somente necessária na da penhora (art. 655, § 2º do CPC).

A arrematação, disciplinada nos arts. 686 a 689 do CPC, poderá ser substituída por meio de alienação realizada na rede mundial de computadores, com a utilização de páginas virtuais criadas pelos Tribunais ou por entidades públicas ou privadas em convênio com eles firmado, no caso de requerido pelo exequente (art. 689-A do CPC). Tal modalidade deverá ser regulamentada pelo Conselho da Justiça Federal e pelos Tribunais de Justiça, na forma do disposto no art. 689-A, parágrafo único do CPC.

Com relação à integralização do valor do lanço, deve ser procedido imediatamente, ou no prazo de quinze dias, mediante a apresentação de caução (art. 690 do CPC). A sistemática anterior previa o pagamento à vista, ou no prazo de três dias, mediante caução.

O art. 690, § 1º do CPC, prevê que, em se tratando de bem imóvel, o pagamento pode ser realizado de forma parcelada, por meio da apresentação de proposta escrita, com oferta de no mínimo 30% à vista e o restante parcelado, ficando o bem alienado como garantia do pagamento, mediante a hipoteca. A proposta de parcelamento deverá ser juntada aos autos, indicando o prazo, a modalidade e as condições de pagamento. O valor proposto não poderá ser inferior ao da avaliação. Caberá ao juiz decidir por ocasião da praça se a arrematação será pelo melhor lance ou pelo proposto no parcelamento (art. 690, § 2º do CPC). No caso de pagamento parcelado, os valores serão entregues ao exequente, até o limite do seu crédito, e o restante ao executado (art. 690, § 4º do CPC). Pela redação do art. 690 do CPC, presume-se que, para a aceitação e análise da proposta parcelada, essa deve ser apresentada até a realização da hasta pública. Contudo, no caso de não existir interessado na hasta, nada impede que seja apresentada posteriormente a essa. Aceito pelo juiz o parcelamento, não há necessidade de escritura pública, lavrando o auto de arrematação como título constitutivo da alienação, bem como da garantia real (art. 693).

Para efetuar o lanço em hasta pública, somente será possível quem estiver na livre administração de seu patrimônio (art. 690-A do CPC). É vedada a participação de: I — tutores, curadores, testamenteiros, administradores, síndicos ou liquidantes, quanto aos bens confinados a sua guarda e responsabilidade; II — mandatários, quanto aos bens de cuja administração ou alienação estejam encarregados; III — juiz, membros do Ministério Público e da Defensoria Pública, escrivão e demais servidores e auxiliares da Justiça (art. 690-A, I, II e III do CPC). Tal previsão amplia um pouco a redação anterior do CPC, acrescentando a vedação aos membros do Ministério Público, da Defensoria Pública e aos "demais servidores e auxiliares da Justiça".

Como já previa o CPC, ficou mantida a faculdade da arrematação pelo exequente, sendo que esse não precisará exibir o preço, salvo se exceder ao seu crédito, devendo assim proceder no prazo de 3 (três) dias. Não o efetuando, os bens serão, novamente, levados à hasta pública; mas as despesas correrão às suas expensas (art. 690-A, parágrafo único do CPC). Pela nova redação do CPC, como já referido, há preferência para a adjudicação, sendo a arrematação a terceira na ordem legal. Contudo, a adjudicação deverá ser realizada pelo preço da avaliação, no mínimo (art. 685-A do CPC). Tal parâmetro, preço mínimo da avaliação, não necessita ser observado na hipótese de arrematação, na segunda hasta pública, não sendo aceito o preço vil. Outras hipóteses da exigência de depósito do valor do lanço pelo exequente, não contidas no art. 690-A, parágrafo único do CPC, são relacionadas à anterioridade da penhora (questão processual) e às preferências legais (questão material).

A formalização da arrematação será por meio de auto, lavrado imediatamente após pelo serventuário da Justiça (no caso da praça) ou pelo leiloeiro, contendo as condições em que o bem foi alienado. A ordem de entrega do bem ou a expedição da carta de arrematação somente será procedida mediante o pagamento do lanço, ou do oferecimento das garantias (art. 693 do CPC). A arrematação considerar-se-á perfeita, acabada e irretratável a partir da assinatura do auto, que será realizado pelo juiz, arrematante e serventuário da Justiça (no caso da praça) ou pelo leiloeiro. Não são alterados tais efeitos mesmo no caso da procedência dos embargos do executado (art. 694 do CPC). Contudo, a arrematação poderá tornar-se sem efeito: I — por vício de nulidade; II — se não for pago o preço ou se não for prestada a caução; III — quando o arrematante provar, no prazo de 5 (cinco) dias seguintes, a existência de ônus ou gravame (art. 686, V do CPC) não mencionado no edital; IV — a requerimento do arrematante, na hipótese de embargos à arrematação (art. 746, §§ 1º e 2º do CPC); V — quando realizada por preço vil (art. 692 do CPC); nos casos previstos no CPC (art. 698) (art. 694, § 1º do CPC). Existindo a procedência dos embargos, o executado terá direito a haver do exequente o valor por este recebido como produto da arrematação; caso inferior ao valor do bem, haverá o exequente também a diferença (art. 694, § 2º do CPC). O CPC adotou a hipótese de que, mesmo no caso de procedência dos embargos, não haverá prejuízo aos adquirentes, resolvendo-se em perdas e danos (art. 694 do CPC).

O que foi ampliado é a situação da desconstituição da arrematação em decorrência de ônus real ou gravame. Na forma revogada, somente havia a menção de "ônus real", sendo que a situação do gravame abrange outras hipóteses além dos direitos reais, tais como cláusula de inalienabilidade, convenção de indivisibilidade, restrição de destinação etc.

No caso do não pagamento do lanço pelo arrematante ou seu fiador, o juiz impor-lhe-á, em favor do exequente, a perda da caução, voltando os bens à nova praça ou leilão, dos quais não serão admitidos a participar (art. 695 do CPC). Tal situação é bem melhor do que a prevista no anterior texto do art. 695, que previa a possibilidade de escolha do exequente, prosseguimento da execução com nova praça ou a execução do arrematante e do fiador remissos, ocasionando no mínimo a demora da satisfação de seus direitos.

Antes da alienação do bem ou da sua adjudicação, deverá ser cientificado, com antecedência mínima de 10 (dez) dias, o senhorio direto, o credor com garantia real ou com penhora anteriormente averbada (art. 698 do CPC). Tal circunstância deve ser observada em todas as hipóteses de transferência do patrimônio do executado (adjudicação, alienação particular e arrematação). Portanto, quando existirem penhoras sobre o bem levado à alienação, anteriores à do processo, deverão ser cientificados os demais credores.

Devem constar na carta de arrematação (art. 703 do CPC): I — a descrição do imóvel, com remissão à sua matrícula e registros; II — cópia do auto de arrematação; e III — prova de quitação do imposto de transmissão. A redação atual explicita que os impostos que devem ser demonstrados são os de transmissão, aprimorando o contido no texto revogado, diante do disposto no art. 130, parágrafo único do CTN.

Ressalvados os casos de alienação de bens imóveis e nos casos de bens com cotação em bolsa de valores, todos os demais serão procedidos por meio de leilão público (art. 704 do CPC). Em se tratando de imóvel, o CPC estipula a modalidade da praça, como já referido. O leiloeiro será indicado pelo exequente (art. 706 do CPC). Efetuado o leilão, lavrar-se-á o auto, que poderá englobar bens de mais de uma execução (art. 707 do CPC).

2.2.2.7.4. Expropriação via usufruto

Uma das hipóteses legais da expropriação é o usufruto, que o juiz poderá conceder ao exequente caso configurado ser o meio menos gravoso ao executado e eficiente para o recebimento do crédito (art. 716 do CPC). Ressaltamos que, com o usufruto não haverá alteração de propriedade dos bens penhorados, somente sendo repassado o poder de uso ao exequente. Com a determinação do usufruto, o executado perde o gozo do móvel ou imóvel até a satisfação do exequente, considerado o principal, juros, custas e honorários advocatícios (art. 717 do CPC). Concedido o usufruto, seus efeitos atingem o executado e terceiros (art. 718 do CPC).

A hipótese do usufruto já estava prevista no CPC, redação anterior do art. 716, mas somente em se tratando de empresa ou imóveis. O usufruto de empresa foi excluído, sendo agora admissível a penhora de rendimentos, na forma dos arts. 655 e 655-A do CPC. A nova redação do art. 716 do CPC determina a possibilidade de usufruto de bens móveis ou imóveis.

No caso do usufruto ser de quinhão do condomínio na copropriedade, o administrador exercerá os direitos que cabiam ao executado (art. 720 do CPC).

O juiz designará perito para avaliar os frutos e rendimentos do bem e calcular o tempo necessário para o pagamento, após ouvido o executado (art. 722 do CPC). Com a manifestação das partes a respeito do laudo, o juiz decidirá e, caso se tratar de imóvel, determinará a expedição de carta para averbação no respectivo registro (art. 722, § 1º do CPC).

O exequente usufrutuário poderá dar em locação do bem objeto do usufruto, ouvido o executado. Caso da discordância desta, o juiz decidirá a forma do exercício do usufruto (art. 724 do CPC).

2.2.2.8. Embargos do devedor

Outra grande inovação prevista na Lei n. 11.382/06 foi a determinação de que, para a propositura dos embargos à execução, não mais há necessidade da garantia do juízo, mediante penhora, caução ou depósito (art. 736 do CPC).

Com as alterações procedidas pela Lei n. 11.232/05, em se tratando de título executivo judicial, não cabe mais ao devedor apresentar embargos à execução, mas, sim, impugnação, sendo que os embargos são utilizáveis no caso dos títulos extrajudiciais[43].

Para o processamento dos embargos, estes serão distribuídos por dependência, autuados em apartado, e instruídos com cópias das peças relevantes do processo (art. 736, parágrafo único do CPC).

Quanto ao prazo, há novidades, pois passa a ser de 15 (quinze) dias, contados da juntada aos autos do mandado de citação (art. 738 do CPC), e não mais de 10 (dez) dias. Outra circunstância relevante é que a contagem do prazo se inicia da juntada do mandado de citação e não mais da penhora, obviamente, pois essa não é mais pressuposto para admissão dos embargos (art. 736 do CPC). Quando houver mais de um executado, o prazo começa a

---

(43) Existem duas possibilidades no CPC da utilização de embargos à execução em se tratando de título executivo judicial: sentenças contra a Fazenda Pública (art. 730) e devedor de alimentos (art. 732).

partir da juntada dos respectivos mandados citatórios, salvo no caso de cônjuges (art. 738, § 1º do CPC), não se aplicando, contudo, o disposto no art. 191 do CPC (art. 738, § 3º do CPC). Em se tratando de execução por carta precatória, a citação do executado será imediatamente comunicada pelo juiz deprecado ao deprecante, inclusive por meio eletrônico, contando-se o prazo a partir da juntada de tal comunicação (art. 738, § 2º do CPC).

Prontamente, o juiz indeferirá os embargos nos casos de: I — intempestivos; II — inepta a petição inicial; III — manifestadamente protelatórios (art. 739 do CPC). Os embargos, como se tratam de ação, devem observar os requisitos dos arts. 282 e 283 do CPC, bem como o prazo legal de interposição. A outra circunstância é dos embargos protelatórios, sendo referido no artigo analisado que o julgador deve ser enérgico, reprimindo a litigância de má-fé, indeferindo de plano os mesmos.

No que se refere aos efeitos dos embargos, a nova legislação alterou completamente o que até então ocorria, pois prevê, via de regra, a não suspensão do curso da execução (art. 739-A do CPC). Contudo, poderá o juiz, excepcionalmente, atribuir efeito suspensivo aos embargos, nos casos de relevantes fundamentos e em que o prosseguimento da execução possa causar ao executado grave dano de difícil ou incerta reparação. Além dos requisitos citados deve ser observada, ainda, a garantia da execução por penhora, depósito ou caução suficientes (art. 739-A, § 1º do CPC). Portanto, há necessidade da existência dos dois fundamentos citados com a garantia do juízo para que o julgador possa atribuir efeitos suspensivos aos embargos opostos. A decisão que atribuir os efeitos aos embargos poderá ser modificada ou revogada a qualquer tempo, mediante a exposição dos fundamentos que justifiquem a mesma (art. 739-A, § 2º do CPC). Esta regra é endereçada ao juízo, que terá que apresentar os argumentos que conduziram a sua conclusão.

Essa alteração, quanto aos efeitos dos embargos, conduz a outras muito importantes ao processo de execução. No caso da procedência dos embargos, deverá o exequente indenizar os prejuízos do executado sendo que, no caso de alienação, não haverá a invalidade dessa.

No caso do efeito suspensivo abranger somente parte da matéria, a execução prosseguirá normalmente do incontroverso (art. 739-A, § 3º do CPC). O efeito suspensivo não atinge a totalidade dos executados, somente favorecendo o que embargou, salvo tratar-se de matéria comum (art. 739-A, § 4º do CPC).

Quando existir a alegação de excesso de execução nos embargos, deverá o embargante apresentar memorial de cálculo da parte que entender correta, sob pena de rejeição liminar ou não conhecimento desse fundamento (art. 739-A, § 5º do CPC).

Mesmo no caso da concessão dos efeitos suspensivos dos embargos, deverão ocorrer os atos de penhora e avaliação dos bens (art. 739-A, § 6º do CPC).

No caso da imposição de multa ou indenizações decorrentes de má-fé, a cobrança das mesmas será promovida no próprio processo de execução, em autos apensos, operando-se por compensação ou por execução (art. 739-B do CPC), em decorrência da imputação ao exequente ou ao executado.

Com o recebimento dos embargos, será o exequente ouvido no prazo de 15 (quinze) dias, sendo julgado imediatamente ou designada audiência de conciliação e instrução. O julgamento dos embargos, realizada a audiência, deverá ocorrer no prazo de 10 (dez) dias (art. 740 do CPC).

Novamente, observamos a expressa repressão aos atos de má-fé, introduzida pelo legislador nas alterações do processo de execução, haja vista a preeminência da efetividade do processo, no sentido de que o juiz deverá, observada a situação dos embargos manifestamente protelatórios, impor, em favor do exequente, multa de 20% (vinte por cento) do valor da execução (art. 740, parágrafo único do CPC). Tal regra está no mesmo sentido do contido no já analisado art. 739, III do CPC, que dispõe sobre a rejeição liminar de embargos protelatórios. A preocupação com atos de má-fé que procrastinam a tutela jurisdicional foi ponto cabalmente ressaltado na Lei n. 11.382/06, devendo os julgadores adotar tal posicionamento, ainda que não representem novidade, já existente no art. 600 do CPC.

As matérias que poderão ser alegadas nos embargos são as seguintes: I — nulidade da execução, por não ser executivo o título apresentado; II — penhora incorreta ou avaliação errônea; III — excesso de execução ou cumulação indevida de execuções; IV — retenção por benfeitorias necessárias ou úteis, nos casos de título para entrega de coisa certa (art. 621); V — qualquer matéria que lhe seria lícito deduzir como defesa em processo de conhecimento (art. 745 do CPC).

Quando os embargos tratarem de retenção por benfeitorias é facultado ao exequente requerer a compensação de seu valor com o dos frutos ou danos considerados devidos pelo executado, cumprindo ao juiz, para apuração dos respectivos valores, nomear perito, fixando-lhe breve prazo para entrega do laudo (art. 745, § 1º do CPC). Poderá o exequente ser imitido na posse, prestando caução ou depositando o valor devido pelas benfeitorias ou resultante da compensação (art. 745, § 2º do CPC). A Lei n. 11.382/06, revogando o art. 744 do CPC, eliminou a figura dos embargos de retenção por benfeitorias, passando a ser a matéria alegável junto dos embargos.

2.2.2.9. Parcelamento do crédito exequendo

Outra importante novidade introduzida pela Lei n. 11.382/06 é a possibilidade do executado, no prazo dos embargos (até 15 dias contados da citação), reconhecendo os créditos exequendos, requerer o parcelamento dos mesmos. Deverá o devedor demonstrar o depósito em juízo no valor mínimo correspondente a 30% (trinta por cento) do total da execução, incluindo custas e honorários advocatícios. Quanto ao valor restante, ou seja, o saldo devedor, poderá postular o parcelamento em até 6 (seis) vezes, mensais, acrescidas de correção monetária e juros de 1% (um por cento) ao mês (art. 745-A do CPC). No caso de aceita proposta pelo juiz, o exequente levantará os valores depositados e serão suspensos os atos executivos. Sendo indeferida, prosseguirão os atos executivos e será mantido o valor depositado (art. 745-A, § 1º do CPC).

O inadimplemento de alguma das parcelas implicará o vencimento das subsequentes e o início imediato dos atos executivos. Ao valor devido, será acrescida a multa de 10% (dez por cento) e fica vedada a oposição de embargos (art. 745-A, § 2º do CPC).

2.2.2.10. Embargos à expropriação

Poderá o executado apresentar embargos à adjudicação, alienação ou arrematação, no prazo de 5 (cinco) dias, alegando a nulidade da execução ou causa extintiva da obrigação, desde que superveniente à penhora (art. 746 do CPC). Oferecidos os embargos, poderá o arrematante desistir da aquisição (art. 746, § 1º do CPC), sendo liberados os valores depositados para tanto.

Os embargos à expropriação são conhecidos como embargos de "segunda ordem", pois tratam de matérias supervenientes à etapa da expropriação do patrimônio do executado, cabendo somente discutir a respeito da nulidade da execução ou causa extintiva da obrigação. Antes da vigência da Lei n. 11.382/06, o prazo para os embargos à arrematação era o de 10 (dez) dias, previstos para os embargos à execução — na forma da redação original do art. 738 do CPC.

Na mesma situação dos embargos à execução, caso sejam manifestadamente protelatórios, será imposta multa de 20% (vinte por cento) do valor da execução, só que em favor de quem desistiu da aquisição e não do exequente (art. 746, § 3º da CPC). Entendemos que a imposição de multa não deve ocorrer somente no caso de desistência da aquisição, pois o seu intuito é coibir a litigância de má-fé e, estando caracterizada tal situação, deve ser aplicada.

2.2.2.11. Suspensão da execução

A execução poderá ser suspensa (art. 791 do CPC) quando atribuídos aos embargos efeitos suspensivos (art. 739-A do CPC), nas hipóteses previstas no art. 265, I a III, e quando o devedor não possuir bens penhoráveis.

A redação do artigo referido praticamente permanece inalterada, salvo a substituição dos "embargos do devedor" por "embargos à execução", em face das alterações introduzidas pela Lei n. 11.382/06.

3

EXECUÇÃO TRABALHISTA

3.1. DESENVOLVIMENTO DA LEGISLAÇÃO TRABALHISTA

Antes que se analise a execução trabalhista, há que se apresentar noções gerais do desenvolvimento do Direito e do processo do trabalho.

O trabalho na sociedade esteve sujeito a flutuações de orientação política e econômica nos distintos momentos da história, de maneira que suas normas são desiguais ao longo do tempo. O período histórico que será observado para a presente análise é o posterior à Revolução Industrial, em face da importância das transformações havidas na sociedade com relação ao trabalho por conta alheia, subordinado e assalariado.

O Estado Liberal é caracterizado pelo auge do contrato. A suposta igualdade, sustentada e defendida pelos pensadores da Revolução Francesa, não servia para equilibrar as naturezas diferenciadas das partes contratantes[1]. O

---

(1) Como bem refere Fábio Konder Comparato (*A afirmação histórica dos direitos humanos*. 2. ed. São Paulo: Saraiva, 2001. p. 117) "a revolução, ao suprimir a dominação social fundada na propriedade da terra, ao destruir os estamentos e abolir as corporações, acabou de reduzir a sociedade civil a uma coleção de indivíduos abstratos, perfeitamente isolados em seu egoísmo. Em lugar do solidarismo desigual e forçado dos estamentos e das corporações de ofício, criou-se a liberdade individual na vontade, da mesma forma que a filosofia moderna substituíra a tirania da tradição pela liberdade da razão. O regime da autonomia individual, próprio da civilização burguesa, tem

justo era o que se pactuava, porque era o resultado de uma livre negociação, que podia ser celebrada ou não. Caso celebrada, era a expressão do justo. Em nome da igualdade formal e da liberdade, criou-se a desigualdade entre os contratantes. É a nítida submissão do Direito ao econômico (detentores de capital), pois esse dita as regras que devem regular a relação entre os contratantes.

Abandonado pelo Estado, o operário não passava de um simples meio de produção. O trabalhador, na sua dignidade fundamental de pessoa humana, não era levado em consideração. A duração do trabalho ia além do máximo da resistência normal do indivíduo, e os salários baixavam até onde a concorrência do mercado permitia. Os empregadores, retribuindo ao trabalhador valores acordados, tinham como cumpridos os seus deveres.

A reação contra o sistema liberal não tardou em se produzir, proveniente dos próprios trabalhadores[2], dos setores políticos e filosóficos e da Igreja Católica[3]. Grandes distúrbios sociais ocorreram na Europa no fim do século XIX pela ação do proletariado. A Primeira Guerra Mundial levou trabalhadores e integrantes de outras camadas sociais a lutarem em igualdade, o que desenvolveu o interesse pela uniformização dos direitos[4]. A revolução social na Rússia estremecia os alicerces da civilização ocidental.

Em 1919, pelo Tratado de Versalhes, criou-se a Organização Internacional do Trabalho (OIT), organismo concebido sobre bases filosóficas segundo as quais o trabalho não deve ser tratado como mercadoria. O Tratado garantiu medidas de proteção ao trabalhador e sua família, salário conforme as necessidades da vida, segurança do trabalho, jornada limitada, repouso, entre outras garantias.

O conflito entre as classes operária e empresarial fez com que o Estado interferisse nesses problemas, ditando leis que harmonizassem os dissidentes, de modo a valorizar a pessoa do trabalhador e o significado social de sua existência, protegendo a organização coletiva contra os abalos resultantes de tais litígios[5].

---

seus limites fixados pela lei, assim como a divisa entre dois terrenos é fixada por cercas ou muros. Os 'direitos do cidadão' passaram, então, a servir de meios de proteção aos 'direitos do homem', e ávida política tornou-se mero instrumento de conservação da sociedade civil, sob a dominação da classe burguesa".
(2) PINTO, José Augusto Rodrigues. *Curso de direito individual do trabalho*. 2. ed. São Paulo: LTr, 1995. p. 23, refere o surgimento da "consciência coletiva".
(3) A doutrina católica em matéria social surge com as encíclicas papais: a *Rerum Novarum* (1891), a *Quadragesimo Anno* (1931), a *Mater et Magistra* (1961), a *Populorum Progressio* (1967) e a *Laborem Exercens* (1981).
(4) SÜSSEKIND, Arnaldo; MARANHÃO, Délio; VIANNA, Segadas; e TEIXEIRA, Lima. *Instituições de direito do trabalho*. 19. ed. São Paulo: LTr, 2000. v. I, p. 42. Para aprofundar o assunto, ver GARCIA, Manoel Alonso. *Curso de derecho del trabajo*. 5. ed. Barcelona: Ariel, 1975. p. 67 e seguintes.
(5) Pode-se citar os movimentos "ascendentes" que caracterizaram o origem da legislação trabalhista de países como o México, Inglaterra e França, decorrentes de luta de classes. Já os movimentos

Novos princípios reguladores sociais foram sendo incorporados às leis fundamentais de cada país, inicialmente com a Constituição Mexicana de 1917 e a Alemã de 1919.

O Direito do Trabalho surge da necessidade de disciplinar aspectos que outros ramos do Direito não atendiam, sempre observando a proteção do trabalhador e servindo de meio da interferência estatal na manutenção da paz e da ordem social.

No Brasil, a legislação trabalhista pode ser dividida em dois períodos: o do Império e parte do período Republicano (1930), e o do período posterior[6].

No Império, há a Lei n. 13, de setembro de 1830, regulamentando o contrato escrito sobre a prestação de serviços feito por brasileiro ou estrangeiro, dentro e fora do Império; a Lei n. 108, de 11 de outubro de 1837, dando providências sobre o contrato de locação de serviços de colonos e, finalmente, o Decreto n. 2.827, de 15 de março de 1879, que, dispondo sobre o modo como devia ser feito o contrato de locação de serviço, revogou os dois atos legislativos anteriores.

Além das referidas leis, o Código Comercial de 1850 dispunha sobre locação de serviços mercantis e sua rescisão, sobre acidentes ocorridos no trabalho e, também, sobre o aviso prévio. Há que se referir, também, a Lei Áurea (1888), que, abolindo a escravatura, tornou o trabalho "livre" em toda a sua plenitude.

Em 1881, o Decreto n. 1.313 dispôs sobre o trabalho de menores; em 1905, o Decreto n. 1.150 dava privilégio ao pagamento dos salários dos trabalhadores rurais; o Decreto n. 979, de 1901, dispôs sobre a sindicalização rural, estendida a outras categorias pelo Decreto n. 1.637, de 1907; em 1919, surgiu a lei sobre acidente de trabalho; a primeira lei de previdência social, de 1923, instituiu a Caixa de Aposentadoria e Pensões dos Ferroviários, cujo

---

"descendentes", nos quais inclui-se o Brasil, têm como características: o desenvolvimento da legislação trabalhista que não decorreu de luta de classes, sem que isso indique a ausência de uma questão social, embora latente; falta de associação profissional de expressiva representatividade; os grupos sociais ainda inorgânicos e ausência de atividades econômicas que exijam massas proletárias densas. O movimento descendente resulta da ação de cima para baixo, do governo para a coletividade.

(6) Vários autores apresentam divisão minuciosa das etapas do desenvolvimento do Direito do Trabalho no Brasil, tais como: Antonio Ferreira Cesarino Júnior (*Direito social*. São Paulo: LTr, 1990, p. 90) refere sete períodos: 1) pré-histórico (1500-1888); 2) capitalista (1888-1930); 3) socialista (1930-1934); 4) social-democrático (1934-1937); 5) corporativo (1937-1946); 6) progressista (1946-1964) e 7) revisionista (1964 em diante); Mozart Victor Russomano (*Curso de direito do trabalho*. Curitiba: Juruá, 2000. p. 19), três períodos: 1) do descobrimento à abolição da escravatura; 2) da República à campanha política da Aliança Liberal e 3) da Revolução de 1930 em diante; Orlando Gomes e Elson Gottschalk (*Curso de direito do trabalho*. Rio de Janeiro: Forense, 1995, p. 6-7), uma fase pré-histórica (da independência à abolição) e duas fases históricas, respectivamente, de 1888 a 1930 e da Revolução de 1930 em diante.

regime foi, em 1926, estendido a outras classes de trabalhadores (portuários e telegrafistas); em 1925, surgiu o Decreto n. 4.982 que reconheceu as férias, posteriormente regulamentadas, e, desde 1916, vigoravam as disposições do Código Civil.

Com efeito, a partir de 1930, teve início no Brasil uma verdadeira "fúria legiferante" em matéria de Direito do Trabalho. Mas, de qualquer forma, produziu-se, no país, a partir daquela data e, consequentemente, num período relativamente curto da vida nacional, uma legislação social com algum sentido de dignificação do trabalho humano, legislação que, indiscutivelmente, honra a cultura jurídica de um povo[7].

Com a revolução de 1930, há um processo de centralização e concentração do Estado, englobando do sistema político aos direitos sociais e do trabalho. Há de ser ressaltado que o sistema das relações trabalhistas era nacional, mas não universal. Havia uma grande parcela dos trabalhadores que não foi beneficiada pela legislação introduzida, como o exemplo dos empregados rurais que, até então eram maioria, não estavam abrangidos pelas regras de proteção (art. 7º da CLT).

Em 17 de dezembro de 1930, entrava em vigor o Decreto n. 19.497, que estendia a diversas classes de trabalhadores a legislação sobre aposentadoria e pensões, em cujo conteúdo se encontrava, também, já vigorante, o instituto da estabilidade, desde 1923, privilégio dos ferroviários. Em 26 de novembro do mesmo ano, era criado o Ministério do Trabalho. Irrelevante, para o presente trabalho, referir toda a vasta legislação criada até o grande marco da legislação trabalhista, em 1943, a Consolidação das Leis do Trabalho (CLT), que não só consolidou todas as disposições em vigor, como também sistematizou, corrigiu, inovou e procurou dar um sentido doutrinário e científico às disposições anteriores.

Passando ao processo do trabalho, as primeiras tentativas de criação de órgão para a solução de litígios trabalhistas foram implantadas em 1922, como tribunais rurais, que não surtiram efeito. Tais tribunais eram compostos pelo Juiz de Direito e dois representantes, sendo um dos trabalhadores e outro dos fazendeiros.

Em 1932, surgiram as Juntas de Conciliação e Julgamento e as Comissões Mistas de Conciliação, como órgãos administrativos, que tinham a incumbência de dirimir os litígios, mas não de executar suas decisões, pois isto deveria ser feito na Justiça Comum.

O Decreto-lei n. 1.237, de 2 de maio de 1939, foi um dos primeiros textos legais que dispôs sobre o processo do trabalho. Posteriormente, o Decreto n.

---

[7] SILVA, Carlos Alberto Barata. *Compêndio de direito do trabalho*. 3. ed. São Paulo: LTr, 1983. p. 53.

6.596, de 12 de dezembro de 1940, apresentou mudanças importantes, tais como a competência para a execução das decisões do juiz ou do presidente do tribunal que tivesse conciliado ou julgado originariamente o dissídio (art. 179).

Desde a Constituição de 1946, art. 92, IV, a Justiça do Trabalho é um ramo do Poder Judiciário.

No tocante ao próprio processo do trabalho, lembra Mozart Russomano que, para bem atender a seus fins, o processo revestiu-se de características especiais. Dirigindo-se à aplicação das leis protetoras do empregado, necessitava criar uma ação econômica, sem grandes formalismos, rápida e eficiente[8].

O cunho especial de que se reveste o processo do trabalho não prejudica a existência de íntimos pontos de contato entre ele e os processos civil e comercial. Tanto é assim, que o Direito Judiciário Comum, no Brasil, é fonte subsidiária do Direito Processual do Trabalho por força do art. 769 da Consolidação. E isso, no fundo, é apenas "um aspecto da unidade do próprio Direito. Mas nada tira ao Direito Processual do Trabalho sua natureza peculiar e a especificidade dos seus princípios e da sua técnica"[9].

Ressalta Délio Maranhão[10] que o Direito comum, de um modo geral, é, ainda, um direito individualista. O Direito do Trabalho, ao contrário, nasceu, justamente, da necessidade de corrigir as injustiças, ou desajustamentos, que a concepção individualista veio a provocar com o desenvolvimento da economia capitalista. E o processo lógico de que se valeu — corrigir as desigualdades, criando outras desigualdades — também se fez sentir no processo. Pode-se dizer, repetindo *Couture*, que o Direito Processual do Trabalho é todo ele elaborado com o propósito de impedir que o litigante economicamente mais poderoso possa desviar ou retardar os fins da Justiça. Essa preocupação há de ser a constante de um Direito que é instrumento da efetivação das normas de proteção ao trabalho.

3.2. COMPETÊNCIA DA JUSTIÇA DO TRABALHO

A competência da Justiça do Trabalho está disciplinada na Constituição Federal, art. 114, que a estabelece para apreciar os conflitos decorrentes da relação de trabalho[11]. Com a sua alteração, pela Emenda Constitucional n.

---

(8) RUSSOMANO, Mozart Victor. *Comentários à CLT*. 15. ed. Rio de Janeiro: Forense, 1993. v. II, p. 838.
(9) *Ibidem*, p. 839.
(10) SÜSSEKIND, Arnaldo; MARANHÃO, Délio; VIANNA, Segadas; TEIXEIRA, Lima. *Instituições de direito do trabalho*. 19. ed. São Paulo: LTr, 2000. v. II, p. 1.359.
(11) Expõe o Texto Constitucional, alterado pela Emenda Constitucional n. 45: Art. 114. Compete à Justiça do Trabalho processar e julgar: I — as ações oriundas da relação de trabalho, abrangidos os entes de direito público externo e da administração pública direta e indireta da União, dos Estados, do Distrito Federal e dos Municípios; II — as ações que envolvam o exercício de greve; III — as ações

45, promulgada em 8.12.04, ficou mais ressaltado que nem todo o conflito da competência da Justiça do Trabalho decorre necessariamente do contrato de emprego.

Antes da alteração constitucional, a regra geral era que a competência da Justiça do Trabalho se limitava às relações de emprego e, na forma da lei, a outras controvérsias decorrentes da relação de emprego. Dessa forma, no que se refere às relações de trabalho, só seria admissível caso existisse regra específica como, por exemplo, nos litígios decorrentes de pequena empreitada, em face dos termos do art. 652, III da CLT.

Atualmente, os conflitos de competência da Justiça do Trabalho são os decorrentes do contrato de emprego, ou seja, entre empregados e empregadores; bem como os decorrentes de relação de trabalho, de greves, os conflitos intersindicais, os relativos às penalidades administrativas impostas pelos órgãos de fiscalização e as referentes às contribuições previdenciárias, diante das sentenças que proferir.

Os conflitos analisados na Justiça do Trabalho podem ser individuais ou coletivos. Os individuais visam à análise de interesses concretos de pessoas determinadas. Nos conflitos coletivos, o interesse é abstrato de grupos ou de categoria. Dividem-se os dissídios coletivos nos de natureza jurídica, que tratam da aplicação ou interpretação de uma norma preexistente, legal, convencional, regulamentar ou costumeira; e nos de natureza econômica, que têm por objetivo a criação de novas normas e de condições de trabalho.

Os conflitos atípicos são os que não envolvem empregados e empregadores, mas que decorrem da relação de trabalho. João Oreste Dalazen[12] cita como exemplo de tais conflitos: a) conflitos intersindicais, não coletivos, de representatividade: disputa entre sindicatos (profissionais ou patronais), objetivando o reconhecimento do direito à representação da categoria; "não coletivos", porque dizem respeito ou afetam apenas a entidade sindical como pessoa jurídica, não a coletividade dos componentes da categoria; b) conflitos intersindicais, ou internos: entre o sindicato e o membro da categoria (trabalhador ou não, associado, ou não), fundados em acordo ou convenção

---

de representação sindical, entre sindicatos, entre sindicatos e trabalhadores, e entre sindicatos e empregadores; IV — os mandados de segurança, *habeas corpus* e *habeas data*, quando o ato questionado envolver matéria sujeita à sua jurisdição; V — os conflitos de competência entre órgãos com jurisdição trabalhista, ressalvado o disposto no art. 102, I, *o*; VI — as ações de indenização por dano moral ou patrimonial, decorrentes da relação de trabalho; VII — as ações relativas às penalidades administrativas impostas aos empregadores pelos órgãos de fiscalização das relações de trabalho; VIII — a execução, de ofício, das contribuições sociais previstas no art. 195, I, *a*, e II, e seus acréscimos legais, decorrentes das sentenças que proferir; IX — outras controvérsias decorrentes da relação de trabalho, na forma da lei.

(12) DALAZEN, João Oreste. *Competência material trabalhista*. São Paulo: LTr, 1994. p. 61. O autor publicou valioso artigo com o título A reforma do judiciário e os novos marcos da competência material da Justiça do Trabalho no Brasil. *Revista LTr*, v. 69, n. 3, mar. 2005. p. 263-276.

coletiva de trabalho, ou sentença normativa; c) conflitos entre sindicato e empresa, calcados em norma de acordo ou convenção de trabalho, ou em sentença normativa; d) conflitos interobreiros: empregados, consequentes da execução do contrato de emprego; e) conflitos interpatronais: entre empregadores, em decorrência igualmente da execução de um contrato de emprego. Acrescentamos à relação apresentada a competência da Justiça do Trabalho para apreciar ações civis públicas[13] e os litígios relacionados a trabalhadores avulsos.

Com a ampliação da competência trabalhista, há que se definir parâmetros para a determinação das lides que serão objeto de análise. Inicialmente, cita-se a diferenciação da doutrina tradicional, apresentada por Mario de La Cueva que, analisando as diferenças entre o conflito laboral e o de direito civil, cita dois aspectos, um de natureza intrínseca e outro de natureza extrínseca. As características de natureza intrínseca são duas e referem-se ao objeto de divergências e seu enfoque jurídico e à posição funcional entre as partes. As características extrínsecas são, também, duas, a repercussão econômica e social do conflito e a ação sindical. O autor acrescenta, utilizando os ensinamentos de Tissembaum que: "En las contiendas de derecho privado, el objeto se concreta dentro de una órbita de carácter patrimonial que afeta esencialmente al interés individual de las partes; en cambio, en las contiendas del trabajo, la posición que en el mismo toma el trabajo como noción jurídica social, que actúa en modo predominante, tanto en la formación de las relaciones contractuales, como en las cuestiones o divergencias que se derivan del mismo. (...) Contribuye a destacar la diferencia entre los conflitos de derecho privado y los del trabajo, la circunstancia que se observa en estos últimos, en cuanto a la despersonalización de las partes. Genéricamente y por su valor potencial, se considera que la contienda se há producido entre el Capital y el Trabajo, nociones que importan asignar a las partes, una función y un sentido dentro de la contienda. (...) La transcendencia o repercusión que el conflito de trabajo genera en el medio social, difere objetivamente de la que promueven los conflitos de derecho privado. Tal circunstancia finca precisamente en que no actúan, como se há dicho precedentemente, dentro de la órbita limitada por el mero interés particular. La cuarta diferencia señalada por el profesor Tissembaum, de naturaza extrínseca, se refiere a la acción gremial que se comprueba en las contiendas de trabajo, acción gremial

---

(13) Segundo a Lei Orgânica do Ministério Público, no seu art. 83, compete ao Ministério Público do Trabalho promover a ação civil pública no âmbito da Justiça do Trabalho para promover a defesa de interesses coletivos. Dentro das matérias possíveis de alegação na ação civil pública, cita-se a prevenção do meio ambiente do trabalho, com a decisão do Supremo Tribunal Federal: COMPETÊNCIA. AÇÃO CIVIL PÚBLICA. CONDIÇÕES DE TRABALHO. Tendo a ação civil pública como causa de pedir disposições trabalhistas e pedidos voltados à preservação do meio ambiente do trabalho e, portanto, aos interesses dos empregados, a competência para julgá-los é da Justiça do Trabalho (RE n. 206.220-1, Rel. Min. Marco Aurélio, 16.3.99).

o sindical que se deja sentir, no únicamente en los casos de conflitos colectivos, sino, además, en los conflictos individuales y cuya finalidade es, como dijo Radbruch, hacer presente al juez el interés de la clase trabajadora en la suerte de cada uno de sus miembros" (*Derecho mexicano del trabajo*. t. II, p. 725-727). Análises detalhadas são apresentadas por Manoel Alonso Garcia (*Curso de derecho del trabajo*. 5. ed. Barcelona: Ariel, 1975. p. 648-654) e C. Bayon Chacon e E. Perez Botija (*Manual de derecho del trabajo*. v. II, p. 713 e seguintes).

A classificação tradicional citada resta, contudo, superada em face das alterações legislativas, principalmente após a Emenda Constitucional n. 45, fazendo com que tenhamos de definir outros critérios para estabelecer a competência trabalhista.

Ressaltamos, inicialmente, que a relação de trabalho é gênero, sendo que a relação de emprego é sua espécie. O que as diferencia é a subordinação do contratado, constante no vínculo de emprego. Mesmo com a nova previsão constitucional (art. 114, alterado pela Emenda Constitucional n. 45/04), temos de considerar que existem relações de trabalho que extrapolam os limites da competência da Justiça do Trabalho.

Amauri Mascaro Nascimento[14] apresenta requisitos para a lide ser apreciada na Justiça do Trabalho, mencionando: a profissionalidade (trata-se de um serviço prestado profissionalmente ou não, com outra intenção ou finalidade, pressupondo, portanto, remuneração), a pessoalidade (o trabalho deve ser prestado por pessoa física diretamente, sem auxiliares ou empregados, porque, neste caso, teríamos na figura do prestador um verdadeiro empregador), e a própria atividade do prestador de serviço como objeto do contrato, com critérios definidores.

Analisados os critérios que podem definir a competência, temos que o primeiro é o *intuitu personae* do prestador de serviço. Não importa, para a Justiça do Trabalho, se o trabalho é subordinado, decorrente de um vínculo de emprego ou não, decorrente de uma relação de trabalho, exemplo do caso dos trabalhadores autônomos. Ambos estão sujeitos à competência trabalhista. Mas o que deve ficar registrado é a necessidade de o prestador de serviço ser pessoa física, não podendo ser pessoa jurídica. No que se refere ao tomador de serviço, pouco importa ser pessoa física ou jurídica. Ressaltamos, ainda, que, nos casos do trabalhador subordinado, serão aplicadas as normas trabalhistas (CLT); mas, em se tratando de trabalhadores autônomos, serão aplicadas as de Direito Civil ou de Direito Comercial.

Um problema a ser enfrentado é que muitos ajustes entre tomador de serviço e prestador de serviço, em que pese individual, podem ser

---

(14) A competência da justiça do trabalho para a relação de trabalho. COUTINHO, Grijalbo Fernandes; FAVA, Marcos Neves (coords.). *Nova competência da justiça do trabalho*. São Paulo: LTr, 2005. p. 24-37.

caracterizados como contratos de consumo, sendo regidos pelo Código de Defesa do Consumidor (CDC). Segundo o disposto no art. 2º do CDC, caracteriza-se como consumidor "toda pessoa física ou jurídica que adquire ou utiliza produto ou serviço como destinatário final". O fornecimento do produto, por óbvio, afasta a competência trabalhista, restando a verificação no caso do fornecimento de serviços por pessoas físicas. Analisado o artigo, verificamos que poderão existir duas relações decorrentes do ajuste, uma sob o ângulo do consumidor, destinatário do serviço, regida pelo CDC; e outra sob o enfoque do prestador de serviço, regida pelas normas do Direito Civil. João Oreste Dalazen[15] dá uma solução interessante, referindo que a lide da relação de consumo, entre o consumidor e o prestador de serviço, visando à aplicação do Código de Defesa do Consumidor, foge à competência trabalhista. Já com relação ao prestador de serviço e ao destinatário do serviço (consumidor), visando ao ressarcimento de valores ajustados, a competência é da Justiça do Trabalho. Relembra o autor que "vale dizer: se não se cuida de litígio que surge propriamente da relação de consumo, mas da relação de trabalho que nela se contém, regulada pelo Direito Civil, não atino para qual razão de descartar a competência da Justiça do Trabalho. É o que se dá, por exemplo, na demanda da pessoa física prestadora de serviços em favor de outrem pelos honorários ou preço dos serviços contratados".

Outro aspecto a ser relevado é o referido por Amauri Mascaro — a profissionalidade. Tal circunstância é para delimitar a não competência do trabalho voluntário. Os trabalhos com intuitos religiosos ou assistencialistas extrapolam o conceito de relação de trabalho e, por consequência, da Justiça do Trabalho. Claro que, se o trabalho voluntário for somente para encobrir uma verdadeira relação laboral, cabe à Justiça do Trabalho processar e julgar.

Temos de relembrar que a competência da Justiça do Trabalho já havia sido ampliada com a Emenda Constitucional n. 20, de 15 de dezembro de 1998, que introduziu o § 3º do art. 114, com a seguinte redação: "Compete ainda à Justiça do Trabalho executar, de ofício, as contribuições sociais previstas no art. 195, I, *a* e II, e seus acréscimos legais, decorrentes das sentenças que proferir", sendo que tal competência foi mantida na nova redação do art. 114 da Constituição Federal.

Dessa forma, em que pese esse breve relato, verificamos que a competência da Justiça do Trabalho é com relação aos litígios decorrentes do contrato de emprego, ou seja, entre empregados e empregadores, da relação de trabalho, do direito de greve, dos conflitos intersindicais, das penalidades administrativas

---

(15) DALAZEN, João Oreste. A reforma do Judiciário e os novos marcos da competência material da Justiça do Trabalho no Brasil. *Revista LTr*, v. 69, n. 3, p. 263-276, mar. 2005. Para aprofundar ver Mauro Schiavi (*Competência material da justiça do trabalho brasileira*. São Paulo: LTr, 2007) e Adréa Presas Rocha (*Manual de competência da justiça do trabalho*. Rio de Janeiro: Elsevier, 2008).

impostas pelos órgãos de fiscalização e das contribuições previdenciárias, além de outras controvérsias da relação de trabalho que a lei prever.

3.3. EXECUÇÃO TRABALHISTA

Na Consolidação das Leis do Trabalho, o processo de execução está previsto nos arts. 876 a 892. Como já referido, o legislador, com o objetivo de dar celeridade à satisfação dos valores ao trabalhador, estabeleceu à execução na CLT poucos artigos (dezessete) que, sem sombra de dúvidas, são insuficientes para resolver os problemas da execução trabalhista. Aos aplicadores, restou a utilização de institutos jurídicos previstos em normas esparsas, ou seja, na Lei de Execuções Fiscais (Lei n. 6.830, de 22.9.80) e nas dos Códigos de Processo Civil e Penal (processo comum), diante das previsões dos arts. 889 e 769 da CLT. Um fato que não deve ser olvidado é que a CLT, elaborada na década de 1940, foi concebida sob a ótica do CPC vigente, ou seja, o de 1939. Portanto, no esforço integrativo atual, o aplicador deve considerar a sua elaboração na vigência do CPC de 1939, a aplicação relacionada com a Lei das Execuções Fiscais e os códigos de processo atuais (CPC de 1973 e o CPP). Dessa forma, a complexidade é grande para a tentativa da conjugação dos preceitos que podem ser utilizados no processo trabalhista, o que, na prática, representa a adoção de decisões divergentes e até mesmo antagônicas.

O que se deve ressaltar é a linha mestra que guiou o legislador trabalhista, que é a desconsideração das minúcias e formalismos excessivos muitas vezes encontrados no processo comum. A execução trabalhista tem como objetivo a celeridade na satisfação do crédito trabalhista, dada a sua natureza alimentar. Atualmente, após a Emenda Constitucional n. 45, constata-se que nem toda a obrigação executada na Justiça do Trabalho tem natureza alimentar; mas tal fato não muda o trâmite do processo trabalhista.

No Processo do Trabalho, a execução pressupunha um processo cognitivo, do qual se origina o título executivo (sentença condenatória transitada em julgado ou homologatória de transação inadimplente). Assim, constatava-se que somente era admissível a execução de título executivo judicial, não tendo amparo a execução de título extrajudicial. Tal situação levou doutrinadores, tais como Manoel Antonio Teixeira Filho, a referir "a absoluta dependência da execução do processo de conhecimento; aquela é, portanto, mera fase, mero desdobramento lógico e cronológico deste. A alegada autonomia ontológica da execução trabalhista não é mais do que caprichosa ficção de certo segmento doutrinário"[16].

---

(16) TEIXEIRA FILHO, Manoel Antonio. *Execução no processo do trabalho*. 8. ed. São Paulo: LTr, 2004. p. 104.

A impossibilidade da execução de títulos extrajudiciais foi afastada pela Lei n. 9.958, de 12.1.00, que acrescentou às hipóteses referidas no art. 876 da CLT o ajuste de conduta firmado perante o Ministério Público do Trabalho e os termos de conciliação realizados junto às Comissões de Conciliação Prévia. Com a alteração do art. 114 da Constituição Federal pela Emenda Constitucional n. 45, houve o acréscimo de outro título extrajudicial que é decorrente das multas impostas pelos órgãos de fiscalização das relações de trabalho (art. 626 e seguintes da CLT) e contribuições sindicais (art. 606 da CLT) e sentença penal condenatória, quando decidir matéria relacionada com o Direito do Trabalho.

Prosseguindo a execução, antes da constrição e da expropriação patrimonial, há que se quantificar o valor da condenação. A liquidação está disciplinada no art. 879 da CLT. O *quantum debeatur* será apontado mediante cálculos, artigos ou arbitramento, conforme seja a atividade jurisdicional desenvolvida com o escopo de tornar líquida a dívida. Por força do § 1º-A do artigo anteriormente referido, a liquidação da sentença abrangerá, também, o cálculo das contribuições previdenciárias. De acordo com o § 2º, elaborada a conta, é facultado ao juiz dar vistas às partes no prazo sucessivo de 10 dias, as quais deverão apresentar impugnação fundamentada, sob pena de preclusão. Com relação à União (observado o disposto no art. 879, § 5º), não se trata de faculdade, mas, sim, de obrigação do juiz à intimação do órgão previdenciário para que se manifeste, também, sob pena de preclusão. A liquidação é julgada, fazendo com que o título se torne exigível.

Liquidado o título, será citado o devedor para satisfazer a obrigação no prazo de 48 horas (art. 880, *caput* da CLT). Assim não procedendo, sujeitar-se-á à penhora de bens tantos quantos bastem para o pagamento da dívida (art. 883 da CLT). Antigamente, para a penhora dos bens, deveria ser observada a ordem preferencial referida no art. 11 da Lei n. 6.830/80 e não no art. 655 do CPC, por força do disposto no art. 889 da CLT. Contudo, tal sistemática foi alterada pela Lei n. 8.432/92, que modificou o art. 882 da CLT, para estabelecer a observância do art. 655 do CPC.

O devedor poderá apresentar embargos, contanto que efetue a garantia da execução ou sejam-lhe penhorados bens suficientes (art. 884 da CLT). Somente nos embargos do executado ou na impugnação do exequente é que poderá ser guerreada a decisão da liquidação de sentença (art. 884, § 3º da CLT), bem como a penhora realizada. Os embargos do devedor e as impugnações do exequente e do órgão previdenciário serão decididos no mesmo momento (art. 884, § 4º, da CLT). Essa sistemática representa uma das características da execução trabalhista, que é a concentração dos atos.

Julgada subsistente a penhora, os bens, já avaliados, serão remetidos à praça e a leilão para serem alienados, sendo que esta é a última fase integrante da execução trabalhista.

Serão, ainda, executados os créditos previdenciários[17] devidos em decorrência de decisão proferida, resultantes de condenação ou de homologação de acordo, em face da Emenda Constitucional n. 20, que alterou o disposto no art. 114 da Constituição Federal, tendo sido mantida com a alteração do referido artigo pela Emenda Constitucional n. 45.

O fundamento para a execução previdenciária na Justiça do Trabalho encontra-se previsto no art. 195 da Constituição Federal: "A seguridade social será financiada por toda a sociedade, de forma direta e indireta, nos termos da lei, mediante recursos provenientes dos orçamentos da União, dos Estados, do Distrito Federal e dos Municípios, e das seguintes contribuições sociais: I — do empregador, da empresa e da entidade a ela equiparada na forma da lei, incidentes sobre: a) a folha de salários e demais rendimentos do trabalho pagos ou creditados, a qualquer título, à pessoa física que lhe preste serviço, mesmo sem vínculo empregatício; (...) II — do trabalhador e dos demais segurados da previdência social, não incidindo contribuição sobre aposentadoria e pensão concedidas pelo regime geral de previdência social de que trata o art. 201; (...)".

O comando previsto no art. 114, VIII, da Constituição Federal é de eficácia plena, pois não depende de qualquer norma infraconstitucional. Conforme o referido, no artigo está definida a autoridade que procederá de ofício (que é o Juiz do Trabalho) à execução das parcelas tributárias. Assim, o Juiz, ordenando a elaboração do *quantum* da condenação, deverá determinar a apresentação do valor das contribuições previdenciárias, dando vistas à União para executá-las. Ademais, trata-se de execução de título judicial e não extrajudicial, o que prescinde do lançamento previsto no CTN (art. 142 e seguintes do CTN e art. 585, VII, do CPC).

Se a empresa ou o empregador deixar de recolher as contribuições previdenciárias referentes à folha de salários (em sentido genérico, isto é, abrangendo a própria retenção de valores do fisco quanto ao trabalhador e ao avulso), tornar-se-ão responsáveis diretos por este fato (art. 33, § 5º, da Lei n. 8.212/91).

A Súmula n. 368 do TST ressalta a competência, a responsabilidade e a forma do cálculo das parcelas previdenciárias e fiscais. Alteração recente do art. 876, parágrafo único da CLT (Lei n. 11.457/07), dispõe sobre a competência da Justiça do Trabalho para execução das parcelas decorrentes das verbas pagas ao trabalhador no curso da contratualidade.

Refere-se, ainda, que é da competência trabalhista o recolhimento dos valores previdenciários decorrentes dos pagamentos a profissionais autônomos.

---

(17) Para aprofundar CASTILHO, Paulo Cesar Baria de. *Execução de contribuição previdenciária pela justiça do trabalho.* São Paulo: RT, 2005.

3.4. SUPERAÇÃO DAS OMISSÕES DA CLT

Analisando os termos dos arts. 769 e 889 da CLT, verificamos que o legislador estabeleceu uma fórmula para a superação do problema da incompletude do ordenamento trabalhista, determinando que, no processo, nos casos de omissão e compatibilidade, seja adotado o previsto no processo comum; mas fez as seguintes ressalvas "exceto naquilo em que for incompatível com as normas deste Título" (art. 769 da CLT) e "naquilo em que não contravierem ao presente Título" (art. 889 da CLT). Verificamos, assim, a determinação, que não poderia ser diferente, da manutenção da estrutura do ordenamento trabalhista que deverá ser aprimorada com a adoção de regras previstas na Lei dos Executivos Fiscais e do processo comum.

Em relação à execução, deverá o aplicador utilizar a Lei de Execução Fiscal (Lei n. 6.830/80) para depois utilizar o processo comum (art. 889 da CLT). Contudo, a integração dos institutos existentes no processo comum ou no executivo fiscal com a sistemática trabalhista não é tarefa fácil, como se pode imaginar, averiguando as regras dos arts. 769 e 889 da CLT. Pela importância do tema, devemos melhor demonstrar[18] a matéria para fundamentar as opções que serão expostas posteriormente.

O surgimento do Direito escrito aumenta a segurança e a precisão de seu entendimento, bem como a consciência dos seus limites. Pouco a pouco, o Direito escrito sobrepõe-se ao costume e, com o aparecimento do Estado absolutista, existe a concentração do poder de legislar. A divisão dos poderes é uma tentativa de neutralizar o Judiciário, sendo a produção do Direito para o legislativo, o lugar privilegiado ocupado pela lei como fonte do Direito. Há alteração importante, pois, com a concepção da lei como principal fonte do Direito, ocorrerá a possibilidade deste mudar toda a vez que mudar a legislação, correspondendo ao chamado fenômeno de positivação do Direito. A positivação designa o ato de positivar, isto é, de estabelecer um direito por força de um ato de vontade. O que prevalece é que só existe um direito, o positivo, e é o fundamento do chamado Positivismo Jurídico. A redução do jurídico ao legal foi crescendo durante o século XIX, até culminar no chamado Legalismo.

Se o século XIX entendeu ingenuamente a positivação como uma relação causal entre a vontade do legislador e o Direito como norma legislada ou posta, o século XX aprendeu rapidamente que o Direito Positivo não é criação da decisão legislativa (relação de causalidade), mas surge da imputação da validade do Direito a certas decisões (legislativas, judiciárias, administrativas). Isso significa que o Direito prescinde, até certo ponto, de uma referência

---
(18) Ressaltamos que a análise da incompletude do ordenamento e as formas de superação suportariam uma obra específica, sendo que nossa pretensão é tão só apresentar alguns argumentos necessários ao tema do presente estudo.

genética aos fatos que o produziram (um ato de uma vontade historicamente determinada), e sua positividade passa a decorrer da experiência atual e corrente que se modifica a todo o instante e determina a quem se devam endereçar sanções, obrigações, modificações etc.

O fenômeno da "lacuna" está correlacionado com o modo de conceber o sistema. Se fosse aceito o sistema como fechado e completo, o problema da existência das lacunas ficaria resolvido de forma negativa, ou seja, "tudo o que não está juridicamente proibido, está permitido", qualificando, como permitido, tudo aquilo que não é obrigatório, nem proibido. No entanto, aceito como aberto e incompleto, revelando o Direito como uma realidade complexa, contendo várias dimensões, não só normativa, como também fática e axiológica, aparecendo como um critério de avaliação em que "os fatos e as situações jurídicas devem ser entendidas como um entrelaçamento entre a realidade viva e as significações do Direito, no sentido de que ambas se prendem uma a outra, temos um conjunto contínuo e ordenado que se abre numa desordem, numa descontinuidade, apresentando um 'vazio', uma lacuna, por não conter uma solução expressa para determinado caso", como bem explica Maria Helena Diniz[19].

O ordenamento como sistema dinâmico engloba o problema de saber se este tem a possibilidade de qualificar normativamente todos os comportamentos possíveis ou se, eventualmente, podem ocorrer condutas para as quais o ordenamento não oferece qualificação. Decorre, pois, a questão da completude (ou incompletude) dos sistemas normativos — problemas das lacunas do ordenamento.

Refere Maria Helena Diniz[20] que "os magistrados, na sua função de preencher lacunas, são inspirados em considerações fundadas em avaliações ideológicas, que estabelecem orientações gerais (p. ex.: princípio da boa-fé, o da ausência da responsabilidade sem culpa), mostrando as fontes geradoras, valorando, de modo direto, determinados valores reconhecidos, ligando-os à 'consciência jurídica popular', ao 'espírito do povo', determinando finalidades do sistema, permitindo o controle da *mens legis* e sua interpretação, indicando, ainda, os pontos de partida de uma argumentação jurídica".

O sistema jurídico está embebido de ideologia valorativa. Seria, portanto, inútil e contraproducente embalsamar o Direito numa mumificação lógica, imutável, estática, fechada e alheia à introdução de novos valores, provenientes da evolução dos tempos, de modo que o magistrado, ao integrar as lacunas, imbuído está de ideologia, pois está condicionado por uma prévia escolha de natureza axiológica, dentre várias soluções possíveis.

---

(19) DINIZ, Maria Helena. *As lacunas no direito*. São Paulo: RT, 1981. p. 25.
(20) *Ibidem*, p. 247.

O que deve ser ressaltado é que a superação das lacunas no processo de execução trabalhista não pode alterar a estrutura do mesmo, nem contrariar os princípios informadores. A execução trabalhista, como já referido anteriormente, é pautada pela celeridade e sem os formalismos encontrados na execução civil, devendo ter o aplicador parcimônia na aplicação do disposto no CPC, pela simples alegação de ausência na CLT. Como já advertiu José Augusto Rodrigues Pinto, a aplicação de leis inspiradas por necessidades diversas para terem eficácia em dissídios estranhos à sua índole exige um paciente esforço de análise, pela obrigatoriedade de compatibilização das regras supletivas com os princípios do processo suprido, que quase nunca é feita com cuidado[21]. Manoel Antonio Teixeira Filho[22] ressalta que a adoção supletiva de normas do processo civil não pode acarretar alteração do procedimento do processo do trabalho, que é a espinha dorsal, pois a adoção de regra deve só ser realizada para atribuir maior eficácia ao sistema.

Ressaltamos que a aplicação dos dispositivos estranhos à legislação trabalhista deve ocorrer como forma de superação da ausência de regramento, aprimorando o procedimento trabalhista, sempre com o intuito da satisfação das obrigações em relação ao trabalhador, buscando a efetividade dos direitos desse. Destacamos que a inexistência do regramento trabalhista pode ter sido escolha do legislador, não cabendo ao intérprete invocar normas estranhas e contrárias aos princípios norteadores da execução pelo simples argumento da omissão. Ademais, verificamos que as regras do CPC são para dar garantia (ou garantir a aplicação) ao Direito Civil, que parte do pressuposto, em geral, da igualdade das partes e, até mesmo, da situação de inferioridade do devedor em relação ao credor. Tal situação justifica a atuação do juiz na condução do processo (passiva[23]), o que é, via de regra, completamente diferenciada da do juiz do trabalho. O Direito do Trabalho é protetivo, pois parte do pressuposto da inferioridade de uma das partes, o que justifica o tratamento diferenciado entre os contratantes. O processo do trabalho, como meio garantidor ou como reparador da inobservância das regras de Direito material, conduz a uma atitude positiva do juiz que, em parte, não é observada pelo julgador no processo comum, tendo interesse na solução do litígio, não no seu resultado, mas, sim, na observância da aplicação do direito fundamental do trabalhador. O Estado, em se tratando de Direito fundamental de segunda geração, deve ter postura ativa, o que se reflete no Poder Executivo, quando implementa políticas sociais; no Poder Legislativo, quando elabora regras de proteção; e no Poder Judiciário, quando inibe a lesão ou repara-a em

---

(21) *Execução trabalhista*. 10. ed. São Paulo: LTr, 2004. p. 48.
(22) *Execução de título extrajudicial* — breves apontamentos à Lei n. 11.382/06, sob a perspectiva do processo do trabalho. São Paulo: LTr, 2007. p. 15.
(23) A atitude passiva é no sentido de o juiz ficar aguardando as partes para tomar as decisões (reativo), o que o diferencia do previsto na lei trabalhista, em que há previsão de atitudes positivas (pró-ativas — de *ex officio*) do juiz do trabalho na condução do processo.

decorrência da não aplicação das regras de proteção ao trabalhador. Dessa forma, pode-se observar a conduta diferenciada entre o juiz do trabalho e o juiz comum no curso do processo, haja vista o próprio Direito discutido.

Relacionamos, haja vista a importância do tema da análise das lacunas, os ensinamentos de alguns doutrinadores sobre a matéria, referindo as opiniões de Mauro Schiavi, Luciano Athayde Chaves, Jorge Luiz Souto Maior, Julio Bebber e Carlos Henrique Bezerra Leite. O primeiro autor ressalta que "o Juiz do Trabalho poderá se valer da aplicação subsidiária do Código de Processo Civil (art. 769 da CLT) quando estiver diante de lacunas normativas, ontológicas e axiológicas da legislação processual do trabalho. Deve ser destacado que o Direito Processual do Trabalho foi criado para propiciar um melhor acesso do trabalhador à Justiça, bem como suas regras processuais devem convergir para tal finalidade. Os princípios basilares do Direito Processual do Trabalho devem orientar o intérprete a todo o momento. Não é possível, à custa de se manter a autonomia do processo do trabalho e a vigência de suas normas, sacrificar o acesso do trabalhador à Justiça do Trabalho, bem como o célere recebimento de seu crédito alimentar"[24].

Já Luciano Athayde Chaves defende que "apoiar-se, como fazem os defensores da tese refratária à subsidiariedade, no simples fato da existência da quase setuagenária redação do art. 880 da CLT é postura hermenêutica estática e positivista (no sentido da legalista), que, com a vênia devida, revela completamente o caráter dinâmico do ordenamento jurídico e, mais que isso, o importante papel do intérprete em relação às necessidades de seu tempo"[25].

Jorge Luiz Souto Maior assevera que "sendo a inovação do processo civil efetivamente eficaz, não se poderá recusar sua aplicação no processo do trabalho com o argumento de que a CLT não é omissa. Ora, se o princípio é o da melhoria contínua da prestação jurisdicional, não se pode utilizar o argumento de que há previsão a respeito na CLT, como forma de rechaçar algum avanço que tenha havido neste sentido no processo civil, sob pena de se negar a própria intenção do legislador ao fixar os critérios da aplicação subsidiária do processo civil. Notoriamente, o que se pretendeu fixar (daí o aspecto teleológico da questão) foi impedir que a irrefletida e irrestrita aplicação das normas do processo civil evitasse a maior efetividade da prestação jurisdicional trabalhista que se buscava com a criação de um procedimento próprio da CLT (mais célere, mais simples, mais acessível)"[26].

Para Julio Bebber, "não basta seguir o manual fornecido pela lei. É necessário dar-lhe efetividade com interpretação atualizada, criativa, inovadora. É necessário buscar novos paradigmas que fundamentem a construção de um

---

(24) SCHIAVI, Mauro. *Execução no processo do trabalho*. São Paulo: LTr, 2008. p. 41.
(25) CHAVES. Luciano Athayde. *A recente reforma no processo comum e seus reflexos no direito judiciário do trabalho*. 3. ed. São Paulo: LTr, 2007. p. 58.
(26) MAIOR, Jorge Luiz Souto. Reflexos das alterações no Código de Processo Civil no processo do trabalho. *Revista LTr*, n. 70-08/920.

sistema normativo eficaz. Para isso, temos que nos despir de dogmas, desvencilharmo-nos de preconceitos e desapegarmo-nos do tradicional. Temos que refletir, questionar, pôr em dúvida nossas convicções, sair da passividade cômoda, abandonar a atitude contemplativa e de conformação com a sistematização exegética do ordenamento existente. Pensar. Pensar"[27].

Os ensinamentos de Carlos Henrique Bezerra Leite são no sentido de que "é imperioso romper com o formalismo jurídico e estabelecer o diálogo das fontes normativas infraconstitucionais do CPC e da CLT, visando à concretização do princípio da máxima efetividade das normas (princípio e regras) constitucionais de Direito Processual, especialmente o novel princípio da 'duração razoável do processo com os meios que garantam a celeridade de sua tramitação'"[28].

A utilização das novas regras contidas no CPC ao processo trabalhista já foi objeto da análise dos Tribunais Superiores, principalmente relacionado à aplicação da multa prevista no art. 475-J do CPC. Os Ministros do Tribunal Superior do Trabalho têm decido de forma divergente, sendo que alguns entendem pela impossibilidade da aplicação do artigo referido no processo trabalhista, sob o argumento da inexistência da omissão na CLT[29], e outros, no sentido da aplicação de tal regra, haja vista a compatibilidade com as normas trabalhistas[30].

Em decisão recente, no Superior Tribunal de Justiça, foi acolhida a tese da compatibilidade da aplicação ao processo do trabalho da regra do art. 475-J do CPC, no sentido de "a aplicação analógica do art. 475-J do Código de Processo Civil ao Processo do Trabalho além de propiciar a realização dos princípios que informam esse ramo do direito processual e o próprio direito fundamental a uma tutela jurisdicional adequada e efetiva, não encontra nenhum obstáculo de ordem técnica sendo, por isso, perfeitamente possível"[31].

3.5. TUTELA JURISDICIONAL DOS DIREITOS FUNDAMENTAIS DOS TRABALHADORES

Em face das considerações expostas no capítulo anterior, há necessidade da análise, em que pese sucinta, dos direitos dos trabalhadores e da sua efetivação.

---

(27) BEBBER, Julio Cesar. *Cumprimento de sentença no processo do trabalho*. São Paulo: LTr, 2007. p. 14.
(28) LEITE, Carlos Henrique Bezerra. *Curso de direito processual do trabalho*. 6. ed. São Paulo: LTr, 2008. p. 107.
(29) RR n. 71040-69.2002.5.17.0003, Rela. Min. Maria Cristina Peduzzi, AIRR. n. 125740-62.2005.5.01.0026, Rel. Min. Alberto Luiz Bresciani de Fontan Pereira.
(30) AIRR n. 79641-33.2004.5.09.0095, Rel. Min. Vieira de Mello Filho, RR. n. 21400-14.2007.5.01.0021, Rel. Min. Mauricio Godinho Delgado, AIRR n. 58140-07.2004.5.09.0068, Rel. Min. Lélio Bentes Corrêa.
(31) Resp. n. 1.111.686 — RN, Rel. Min. Sidnei Beneti.

O Estado Liberal, baseado na igualdade formal-contratual, conduziu a uma substancial deterioração da sociedade, haja vista que criava desigualdades diante da exploração capitalista. A conformação do capitalismo só se completou com o surgimento da produção mecanizada, organizada com grande indústria, e com a generalização do trabalho assalariado e a reprodução da classe operária. O ponto de partida para a revolução na organização da produção foi a introdução da máquina-ferramenta, que permitiu a superação dos limites impostos pela capacidade orgânica do trabalhador ao aumento da produtividade. As máquinas passaram a ditar o ritmo do processo de trabalho e a homogeneizar a qualidade do produto, o que desvalorizou o preço da força de trabalho. Tal situação, em razão do grande problema social decorrente, foi objeto de várias críticas e movimentos sociais, fato ocorrido principalmente no final do século XIX e início do século XX, ensejando a criação de associações e sindicatos dos trabalhadores.

Superando o paradigma liberal de caráter individualista para o social, o Estado agiu no sentido do combate à desigualdade social, com a intervenção nas relações privadas, apaziguando as diferenças sociais, por meio da imposição de normas que protegessem os indivíduos.

O surgimento dos direitos de segunda dimensão, em nível constitucional, ocorreu a partir do século XX. Enquanto os direitos de primeira dimensão se caracterizam como limites (negativos), dirigindo-se a uma posição de respeito e abstenção pelos poderes públicos, os direitos de segunda dimensão, como direitos positivos (prestações), implicam uma postura ativa do Estado.

Os direitos de segunda dimensão, ao contrário dos de primeira, passaram antes por ciclo de baixa normatividade ou tiveram eficácia duvidosa, em virtude de sua própria natureza de direitos que exigem do Estado determinadas prestações materiais nem sempre resgatáveis por exiguidade, carência ou limitação essencial de meios e recursos, conforme bem explica Paulo Bonavides[32]. São de judicialidade questionada nesta fase em virtude de não conterem, para sua concretização, aquelas garantias habitualmente ministradas pelos instrumentos processuais de proteção aos direitos da liberdade.

As Constituições, a partir da metade do século XX, passaram a elencar extenso rol de direitos fundamentais, alterando o vetor axiológico, transfe-

---

(32) BONAVIDES, Paulo. *Curso de direito constitucional*. 10. ed. São Paulo: Malheiros, 2000. p. 518. Como bem explicado por Ingo W. Sarlet, em relação às inovações da Constituição de 1988, assume a situação topológica dos direitos fundamentais, positivados no início da carta, logo após o preâmbulo e os princípios fundamentais, o que traduz maior rigor lógico, na medida em que os direitos fundamentais constituem parâmetro hermenêutico e valores superiores de toda a ordem constitucional e jurídica. A acolhida dos direitos fundamentais sociais em capítulo próprio no catálogo dos direitos fundamentais ressalta, por sua vez, de forma incontestável, sua condição de autênticos direitos fundamentais.

rindo-se do indivíduo supervalorizado para o ser humano dotado de especial dignidade. O constitucionalismo que, no início, era restrito à afirmação de direitos individuais, passa, posteriormente, aos direitos sociais e, em terceiro momento, à concretização do direito à fraternidade.

O trabalho representa um prolongamento da própria personalidade do indivíduo, projetando-se no grupo social, devendo ser assegurado à sobrevivência, à liberdade, à autoafirmação e à dignidade. Os direitos sociais, previstos na Constituição Federal, visam à saúde, ao trabalho, ao lazer, à segurança, à previdência social, à assistência dos trabalhadores, à proteção à maternidade, à infância e à moradia. Celso Ribeiro Bastos[33] ressalta que as Constituições modernas passaram a albergar normas limitativas de liberdade nas relações de trabalho, como reação aos postulados da Revolução Francesa que, assegurando a autonomia da vontade nas relações de trabalho, levava às últimas consequências a máxima *laissez-faire*, resultando na exploração do trabalhador. Assegurar a inserção dessas normas não significou o nascimento, mas a hierarquização da legislação social.

O Estado tem como fundamento os valores sociais do trabalho e da livre iniciativa, além de outros (art. 1º da CF) e, como objetivo fundamental, criar uma sociedade livre, justa, solidária e desenvolvida, sem pobreza e desigualdades, sem preconceitos ou discriminações, a qual garanta o bem de todos (art. 3º da Constituição Federal). Verificamos, já no início da Constituição, referência expressa no sentido da garantia dos direitos individuais e sociais, da igualdade e da justiça.

Willis Santiago Guerra Filho[34] relembra que a Constituição não mais se destina a proporcionar um retraimento do Estado frente à sociedade civil, como no princípio do constitucionalismo moderno, com sua ideologia liberal. Ao contrário, a partir da verificação da necessidade de institucionalização de determinados princípios, espera-se hoje de uma Constituição linhas gerais para guiar a atividade estatal e social, no sentido de promover o bem-estar individual e coletivo dos integrantes da comunidade que soberanamente a estabelecem.

O legislador constituinte estabeleceu na Constituição Federal, no Título II — "Dos Direitos e Garantias Fundamentais" — os "Direitos e Deveres Individuais e Coletivos" (Capítulo I), os "Direitos Sociais" (Capítulo II), os "Da Nacionalidade" (Capítulo III), os "Direitos Políticos" (Capítulo IV) e "Dos

---

(33) BASTOS, Celso Ribeiro; MARTINS, Ives Gandra. *Comentários à Constituição do Brasil (promulgada em 5 de outubro de 1988)*. São Paulo: Saraiva, 1988. v. 2, p. 398.
(34) GUERRA FILHO, Willis Santiago. Direitos fundamentais, processo e princípio da proporcionalidade. *Dos direitos humanos aos direitos fundamentais*. Porto Alegre: Livraria do Advogado, 1997. p. 16. Para aprofundar ver LEDUR, José Felipe. *A realização do direito ao trabalho*. Porto Alegre: Sergio Antonio Fabris, 1998.

Partidos Políticos" (Capítulo V). Os direitos e garantias fundamentais, como o próprio nome refere, são as matrizes de todos os direitos[35].

Como bem explica José Felipe Ledur[36], até a promulgação da Constituição Federal vigente, as anteriores (1946, 1967 e Emenda Constitucional n. 1, de 1969) estabeleciam direitos sociais, como os relativos à previdência social e à educação, concernentes à Ordem Econômica e Social e à Família, Educação e Cultura. Revela que os direitos sociais são direitos fundamentais e, como os direitos de primeira geração e os princípios fundamentais da República, constituem a base sobre a qual se assenta a ordem jurídica brasileira. Ressalta, ainda, que considerar os direitos fundamentais como um "programa", na prática, conduz à falta de efetividade de Constituição.

Quanto à aplicação desses direitos, ressalta Ingo Wolfgang Sarlet[37] que, a exemplo das demais normas constitucionais e independentemente de sua forma de positivação, os direitos fundamentais prestacionais, por menor que seja sua densidade normativa ao nível da Constituição, sempre estarão aptos a gerar um mínimo de efeitos jurídicos, aplicando-se-lhes, na medida dessa aptidão, a regra geral, já referida, no sentido de que inexiste norma constitucional destituída de eficácia e aplicabilidade. Guerra Filho[38] sustenta que praticar a "interpretação constitucional" é diferente de interpretar a Constituição de acordo com os cânones tradicionais da hermenêutica jurídica, desenvolvidos, aliás, em época em que as matrizes do pensamento jurídico

---

(35) Os civilistas clássicos baseavam-se na separação radical entre direito público e privado, entre Estado e sociedade civil. O constitucionalismo moderno, a partir do início do século XX, evoluiu no sentido de ultrapassar este paradigma, em face da ampliação dos assuntos tratados pelas Constituições (A Constituição de Weimar consagra diversos princípios do Direito do Trabalho) e do reconhecimento do valor normativo da parte dogmática da Constituição. Esta passa a ser analisada como fonte reguladora que prevalece sobre todas as outras. Utilizando os ensinamentos de Miguel Rodriguez-Piñero (Constituição, direitos fundamentais e contrato de trabalho. *Revista Synthesis*, n. 24/97 — Tradução de Floriano Corrêa Vaz da Silva) temos que a constitucionalização do direito do trabalho é uma das manifestações mais notáveis no âmbito privatístico. Revela o autor, ainda, que a progressiva tomada de consciência dos direitos e dos valores constitucionais, inerentes à dignidade do ser humano, obriga a reconsiderar a orientação economicística. Tradicionalmente, os direitos fundamentais foram concebidos como um limite para o legislativo, o qual deve respeitar o conteúdo essencial dos mencionados direitos. Num momento de desordem e de perturbação do Direito do Trabalho, numa época em que os imperativos econômicos do mercado questionam os dogmas tradicionais da disciplina, é oportuno recordar o persistente vigor dos direitos fundamentais dos trabalhadores nas empresas, e isto poderá ser um antídoto para emancipar o contrato de trabalho de sua excessiva subordinação à economia. Neste contexto, o Direito do Trabalho se transforma, mas não se desnatura. A Constituição oferece ao Direito do Trabalho uma nova dimensão e dele exige novos fundamentos para reconquistar seu autêntico papel de garantir a autodeterminação e a autorrealização do trabalhador como cidadão.
(36) LEDUR, José Felipe. *A realização do direito ao trabalho*. Porto Alegre: Sergio Antonio Fabris, 1998. p. 67-68.
(37) SARLET, Ingo Wolfgang. *A eficácia dos direitos fundamentais*. 5. ed. Porto Alegre: Livraria dos Tribunais, 2005. p. 282.
(38) GUERRA FILHO, Willis Santiago. *Introdução ao direito processual constitucional*. Porto Alegre: Síntese, 1999. p. 39.

assentavam-se em bases privatísticas. A intelecção do texto constitucional também se dá, em um primeiro momento, recorrendo aos tradicionais métodos filológico, sistemático, teleológico etc. Apenas haverá de ir além, empregar outros recursos argumentativos, quando, com o emprego do instrumental clássico da hermenêutica jurídica não se abstenha como resultado da operação exegética uma "interpretação conforme a Constituição", a *verfassungkonforme Auslegung* dos alemães, que é uma interpretação de acordo com as opções valorativas básicas, expressas no texto constitucional.

Considerando o processo como instrumento, devemos analisar seus institutos em conformidade com as necessidades do Direito substancial. Dessa forma, a eficácia do sistema processual será considerada em relação à utilidade produzida para o ordenamento jurídico material e, por via de consequência, para a pacificação social. Ressalta Bedaque[39]: "menos tecnicismo e mais justiça." Continua o referido autor, o processualismo, isto é, a excessiva autonomia do processo frente ao Direito material, constitui um mal, pois desconsidera o objeto na construção do instrumento. À luz da natureza instrumental das normas processuais, conclui-se não terem elas um fim em si mesmas. Estão, pois, a serviço das regras substanciais, sendo esta a única razão de ser do Direito processual. Se assim é, não se pode aceitar um sistema processual não sintonizado com seu objeto.

Destarte, as regras processuais devem ser analisadas e aplicadas para dar efetividade ao direito do trabalhador, direito fundamental do cidadão. Esta conclusão não é nova e nem representa um avanço nas considerações do processo do trabalho[40].

Relembramos as lições de Mozart Victor Russomano[41], no sentido de que a finalidade da lei trabalhista — proteção ao trabalhador e nivelamento social das classes — reclama a adoção de meios processuais que assegurem o

---

(39) BEDAQUE, José Roberto dos Santos. *Direito e processo*. 3. ed. São Paulo: Malheiros, 2003. p. 17 e 19.

(40) Tais circunstâncias já foram defendidas por vários doutrinadores clássicos como Coqueijo Costa (*Direito processual do trabalho* e o *Código de Processo Civil de 1973*. São Paulo: LTr, 1975. p. 16-17), Luigi de Litala (*Derecho procesal del trabajo*. Buenos Aires: Jurídicas Europa-América, 1949. Trad. Santiago Meledo, p. 25-26), Délio Maranhão (*Instituições de direito do trabalho*. 19. ed. São Paulo: LTr, 2000. v. II, p. 1359) e Isis de Almeida (*Manual de direito processual do trabalho*. 6. ed. São Paulo: LTr, 1994. v. I, p. 16).

(41) RUSSOMANO, Mozart Victor. *Direito processual do trabalho*. 2. ed. São Paulo: LTr, 1977. p. 23. Complementa o autor: "A lei substantiva que regula as relações — individuais ou coletivas — entre trabalhadores e empregadores ou as entidades representativas das respectivas categorias profissionais e econômicas, se inspira em princípios distintos daqueles que se cristalizam nas leis comuns. A lei trabalhista, por natureza, é uma lei especial, não só pelo âmbito de sua aplicação, como por suas finalidades, do ponto de vista social ou econômico, através da proteção jurídica que concede aos primeiros. Se a lei trabalhista fosse imparcial, ela seria injusta, porque, tratando igualmente trabalhadores e empresários, concorreria para manter o desnível formado no seio das sociedades capitalistas, pela influência econômica do empregador. O espírito da lei trabalhista é a pedra de toque do problema: ela pressupõe, no juiz, um espírito também novo". (p. 21)

cumprimento dessa lei e o alcance daquela finalidade, o que força o juiz do trabalho a tomar, ante a vida, postura diferente da que o juiz civil pode assumir perante os mesmos fatos. A antiga representação simbólica da Justiça, de olhos vendados, é tremendamente cruel. A suma insensibilidade do juiz é a injustiça suprema. A nova deusa, ao contrário, quer ver de frente o rosto dos litigantes, para identificá-los e conhecê-los. Esse é um fenômeno que se sente em todos os setores do Direito moderno, mas, no processo trabalhista, ganha proporções de grandeza. Nunca se conseguirá, na ação trabalhista, conhecer e identificar — no sentido profundo, humano e social desses dois verbos — as partes em litígio se o juiz avaliar a lei, ao aplicá-la, pelos métodos tradicionais de hermenêutica e não se dispuser, por meio do método sociológico, a utilizar a norma, que está ao seu alcance e à sua disposição, como instrumento dócil para consecução dos objetivos inerentes à contextura do mundo jurídico contemporâneo.

O direito do trabalhador representa uma reação estatal ao individualismo vigente no Estado liberal que, na teoria, apresentava um cenário perfeito, liberdade dos indivíduos de contratar; mas, na prática, ocasionou graves problemas sociais decorrentes da exploração dos detentores do capital em relação aos proletários. De cunho eminentemente protetivo, nasce para ser interpretado diferentemente das regras do Direito Civil, que até então eram utilizadas, menosprezando as diferenças entre os contratantes. A concepção individualista do direito e do processo perde força, pois o Estado tem interesse na solução do litígio e na aplicação das regras de Direito material. Não cabe ao Estado garantir apenas o acesso à tutela jurisdicional, mas também estabelecer uma tutela de direitos eficaz, assegurando a satisfação do Direito material. O ordenamento é efetivo se observado espontaneamente pela sociedade, e assegurada de maneira eficaz a inviolabilidade dos direitos, conferindo ao titular de um interesse juridicamente protegido o direito à tutela jurídica pela via específica.

Dessa forma como se analisa o processo do trabalho, deve o aplicador ter o objetivo da máxima efetivação dos direitos fundamentais do trabalhador como forma da reparação do dano praticado a esse, e a concretização do princípio da dignidade da pessoa humana.

3.5.1. Direito fundamental e a tutela executiva[42]

Como referido no tópico anterior, os direitos dos trabalhadores foram relacionados como direitos fundamentais na Constituição Federal de 1988, representando objetivos a serem alcançados pelo Estado, considerados os três Poderes, Executivo, Legislativo e Judiciário[43].

---

(42) Para aprofundar, Marcelo Lima Guerra (*Os direitos fundamentais e o credor na execução civil*. São Paulo: RT, 2003).
(43) Ressalta Marcelo Lima Guerra (*Ibidem*, p. 83) que "o regime jurídico próprio dos direitos fundamentais se manifesta em diversas garantias, com as quais se busca assegurar a eficácia concreta

Utilizando a lição de Gomes Canotilho, quando analisa o devido processo e o direito à tutela jurisdicional, temos que "o direito de acesso aos tribunais implica o **direito ao processo** entendendo-se que este postula um direito a uma *decisão final* incidente sobre o *fundo da causa* sempre que se hajam cumprindo e observado os requisitos processuais de ação ou recurso"[44]. Complementa o autor que "a existência de uma proteção jurídica eficaz pressupõe o **direito à execução das sentenças** ('fazer cumprir as sentenças') dos tribunais por meio de tribunais (ou de outras autoridades públicas), devendo o Estado fornecer todos os meios jurídicos e materiais necessários e adequados para dar cumprimento às sentenças do juiz"[5].

A doutrina portuguesa[46], quando comenta o princípio da inafastabilidade do controle jurisdicional, revela que o alcance da previsão constitucional é muito superior a sua interpretação literal, pois garante o direito a uma tutela

---

desses mesmos direitos. Assim se caracterizam a *aplicabilidade imediata* das normas jusfundamentais (CF, art. 5º, § 1º), com a qual se relaciona a *vinculação dos poderes públicos*, bem como a inclusão dos direitos fundamentais no rol das "cláusulas pétreas" (CF, art. 60, § 4º, inc. IV). (...) Com o expresso reconhecimento, no texto constitucional, de que as normas asseguradoras de direitos fundamentais são diretamente aplicáveis, pretendeu-se superar, em definitivo, aquela concepção, própria do Estado liberal do século XIX, segundo a qual tais normas 'dependiam de lei' para serem eficazes, permitindo a chamada *justiciabilidade* desses direitos fundamentais".
(44) CANOTILHO, J. J. Gomes. *Direito constitucional e teoria da Constituição*. 6. ed. Coimbra: Almedina, p. 494. Os grifos estão no texto original.
(45) *Ibidem*, p. 496.
(46) FERREIRA, Fernando Amâncio. *Curso de processo de execução*. 11. ed. Coimbra: Almedina, 2009. p. 22. Ressalta, o autor, que "no contexto de nossa actual realidade constitucional, esse fundamento alicerça-se no *direito de acesso aos tribunais* recebido no art. 20, n. 1, da CRP, que se configura como um dos subprincípios concretizadores do princípio de Estado de direito democrático acolhido no art. 2º da lei fundamental. No programa daquela norma, integra-se o direito de acção, por força do qual é garantido a todos o direito de recorrer aos tribunais para obter a proteccção jurídica de direitos e interesses legítimos. E tanto a doutrina como a jurisprudência constitucionais incluem no âmbito do acesso aos tribunais o *direito de um processo de execução*, ou seja, o direito a que, através do órgão jurisdicional, se efective a *sanção* contida na sentença condenatória proferida pelo tribunal ou que a lei considera integrada no título executivo negocial. Algo semelhante, a título de exemplo, se sustenta em Itália onde, parenta o art. 24 da sua lei fundamental, se sustenta que o direito de acção e defesa aí previstos compreende também a tutela executiva. Refere-se que a norma constitucional tem um alcance mais vasto do que o seu elemento literal pode surgir, uma vez que garante o direito a uma tutela judicial eficaz, manifestada por todas as formas necessárias à satisfação dos vários direitos, nomeadamente através dos processos de declaração e de execução". Citamos, também, a referência de Eduardo Cambi (Neoconstitucionalismo e neoprocessualismo. In: FUX, Luiz; NELSON NERY JR.; WAMBIER, Tereza Arruda Alvin (coords.). *Processo e Constituição*: estudos em homenagem ao professor José Carlos Barbosa Moreira. São Paulo: RT, 2006. p. 662-683) que comenta "a designação *acesso à justiça* não se limita apenas à mera *admissão ao processo* ou à possibilidade de ingresso em juízo, mas, ao contrário, essa expressão deve ser interpretada extensivamente, compreendendo a noção ampla do *acesso à ordem jurídica justa*, que abrange: (i) o ingresso em juízo; (ii) observância das garantias compreendidas na cláusula do devido processo legal; (iii) a participação dialética na formação do convencimento do juiz, que irá julgar a causa (efetividade do contraditório); (iv) a adequada e tempestiva análise, pelo juiz, natural e imparcial, das questões discutidas no processo (decisão justa e motivada); (v) a construção de técnicas processuais adequadas à tutela dos direitos materiais (instrumentalidade do processo e efetividade dos direitos)".

judicial eficaz, por todas as formas necessárias à satisfação dos direitos, por meio dos processos de declaração e de execução.

Marcelo Lima Guerra[47], referindo palestra do doutrinador português Jorge Miranda, menciona que, após a positivação dos direitos fundamentais e as teorizações sobre eles realizadas no constitucionalismo contemporâneo, o "centro do universo jurídico" deixa de ser a *lei* (entendida, principalmente, como a produção normativa infraconstitucional), posição que passa a ser ocupada pelos próprios direitos fundamentais. Com isso, coloca-se como centro e fundamento do ordenamento jurídico a dignidade da pessoa humana, matriz de todos os direitos fundamentais.

Portanto, o Estado tem de assegurar o devido processo legal aos litigantes, ou seja, ao requerente (autor), os meios do cumprimento da legislação que foi desconsiderada pelo obrigado e o seu ressarcimento eficaz, e, ao requerido (réu), o cumprimento das formalidades legais e a possibilidade da sua defesa. Equivocamente, muitas vezes só se invoca o devido processo legal como forma de defesa do requerido, sem a necessária observância do direito à tutela da parte autora. Além disso, acrescentando ao já referido, hodiernamente, é assegurada aos litigantes a duração razoável do processo, também, como direito fundamental.

Referimos, por oportuna, a lição de Enrico Tullio Liebman, quando analisa a sanção como meio de atuação do Estado, no sentido de que "daí a razão das sanções, que são as medidas cuja imposição é estabelecida pelas leis como consequência da inobservância dos imperativos jurídicos. Sua finalidade é dupla: de um lado, elas procuram restabelecer o equilíbrio perturbado pelo comportamento ilícito da pessoa obrigada, por intermédio da consecução por outros meios do mesmo resultado prático visado pelo imperativo primário que não foi obedecido, ou por meio da realização de alguma medida que represente uma compensação jurídica da transgressão"[48].

Novamente referimos os ensinamentos de Marcelo Lima Guerra no sentido de "o que se denomina *direito fundamental à tutela* executiva corresponde, precisamente, à peculiar manifestação do postulado da máxima coincidência possível no âmbito da tutela executiva. No que diz respeito à prestação de tutela executiva, a máxima coincidência traduz-se na exigência de que existam meios executivos capazes de proporcionar a satisfação integral de qualquer direito consagrado em título executivo. É essa exigência, portanto, que se pretende "individualizar", no âmbito daqueles valores constitucionais englobados no *due process*, denominando-a *direito fundamental à tutela executiva* e que consiste, repita-se, na exigência de um sistema completo de tutela

---

(47) GUERRA, Marcelo Lima. *Os direitos fundamentais e o credor na execução civil*. São Paulo: RT, 2003. p. 82.
(48) LIEBMAN, Enrico Tullio. *Processo de execução*. São Paulo: Saraiva, 1946. p. 11.

executiva, no qual existam meios executivos capazes de proporcionar pronta e integral satisfação a qualquer direito merecedor de tutela executiva"[49].

Analisando as normas definidoras de direitos e garantias fundamentais, Eros Roberto Grau sustenta que as mesmas têm aplicação imediata. Complementa o autor: "Aplicar o direito é torná-lo efetivo"[50]. Sobre o papel do Poder Judiciário, escreve o doutrinador: "daí por que se afirma que, no caso, o Poder Judiciário é tangido pelo *dever* de prover a exequibilidade (efetividade) imediata do direito ou garantia constitucional. (...) O processo de aplicação do direito mediante a tomada de decisões judiciais, todo ele — aliás — é um processo de perene recriação e mesmo de renovação (atualização) do direito. Por isso que, se tanto se tornar imprescindível para que um direito com aplicação imediata constitucionalmente assegurada possa ser exigível, deverá o Poder Judiciário, caso por caso, nas decisões que tomar, não apenas *reproduzir*, mas *produzir* direito — evidentemente retido pelos princípios jurídicos".

Portanto, para concluir, em que pese de forma sucinta, referimos que o direito à tutela no sistema constitucional brasileiro significa a garantia da tutela adequada, em prazo razoável, acessível a todos os cidadãos e efetiva no resultado pretendido.

3.6. PRINCÍPIOS INFORMADORES DO PROCESSO DE EXECUÇÃO

Além da análise dos princípios constitucionais, deve o intérprete considerar os princípios informadores da própria matéria analisada, que representarão os fundamentos de suas conclusões de acordo com as peculiaridades atinentes.

Relembramos, de início, os ensinamentos de Humberto Ávila[51] no sentido de que normas não são textos nem o conjunto deles, mas os sentidos construídos a partir da interpretação sistemática de textos normativos. Continuando sua lição, ressalta que o significado não é algo incorporado ao conteúdo das palavras, mas algo que depende precisamente de seu uso e interpretação, como comprovam as modificações de sentido dos termos no tempo e no espaço e as controvérsias doutrinárias a respeito de qual o sentido mais adequado que se deve atribuir a um texto legal. A atividade do intérprete não consiste em meramente descrever o significado previamente existente dos dispositivos, mas, sim, construir significados. Complementa o autor que

---

(49) GUERRA, Marcelo Lima. *Os direitos fundamentais e o credor na execução civil*. São Paulo: RT, 2003. p. 102.
(50) GRAU, Eros Roberto. *A ordem econômica na Constituição de 1988*. 11. ed. São Paulo: Malheiros, 2006. p. 318.
(51) ÁVILA, Humberto. *Teoria dos princípios* — da definição à aplicação dos princípios jurídicos. 4 ed. São Paulo: Malheiros, 2005. p. 22-25.

interpretar é *reconstruir* porque utiliza como ponto de partida os textos normativos que oferecem limites à construção de sentidos, e porque manipula a linguagem, à qual são incorporados *núcleos de sentido* que são, por assim dizer, construídos pelo uso e preexistem ao processo interpretativo individual.

3.6.1. Breves comentários a respeito dos princípios gerais do Direito

É de extrema importância para o aplicador do Direito ter conhecimento dos princípios e valores dos ramos do Direito, não só pelo fato de servirem de fonte informadora, mas também pelas suas múltiplas funções.

As fontes do Direito são os fatores sociais (fatores éticos, sociológicos, históricos, políticos etc. ...) conjugados com valores que o Direito procura realizar (ordem, segurança, paz social, justiça etc. ...) que resultam nas normas jurídico-positivas. Os valores não são somente importantes na gênese do Direito, mas também na aplicação do mesmo.

Toda a sociedade é regida por determinados valores, que constituem os postulados ordinários e primários do agrupamento coletivo. Para que exista uma sociedade, é fundamental uma comunhão mínima de valores que propiciem as diretrizes com que e como pretende se conduzir. O Direito, em seu propósito de realizar a Justiça, buscará operacionalizar esses valores. A partir daí, surge o ordenamento jurídico[52] como um conjunto de normas que expressam os valores de uma sociedade.

Não há como considerar o sistema como um bloco monolítico de valores firmemente agrupados em torno de formulações literais que expressam ordem positivada na norma jurídica. Não existe uma unidade de valores inequívoca em uma sociedade para que o Direito — fruto dela — reflita uma única tendência valorativa. Toda a sociedade tem conflitos em seu interior, e os valores estão em constante confrontação. O que se busca é um mínimo de unidade em torno de regras próximas ao sentido comum.

O sistema jurídico é mais que a soma de suas partes, porque estas o excedem nas suas infinitas correlações. Ele deve ser compreendido como uma rede axiológica e hierarquizada de princípios gerais e tópicos, de normas e

---

(52) Para aprofundar o assunto ver BOBBIO, Norberto. *Teoria do ordenamento jurídico*. 10. ed. Brasília: UnB, 1999. Uma diferenciação importante a ser apresentada é a referida por Humberto Ávila (*Teoria dos princípios* — da definição à aplicação dos princípios jurídicos. 4. ed. São Paulo: Malheiros, 2005. p. 72) de que os princípios, embora relacionados a valores, não se confundem com eles. Os princípios relacionam-se aos valores na medida em que o estabelecimento de fins implica qualificação positiva de um estado de coisas que se quer promover. No entanto, os princípios afastam-se dos valores porque, enquanto os princípios se situam no plano deontológico e, por via de consequência, estabelecem a obrigatoriedade de adoção de condutas necessárias à promoção gradual de um estado de coisas, os valores situam-se no plano axiológico ou meramente teleológico e, por isso, apenas atribuem uma qualidade positiva a determinado elemento.

de valores jurídicos, cuja função é a de, evitando ou superando antinomias, dar cumprimento aos princípios e aos objetivos fundamentais do Estado Democrático de Direito, assim como se encontram consubstanciados, expressa ou implicitamente, na Constituição[53].

O Direito, no sentido que aqui se analisa, é dinâmico e sofre constantes modificações em função daquelas que acontecem na sociedade. O legislador não pode prever todos os fatos, conflitos e comportamentos que são capazes de surgir nas relações sociais. A sociedade gera o Direito, o Direito regula a sociedade, e esta, por sua vez, realiza as correções necessárias segundo o rumo que decida tomar. O sistema jurídico é aberto e incompleto, revelando o Direito como uma realidade complexa, contendo várias dimensões, não só normativa, como também fática e axiológica.

O alerta de Juarez Freitas é importante, pois, ao interpretar qualquer norma ou comando principiológico, o exegeta deve auscultar os fins para os quais se encontra erigida na atualidade. Deve, sim, realizar a máxima justiça possível, sem usurpar as funções típicas do legislador, respeitando a independência dos poderes. De outra parte, qualificado intérprete sistemático é aquele que nunca decide contrariamente ao Direito, nem *contra legem*, mas somente emite juízos a favor dos seus mais altos princípios, de suas normas e de seus valores considerados em conjunto. Realizar, pois, uma interpretação sistemática, nos moldes propostos, não é poder tudo, é poder à luz do Direito, sem apreço desvirtuado de matizes personalistas[54].

Cita-se, também, o pensamento de Maria Helena Diniz que ressalta que ao se interpretar a norma, deve-se procurar compreendê-la em atenção aos seus fins sociais e aos valores que pretende garantir. O ato interpretativo não se resume, portanto, em simples operação mental, reduzida a meras inferências lógicas a partir das normas, pois o intérprete deve levar em conta o coeficiente axiológico e social nela contido, baseado no momento histórico em que está vivendo. Dessa forma, o intérprete, ao compreender a norma, descobrindo seu alcance e significado, refaz o caminho da "fórmula normativa" ao "ato normativo"; tendo presente os fatos e valores dos quais a norma advém, bem como os fatos e os valores supervenientes, ele a compreende, a fim de aplicar em sua plenitude o "significado nela objetivado"[55].

Apresenta J. J. Gomes Canotilho a distinção tradicional entre normas e princípios, referindo vários critérios: a) grau de abstração: os princípios são

---

(53) FREITAS, Juarez. *Interpretação sistemática do direito*. 2. ed. São Paulo: Malheiros, 1998. p. 46.

(54) *Ibidem*, p. 21. Define o autor a interpretação sistemática "como uma operação que consiste em atribuir a melhor significação, dentre as várias possíveis, aos princípios, às normas e aos valores jurídicos, hierarquizando-os num todo aberto, fixando-lhes o alcance e superando antinomias, a partir da conformação teleológica, tendo em vista solucionar casos concretos" (p. 60).

(55) DINIZ, Maria Helena. *Compêndio de introdução à ciência do direito*. 12. ed. São Paulo: Saraiva, 2000. p. 417.

normas em grau de abstração relativamente elevado, de modo diverso das regras, que possuem abstração relativamente reduzida; b) *grau de determinabilidade* na aplicação do caso concreto: os princípios, por serem vagos e indeterminados, carecem de mediações concretizadoras (do legislador, do juiz), enquanto as regras são suscetíveis de aplicação direta; c) *caráter de fundamentalidade* no sistema das fontes de Direito: os princípios são normas de natureza ou com papel fundamental no ordenamento jurídico em virtude de sua posição hierárquica no sistema das fontes (ex.: princípios constitucionais) ou de sua importância estruturante dentro do sistema jurídico (ex. princípio do Estado de Direito); d) *proximidade da ideia de Direito*: os princípios são *standards* juridicamente vinculantes radicados nas exigências de "justiça" (Dworkin) ou na "ideia de direito" (Larenz), ao passo que as regras podem ser normas vinculativas com um conteúdo meramente funcional; e) *natureza normogenética*: os princípios de regras são normas que estão na base ou constituem a *ratio* de regras jurídicas, desempenhando, por isso, uma função normogenética fundamentante[56].

No conceito de Juarez Freitas, temos que entender princípios como critério ou diretriz basilar do sistema jurídico, que se traduz numa disposição hierarquicamente superior, em termos axiológicos, em relação às normas e aos próprios valores, sendo linhas mestras de acordo com as quais se deverá guiar o intérprete quando se defrontar com atinomias jurídicas[57]. Cabe referir,

---

(56) CANOTILHO, J. J. Gomes. *Direito constitucional*. 3. ed. Coimbra: Almedina, p. 1.086-1.087.
(57) FREITAS, Juarez. *Interpretação sistemática do direito*. 2. ed. São Paulo: Malheiros, 1997. p. 142. AVILA, Umberto Bergmann. A distinção entre princípios e regras e a redefinição do dever de proporcionalidade. *Revista de Direito Administrativo*, Rio de Janeiro, n. 215, p. 151-179, jan./mar. 1999, e na sua obra *Teoria dos princípios* — da definição à aplicação dos princípios jurídicos. 4. ed.: São Paulo: Malheiros, 2005. p. 27 e seguintes, apresenta vários conceitos de princípios, referindo *Esser* (princípios como normas que estabelecem fundamentos para que determinado mandamento seja encontrado. Mais do que uma distinção baseada no grau de abstração da prescrição normativa, a diferença entre princípios e regras seria uma distinção qualitativa — função de fundamento normativo para a tomada da decisão), Larenz (princípios como normas de grande relevância para o ordenamento jurídico, na medida em que estabelecem fundamentos normativos para a interpretação e aplicação do Direito, deles decorrendo, direta ou indiretamente, normas de comportamento. Princípios como pensamentos diretivos de uma regulação jurídica existente ou possível, mas que ainda não são regras suscetíveis de aplicação, na medida em que lhes falta o caráter formal de proposições jurídicas, isto é, a conexão entre uma hipótese de incidência e uma consequência jurídica), Canaris (duas características afastam os princípios das regras, sendo a primeira de conteúdo axiológico: os princípios, ao contrário das regras, possuiriam um conteúdo axiológico explícito e careceriam, por isso, de regras para sua concretização. Em segundo, os princípios, ao contrário das regras, receberiam seu conteúdo de sentido somente por meio de um processo dialético de complementação e limitação), Dworkin (as regras são de aplicação tudo ou nada (*all-or-nothing*). No caso dos princípios, ao contrário, não determinam absolutamente a decisão, mas somente contêm fundamentos, os quais devem ser conjugados com outros fundamentos provenientes de outros princípios, pois possuem uma dimensão de peso (*dimension of weight*) demonstrável na hipótese de colisão entre princípios, caso este perca sua validade) e Alexy (princípios jurídicos consistem em espécie de norma jurídica por meio da qual são estabelecidos deveres de otimização aplicáveis em vários graus, segundo as possibilidades normativas e fáticas. Os princípios possuem apenas uma dimensão de peso e não determinam as consequências normativas de forma direta, ao contrário

ainda, que os princípios são ideias diretivas que servem de justificação racional de todo o ordenamento jurídico. Devem as regras, entendidas como preceitos menos amplos e axiologicamente inferiores, harmonizar-se com os princípios conformadores[58].

Ressalta José Miguel Garcia Medina que os princípios não se manifestam de modo uniforme, havendo de se considerar a existência de princípios expressos, contidos numa disposição, e princípios não expressos, presentes genericamente em diversas disposições e obtidos indutivamente, extraídos, neste caso, da essência das regras particulares. Para se identificar um princípio jurídico não se deve basear apenas no exame das regras jurídicas *em si mesmas*, mas no fenômeno de sua incidência sobre fatos e respectivas consequências jurídicas. A análise da incidência das regras escritas e a *problematização concreta* decorrente de sua aplicação é ponto de partida para a identificação dos princípios de um ordenamento jurídico[59].

Os princípios realizam três funções: informadora, normativa e interpretadora[60].

A função informadora atua em nível legislativo, servindo de fundamento para o ordenamento jurídico. Nessa situação, os princípios referem-se exatamente ao momento pré-positivo em que ainda está sendo discutido no meio social qual será o conteúdo da norma jurídica, influenciando o legislador a

---

das regras. Daí a distinção de princípios como deveres de otimização aplicáveis em vários graus segundo as possibilidades normativas e fáticas: normativas, porque a aplicação dos princípios depende dos princípios e regras que a eles se contrapõem; fáticas, porque o conteúdo dos princípios como normas de conduta só pode ser determinado quando diante dos fatos). Após a análise dos doutrinadores citados, o autor define princípios *como normas imediatamente finalísticas, para a concretização estabelecem, com menor determinação, qual o comportamento devido, e por isso dependem mais intensamente de sua relação com outras normas e de atos institucionalmente legitimados de interpretação para a determinação da conduta devida.* Ele define regras *como normas mediatamente finalísticas, cuja concretização estabelece com maior determinação qual o comportamento devido, e por isso dependem menos intensamente da sua relação com outras normas e de atos institucionalmente legitimados de interpretação para a determinação da conduta devida.* Refere, ainda, que *a definição de princípios como normas imediatamente finalísticas e mediatamente de conduta explica sua importância relativamente a outras normas que compõem o ordenamento jurídico. Possuindo menor grau de determinação do comando e maior generalidade relativamente aos destinatários, os princípios correlacionam-se com maior número de normas (princípios e regras), na medida em que essas se deixam reconduzir ao conteúdo normativo dos princípios. Isso explica a hierarquia sintática e semântica que se estabelece entre princípios e demais normas do ordenamento e, consequentemente, a importância na interpretação e aplicação do Direito.*
(58) FREITAS, Juarez. *Interpretação sistemática do direito.* 2. ed. São Paulo: Malheiros, 1998. p. 48. Citamos, também, José Miguel Garcia Medina (*Execução civil:* princípios fundamentais. São Paulo: RT, 2002. p. 33) que refere aplicar os princípios com o intuito de se obter algo na melhor medida possível, ou seja, os princípios sempre se referem à busca do "ótimo", em atenção aos valores predominantes em determinado contexto social.
(59) MEDINA, José Miguel Garcia. *Execução civil:* princípios fundamentais. São Paulo: RT, 2002. p. 29-30.
(60) Cf. CASTRO, Frederico de. *apud* RODRIGUEZ, Américo Plá. *Princípios do direito do trabalho.* São Paulo: LTr, 1993. p. 18.

ajustar as normas aos princípios. Os princípios atuariam nesse meio junto aos argumentos políticos, os elementos culturais, as necessidades econômicas etc.

Já a função normativa é o meio de integração do Direito, ou seja, ela supre suas lacunas. Nessa segunda função, os princípios atuam para suprir as lacunas de um ordenamento jurídico positivo, ao contrário da primeira, em que as normas jurídicas ainda não estavam positivadas. É da análise de um determinado princípio que o aplicador da lei extrai a norma jurídica para aquele caso concreto cuja normatividade positiva não havia sido prevista.

Por último, a função interpretadora delimita a interpretação daquele que aplicará a norma ao caso concreto. Não se trata de um caso de discussão política anterior à positivação da norma (função informadora), nem um caso de lacuna do ordenamento jurídico (função integradora). Na função interpretadora ou interpretativa, a norma jurídica positiva existe, mas o que se persegue é seu sentido real, sua dimensão real no caso concreto; ela opera como critério orientador do juiz e do intérprete.

Sublinhamos, por fim, a lição de Celso Antônio Bandeira de Mello no sentido de que "violar um princípio é muito mais grave que transgredir uma norma. A desatenção ao princípio implica ofensa não apenas a um específico mandamento obrigatório, mas a todo o sistema de comandos. É a mais grave forma de ilegalidade ou inconstitucionalidade, conforme o escalão do princípio violado, porque representa insurgência contra todo o sistema, subversão de seus valores fundamentais, contumélia irremissível a seu arcabouço lógico e corrosão de sua estrutura mestra"[61].

3.6.2. Princípios informadores do processo de execução trabalhista

Na execução trabalhista, são utilizados, normalmente, além dos dispositivos contidos na CLT, os demais regramentos legais, tais como as disposições contidas na Lei n. 6.830/80 e no Código de Processo Civil. Nos casos omissos — refere o art. 889 da CLT —, serão aplicados como fonte subsidiária os preceitos que regem o processo dos executivos fiscais. O art. 769 da CLT dispõe que, nos casos omissos, o direito processual comum será fonte subsidiária, desde que haja compatibilidade.

A análise dos princípios aplicáveis à jurisdição trabalhista é de grande importância, haja vista que sofrem modificações decorrentes das alterações dos valores defendidos pelo Estado na forma da prestação da tutela juris-

---

(61) *Apud* ATALIBA, Geraldo. *República e Constituição*. 2. ed. São Paulo: Malheiros, 1998, p. 35. É referido, também, por Eros Roberto Grau em *A ordem econômica na Constituição de 1988*. São Paulo: Malheiros, 1997. p. 78-79.

dicional, ou seja, como referido por José Miguel Garcia Medina[62], em razão do grau de empenho do Estado em realizar a ordem jurídica. Ressalta, o referido autor, que, mudando os valores predominantes nesse contexto, modificar-se-ão, inexoravelmente, os princípios imanentes num ordenamento jurídico.

Como bem refere Carlos Henrique Bezerra Leite[63], a teoria geral do processo abarca três subsistemas: a teoria geral do processo civil, a teoria geral do processo penal e a teoria geral do processo do trabalho. Os três subsistemas cumprem, no seu conjunto e com generalização máxima, uma função axiológica fundamental, relacionada à implementação dos valores fundamentais concebidos por uma sociedade democrática e pluralista. É absolutamente necessário reconhecer as peculiaridades inerentes a cada ramo do Direito processual para um estudo aprofundado de cada espécie de processo, considerando suas origens e evoluções. O que se tem de considerar é que o processo contemporâneo deve estar a serviço do Direito material, de modo que não se propicie apenas o acesso à jurisdição, mas, sobretudo, a uma ordem justa, sob pena de não serem realizados os escopos social, político e jurídico.

As alterações recentes do CPC induzem à nova análise da atuação do operador do Direito, principalmente na tutela executiva, no sentido da necessária atualização da interpretação dos textos legais para que se possa alcançar uma tutela jurisdicional mais efetiva. Havendo, diante da situação concreta, a necessária restrição de um princípio em relação a outro, deverá o intérprete conduzir sua atuação no sentido de concretizar os valores escolhidos pela sociedade.

Os princípios que norteiam a execução trabalhista são comuns aos da execução no Processo Civil. Contudo, há várias divergências e particularidades que serão mencionadas.

Invocando Coqueijo Costa[64], tem-se como princípios informativos do processo de execução os seguintes: igualdade de tratamento às partes; toda a execução é real (incide sobre o patrimônio e não sobre a pessoa do devedor); a execução tem por finalidade apenas a satisfação do direito do exequente, não alcançando o que mais constituir o patrimônio do executado; a execução deve ser útil ao credor; toda a execução deve ser econômica, ou o menos prejudicial possível ao devedor; a execução deve ser específica; as despesas da execução são encargos do devedor; a execução não deve arruinar ou aviltar o executado; o credor tem a livre disposição do processo de execução.

---

(62) MEDINA, José Miguel Garcia. *Execução civil*: princípios fundamentais. São Paulo: RT, 2002. p. 20.
(63) LEITE, Carlos Henrique Bezerra. *Curso de direito processual do trabalho*. 3. ed. São Paulo: LTr, 2005. p. 36-37.
(64) COSTA, Coqueijo. *Direito judiciário do trabalho*. Rio de Janeiro: Forense, 1978. p. 538-539.

Em sua lição, Araken de Assis[65] refere como princípios atinentes ao processo de execução os da autonomia, do título, da responsabilidade patrimonial, do resultado, da disponibilidade e da adequação. O doutrinador Manoel Antonio Teixeira Filho[66] utiliza praticamente a divisão apresentada por Coqueijo Costa, acrescentando algumas particularidades.

Não refere Coqueijo Costa o princípio da autonomia lembrado por Araken de Assis. Como forma da prestação da tutela jurisdicional, o processo executivo é autônomo em relação aos processos de conhecimento e cautelar, na versão original do Código de Processo Civil de 1973. Admitiu-se, a partir do CPC de 1973, o processo de execução com base em título extrajudicial, sendo que anteriormente era um misto de execução com conhecimento (havia diferenciação entre ação executória e ação executiva). No processo de conhecimento, a missão judicial transforma o fato em direito; na execução, o direito, ou seja, a regra jurídica concreta, há de traduzir-se em fatos. No processo de execução, a controvérsia e o contraditório poderiam reaparecer, em novo processo de cognição de caráter incidente (embargos). Atualmente, ressaltamos que, com as alterações recentes no Código de Processo Civil, surgiu a figura do cumprimento de sentença, suprimindo o processo de execução autônomo, em se tratando de títulos executivos judiciais. Em tal situação, há verificação do sincretismo entre o processo de conhecimento e o processo de execução, sem a necessidade de ser instaurada outra relação processual para a satisfação dos créditos do exequente. Ressaltamos que a tutela jurisdicional não se manifesta somente no processo de execução, sendo também encontrada no processo de conhecimento na efetivação da antecipação de tutela (art. 273 do CPC), nas ações executivas *lato sensu*, no provimento monitório, e no cumprimento da sentença já referido. A tutela executiva, fora do processo de execução, pode necessitar de requisitos diversos dos estabelecidos para aquela categoria de processo, como a não exigência de título executivo. Portanto,

---

(65) ASSIS, Araken de. *Manual do processo de execução*. 11. ed. São Paulo: RT, 2007. p. 96-107. O autor refere, quanto ao princípio da autonomia, que "no sentido funcional, a execução representa ente à parte dos processos de cognição e cautelar na configuração originária do CPC". Com relação ao princípio do título, informa que "a ação executória nasce do efeito executivo da condenação. Tal efeito origina o título executivo". Esses princípios não haviam sido referidos pelos doutrinadores Coqueijo Costa e Manoel Antonio Teixeira Filho. Araken assevera, com correção, que "o princípio da autonomia cedeu, nos últimos tempos, à ilusória tentação de dotar as ações de força executiva. Em relação às prestações *faciendi*, o art. 644, na redação da Lei n. 10.444/02, remete à disciplina do art. 461, doravante estendida, por meio do art. 461-A, às prestações para entrega de coisa, aplicando-se tais normas, indiferentemente, aos provimentos antecipados e finais (sentenças). E o art. 475-I, *caput*, realiza idêntica remissão. É bem de ver, a inclusão da atividade executiva na relação processual judicial, nem, *a fortiori*, prescinde do emprego dos meios executórios adequados à natureza da prestação. De qualquer modo, nesses casos, desaparece a necessidade de instauração de novo processo e o princípio da autonomia perde seu vigor originário e estrutural. Subsiste a autonomia funcional, porém: os atos de realização coativa do direito reconhecido no provimento distinguem-se dos atos que conduziram ao seu reconhecimento". (p. 99)

(66) TEIXEIRA FILHO, Manoel Antonio. *Execução no processo do trabalho*. 9. ed. São Paulo: LTr. 2005. p. 115-130.

hoje verificamos a ruptura da tradicional autonomia dos processos de conhecimento com o de execução, pois, por opção legislativa, criou-se a possibilidade da realização da tutela executiva em processo diverso do processo de execução. No que se refere ao processo do trabalho, há muito tempo já se discutia a respeito da autonomia do processo de execução em relação ao processo de conhecimento, haja vista que a satisfação do credor se dava na mesma relação processual, sem a necessidade de processo autônomo. A discussão a respeito do sincretismo dos processos por muito tempo teve relevância teórica, mas, na prática, pouca consequência trazia. Assim, sem adentrar na discussão referida, ressaltamos que, considerando os atos e comandos do juiz nos processos de conhecimento e de execução, podemos constatar a autonomia de ambos, com base na forma de atuação do juiz (sentido funcional), mas, na prática, no processo do trabalho, há o sincretismo entre os dois processos.

Do princípio da *nulla executio sine titulo* (princípio do título), denotamos que toda execução deve ser baseada em um título executivo. A legislação prevê que, para dar início ao processo de execução, é imprescindível o título executivo (arts. 586 do CPC e 876 da CLT)[67]. O princípio analisado está vinculado ao processo de execução autônomo e não às tutelas executivas, que podem ser realizadas em outros processos, sem a exigência de tal requisito. Como já referido, as alterações no Código de Processo Civil que têm repercussão no processo do trabalho criam hipóteses da tutela executiva sem o título executivo, como no caso de efetivação da tutela antecipada (art. 273 do CPC). Atualmente, após as alterações do CPC pela Lei n. 11.232/05, temos que a execução, como processo autônomo[68], ocorre nos casos de títulos executivos extrajudiciais (art. 566 e seguintes do CPC). No caso de títulos judiciais, decorrentes de sentenças, a satisfação das obrigações dar-se-á por meio do cumprimento da sentença, na forma dos arts. 461, 461-A e 475-I do CPC. Portanto, sendo a obrigação (sanção) reconhecida em decisão judicial, não há necessidade de instauração de novo processo, fato que já ocorria na sistemática trabalhista. Com relação à antecipação de tutela (medidas ou tutela executiva), não há obrigação da constituição de título executivo. No processo trabalhista, para a instauração de processo de execução, os títulos executivos estão referidos no art. 876 da CLT. Após a vigência da Lei n. 9.958/00, que alterou a redação do referido artigo, foram acrescidos ao rol dos títulos executivos o

---

(67) Bem ressaltam Luiz Guilherme Marinoni e Sérgio Cruz Arenhart (*Execução*. São Paulo: RT, 2007. p. 24-27) que a proibição da execução sem título é forjada por Chiovenda, sendo que a execução não poderia iniciar antes do encontro da certeza, que dependeria do término ou do trânsito em julgado, quando é formada coisa julgada material, a qual confere o selo de verdade à decisão judicial. Acrescentam que da necessária precedência da cognição em relação à execução, base do processo civil liberal, resulta a imposição de que o conhecimento da existência do direito afirmado pelo autor deve anteceder a invasão da esfera jurídica do demandado.
(68) Bem refere Mauro Schiavi (*Execução no processo do trabalho*. São Paulo: LTr, 2008. p. 99-100) a possibilidade da execução da sentença penal condenatória quando os danos patrimoniais e morais causados ao empregado ou decorrentes da relação de trabalho.

ajuste de conduta formado perante o Ministério Público do Trabalho e os termos de conciliação formados perante as Comissões de Conciliação Prévia. Com a alteração do art. 114 da Constituição Federal, pela Emenda Constitucional n. 45/04, devemos também considerar como título executivo extrajudicial as multas administrativas impostas por órgãos de fiscalização (art. 642 da CLT), as contribuições sindicais (art. 606 da CLT) e a sentença penal condenatória, quando tratar de matéria trabalhista[69]. Registramos, ao final, que o título representa pressuposto de validade da execução, pois se exige prova pré-constituída do crédito para o desencadeamento dos atos do aparato judicial.

O princípio da igualdade das partes, previsto no texto constitucional, não assegura a igualdade de direitos a todos os cidadãos, ao contrário, assegura igualdade de direitos àqueles que se encontram na mesma situação jurídica. Há de se ponderar que, na execução, esse tratamento igualitário é, em termos, admitido, pois a posição do credor é de superioridade (como inclusive referido na Exposição de Motivos do CPC), ao passo que a posição do devedor é de sujeição, o que o Poder Judiciário tem de assegurar ao cidadão que está utilizando todos os instrumentos postos a sua disposição que buscam concretizar os objetivos e finalidade do Estado.

Assevera José Afonso da Silva[70] que "a justiça formal consiste em um princípio de ação, segundo o qual os seres de uma mesma categoria essencial devem ser tratados da mesma forma. (...) Porque existem desigualdades é que se aspira à igualdade real ou material que busque realizar a igualização de condições desiguais, do que se extrai que a lei geral, abstrata e impessoal que incide em todos igualmente, levando em conta apenas a igualdade dos indivíduos e não a igualdade dos grupos, acaba por gerar mais desigualdades e propiciar a injustiça".

A respeito da igualdade assegurada pela norma constitucional e também pela norma infraconstitucional (CPC), esclarecem Antonio Carlos de Araújo Cintra, Ada Pellegrini Grinover e Cândido R. Dinamarco que ela deve ter uma interpretação adequada, de modo que a conceituação positiva da isonomia tem de ser entendida como *igualdade proporcional*. Fundamentam os juristas: "A absoluta igualdade jurídica não pode, contudo, eliminar a desigualdade econômica; por isso, do primitivo conceito de igualdade, formal e negativa (a lei de não estabelecer qualquer diferença entre os indivíduos),

---

(69) Podemos referir que, no caso do cumprimento de sentença (art. 475-N, II, IV e VI do CPC), em se tratando de decisão arbitral, sentença penal condenatória e sentença estrangeira homologada, também há processo autônomo, haja vista a inexistência de processo antecedente no juízo civil, bem como nos casos de execução contra a Fazenda Pública e de alimentos, a partir do art. 730 do CPC.

(70) SILVA, José Afonso da. *Curso de direito constitucional positivo*. 8. ed. São Paulo: Malheiros, 1992. p. 195.

clamou-se pela passagem à igualdade substancial. E hoje, na conceituação positiva da isonomia (iguais oportunidades para todos, a serem propiciadas pelo Estado), realça-se o conceito realista, que pugna pela igualdade proporcional, a qual significa, em síntese, tratamento igual aos substancialmente iguais"[71].

As partes e procuradores devem ter tratamento igualitário. A quebra do princípio da isonomia decorre do princípio da igualdade real e proporcional, na medida em que impõe tratamento diferenciado aos desiguais, justamente para que se atinja a igualdade substancial. Assim, conclui-se que a posição de sujeição do devedor no processo de execução não contraria o princípio da igualdade previsto na Constituição Federal.

Do princípio da natureza real, tem-se que os atos executórios atuam sobre os bens do devedor e não sobre a pessoa física deste (arts. 591 e 646 do CPC). A evolução da execução passou da responsabilidade pessoal, de natureza privada e penal, *manus injectionem* romana, para a responsabilidade patrimonial do devedor. De acordo com o estipulado no art. 646 do CPC, a execução tem como objetivo o patrimônio do devedor (art. 591 do CPC). A execução trabalhista é no mesmo sentido (arts. 882 e 883 da CLT). Não há que se confundir a execução indireta permitida (arts. 287, 644 e 645 do CPC e art. 5º, LIV da Constituição Federal) com a execução pessoal.

O princípio da limitação expropriatória, por sua vez, conduz à conclusão de que a execução não pode servir de pretexto a uma alienação total do patrimônio do devedor, quando uma parte já baste para a satisfação do direito do credor (arts. 659 e 692, parágrafo único, do CPC e art. 883 da CLT).

Já o princípio da utilidade para o credor impede que ele faça uso das vias executórias apenas para acarretar danos ao devedor, sem que, todavia, o patrimônio deste tenha condições de responder pela dívida (art. 659, § 2º, do CPC). Nessa situação, deverá o Juiz suspender a execução, conforme o art. 40 da Lei n. 6.830/80, não correndo prazo de prescrição, que será prosseguida quando forem localizados bens do devedor capazes de permitir a satisfação do crédito do devedor. Contudo, o princípio da utilidade, em se tratando de execução trabalhista, deverá ser analisado com maior profundidade. Devemos sempre observar a situação do trabalhador que, na maioria das vezes, é muito pior que a do executado. Nessa circunstância, em que pese diminuto patrimônio do executado, devem ser penhorados os bens, haja vista que poderão quitar, ainda que pequena parte, o crédito do exequente, esse de natureza alimentar (subsistência)[72].

---

(71) CINTRA, Antonio Carlos de Araújo; GRINOVER, Ada Pellegrini; DINAMARCO, Cândido Rangel. *Teoria geral do processo*. 16. ed. São Paulo: Malheiros, 2000. p. 52.
(72) A lição de Francisco Antonio de Oliveira (*A execução na justiça do trabalho*. 4. ed. São Paulo: RT, 1999. p. 89) é no sentido de "não se perca de vista que o crédito trabalhista tem natureza alimentar

O princípio da não prejudicialidade do devedor está previsto nos arts. 620 e 574 do CPC, que estabelecem que, mesmo o devedor estando em situação de sujeição, não pode o credor o tripudiar. Esse princípio merece atenção especial quando se tratar de execução trabalhista[73]. Os princípios que preveem proteção ao executado, como o presente, decorrem da suposição do legislador de que o credor está em situação econômica melhor em relação ao devedor, devendo o Estado prestar a tutela jurisdicional executiva na forma menos onerosa a esse, com as devidas cautelas para não mais prejudicar a quem já não pode saldar suas dívidas espontaneamente. Tal realidade não é a regra geral da execução trabalhista, pelo contrário. O trabalhador, exequente, na maioria das vezes, está em situação muito pior que o devedor, não justificando adotar o princípio analisado, como uma regra geral, ainda mais, considerando a natureza do crédito trabalhista, eminentemente alimentar[74]. Assim, quando existir choque entre a defesa dos interesses do exequente, natureza alimentar (crédito de sobrevivência), e a menor onerosidade do devedor, natureza patrimonial, deve sempre prevalecer o primeiro. Dessa forma, situações de penhora de pequenos valores ou até mesmo de aceitação de lances inferiores ao valor da avaliação, o que está estabelecido no art. 888, § 1º da CLT, devem ser sopesados em relação à necessidade de garantir ao juridicamente mais vulnerável, no caso o trabalhador-exequente, a defesa de seus direitos e a satisfação do crédito de natureza alimentar. Utilizamos, ainda, os argumentos

---

(art. 100 CF/88) e na preferência supera até mesmo o executivo fiscal (art. 186 do CTN). Disso resulta que o crédito será pago antes das custas e emolumentos. Em havendo bem a ser penhorado, ainda que não cubra parte do crédito e custas, será penhorado se cobrir pelo menos parte do crédito. Inaplicável no processo laboral o entendimento civilista".

(73) Teori Albino Zavascki (*Processo de execução* — parte geral. 3. ed. São Paulo: RT, 2004. p. 112-113), invocando os ensinamentos de Humberto Theodoro Júnior, Ulderico Pires dos Santos, Araken de Assis e Cândido Dinamarco, ressalta que o contido no art. 620 é mais um dispositivo a representar a linha humanizadora do atual sistema de execução, tratando-se de regra de sobredireito, cuja função não é disciplinar situação concreta e sim a de orientar a aplicação das demais normas do processo de execução. Ressalta, ainda, que a riqueza do art. 620 do CPC reside, justamente, em consagrar um princípio de direito, que se caracteriza como tal, distinguindo-se de uma regra normativa comum, pelo modo de atuar: enquanto a regra atua sobre a específica situação concreta nela descrita, o princípio ocupa todos os espaços possíveis em que não encontrar oposição de ordem jurídica ou material. A amplitude descrita pelo doutrinador não encontra guarida quando se tratar do processo do trabalho. Haverá, na situação concreta, colisão de princípios, protetores do trabalhador com os protetores do executado, prevalecendo, sem sombra de dúvida, o do primeiro — natureza alimentar de seu crédito — em face do direito patrimonial do último. A subsistência deve sempre prevalecer em face do patrimônio do executado. Claro que, na situação da existência de vários bens do devedor, deverá ser observada a regra — menos prejudicial — a esse, mas nunca deverá ser empecilho à satisfação da obrigação em favor do trabalhador.

(74) Aproveitando da lição de Mauricio Godinho Delgado (*Curso de direito do trabalho*. São Paulo: LTr, 2002. p. 684) referimos que "o caráter alimentar deriva do papel socioeconômico que a parcela cumpre, sob a ótica do trabalhador. O salário atende, regra geral, a um universo de necessidades pessoais e essenciais do indivíduo e de sua família. A ordem jurídica não distingue entre níveis de valor salarial para caracterizar a verba como de natureza alimentícia. A configuração hoje deferida à figura é unitária, não importando, assim, o fato de ser (ou não), na prática, efetivamente dirigida, em sua totalidade ou fração mais relevante, às necessidades estritamente pessoais do trabalhador".

apresentados por Carlos Henrique Bezerra Leite[75] que, analisando a aplicação do art. 620 do CPC no processo do trabalho, ressalta: "essa norma contém um substrato ético inspirado nos princípios da justiça e da equidade. Todavia, é preciso levar em conta que, no processo do trabalho, é o credor — empregado — que normalmente se vê em situação humilhante, vexatória, desempregado e, não raro, faminto. Afinal, o processo civil foi modelado para regular relações civis entre pessoas presumivelmente iguais. Já no processo do trabalho, deve amoldar-se à realidade social em que incide e, nesse contexto, podemos inverter a regra do art. 620 do CPC para construir uma nova base própria e específica do processo laboral: *a execução deve ser processada de maneira menos gravosa ao credor*".

O princípio da especificidade respeita, apenas, a execução para a entrega de coisa e as obrigações de fazer e não fazer, pois somente em casos excepcionais se permite a substituição da prestação pelo equivalente ao dinheiro.

O princípio da responsabilidade pelas despesas processuais determina a incumbência, pelo devedor, não apenas do pagamento dos valores devidos ao credor, mas também das custas, dos emolumentos, das despesas processuais, como a publicação de editais, dos honorários periciais, entre outras (art. 789-A da CLT).

Quanto ao princípio do não aviltamento do devedor, a regra geral é de que execução não deve afrontar a dignidade humana do devedor, expropriando-lhe bens indispensáveis à sua subsistência e à dos membros de sua família, que atendem às necessidades vitais (art. 649 do CPC). A lei permite, todavia, a penhora dos frutos e rendimentos dos bens inalienáveis (art. 650 do CPC). Com relação ao processo do trabalho, tal regra é relativizada, diante do contido no art. 30 da Lei n. 6.830/80. Ressalta-se, ainda, o contido na Lei n. 8.009/90, que tornou impenhorável o imóvel residencial próprio do casal, ou da entidade familiar, em decorrência de dívida de natureza civil, comercial, fiscal, previdenciária ou de qualquer outra natureza, contraída pelos cônjuges ou pelos pais ou filhos que sejam proprietários e neles residam, salvo nas hipóteses previstas nesta Lei, bem como a nova redação do art. 649 do CPC, pela Lei n. 11.382/06. Dentre essas, destaca-se o contido no art. 3º, I, de importância para o processo trabalhista, já que trata dos créditos decorrentes de trabalhadores da própria residência. As impenhorabilidades referidas no CPC não apresentam, no processo do trabalho, o mesmo tratamento, em face do art. 30 da Lei n. 6.830/80. Ademais, pode-se observar, analisando o art. 649 do CPC, que várias situações não se aplicam à execução trabalhista, *v. g.*, a situação da penhorabilidade dos valores em caderneta de poupança. Caso aceita a hipótese referida, ou seja, a proteção contra penhora de valores até

---

(75) LEITE, Carlos Henrique Bezerra. *Curso de direito processual do trabalho*. 3. ed. São Paulo: LTr, 2005. p. 689.

quarenta salários mínimos depositados em caderneta de poupança, estar-se-ia dando maior proteção ao direito patrimonial (dinheiro) do que ao crédito trabalhista (caráter alimentar — subsistência), direito fundamental do trabalhador, previsto no art. 7º da CF. Em que pese o direito ao patrimônio também seja fundamental, não se sobrepõe ao direito do trabalhador que, em situação de ponderação — princípio da proporcionalidade —, deve prevalecer ao interesse patrimonial, mormente quando presumido que o trabalho ajudou a formar o valor contido na caderneta de poupança, o que beneficiaria exclusivamente o devedor. Destarte, sem redução de texto legal, pois se aplica ao processo civil, essa situação não se aplica ao processo do trabalho, haja vista ser inconstitucional em relação ao trabalhador[76].

O princípio da livre disponibilidade do processo pelo credor faculta-lhe desistir da execução ou de algumas medidas executivas, independentemente da concordância do credor, em determinadas situações (art. 569 do CPC, alterado pela Lei n. 8.953/94)[77].

Referimos, ainda, o princípio da instrumentalidade das formas, que é apresentado por Mauro Schiavi, no sentido de que "a doutrina chama de aproveitamento dos atos processuais que atingiram a finalidade, ainda que não praticados sob a forma prescrita em lei. Desse modo, somente haverá nulidade se houver prejuízos às partes (arts. 794 da CLT e 243 do CPC)"[78]. Este princípio aplica-se tanto no processo de conhecimento quanto no de execução trabalhista, devendo ser observado pelo juízo e litigantes com o objetivo da celeridade do provimento jurisdicional. A finalidade pretendida é a entrega eficiente da tutela, mesmo que adotada forma não prescrita na legislação, tendo como parâmetro sempre — o prejuízo — das partes litigantes, ou seja, sem prejuízo não haverá nulidade (arts. 794 e seguintes da CLT).

Há uma divergência entre os princípios aplicáveis ao processo civil e à execução trabalhista referente ao princípio da demanda (art. 2º do CPC), pois, no processo trabalhista, há possibilidade da execução de ofício. No processo civil, a iniciativa de promover a execução cabe ao credor, ordinariamente, podendo existir a participação do Ministério Público em situações excepcionais (art. 566, I e II do CPC). No processo do trabalho, a iniciativa é de quem tiver interesse ou do Juiz de ofício, conforme previsão do art. 878 da CLT. Uma

---

(76) Ver decisões do TRT da 3ª Região, AP n. 65-2007-114-03-00-0, Rel. Juíza Adriana Goulart de Sena, 12.12.07, e AP 1047-2004-030-03-00-8, Rel. Juíza Jaqueline Monteiro de Lima, 7.3.08.
(77) SCHIAVI, Mauro. *Execução no processo do trabalho*. São Paulo: LTr, 2008. p. 29.
(78) Manoel Antonio Teixeira Filho (*Execução no processo do trabalho*. 9. ed. São Paulo: LTr, 2005. p. 122) comunga da ideia de opostos embargos, o credor somente poderá desistir da execução com a concordância do devedor, pois este pode ter interesse em obter o pronunciamento jurisdicional acerca da quitação, da prescrição extintiva e de outras matérias alegadas, cuja expectativa restaria frustrada se reconhecesse a desistência da execução.

ressalva que se faz é a da impossibilidade da iniciativa do juiz, quando a liquidação depender de liquidação por artigos[79], pois dependerá de iniciativa da parte.

Apresenta-se a lição de Wagner Giglio, que refere que não se deve confundir princípios com peculiaridades, uma vez que: "a) princípios são necessariamente gerais, enquanto que as peculiaridades são restritas, atinentes a um ou a poucos preceitos ou momentos processuais; b) princípios informam, orientam e inspiram preceitos legais, por dedução, e podem deles ser extraídos, via raciocínio indutivo; das particularidades não se extraem princípios, nem delas derivam normas legais; c) princípios dão organicidade a institutos e sistemas processuais; as particularidades, não, pois esgotam sua atuação em âmbito restrito, geralmente atinentes ao procedimento e não ao processo"[80].

Uma particularidade no processo do trabalho é que não se aplica a exigência de caução (real ou fidejussória) para que se promova a execução provisória da sentença, afastando os riscos da execução provisória do trabalhador exequente.

Na execução trabalhista, serão observados os juros e a correção monetária, mesmo inexistindo no comando da sentença. Não se trata da aceitação da modificação do comando da sentença na liquidação ou na execução, que é expressamente vedada na CLT (art. 879, parágrafo primeiro) e no CPC (art. 475-G). A incorporação da correção monetária e dos juros na sentença decorre de preceito legal (art. 883 da CLT e art. 39 da Lei n. 8.177/91).

Os honorários de sucumbência não são aplicados ao processo trabalhista, em regra geral, tanto no conhecimento, quanto na execução. O que pode ocorrer é a hipótese da Lei n. 5.584/70, a dos honorários assistenciais, que são de incidência nos processos de conhecimento e nos casos de execução de títulos extrajudiciais. Segundo o entendimento dos Ministros do Tribunal Superior do Trabalho, com a ampliação da competência da Justiça do Trabalho é aplicado o princípio da sucumbência nas ações que não tratem de relação de trabalho (Instrução Normativa n. 27, de 16 de fevereiro de 2005, art. 5º).

---

(79) TEIXEIRA FILHO, Manoel Antonio. *Execução no processo do trabalho*. 9. ed. São Paulo: LTr, 2005. p. 140-141 refere que a liquidação por arbitramento também não poderia ser de ofício, com o que não se concorda, pois não há qualquer impedimento de o juiz nomear um árbitro para apontamento do total devido.

(80) GIGLIO, Wagner. *Direito processual do trabalho*. 12. ed. São Paulo: Saraiva, 2002. p. 65-66.

4

MEIOS EXECUTÓRIOS E PROCESSO EXECUTIVO

Convém ressaltar, de início, que nem todos os atos executivos são praticados no processo de execução, conforme já anteriormente referido. Nas hipóteses do cumprimento de sentença e da antecipação da tutela, somente para citar essas duas[1], verificamos o sincretismo entre os atos de certificação (característicos do processo de conhecimento) e de satisfação (característicos do processo de execução) na mesma relação processual. Os atos executivos, fora do processo de execução, podem necessitar de requisitos diversos dos estabelecidos para aquela categoria de processo, como a não exigência de título executivo.

No Estado liberal, como bem ressaltam Marinoni e Arenhart[2], vigorava, no processo civil, o chamado princípio da tipicidade das formas executivas, com o objetivo de impedir a utilização, por parte das partes e do juiz, de meios executivos não expressamente previstos em lei. A atuação da prestação jurisdicional não poderia ultrapassar os limites dos meios executivos tipificados. Contudo, com a evolução da sociedade, houve a necessidade de municiar os litigantes e o juiz de maiores poderes, fosse para permitir que os

---
[1] Poderíamos relatar várias outras como: ações executivas *lato sensu*, provimento monitório, obrigações de fazer e não fazer, entre outras.
[2] MARINONI, Luiz Guilherme; ARENHART, Sérgio Cruz. *Curso de processo civil:* execução. São Paulo: RT, 2007. v. III, p. 50 e seg.

jurisdicionados pudessem utilizar o processo de acordo com as novas situações de Direito material e com as realidades concretas, fosse para dar ao juiz a efetiva possibilidade de tutelá-las, tais como os mecanismos dependentes do preenchimento de conceitos indeterminados — como a tutela antecipatória fundada no "abuso do direito de defesa" (art. 273, II, CPC) —, admitindo o seu uso na generalidade dos casos, mas também a fixar o que denomino de normas processuais abertas (art. 461, CPC). Essa sistemática baseia-se no fundamento de que a lei não pode atrelar as técnicas processuais a cada uma das necessidades do Direito material ou desenhar tantos procedimentos especiais quanto forem supostos como necessários às tutelas jurisdicionais dos direitos. O controle dessas técnicas, conforme Marinoni e Arenhart[3], deve ser feito a partir de duas sub-regras da proporcionalidade, isto é, das regras de adequação e da necessidade. A providência jurisdicional deve ser: i) adequada; e ii) necessária. A adequação é colocada no plano dos valores, significando que o meio executivo e a forma de prestação não podem infringir o ordenamento jurídico para proporcionar a tutela. A necessidade relaciona-se com a efetividade do meio de execução e a forma de prestação, isto é, com a sua capacidade de realizar — na esfera fática — a tutela do Direito. É por tal motivo que esta última regra se divide em outras duas: o meio idôneo e da menor restrição possível. Concluem, os autores, que o problema está na escolha do meio *mais* idôneo, isto é, daquele que, além de adequado (no plano dos valores) e idôneo (efetivo) à tutela jurisdicional, é o menos prejudicial ao réu.

Com relação aos atos executivos, utilizamos a classificação apresentada por Araken de Assis[4], no seguinte sentido:

> 1. "atos de apreensão", ou de constrição (*Verstrickung*), de que são exemplos nítidos a primeira etapa da penhora (art. 475-J, *caput*, c/c. art. 664 do CPC) e a de desapossamento (art. 625), que têm por fito tantas coisas, móveis e imóveis — *v. g.*, o explicitamente disposto no art. 625 —, quanto ao desapossamento, pessoas (art. 839 do CPC);
>
> 2. "atos de transformação", exemplificados na tormentosa atividade prática da execução do *facere* fungível (art. 633 do CPC), às vezes de extraordinária complexidade: a prestação que toca ao empreiteiro de lavor, como a construção de uma casa, apresenta proporções inauditas e variações tão intrincadas quanto múltiplas;
>
> 3. "atos de custódia", como o depósito da coisa penhorada (art. 665 do CPC) e a prisão do executado (art. 733, § 1º);
>
> 4. "atos de dação", a exemplo da entrega do dinheiro produzido pela expropriação (art. 708, I, do CPC) e da imissão na posse (art. 625);

---

(3) *Ibidem*, p. 180.
(4) ASSIS, Araken. *Manual da execução*. 11. ed. São Paulo: RT, 2007. p. 91-92.

5. "atos de transferência", em que direitos são, compulsoriamente, transladados da esfera jurídica do executado, como ocorre na arrematação (art. 693 do CPC); e

6. "atos de pressão", servindo de exemplo conspícuo a cominação da pena pecuniária (arts. 287, 461, §§ 5º e 6º, c/c. 645, 621, parágrafo único, e 644 do CPC) e da prisão (art. 733, *caput*) ao executado, constrangendo sua vontade.

Como bem refere Araken de Assis[5], a nota comum dos atos executivos reponta na invasão da esfera jurídica do executado. Isoladamente, o ato desloca, de modo coativo, pessoa e coisas, e provoca transferência, também forçada, de valores para outro círculo patrimonial. Conceituando meios executivos, assevera o autor que constituem a reunião de atos executivos endereçada, dentro do processo, à obtenção do bem pretendido pelo exequente. Eles veiculam a força executiva que se faz presente em todas as ações classificadas de executivas, não só naquelas que se originam do efeito executivo da sentença de condenação[6].

O legislador preferiu designar os meios executórios de "espécie de execução", correlacionando-os pela identificação precisa do bem jurídico (*res*), ambicionado pelo demandante. Tais bens podem ser: coisa certa ou determinada (*corpus*); soma em dinheiro, ou quantidade de coisas em dinheiro passíveis de conversão (*genus*); e atividade ou abstenção do executado (*facere* e *non facere*).

Podemos agrupar os meios executórios em duas classes fundamentais: a sub-rogatória, que despreza a participação efetiva do devedor e prescinde dela; e a coercitiva, em que a finalidade precípua é captar a vontade do executado. A sub-rogação abrange a expropriação (arts. 647 do CPC e 888 da CLT), o desapossamento (art. 625 do CPC) e a transformação (art. 634 do CPC). No contexto da expropriação, cumpre distinguir o desconto (art. 734 do CPC), e, como exemplo da execução comum da obrigação pecuniária: a alienação (art. 708, I, do CPC), a adjudicação (art. 708, II, do CPC) e o usufruto (art. 708, III, do CPC).

A coerção utiliza a ameaça de prisão (art. 733, *caput* e § 1º do CPC) e de imposição de multa em dinheiro (arts. 287, 461, §§ 4º e 5º, 461-A, § 3º, 644 e 645, todos do CPC).

4.1. EXECUÇÃO INDIRETA

Os meios executivos de coação, que para muitos não se caracterizam como execução propriamente dita, visam pressionar o executado ao cumprimento

---
(5) *Ibidem*, p. 128.
(6) *Ibidem*, p. 129.

de sua obrigação. Como referido na análise do sistema adotado em Roma (item 1.2), no primeiro período, o das ações da lei, o que prevalecia era o juízo privado, sendo atividade processual fixada na Lei das XII Tábuas. Após a decisão do árbitro (*iudex*), o autor vitorioso estava obrigado a valer-se de outra *legis actio* (a *actio per manus injectionem*) para obter a execução da sentença que lhe era favorável. O processo era visto como um negócio privado entre os litigantes, sendo que ao magistrado competia apenas presidir a formação da *litis contestatio* e remeter a causa a um juiz (árbitro), que era escolhido pelas partes. O mais antigo processo executivo romano, conforme referido por Alfredo Buzaid, era privado e penal, tendo por objeto a pessoa do devedor, cabendo ao credor lançar mão do devedor, compelindo-o, no processo de conhecimento, a comparecer em juízo e, no processo de execução, a reduzi-lo a cárcere privado, à condição de detento. Era penal, porque visava dobrar a vontade do devedor, já que o inadimplemento da obrigação era considerado uma quebra à honra da palavra empenhada e, portanto, uma ofensa que deveria ser punida[7]. A execução, no período das *legis actiones*, processava-se normalmente contra a pessoa do devedor, por meio da *legis actio per manus injectionem*. Confessada a dívida, ou julgada a ação, cabia a execução 30 dias depois, sendo concedido esse prazo a fim de que o devedor pudesse pagar o débito. Se este não fosse solvido, o exequente lançava as mãos sobre o devedor e conduzia-o a juízo. Se o executado não satisfizesse o julgado e se ninguém comparecesse para afiançá-lo, o exequente levava-o consigo, amarrando-o com uma corda, ou algemando-lhe os pés. A pessoa do devedor era adjudicada ao credor e reduzida a cárcere privado durante 60 dias. Se o devedor não se mantivesse à sua custa, o credor dava-lhe diariamente algumas libras de pão. Durante a prisão, era levado a três feiras sucessivas e aí apregoado o crédito. Se ninguém o solvesse, era aplicada ao devedor a pena capital, podendo o exequente matá-lo ou vendê-lo *trans Tiberim*[8]. Havendo pluralidade de credores, podia o executado, na terceira feira, ser retalhado; se fosse cortado a mais ou a menos, isso não seria considerado fraude. O rigor do primitivo processo civil romano foi alterado em 362 a.C., quando publicada a *Lex Poetelia Papiria*: seu objetivo foi fortalecer a intervenção do magistrado. Assim, foi abolida a faculdade de matar o devedor insolvente, de vendê-lo como escravo, ou de detê-lo na cadeia. Em substituição do sistema das *legis actiones* pelo processo formular, a *legis actio per manus injectionem* altera-se para a *actio iudicati*. Houve a humanização da execução,

---

(7) BUZAID, Alfredo. *Do concurso de credores no processo de execução*. São Paulo: Saraiva, 1952. p. 42.
(8) Nenhum romano podia perder a liberdade dentro dos limites da cidade, exigindo-se que fosse vendido como escravo além do rio Tibre, nas terras pertencentes aos etruscos. Complementa Fernando Noronha (*Direito das obrigações:* fundamentos do direito das obrigações: introdução à responsabilidade civil. 2. ed. São Paulo: Saraiva, 2007. p. 143) que a *lex Poetelia Papiria* (cujo nome deriva dos dois cônsules, Poetelius e Papirius, que governavam ao tempo que foi votada) foi em consequência de uma revolta de plebe, que se teria insurgido contra os maus-tratos infligidos a um jovem, Lúcio Papírio, que estava em estado de *nexus*, por causa de um empréstimo que o pai contraíra e não pagara, porque este, no exercício da *patria potestas*, o entregara ao credor.

sem eliminar de todo a execução pessoal, mas suavizando os seus rigores, passando a afetar os bens.

Atualmente, um dos princípios que rege a atividade executiva do Estado é o da responsabilidade patrimonial (execução real), ou seja, os atos executórios atuam sobre os bens do devedor e não sobre a pessoa física deste (arts. 591 e 646 do CPC). A execução trabalhista é nesse sentido (arts. 882 e 883 da CLT). Contudo, não há que se confundir a execução indireta permitida (arts. 287, 644 e 645 do CPC e art. 5º, LIV da Constituição Federal) com a execução pessoal. A execução indireta, conforme mencionada por Marinoni e Arenhart[9], também denominada de coerção indireta, não realiza o Direito material, mas apenas atua sobre a vontade do devedor com o objetivo de convencê-lo a adimplir. Humberto Theodoro Júnior[10] ressalta, também, que os meios de coação, multa e prisão apresentam-se como meios intimidativos de força indireta no esforço de obter o respeito às normas jurídicas, não sendo medidas próprias do processo de execução, a não ser em feitio acessório ou secundário. José Alberto Reis[11] assevera que a execução por meios coativos é forma de execução forçada indireta, pois o cumprimento da obrigação ocorre, não diretamente pela ação do Estado, mas pela do próprio devedor.

4.1.1. Coerção patrimonial

Na época do Estado Liberal, a regra do art. 1.142 do Código Civil francês (Código de Napoleão) irradiou-se às demais codificações, vedando ao Estado, por meio dos atos executivos, convencer o réu a fazer algo contra a sua vontade. Tal disposição incorporava os princípios da defesa da liberdade individual e da autonomia da vontade, prevendo que as obrigações de fazer ou não fazer resolver-se-iam em perdas e danos. Contudo, como bem ressalta Araken de Assis[12], a frustração de numerosos direitos plasmou a criação de certa técnica executiva, a *astreinte*, destinada a superar o impasse.

Visando suplantar o problema do cumprimento da obrigação de fazer infungível, surgiram como meios de indução compulsória do executado ao cumprimento: a) a *astreinte*, que é uma multa pecuniária, produto da jurisprudência francesa; b) o regime misto alemão, que condena o executado ao pagamento de uma soma em dinheiro e, caso essa não se mostre cobrável, há a ameaça de prisão; c) o *contempt of court*, proveniente da *common law*, que

---

(9) MARINONI, Luiz Guilherme; ARENHART, Sérgio Cruz. *Curso de processo civil:* execução. São Paulo: RT, 2007. v. III, p. 180.
(10) THEODORO JÚNIOR, Humberto. *Curso de direito processual civil.* 6. ed. Rio de Janeiro: Forense, 1991. v. II, p. 714.
(11) *Apud* ZAVASCKI, Teori Albino. *Processo de execução* — parte geral. 3. ed. São Paulo: RT, 2004. p. 95.
(12) ASSIS, Araken. *Manual da execução.* 11. ed. São Paulo: RT, 2007. p. 132.

trata como desacato e desobediência o descumprimento da ordem emanada do Tribunal.

Não há como confundir multa cominatória com a cláusula penal (arts. 408 e seguintes do Código Civil), pois essa é estipulada pelas partes, a título de sanção, em caso de inadimplemento imputável ao devedor. Já a multa cominatória é estabelecida pelo juiz, para a hipótese de o devedor se recusar a cumprir a decisão judicial e, em princípio, não está sujeita a limites. Também, não devemos equivaler a *astreinte* (coerção) com a *contempt of court* (punição), essas melhor enquadradas no art. 14 do CPC.

A multa cominatória, criação jurisprudencial francesa do século XIX, utilizada em circunstâncias excepcionais em que não viam outro meio de dobrar a vontade do devedor, foi designada de *astreinte*. Em Portugal, introduzida em 1983, denomina-se de *sanção pecuniária compulsória*. No Direito pátrio, introduzida pelo CPC de 1939, quando criou um processo especial, é designada de "ação cominatória para prestação de fato ou abstenção de fato" (arts. 302 e seguintes). Na forma original do CPC de 1973, não havia a previsão desse processo especial, mas foi ampliada a possibilidade de aplicação da cominação, permitindo que os credores de obrigações de fazer ou de não fazer solicitassem em qualquer processo a condenação dos devedores na pena pecuniária (arts. 287, 644 e 645). As alterações no CPC em 1994, pelas Leis n. 8.952/94 e 8.953/94, ampliaram a sua imposição, sendo que, mais recente, a Lei n. 10.444/02 acrescentou o art. 461-A que, por este preceito, passou-se a permitir a aplicação do que chama de multa diária também em qualquer "ação que tenha por objeto a entrega de coisa". Portanto, a cominação da multa cominatória passou a ser possível em todas as obrigações de prestação de coisa, tanto as de dar coisa certa (arts. 233 e seguintes do CC) como de dar coisas incertas (arts. 243-246 do CC), e as obrigações de fazer (fungíveis e não fungíveis) e não fazer (art. 475-I do CPC).

Com relação às obrigações pecuniárias, obrigações de prestação de quantia, o art. 475-J do CPC cria uma situação legal, uma multa com objetivo de ameaçar o patrimônio do executado. No entender de Guilherme Rizzo do Amaral[13], não se trata de verdadeira *astreinte*, mas, sem dúvida, constitui ferramenta destinada a demover o réu de eventual intenção de não atender à condenação. Trata-se, conforme referido pelo autor citado, de um meio de coerção atrofiado.

Araken de Assis[14] refere que a técnica coercitiva da *astreinte* é contemplada nos arts. 287, 461, §§ 5º e 6º, 621, parágrafo único, 644 e 645 do CPC. Acrescenta que certas disposições incriminatórias, a exemplo do art. 22, *caput*,

---

(13) AMARAL, Guilherme Rizzo. *A nova execução* — comentários à Lei n. 11.232, de 22 de dezembro de 2005. Coord. Carlos Alberto Alvaro de Oliveira. Rio de Janeiro: Forense, 2006. p. 108.
(14) ASSIS, Araken. *Manual da execução*. 11. ed. São Paulo: RT, 2007. p. 133.

da Lei n. 5.478/68, possibilitam qualificar o comportamento concreto do executado como ofensivo à dignidade da jurisdição, caracterizando desacato, o Direito pátrio sanciona penalmente situações análogas. Caminha o ordenamento, portanto, nos rumos da *contempt of court*, que a generalização da eficácia mandamental tanto clama. Por enquanto, o atentado à atividade jurisdicional rende multa (art. 14, parágrafo único, do CPC), mas há clamor para agravar a situação do desobediente, submetendo-o a tipo penal genérico.

Com relação à limitação da multa, essa não é restringida ao valor do principal, pois não se confunde com o mesmo, haja vista que sua finalidade é convencer o devedor ao cumprimento (vencer resistências) e não de dar o equivalente. Quanto a sua fixação ou limitação, deve ser observado o disposto no art. 461, § 6º do CPC.

4.1.2. Coerção pessoal

Atualmente, a discussão a respeito da possibilidade de prisão por dívida encontra fundamento no Pacto de São José da Costa Rica, subscrito pelo nosso país. Em face do entendimento majoritário no Supremo Tribunal Federal (Súmula Vinculante n. 25), há a impossibilidade de prisão do depositário infiel, sendo, somente, admissível no caso de devedor de alimentos.

Fazemos a ressalva de que a prisão civil por dívida é objeto de norma excepcional, sendo que a multa cominatória é regida por norma especial. As primeiras não admitem aplicação analógica.

No ordenamento jurídico, em face da importância de determinados direitos, são a esses asseguradas formas diferenciadas de proteção. Como bem ressaltam Marinoni e Arenhart[15], não há como negar que os direitos perdem sua qualidade quando não podem ser efetivamente tutelados. Além disso, é certo que o processo exige, diante de certas situações de direito substancial, o uso da coerção indireta. Entretanto, a multa não constitui a única forma de coerção indireta, e nem se pode dizer que é ela suficiente para a efetiva prestação da tutela jurisdicional.

Atualmente, há discussão a respeito da possibilidade de prisão por dívida em face do Pacto de São José da Costa Rica, subscrito pelo nosso país. Em decisões recentes do Supremo Tribunal Federal, os Ministros, interpretando tal situação, ressaltam que a legalidade é questionável apenas no caso de a prisão resultar de natureza contratual (*v. g.* alienação fiduciária), mas não na hipótese de depositário a título de depósito judicial. Portanto, entenderam os Ministros a constitucionalidade da prisão civil decorrente de depósito judicial,

---

(15) MARINONI, Luiz Guilherme; ARENHART, Sérgio Cruz. *Curso de processo civil:* execução. São Paulo: RT, 2007. v. III, p. 85.

pois tal situação encontra-se prevista na exceção contida no art. 5º, LXVII, da Constituição Federal[16]. Em outra decisão, referem os Ministros que o depósito judicial é obrigação legal que estabelece relação de direito público entre o juízo da execução e o depositário, permitindo a prisão civil no caso de infidelidade[17].

4.2. EXECUÇÃO DIRETA

O que caracteriza os atos executivos do Estado é a intromissão na esfera jurídica do executado, mediante meios de coerção (execução indireta) ou de meios de sub-rogação (execução direta), sendo, no primeiro, a utilização de atos que visem captar a vontade do executado, e, no segundo, na apreensão de bens do demandado, prescindindo a participação efetiva do devedor, para satisfazer a obrigação do credor. A sub-rogação abrange a expropriação (arts. 647 do CPC e 888 da CLT), o desapossamento (art. 625 do CPC) e a transformação (art. 634 do CPC). No contexto da expropriação, cumpre distinguir o desconto (art. 734 do CPC), e, como exemplo da execução comum da obrigação pecuniária: a alienação (art. 708, I do CPC), a adjudicação (art. 708, II do CPC) e o usufruto (art. 708, III do CPC).

E, finalmente, os meios executivos de expropriação consistem em atos de invasão forçada do patrimônio do executado para dele separar um ou mais bens, que serão destinados a cumprir obrigação de pagar quantia. A satisfação do crédito dar-se-á pela entrega do dinheiro produzido com a alienação dos bens em hasta pública, ou, eventualmente, pela adjudicação dos bens penhorados ou, ainda, usufruto do imóvel ou da empresa (CPC, art. 708).

4.2.1. Meios de desapossamento

Os meios de desapossamento utilizados pelo Estado são simples e de incidência imediata, compreendendo a retirada do bem de posse do devedor ou de terceiro e posterior entrega da coisa. No art. 625 do CPC, há a distinção entre as providências a serem adotadas pelo Juízo — busca e apreensão, tratando-se de coisas móveis, e da imissão da posse relacionada às coisas imóveis.

4.2.2. Meios de transformação

Os meios de transformação apresentam-se mais complexos, com relação aos de desapossamento, pois visam ao atendimento de obrigação de fazer e

---

(16) STF, HC n. 92.541, Rel. Min. Menezes Direito, DJ 25.4.08.
(17) STF, HC n. 90.759, Rel. Min. Ricardo Lewandowski, DJ 22.6.07.

de não fazer, com a providência do Juízo no sentido da realização da obra ou serviço ou o seu desfazimento, reclamados pelo credor, realizados por terceiros (art. 633 e seguintes do CPC).

O roteiro traçado para os meios de transformação está previsto no art. 634 do CPC. Inicialmente, procede-se a uma perícia avaliatória do custo e da extensão da obra; em seguida, o juiz abre procedimento licitatório, a fim de escolher terceiro apto a realizá-la; o credor tem a oportunidade, em igualdade de condições, de obter preferência para realizar a obra (art. 637); por fim, cobrar-se-á o custo do empreendimento do executado.

4.2.3. Meios da expropriação

Os meios de expropriação consistem na apreensão de parte do patrimônio do executado (podendo ser todo), mediante a penhora ou do desconto (dívidas de alimentos — art. 734 do CPC), para ser satisfeita a obrigação junto ao credor (art. 646 do CPC), que ocorrerá mediante três situações: alienação (particular e em hasta pública), adjudicação e usufruto (art. 647 da CLT e art. 888 da CLT — este só prevê duas — arrematação e adjudicação).

4.2.3.1. Meio do desconto

Os salários (em geral) e os valores recebidos pelo executado para a sua subsistência são, via de regra, impenhoráveis (art. 649, IV do CPC). Contudo, é garantida a determinados direitos a possibilidade da penhora específica desses, como na hipótese referida no art. 649, § 2º do CPC (prestação alimentícia)[18]. Dessa forma, podendo ser penhorados os valores recebidos de salários (em geral), o juiz determina o desconto, na forma do art. 734 do CPC, ordenando à fonte pagadora a respectiva retenção e depósito em nome do Juízo, ou a entrega a quem esse determinar.

4.2.3.2. Meio da alienação

Pela sistemática atual do CPC, a alienação dos bens penhorados pode ser realizada de duas maneiras: a alienação por iniciativa particular, na forma do art. 685-B, e a alienação em hasta pública (arts. 686 e seguintes). Tais situações, na ordem da expropriação no CPC, correspondem à segunda e à terceira hipóteses legais, ficando atrás da adjudicação. As reformas recentes do CPC visam à agilização do procedimento expropriatório, haja vista a possibilidade de vários incidentes na forma de alienação, que não ocorrem na adjudicação.

---

(18) No nosso entender, há possibilidade da penhora dos salários (em geral) no caso do débito trabalhista como analisado, em que pese de forma sucinta, no item 2.2.2.5.1.

Ressaltamos, ainda, a possibilidade da alienação ser realizada por meios eletrônicos, que poderá representar avanços em relação à sistemática adotada até então.

Na CLT, há menção da alienação em hasta pública (art. 888), podendo-se, contudo, adotar as regras do CPC, fazendo-se as adaptações necessárias ao procedimento trabalhista. Como anteriormente referido, os procedimentos previstos no CPC devem ser utilizados para melhorar o processo do trabalho, mas não para modificar sua estrutura, que sempre foi mais ágil e eficiente em comparação ao processo comum.

4.2.3.3. Meio da adjudicação

Como forma de expropriação, o CPC dispõe da possibilidade de o credor aceitar os bens penhorados, pelo valor da avaliação, para satisfazer seu crédito (art. 685-A). Tal hipótese é uma faculdade do credor, não podendo ser a ele imposta. A adjudicação, elevada à primeira na ordem da expropriação (art. 647 da CPC), pode representar a satisfação mais rápida do exequente, ao invés da demorada tentativa da conversão do bem (ou bens) em valores, para posterior pagamento. Há, no CPC, a hipótese de adjudicação pelo credor com garantia real, cônjuge, descendentes ou ascendentes do executado.

Na CLT, há menção, como ocorria no CPC de 1939 (art. 981), da preferência do credor na adjudicação, mesmo existindo licitantes na hasta pública (art. 888, § 1º da CLT).

4.2.3.4. Meio do usufruto

Relacionado como forma de expropriação, o usufruto (art. 647, IV do CPC) guarda uma peculiaridade importante, não importa na transferência de propriedade do bem penhorado, mas somente do direito de fruição e uso desse. O usufruto judicial está previsto nos arts. 716 e seguintes do CPC.

5

AVALIAÇÃO

No processo trabalhista, citado o devedor para pagar ou garantir o juízo, não assim procedendo, ser-lhe-ão penhorados tantos bens quantos bastem para garantir a execução, por intermédio de Oficial de Justiça (art. 883 da CLT). Decorrido o prazo para a interposição dos embargos (art. 884 da CLT), ou apresentados os embargos e rejeitados, os bens penhorados serão levados à hasta pública onde serão judicialmente vendidos (art. 888 da CLT), e, com o produto da venda, cumprida a obrigação para com o credor.

Já no processo civil, em se tratando de execução de título extrajudicial, a sistemática é parecida, ocorrendo a citação para pagamento em três dias, com a penhora de bens no caso do não atendimento pelo devedor (art. 652, § 1º do CPC). Na hipótese do cumprimento de sentença, o pagamento deve ocorrer no prazo de quinze dias (art. 475-J do CPC) e, caso não realizado, será, a requerimento do credor, expedido mandado de penhora e avaliação.

Antes da expropriação, há necessidade de se estimar o valor de mercado dos bens. A avaliação situa-se em uma fase intermediária, ou preparatória, ligando a penhora às operações tendentes à expropriação forçada dos bens do devedor.

A avaliação é de extrema importância para a expropriação, haja vista que influencia todo o procedimento, representando o parâmetro para a futura adjudicação, alienação particular, arrematação e usufruto sobre imóvel ou empresa. A constrição do patrimônio do executado deverá ser suficiente para garantir a satisfação da obrigação, na forma dos arts. 659 do CPC e 883 da CLT, sendo importantíssima a avaliação para delimitar a parte do patrimônio que será afetada para o pagamento do exequente.

Os critérios que deverão ser sopesados para efeito da avaliação do bem penhorado, segundo a lição de Araken de Assis[1], são três básicos que fundamentam o juízo do avaliador:

a) segundo o custo — todo o bem criado pela indústria humana possui determinado custo de fabricação. Este custo, em geral, compõe o preço do mercado da coisa e, às vezes, pode defini-lo;

b) segundo a renda — a maioria dos bens ostentam utilidade imediata para o dono, ou seja, produzem renda. A mensuração da renda inclui-se no âmbito do valor justo perseguido pela avaliação. Medir os cômodos da coisa penhorada afigura-se essencial, por exemplo, à constituição do usufruto (art. 722 do CPC);

c) segundo o mercado — o valor do bem obtido no mercado, em condições normais de negócios, define o valor dos bens.

Deverá o avaliador, ainda, considerar, na sua estimação, várias circunstâncias que envolvem o bem penhorado, tais como: a dificuldade de alienação; os rendimentos decorrentes de contratos, ou, na falta desses, a produção provável, deduzidos os encargos; valores das rendas, em se tratando de imóveis, bem como a capacidade produtiva, entre outros.

No processo civil, foi alterada a situação pela Lei n. 11.382/06[2], sendo que agora a avaliação será procedida pelo Oficial de Justiça, ressalvada a hipótese de aceitação do valor estipulado pelo executado (art. 680 do CPC) e da necessidade de conhecimentos especializados para tal mister, situação em que o juiz nomeará um avaliador, que apresentará o laudo em prazo não superior a 10 (dez) dias. Portanto, a regra geral é que o Oficial de Justiça, quando realize a penhora do bem, como ato contínuo, já determine o valor de sua avaliação (arts. 652, § 1º e 681 do CPC). Na hipótese de perícia, a avaliação será procedida no prazo estipulado pelo juiz. A incumbência do Oficial de Justiça é imposta pela lei, sendo que esse não pode se recusar a realizar tal tarefa, salvo nos casos em que se exijam conhecimentos especializados.

---

(1) *Manual do processo de execução.* 11. ed. São Paulo: RT, 2007. p. 698.
(2) A situação que vigia até a Lei n. 11.382/06 era a seguinte: quando não fossem oferecidos os embargos à execução ou a partir da rejeição dos embargos totais em primeiro grau, e, oferecidos os embargos, estes não forem objetiva ou subjetivamente (art. 739, § 3º, do CPC) parciais, prosseguiria a execução com a avaliação dos bens. Não se faz a avaliação, ressalva contida no art. 680 do CPC, nos casos em que há avaliação anterior (art. 655, § 1º, V, CPC) e nos casos de dispensa de avaliação (art. 684 do CPC). Nessas hipóteses, deixando de lado o procedimento do art. 681, do CPC, o juiz mandará o escrivão expedir o edital de praça ou leilão (art. 685, parágrafo único, do CPC).

É de incumbência, ainda, do avaliador proceder à mensuração em partes do bem penhorado, em se tratando de imóvel suscetível de divisão cômoda, ou seja, no caso de que o imóvel possa ser dividido em partes e, em razão do crédito reclamado, o avaliador deverá apresentar valores das partes divisíveis (art. 681, parágrafo único do CPC). Ressalta-se que a divisão é incômoda quando existir a diminuição dos valores ou do todo, ou seja, quando afetar aspectos qualitativos e não somente quantitativos.

Poderá ser procedida a segunda avaliação do bem penhorado, quando: 1º) ocorrer erro ou dolo do avaliador; 2º) verificar que houve majoração ou minoração do valor do bem; 3º) houver fundada dúvida sobre o valor atribuído ao bem (art. 683 do CPC). Não será realizada avaliação na hipótese de: 1º) aceitar do valor estipulado pelo executado; 2º) tratar-se de títulos ou mercadorias com cotação em bolsa (art. 684 do CPC).

A sistemática trabalhista, que serviu de modelo para as alterações do CPC, tinha como regra o contido no art. 721 da CLT, que estipula as incumbências do Oficial de Justiça Avaliador. Tal previsão revogou tacitamente o previsto no art. 887 da CLT, determinando que quando é realizada a penhora, na mesma ocasião, será procedida a avaliação dos bens arrecadados com a menção no próprio auto de penhora. Tal alteração influenciou a Lei n. 6.830/80, que firmou a praxe de proceder à avaliação como ato contínuo à apreensão dos bens, conforme referido no art. 7º, V, o despacho que deferir a inicial importa em ordem de avaliação dos bens penhorados, fixando o art. 13 o momento em que esta deverá ser realizada: "O termo ou auto de penhora conterá, também, a avaliação dos bens penhorados, efetuada por quem o lavrar." Alguns autores entendem equivocada tal situação, pois invocam o contido no art. 886, § 2º da CLT, justificando que a oportunidade em que será realizada a avaliação é imediatamente depois do trânsito em julgado da sentença que apreciar a penhora e, se houver, os embargos do devedor[3]. Contudo, não vislumbramos a irregularidade referida. O argumento definitivo a ser invocado é o fato de que, para o recebimento dos embargos, há necessidade da garantia do juízo (art. 884, *caput*, da CLT). A garantia de juízo representa o valor necessário ao pagamento do principal (acrescido de juros e correção monetária) com os acréscimos legais (custas, emolumentos, honorários periciais etc. ...). Portanto, como poderá ser realizada a avaliação dos bens penhorados após a solução dos embargos, se é condição primária para a admissão dos mesmos a garantia do juízo, ou seja, a verificação se o valor venal dos bens é suficiente para o pagamento do valor da execução? Desta

---

(3) PINTO, José Augusto Rodrigues. *Execução trabalhista*. 10. ed. São Paulo: LTr, 2004. p. 265 e TEIXEIRA FILHO, Manoel Antonio. *Execução no processo trabalhista*. 9. ed. São Paulo: LTr, 2005. p. 526. Ressalto que o doutrinador Manoel Antonio apresenta solução que denomina de "forma conciliatória", sendo avaliados os bens no momento da penhora e reavaliados, caso necessário, após o julgamento dos embargos.

feita, resta caracterizada que a forma utilizada pelo Oficial de Justiça, como ato contínuo à penhora, a avaliação está correta e respeita o disposto na lei.

O art. 888 da CLT estipula que, concluída a avaliação, no prazo de dez dias, contados da data da nomeação do avaliador, segue-se a arrematação, que será anunciada por edital fixado na sede do juízo ou tribunal e publicado no jornal local, se houver, com antecedência mínima de vinte dias.

A incumbência do Oficial de Justiça de realizar a avaliação representa vantagens, pois possibilita a celeridade processual, a eliminação de despesas e as discussões com a nomeação de avaliadores. Como desvantagem, poderíamos referir a ausência de qualificação do Oficial de Justiça para tal mister. Contudo, a parte que se sentir prejudicada poderá impugnar o valor da avaliação, que será analisada quando da decisão dos embargos, no caso do executado, e na impugnação, no caso do exequente, segundo contido na CLT. Nos julgados trabalhistas, tem-se decido reiteradamente que o Oficial de Justiça é competente para a fixação do valor do bem penhorado[4], inclusive sendo incumbência legal deste, devendo a parte que impugnar demonstrar de forma cabal o equívoco do servidor.

Quanto à competência dos Oficiais de Justiça para proceder à avaliação, antes das alterações do CPC, os Ministros do Superior Tribunal de Justiça mostravam-se de certa forma relutantes, justificando que o juiz devia nomear um avaliador oficial capacitado tecnicamente para verificação do valor dos bens penhorados, nos termos do art. 13 da Lei n. 6.830/80. Ressaltavam que o Oficial de Justiça não tinha habilitação técnica para a realização de tal atividade[5]. Em nossa opinião, esse entendimento resta superado, pois, caso haja necessidade de conhecimentos técnicos específicos, o Oficial de Justiça deve informar tal circunstância ao juiz, que nomeará o *expert* (art. 680 do CPC). O que se pretende ressaltar é que, na maioria das vezes, o Oficial de Justiça tem conhecimento, ou facilmente poderá averiguar o valor de mercado do bem penhorado, sem a necessidade de ser nomeado um auxiliar do juízo, que trará custos e demora. Portanto, reputamos como acertada esse inovação do CPC, que já era por muito tempo utilizada na Justiça do Trabalho com enormes benefícios.

---

(4) TRT 4ª Reg., Acórdão: 00364.351/97-7, AP, Rel. Des. Tânia Maciel de Souza; TRT 4ª Reg., Acórdão: 00558.561/97-7, AP, Rel. Des. Nires Maciel de Oliveira e Acórdão: 00093.921/97-7, Rel. Juiz Paulo José da Rocha. TRT 3ª Reg., Acórdão: 5996/00 — AP, Rel. Des. Maria Lúcia Cardoso de Magalhães, DJMG 9.2.01. Referimos parte do Acórdão: 00623-2004-351-04-00-0, AP, Rel. Des. Maria da Graça Ribeiro Centeno, j. 26.7.08: "... o oficial de justiça é pessoa qualificada e treinada para realizar a avaliação do imóvel, fazendo-o a partir dos preços praticados no mercado. A estimativa de preço do imóvel efetuado por meio de imobiliária, documento unilateral, não é capaz de desconstituir a avaliação procedida pelo avaliador oficial do Juízo".

(5) REsp n. 130.914, Rel. Min. Demócrito Reinaldo, DJ de 10.11.97, p. 57.711 e REsp n. 104.637, Rel. Min. Humberto Gomes de Barros, DJ de 17.5.93, p. 9.294.

Quanto ao local da avaliação, essa deverá ser realizada onde se encontra o bem. Destarte, poderá existir a necessidade de expedição de carta precatória se a coisa estiver em foro diverso daquele em que correr a execução, mesmo na hipótese do art. 659, § 5º do CPC, que será realizada com objetivo da avaliação e encaminhamento dos bens à expropriação.

Os requisitos legais para o auto de penhora (indicação do dia, mês, ano e lugar em que foi feita; os nomes do credor e do devedor; descrição dos bens penhorados, com os seus característicos e nomeação do depositário dos bens — art. 665 do CPC) são os mesmos no processo civil e no trabalhista, bem como o valor da avaliação. A individualização correta do bem é muito importante diante da necessidade da referência dos vícios ou defeitos entre a coisa arrematada e a anunciada no edital, sob pena de invalidar a alienação (art. 694 do CPC).

Devem ser avaliados os frutos da coisa a fim de facilitar questões que possam surgir na ocasião da transferência ao arrematante ou ao credor que adjudicou.

No processo civil, após a apresentação do laudo, as partes deverão ser intimadas. No silêncio das partes e não havendo a necessidade da alteração da penhora (art. 685), o juiz determinará a expedição dos editais de praça ou de leilão. A impugnação há que se fundamentar nos incisos I, II e III do art. 683, sendo que da decisão caberá agravo de instrumento.

No processo do trabalho, a insurgência ao valor da avaliação será realizada quando da propositura dos embargos, ou seja, após a garantia do juízo, ocasião em que será discutida toda a matéria (art. 884 da CLT)[6].

Tanto no processo trabalhista quanto no processo civil, a regra é que não seja procedida repetição de avaliação, a não ser nas hipóteses referidas no art. 683 do CPC, provados erro, dolo ou alteração do valor.

---

(6) TEIXEIRA FILHO, Manoel Antonio. *Execução no processo do trabalho*. 9. ed. São Paulo: LTr, 2005. p. 607, refere que "seria insensato supor, p. ex., que ao embargante fosse defeso alegar a inexigibilidade do título, a ilegitimidade da parte, a incompetência do juízo, o impedimento ou a suspeição do juiz, o excesso de execução e o mais, como se esses fatos não existissem no mundo jurídico. A riqueza e a amplitude da realidade prática não podem ser confinadas nos estreitos limites da previsão do art. 884, § 1º, da CLT, sob pena de perpetrar-se, com isso, odiosa ofensa a direitos legítimos do devedor. Se, para alguns, a particularidade de o legislador trabalhista haver pretendido limitar as matérias a serem suscitadas pelo embargante àquelas mencionadas no texto deveu-se à sua preocupação de permitir que a execução tivesse curso célere, para nós o fato deve ser atribuído a uma visão simplista (ou estrábica) da realidade em que o processo se desenvolve. O processo do trabalho pode ser simples sem ser simplório, assim como pode perseguir o ideal de celeridade sem sacrifício de certos direitos essenciais à defesa dos interesses das partes". GIGLIO, Wagner. *Direito processual do trabalho*. 12. ed. São Paulo: Saraiva, 2002, e COSTA, Coqueijo. *Direito judiciário do trabalho*. Rio de Janeiro: Forense, 1978. p. 590, concordam com o entendimento do doutrinador citado.

O erro do avaliador pode existir tanto no erro do valor como do método para apurá-lo. O dolo revela-se na quebra da parcialidade do avaliador, mercê de sua intenção de prejudicar o credor ou o devedor. No entanto, há que ser demonstrado nos autos, por meio de prova, que a avaliação procedida pelo Oficial de Justiça esteja eivada de dolo ou vício, tendo em vista que as certidões lavradas pelo auxiliar do juízo possuem fé pública[7]. Em decisão do STJ, os Ministros entenderam que, para ser realizada nova avaliação, há que se demonstrar erro ou dolo no laudo, sendo inválida a simples alegação de discordância dos valores dessa[8].

Por fim, registramos o entendimento de que se aplicam ao processo trabalhista as situações dos arts. 680 a 685 do CPC, pois não obstante o previsto nos arts. 721 e 888 da CLT e art. 13 da Lei n. 6.830/80, não há contrariedade aos mesmos, pelo contrário, haja vista que os artigos do CPC são complementares da sistemática prevista na CLT e na Lei de Execuções Fiscais.

---

(7) STF, RE n. 85.598-RJ, Rel. Min. Cunha Peixoto, RT 500/260.
(8) REsp n. 693.910-MS, Rel. Min. Carlos Alberto Menezes Direito, 4.9.2006. Em decisão semelhante: TRT 9ª Reg, Proc. 907-1991-018-09-00-4, Rel. Des. Ubirajara Carlos Mendes. Referimos a Ementa de decisão do TRT da 2ª Reg.: EXECUÇÃO — PENHORA — IMPUGNAÇÃO À AVALIAÇÃO — EXCESSO — JUSTIÇA NÃO É "LOJA". A avaliação reflete não apenas o valor de mercado, mas sobretudo, a desvalorização decorrente do uso e bem assim, o estado de conservação do bem apenhado, além de outras circunstâncias para as quais o Oficial de Justiça está investido e capacitado a considerar (art. 721, CLT). Não tem sentido o agravante, que deixou de pagar o que deve e não indicou bens (art. 652, CPC), vir exigir que estes só sejam penhorados por preço que lhe pareça conveniente. Esta Justiça definitivamente não é uma "loja". Outrossim, não se configura em excesso a penhora feita em valor consideravelmente superior ao dos bens objeto de constrição, porque visa compensar a natural perda que sofrem no praceamento, além da necessidade de serem cobertas as diferenças de atualização, juros de mora e as despesas processuais. Agravo de petição a que se nega provimento. (AP n. 46817 — (20030559361) — 3ª T. — Rel. Juiz Ricardo Artur Costa E Trigueiros — DOESP 4.11.2003).

6

ARREMATAÇÃO

O credor invoca a tutela jurisdicional do Estado, visando à satisfação da prestação contida no título executivo, judicial ou extrajudicial, por parte do devedor, solicitando a execução forçada[1]. O Estado, por intermédio do juiz, pode obrigar o devedor a cumprir a obrigação, em procedimento adequado, mediante o emprego de meios coativos.

A execução instaura-se para que seja resolvida uma lide, pois o inadimplemento do devedor deixa insatisfeita a pretensão do credor, fazendo surgir o conflito litigioso de interesse[2]. A execução é forçada, pois independe da vontade do executado.

O devedor, sujeito aos atos coativos do Estado, responde com seu patrimônio para cumprimento de sua obrigação, considerado este presente e futuro, salvo as restrições estabelecidas na lei (art. 591 do CPC). Para relembrar, ressalta-se que tal circunstância é totalmente diversa da adotada no período das *legis actiones* e parte do *per formulas* no processo romano, em que a obrigação era pessoal e não patrimonial. O que se admite, atualmente, são formas de execução indireta, mas não a execução sobre a pessoa do devedor.

---

(1) Como já referido alhures, no processo civil, após a Lei n. 11.232/05, não há mais processo de execução autônomo em se tratando de título judicial, ocorrendo o cumprimento da sentença, salvo nos casos de execução de alimentos e contra a Fazenda Pública. Mesmo não havendo processo autônomo é da parte a iniciativa do requerimento dos atos executivos (art. 475-J do CPC).
(2) MARQUES, José Frederico. *Instituição de direito processual civil*. Campinas: Millennium, 2000. v. V, p. 85.

O devedor pode invocar que, na prática de atos coativos, seja observada a forma menos gravosa de seu patrimônio, conforme disposto no art. 620 do CPC[3]. Os atos processuais da execução, atividade eminentemente coercitiva, incidem no patrimônio do executado para tornar efetivo o pedido do credor, sendo os bens, nesse aspecto, objeto dos atos de execução.

A expropriação executiva representa a transferência de bens do patrimônio do executado[4], independentemente de seu consentimento, para que seja alcançado o objetivo do processo, que é a satisfação do exequente.

No processo trabalhista, geralmente, a execução dá-se na forma de execução por quantia certa, pois o exequente visa à satisfação em dinheiro de seus direitos não adimplidos ou decorrentes de atos antijurídicos praticados. Claro que existe a possibilidade da execução das obrigações de fazer e não fazer, principalmente nos casos de reintegração e estabilidade do trabalhador.

No processo civil, há disposição do art. 646 do CPC, disciplinando que a execução por quantia certa tem por objeto expropriar bens do devedor, a fim de satisfazer o direito do credor.

Os atos executórios relacionados na CLT preveem inicialmente que sejam praticados os que visem dar liquidez ao comando condenatório a ser executado, caso este não o tenha (etapa da quantificação). Assim, por simples cálculos, arbitramento ou artigo é que se liquida a obrigação contida no título (art. 879 da CLT). Após a liquidação, são praticados atos de penhora (etapa da constrição), apreendendo o patrimônio do executado para satisfazer a execução (arts. 882 e 883 da CLT). Nessa etapa, a penhora define os bens do devedor que são objeto da execução, sem contudo retirar a propriedade deste, ficando, no entanto, impedido de retirar a destinação específica de atender à responsabilidade processual. Pela penhora, o exequente adquire a preferência de ser satisfeito o seu crédito com o executado (arts. 612 e 709, I do CPC) em relação aos demais. Como ato contínuo da penhora, procede-se à avaliação (art. 721 da CLT). Caso não ajuizados embargos ou impugnação (art. 884 da CLT), ou rejeitados os mesmos, seguir-se-á a arrematação (art. 888 da CLT — etapa da expropriação). A expropriação far-se-á pela arrematação, adjudicação, alienação por iniciativa particular e usufruto (art. 647 do CPC).

A arrematação, no conceito de José Frederico Marques, é a transferência coacta de bens penhorados, mediante pagamento em dinheiro, para ulterior

---

(3) No processo do trabalho, a aplicação do art. 620 do CPC deve ser restrita, haja vista a natureza do crédito trabalhista (alimentar), devendo a execução ser efetiva. Não se aceita a proteção dos interesses patrimoniais do devedor em detrimento ao direito alimentar do trabalhador, que prestou serviços em benefício de seu empregador (devedor). Portanto, não se afasta por completo a aplicação do art. 620 do CPC, mas esse deve ser relativizado, no caso concreto, em face do interesse e da necessidade da produção dos efeitos em relação ao credor.
(4) Ressalta-se que, na hipótese do usufruto, mesmo relacionado na expropriação, não há alienação do patrimônio do executado.

satisfação do exequente e, eventualmente, dos demais credores dos executados que tenham ingressado na execução[5].

Enrico Tullio Liebman refere que o ato de desapropriação consiste, pois, em transferir, para os fins de execução, para outrem os direitos do executado sobre os bens penhorados, independentemente do seu consentimento[6].

No entender de Manoel Antonio Teixeira Filho, a arrematação pode ser conceituada como ato público de execução que o Estado pratica por intermédio do juiz, visando transferir ao patrimônio de outrem bens penhorados ao devedor, sem consentimento deste, e a propiciar, com o produto pecuniário dessa transferência, a satisfação do direito do credor[7].

Na arrematação, há a conversão do patrimônio penhorado do executado, ou responsável pela execução, em pecúnia, mediante a transferência dos bens, por ato estatal, para posteriormente satisfazer o direito do exequente representado pelo título executivo, via de regra. Caracteriza-se como meio de conseguir o bem devido (dinheiro), ou seja, a satisfação da obrigação.

6.1. NATUREZA JURÍDICA

Na tentativa de explicitar a natureza do ato jurisdicional da expropriação, vários autores apresentam razões diversas, invocando institutos de Direito privado para fundamentar suas conclusões, iniciando pela comparação com o contrato de compra e venda. Esta doutrina, tida como tradicional por Enrico Tullio Liebman, justifica que o ato de arrematação é uma compra e venda realizada pelo juiz, o qual vende em vez do executado e supre a sua vontade ausente. Ressalta Liebman que existe uma dupla ficção a respeito do concluído, porque quem pode vender é, em regra, só o proprietário; deve-se, pois, fingir a vontade de vender por parte do executado e a atribuição da representação ao órgão judicial. Ambos elementos, na verdade, não existem: nem o vendedor quer vender e nem deu ao Estado o poder de manifestar em seu nome o consentimento. Acrescenta o autor que, do ponto de vista jurídico, é impossível admitir-se contrato de compra e venda quando não há manifestação de vontade por parte de quem pode legitimamente alienar[8].

Na tentativa de aperfeiçoar essa tese, Francesco Carnelutti sustenta que o que é essencial na posição do representante legal não é a vontade presumida

---

(5) MARQUES, José Frederico. *Instituição de direito processual civil*. Campinas: Millennium, 2000. v. V, p. 209.
(6) *Processo de execução*. São Paulo: Saraiva, 1946. p. 219. Liebman utiliza a terminologia desapropriação como sinônima de arrematação.
(7) *Execução no processo do trabalho*. 9. ed. São Paulo: LTr, 2005. p. 523.
(8) *Processo de execução*. São Paulo: Saraiva, 1946. p. 220-221.

ou ficta do representado e sim, o poder reconhecido ao representante de querer por conta dele. Novamente, rebate Liebman, relembrando que não é grande o auxílio das observações de Carnelutti, pois, nos casos de representação legal, em que o terceiro pode eficazmente querer em lugar do representado (menor, incapaz etc.), esse age sempre em proveito do representado, não contra seu interesse e para satisfazer interesse público no exercício da função jurisdicional, como no caso da desapropriação, de modo que não existe qualquer espécie de analogia[9].

Já outra parte da doutrina sustenta que o órgão judicial, ao realizar a venda, representa não o executado, mas o credor exequente. O expositor mais completo desta tendência é Alfredo Rocco. Partindo da afirmação de que o credor é o titular de direito geral de penhor sobre os bens do executado, escreve ele que quem vende é o credor, exercitando direito de vender que lhe compete em virtude desse direito acessório. O juiz não é, pois, propriamente representante do credor, mas concorre como órgão do Estado na realização do direito de vender do credor. Em primeiro lugar, mostrou-se acima que a relação obrigacional não atribui ao credor este suposto direito de penhor; em segundo lugar, o penhor não atribui ao credor o direito de vender os bens apenhados: seus efeitos se reduzem a assegurar a preferência em face dos outros credores e não influem nas relações diretas entre o credor e o devedor; é por isso mesmo que o credor deve dirigir-se ao órgão estatal. E, por último, como se explicaria a adjudicação, em que o exequente deveria vender a si mesmo[10]?

Evoluindo a doutrina, não mais se aceita que o ato estatal seja considerado como ato em defesa do credor ou do devedor, ou seja, no interesse dos particulares. Considera-se, sim, que é um ato que representa o interesse público, interesse este soberano, que é o de dar atuação à ordem jurídica positiva. Liebman sustenta que a arrematação não é um contrato. É, ao contrário, ato unilateral do órgão judicial que, no exercício de sua função, transfere a título oneroso o direito do executado para outrem (ato de transmissão coativa); é tipicamente ato processual, ato executório[11]. Ressalta, ainda, que é um poder próprio do órgão, autônomo, imediato e permanente, não derivado ou recebido de qualquer um dos particulares interessados no processo.

O pensamento de Giuseppe Chiovenda começa por distinguir do direito subjetivo a faculdade de dispor do mesmo: esta teria sua fonte na capacidade de agir e permaneceria distinta dos vários direitos a respeito dos quais pode exercitar-se. O que o órgão judicial desapropria ao executado não seria seu direito sobre os bens, mas apenas a faculdade de dispor dos mesmos para,

---

(9) *Ibidem*, p. 221-222.
(10) *Ibidem*, p. 223.
(11) *Ibidem*, p. 231-232.

em seguida, usando desta faculdade, vender os bens do executado. O juiz, quando vende, não é, portanto, representante do executado ou de qualquer outro particular; ele age aqui como também titular de uma função pública e no interesse dela, mas o poder de vender os bens do executado advir-lhe-ia da faculdade de disposição de que teria previamente desapropriado[12].

Para Machado Guimarães, a arrematação é resultante de dois atos autônomos, de natureza diversa, mas intimamente coordenados: a) um, de natureza jurisdicional, por parte do vendedor; e b) outro, de negócio unilateral, a título oneroso, por parte do comprador. Mas, ainda que seja o arrematante pessoa estranha à execução, não se deve supor que esse negócio unilateral seja apreciável pelas normas de Direito Civil, pois o certo é que a arrematação se regula pelo Direito processual, e o fato de mandar o legislador que, para certos efeitos, na *pars emptoris*, sejam seguidas as regras do Direito privado, teoricamente não pode deslocar a questão da esfera do Direito público. A arrematação assemelha-se à venda no ponto único de dar-se em ambas alienações da propriedade, mediante pagamento. Este também é o entendimento de Paula Batista[13].

O ato da arrematação não é contrato de Direito material, mas negócio jurídico bilateral de Direito processual, negócio jurídico que contém a alienação, com aceitação da oferta. Este é o ensinamento de Pontes de Miranda: negócio jurídico bilateral entre o Estado e o arrematante[14].

Eduardo Couture[15] ensina que a arrematação é um ato misto de providência e de negócio jurídico. Araken de Assis assevera que, na arrematação, descortina-se negócio jurídico entre o Estado, que detém o poder de dispor, e o arrematante[16].

Apresentando seus argumentos, José Frederico Marques acrescenta que a transferência dos direitos do executado sobre os bens penhorados é ato de *imperium* do órgão jurisdicional. Situa-se esse ato na relação processual instaurada com a ação executiva, e, por essa razão, tem a natureza de *ato processual* de execução. O Estado, no exercício de sua função jurisdicional, faz a transferência do bem penhorado para, por esse meio, tornar efetiva, mediata ou imediata, a vontade legal. É, assim, essa transferência um ato executório

---

(12) CHIOVENDA, Giuseppe. *Instituições do direito processual civil*. Campinas: Booksellers, 2000. p. 354-369. Liebman entende que a teoria defendida por Chiovenda é a mais próxima da realidade e compatível com os conceitos gerais. *Op. cit.*, p. 224.
(13) *Apud* CASTRO, Amílcar de. *Comentários ao Código de Processo Civil*. 2. ed. Rio de Janeiro: Forense, 1963. v. X, t. 1, p. 292-293.
(14) *Comentários ao Código de Processo Civil*. t. X, p. 267. O professor Araken de Assis concorda com os fundamentos ora apresentados (*Comentários ao Código de Processo Civil*. São Paulo: RT, v. 9, p. 269).
(15) *Fundamentos do direito processual civil*. Campinas: RED Livros, 1999. p. 391.
(16) *Manual do processo de execução*. 11. ed. São Paulo: RT, 2007. p. 702.

material, ou ato coercitivo, tendente à entrega da prestação jurisdicional pleiteada pelo exequente, com base e fundamento no título executivo[17].

Tem-se, portanto, que a arrematação é um ato de império, dando atuação à ordem jurídica positiva, visando ao interesse público, com ares de negócio jurídico[18], entre o Estado e o arrematante. A arrematação é regida pelas regras do processo, existindo, contudo, determinação pela norma instrumental da adoção de certos efeitos previstos nas regras de Direito privado.

6.2. EFEITOS DA ARREMATAÇÃO

É de fundamental importância prática a análise dos efeitos da arrematação, tanto sob a ótica do Direito material quanto do Direito processual, pois, sem sombra de dúvidas, a expropriação gera efeitos aos que participam da relação processual e também a terceiros.

Comparativamente, os efeitos processuais são menores que os efeitos materiais. Em razão da importância, todos os temas são objeto de análise específica.

Enrico Tullio Liebman apresenta como efeitos: a) transferir o domínio dos bens ao arrematante; b) transferir para o preço depositado pelo arrematante o vínculo da penhora, que gravava anteriormente o bem penhorado; c) tornar o arrematante e seu fiador devedores do preço; d) obrigar o depositário judicial e eventualmente o executado a transferir ao arrematante a posse dos bens arrematados; e) extinguir as hipotecas inscritas sobre o imóvel arrematado[19].

Relacionando os efeitos da arrematação, José Frederico Marques[20] apresenta, praticamente, os mesmos efeitos referidos por Liebman, acrescentando a transferência ao arrematante dos frutos pendentes, ficando, porém, obrigado a indenizar o executado das despesas feitas com os mesmos.

Manoel Antonio Teixeira Filho[21] indica as mesmas consequências jurídicas da arrematação relatadas por Frederico Marques, acrescentando que a arrematação trabalhista não provoca a extinção da hipoteca.

Na concepção de Araken de Assis[22], os efeitos materiais da arrematação são aqueles relacionados à preponderante eficácia translativa do negócio, em

---

(17) *Instituições de direito processual civil*. Campinas: Millennium, 2000. v. V, p. 205.
(18) Acrescentaria Pontes de Miranda "negócio jurídico de direito público e processual, negócio jurídico que contém alienação, com aceitação da oferta. Negócio jurídico entre o Estado e o arrematante" *Comentários ao Código de Processo Civil*. t. X, p. 267).
(19) *Processo de execução*. São Paulo: Saraiva, 1946. p. 240-249.
(20) *Instituições de direito processual civil*. Campinas: Millennium, 2000. v. V, p. 231.
(21) *Execução no processo do trabalho*. 9. ed. São Paulo: LTr, 2004. p. 547-548.
(22) *Manual do processo de execução*. 11. ed. São Paulo: RT 2007. p. 702 e 714.

que se incluem o título aquisitivo, o modo, a responsabilidade tributária, a redibição ou abatimento no preço, a evicção, e no que concerne aos direitos reais de garantia e de gozo. Com relação aos efeitos processuais, refere dois efeitos marcantes: transfere os efeitos da penhora ao produto da alienação e obriga o adquirente, e o seu fiador eventual (art. 690, *caput*, do CPC), pelo valor do lanço vitorioso.

Ressalta-se que a maioria dos efeitos são os mesmos no processo civil e no processo trabalhista, existindo diferenças importantes, que serão analisadas a seguir.

6.2.1. Efeitos processuais

Os efeitos processuais, no processo trabalhista, após a alteração do CPC pela Lei n. 11.382/06, são os mesmos do processo civil (transferir os efeitos da penhora ao produto da alienação, e obrigar o adquirente, e o seu fiador, pelo valor do lanço vitorioso), que serão analisados a seguir.

6.2.1.1. Transferência dos efeitos da penhora ao produto da alienação

O produto da arrematação, dinheiro, passa a fazer parte do patrimônio do executado com os mesmos vínculos da penhora (preferências — arts. 709 e 711 do CPC). O domínio do dinheiro, decorrente da alienação do bem penhorado, pertence ao executado, ainda que momentaneamente, pois ocorrerá a transferência com o pagamento dos credores. Relembra Liebman[23] que a opinião de quem entendia que a propriedade do dinheiro passaria para o Estado está equivocada, pois o Estado nada tem a receber, mas sim, o exequente, sendo que as sobras retornam ao devedor (art. 710 do CPC).

A transferência dos efeitos da penhora resulta na observação da anterioridade de cada constrição para a distribuição do valor arrecadado. Tal entendimento é compartilhado por Manoel Antonio Teixeira Filho[24], que menciona que, havendo vários credores a concorrerem entre si, o produto da arrematação ser-lhes-á rateado e entregue consoante a ordem das respectivas prelações; inexistindo título legal de preferência, diz a lei (CPC, art. 711) que receberá em primeiro lugar o credor que "promoveu a execução", cabendo aos demais

---

(23) *Processo de execução*. São Paulo: Saraiva, 1946. p. 243.
(24) *Execução no processo do trabalho*. 9. ed. São Paulo: LTr, 2005. p. 551. Referimos decisão do TRT a 3ª Reg: CONCURSO DE CREDORES — ANTERIORIDADE DAS PENHORAS. Tendo o bem arrematado sido penhorado em diversas outras reclamações trabalhistas, é de se reconhecer o concurso de credores, sendo correta a determinação de pagamento de acordo com a ordem cronológica das penhoras, ainda que realizadas em processos diversos. Interpretação do disposto no art. 711 do CPC, subsidiariamente aplicável ao processo do trabalho. (AP n. 01335-2002-040-03-00-8 — 5ª T. — Rel. Des. José Eduardo de R. Chaves Junior — DJMG 4.9.04, p. 13).

concorrentes direitos sobre a importância restante, observada a anterioridade de cada penhora.

Araken de Assis, em suas aulas no curso de Mestrado na Pontifícia Universidade Católica do Rio Grande do Sul — PUC/RS, expressava a discordância de tal entendimento, invocando o contido no art. 957 do Código Civil (CC).

Inicialmente, ressalta-se que a prelação que trata o processo civil, que também se aplica ao processo trabalhista, referente à anterioridade da penhora, conforme o art. 612 do CPC, menciona que o credor adquire a preferência sobre o bem apreendido pela penhora, sendo que, incidindo mais de uma penhora nos mesmos bens, cada credor conservará o seu título de preferência (art. 613 do CPC).

Parece-nos justo o critério adotado por Araken de Assis, pois a divisão entre os trabalhadores seria realizada mediante rateio. Contudo, deve existir a análise sob dois enfoques: o primeiro é que a norma do art. 957 do CC é de Direito material, sendo que, na situação do processo, com concurso de credores, resolve-se na forma do art. 711 do CPC; o segundo é a hipótese da declaração de insolvência do executado.

O estado de insolvência somente resulta na falência (art. 81 da Lei n. 11.101/05) ou na insolvência civil (arts. 751 e seguintes do CPC) caso uma decisão judicial o declare. Como refere Sampaio Lacerda, não se pode concluir que, antes da declaração judicial, não exista a falência. Existe um estado de fato de falência, anterior à declaração judicial, sem o qual o juiz não a poderia decretar. Contudo, para que esse estado de fato se transforme em estado de direito, é mister que o juiz, em um processo inicial ou preliminar, examine, apure e reconheça as condições legais de sua manifestação. Somente da sentença, decorre o estado jurídico da falência, produzindo, então, todos os efeitos legais[25]. O processo preliminar da falência finda com a sentença que a declara ou a denega. Praticadas as diligências por lei ordenadas, o juiz proferirá a sentença, declarando ou não a falência, ou seja, não existindo decisão da falência ou da insolvência, não há como dar tratamento de execução coletiva, adotando o *par conditio creditorum*. Dessa feita, adotamos como mais correto o procedimento singular da execução, tendo preferência a ordem de penhora para efeito de pagamento dos credores trabalhistas (arts. 612 e 711 do CPC).

Registra-se que não se trata da hipótese contida no art. 28 da Lei de Execuções Fiscais, que prevê a possibilidade de o juiz determinar a reunião dos processos contra o mesmo devedor. Nesse caso, a execução continua sendo singular, mas plúrima, em virtude da participação de vários interessados,

---

(25) LACERDA, Sampaio. *Manual de direito falimentar*. 13. ed. Rio de Janeiro: Freitas Bastos, 1996. p. 56.

que terão satisfeitas suas pretensões pela ordem das penhoras realizadas nos bens do devedor.

Reiteradas decisões[26] são no sentido de que, dada a existência de várias penhoras sobre o mesmo bem em garantia das execuções trabalhistas, a solução do conflito obedece às regras fixadas nos arts. 711 e 712 do CPC, considerando a antecedência como critério para definição de prioridades. Ressalta-se, ainda, que a regra do art. 711 do CPC, relativa à ordem das prelações, obedece à preferência dos créditos previstos no art. 186 do Código Tributário Nacional. Recaindo sobre o mesmo bem do devedor, penhoras em execução trabalhista concomitante com idêntica constrição decorrente de penhor, cédula rural pignoratícia, hipotecária ou outro direito real de garantia, a preferência, em qualquer hipótese, é do crédito trabalhista e tributário, dado seu caráter de superprivilégio e dada a finalidade alimentar do primeiro e social do segundo. As prelações, nesse caso, somente ocorrem e resolvem-se pela primeira penhora quando inexistem direitos preferenciais, na forma estampada na segunda parte do art. 711 do CPC, quando declara que, "não havendo título legal à preferência, receberá em primeiro lugar o credor que promoveu a execução, cabendo aos demais concorrentes direito sobre a importância restante, observada a anterioridade de cada penhora". Havendo saldo na liquidação, este reservar-se-á em favor do credor que promove a execução hipotecária. O superprivilégio dos créditos trabalhistas prefere até ao hipotecário[27].

---

(26) TRT 3ª R. — AP n. 3.979/98 — 5ª T. — Rel. Des. Mônica Sette Lopes — DJMG de 15.5.99 p. 14; TRT 4ª Reg. Acórdão: 00914.403/97-4, Rel. Des. Jane Alice de Azevedo Machado; TRT 12ª Reg. — Acórdão: 2ª T. 02479/99, Rel. Des. Telmo Joaquim Nunes, DJSC de 30.3.99, p. 101 e Acórdão: 1ª T. 02034/98, 17.2.98, Rel. Des. Antonio Carlos Facioli Chedid, DJSC de 26.3.98, p. 216.
(27) EXECUÇÃO — Mais de uma penhora sobre o mesmo bem. Possibilidade. Preferência dos créditos trabalhistas. Concurso de preferência. Juízo competente. Assegura o art. 613 do CPC a possibilidade de recair sobre o mesmo bem mais de uma penhora, hipótese em que "cada credor conservará o seu título de preferência"determinando-se a quitação dos credores segundo o critério da anterioridade da constrição judicial, salvo se existentes créditos fundados em título legal de preferência, os quais devem ser satisfeitos em primeiro lugar (art. 711, CPC). Assim, gozando os créditos trabalhistas de privilégio, face ao seu caráter alimentar, o que os coloca em distinção relativamente a quaisquer outros, até mesmo o tributário (art. 186, CTN), o seu pagamento se faz mediante instauração do concurso de preferência (arts. 712 e 713, CPC), cujo incidente deve ser processado perante o juízo no qual se realizou a primeira penhora. (TRT 15ª R. — APPS n. 1958-2001-075-15-00-8 — (41608/06) — Rel. Des. Maria Cecília Fernandes Álvares Leite — DOESP 15.9.06, p. 102).
TRIBUTÁRIO — CONCURSO DE CREDORES — PLURALIDADE DE PENHORAS — DEVEDOR SOLVENTE — EQUACIONA-SE PELO ART. 613, CONJUGADO COM O ART. 711 DO CÓDIGO DE PROCESSO CIVIL — CRÉDITO TRIBUTÁRIO E CRÉDITO TRABALHISTA — PREFERÊNCIA DO ÚLTIMO SOBRE O PRIMEIRO — ART. 186 DO CÓDIGO TRIBUTÁRIO NACIONAL — AGRAVO DE INSTRUMENTO — RECURSO DESPROVIDO. Na hipótese de pluralidade de penhoras sobre o mesmo bem, em execução contra devedor solvente, equaciona-se a questão à luz do art. 613, conjugado com o art. 711 do Código de Processo Civil, ou seja, a prelação determinada pelo direito material (crédito de acidente do trabalho, crédito trabalhista, crédito fiscal e credores hipotecários) e depois observada a preferência pela anterioridade de cada penhora (créditos quirografários). (TJPR — AI 0329319-2 — Toledo — 2ª C.Cív. — Rel. Des. Lauro Laertes de Oliveira — j. 21.3.06).

Ressaltamos, ainda, que não há necessidade da existência de penhora do bem para garantir a preferência trabalhista, pois essa não pode ser restringida pelo Direito processual[28].

6.2.1.2. Obrigações do arrematante e seu fiador

Outro efeito processual da arrematação está relacionado com as obrigações do arrematante e seu fiador. Registra-se, de início, que o tratamento era diferenciado do processo civil, na forma original do CPC, e do processo trabalhista.

No processo civil, após a alteração pela Lei n. 11.382/06[29], a arrematação faz-se com pagamento imediato ou no prazo de quinze dias (art. 690 do CPC), mediante a caução. Com a assinatura do auto (art. 694 do CPC), a arrematação é considerada perfeita, acabada e irretratável, ainda que os embargos do executado sejam julgados procedentes. No caso de não pagamento do saldo, com a hipótese da arrematação a prazo (quinze dias — art. 690 do CPC), o adquirente e o seu fiador perdem, em favor do exequente, a caução, retornando os bens à nova praça ou leilão (art. 695 do CPC), sendo vedadas as suas participações.

Pela sistemática trabalhista, a arrematação será feita com dinheiro, devendo o licitante garantir o lanço com o sinal correspondente a 20% do seu valor, pelo menos (art. 888, § 2º da CLT)[30]. No caso de o arrematante ou o seu

---

(28) CONCURSO DE CREDORES — Direito de preferência — Pretensão de credor trabalhista a seu reconhecimento com relação ao produto do praceamento de bens penhorados em execução movida por outro credor — Possibilidade, ainda que o credor preferencial não tenha concorrido com a mesma constrição, porque a preferência legal não pode ser restringida pelo direito processual — Prioridade do crédito trabalhista pelo valor que ostenta em si mesmo, não havendo necessidade de prévia penhora ou prévia execução — Preferência do crédito trabalhista reconhecida. Recurso conhecido e provido. (STJ — REsp n. 200401583978 — (701801 SP) — 5ª T. — Rel. Min. José Arnaldo da Fonseca — DJU 5.12.05, p. 370).

(29) Antes das alterações do CPC pela Lei n. 11.382/06, a arrematação far-se-ia com dinheiro a vista, sendo excepcional o pagamento a prazo (três dias — arts. 690 e 700 do CPC). Com a assinatura do auto (art. 694 do CPC), a arrematação era considerada perfeita, acabada e irretratável. Sendo a hipótese da arrematação a prazo (três dias — art. 690 do CPC), o adquirente e o seu fiador tornavam-se obrigados pelo preço, sendo que, inadimplida a obrigação, caberia ao exequente a possibilidade de escolher entre dois caminhos (art. 695 do CPC): a) pleitear a decretação de nulidade da hasta pública (art. 694, parágrafo único, II do CPC), remetendo os bens à nova praça ou leilão (art. 695, § 1º do CPC); b) requerer ao juiz a aplicação ao arrematante e ao seu fiador de multa de vinte por centro sobre o lanço (art. 695, *caput*, do CPC) e, em seguida, valendo essa decisão como título executivo, executar os remissos (lanço e multa), de quem não se admitirão novos lanços. Na hipótese do art. 700 do CPC, revogado, o juiz imporia ao proponente, em favor do exequente, multa igual a 20% (vinte por cento) sobre a proposta, valendo a decisão como título executivo (art. 700, § 3º, do CPC).

(30) Uma situação que pode ser adotada pelos Juízes do Trabalho, caso entendam que facilite a alienação, é a hipótese prevista no art. 98 da Lei n. 8.212/91, em que há a possibilidade do parcelamento do valor do lance, sendo constituído o arrematante como depositário do bem (art. 98, § 5º, *c*). Tal situação, contudo, deverá ser informada no edital.

fiador não pagar dentro de 24 horas o saldo, perderá em prol da execução o sinal dado, retornando à praça os bens penhorados (art. 888, § 4º da CLT).

Para nós, a sistemática trabalhista sempre foi mais apropriada, pois mais célere, já que determinava o imediato pagamento do sinal, vinte por cento do valor do lance, e o retorno dos bens à hasta pública. Atualmente, após as alterações referidas, ficou muito próxima a sistemática do CPC e da CLT.

Registra-se que se deve aplicar no processo trabalhista o previsto no art. 695 do CPC — impossibilidade do arrematante ou seu fiador remissos de participar de novas hastas.

6.2.2. Efeitos materiais

6.2.2.1. Título de aquisição e modo de aquisição

Não se pode confundir, quando tratamos de aquisição de domínio, a causa ou o título com o *modus adquirendi*. Causa ou título é o complexo de fatos de que depende a aquisição do direito, ou que constituem o fundamento legal da aquisição. Já o *modus adquirendi* representa a forma suplementar, ou complementar, sem o qual o domínio não se transfere, sendo a tradição para coisas móveis (arts. 1.226 e 1.267, 1ª parte, do CC) e, relativamente às coisas imóveis, a transcrição (registro — arts. 1.227 e 1.245 do CC). Destarte, mesmo o imóvel adquirido a título de compra e venda, doação, arrematação, adjudicação, alienação por iniciativa particular, o domínio somente será transferido com o registro (transcrição).O título simplesmente serve de causa à futura aquisição de propriedade, sendo essencial a intervenção estatal, realizada pelo oficial do Cartório imobiliário. Convém relembrar que o registro não conduz à presunção absoluta e imodificável da propriedade, pois está vinculado à validade do título. Portanto, há uma relação fundamental entre o título e o registro (art. 1.227 do Código Civil).

O Estado, na arrematação, transmite ao arrematante os direitos do executado na coisa penhorada, desde a assinatura do auto (art. 694 do CPC), o qual exibe o duplo papel de forma e ultimação do negócio jurídico da arrematação. Por conseguinte, a causa ou o título é a arrematação; o modo de aquisição do domínio está relacionado com o próprio bem, pois varia de acordo com os bens móveis e imóveis, como anteriormente referido.

Outra circunstância relevante a identificar é se o Estado transmite originária ou derivativamente a coisa. Referimos, inicialmente, a distinção entre direitos reais e obrigacionais, sendo que os primeiros possuem seu modo de aquisição disposto na lei, e os segundos, ao contrário, afeiçoam-se da autonomia privada, resultando sua concretização na manifestação de vontade consequente à prática de negócios jurídicos.

Na lição de Roberto Ruggiero[31], chamamos modos de aquisição da propriedade aqueles fatos jurídicos em que a lei reconhece o poder de fazer surgir o domínio num sujeito. Ressaltando a distinção de originária e derivada da aquisição de propriedade, Orlando Gomes[32] preleciona que esta se funda na existência ou inexistência da relação entre precedente e consequente sujeito de direito. Sempre que há é *derivada*; caso contrário, é *originária*. Tanto na ocupação, como na usucapião e na acessão natural, inexiste relação, por isso se dizem originárias. Relata, o referido autor, que a importância da distinção reside nos efeitos que se produzem conforme a aquisição seja originária ou derivada. Se a propriedade é adquirida originariamente, incorpora-se ao patrimônio do adquirente em toda a sua plenitude, tal como a estabelece a vontade do adquirente. Se derivativamente, transfere-se com os mesmos atributos, restrições e qualidade que possuía no patrimônio do transmitente. Na aquisição derivada, adquire o novo proprietário o direito que tinha e transmitiu-lhe o antigo proprietário.

Reforçando a lição, citamos os ensinamentos de Sílvio de Salvo Venosa[33] no sentido de que a aquisição é originária quando desvinculada de qualquer relação com o titular anterior. Nela não existe relação jurídica de transmissão, tendo como exemplos a ocupação, usucapião e acessão natural. A aquisição é derivada quando há relação jurídica com o antecessor. A regra fundamental nessa modalidade é a de que ninguém pode transferir mais direitos do que tem: *nemo plus iuris ad alium transferre potest, quam ipse haberet*. Na aquisição originária, não se consideram vícios anteriores da propriedade porque não existe anterior titular a ser levado em conta; na derivada, a coisa chega ao adquirente com as características anteriores, tanto atributos ou virtudes, como defeitos ou mazelas.

Assim, a aquisição originária nasce sem qualquer vinculação com o passado, inexistindo relação jurídica de transmissão do bem entre o adquirente e o antecessor detentor da propriedade; na derivada, há um vínculo de transmissão entre duas pessoas.

A arrematação transmite ao adquirente apenas os direitos que tinha sobre os bens do executado, quer dizer que, se a propriedade da coisa cabia a terceiro, este não perde o seu direito. O mesmo acontece com os eventuais direitos reais de gozo que terceiros tiverem sobre a coisa (*v. g.*, usufruto, servidões, enfiteuse), eles permanecem inalterados. Por isso, ao fazer-se a avaliação, deve ser considerada a diminuição do valor dos bens decorrente da existência de

---

(31) *Instituições de direito civil*. 1. ed. Campinas: Bookseller, v. II, p. 527.
(32) *Direito reais*. 12. ed. Rio de Janeiro: Forense, 1997. p. 137. Ruggiero não concorda que a usucapião seja forma de aquisição originária, colocando-a entre os dois modos (*op. cit.*, p. 528).
(33) VENOSA, Sílvio de Salvo. *Direito civil*. 6. ed. São Paulo: Atlas, 2006. v. 5, p. 175-176. Para aprofundar ver Sílvio Rodrigues (*Direito civil*. 2. ed. São Paulo: Max Limonad, v. 5).

tais direitos, e os editais devem mencioná-los (art. 686 do CPC), tanto assim que o arrematante tem direito a desfazer a arrematação se — antes da expedição da respectiva carta — verificar a existência de direitos dessa natureza não mencionados nos editais (art. 694, § 1º, III do CPC). Dessa forma, por todos os efeitos relacionados, verifica-se que a alienação (arrematação, adjudicação e alienação por iniciativa particular) se enquadra como aquisição derivativa.

Como já referido, o domínio da coisa arrematada adquire-se mediante a tradição e o registro (transcrição). O título formal é a carta de arrematação; mas a aquisição obedece à lei material, ou seja, quanto aos bens móveis, mediante a tradição (arts. 1.226 e 1.267, 1ª parte, do CC), efetivada pela entrega do bem ao arrematante pelo depositário; no que se refere aos bens imóveis, o domínio se adquire pela transcrição (arts. 1.227 e 1.245 do CC). O título formal é pressuposto necessário, mas insuficiente à aquisição do domínio. A transferência somente ocorre com a transcrição do título no registro imobiliário. Mesmo que no Novo Código Civil não exista a previsão do art. 532 do CC revogado, há a necessidade de que sejam transcritas as arrematações e adjudicações realizadas em hasta pública. A venda judicial, como ato processual, não dispensa o registro. A publicidade da hasta pública é efêmera, visando à oferta do bem penhorado. Após a realização da arrematação, há a necessidade de que a mesma se corporifique por meio do registro do ato na circunscrição imobiliária competente, até mesmo para evitar fraude contra terceiros.

A Lei n. 6.015/73, que disciplina os registros de imóveis, com as alterações da Lei n. 6.216/75, no art. 167, enumera os títulos que podem ser objeto de registro, relacionando no inciso I, n. 26, o registro da arrematação e da adjudicação em hasta pública.

6.2.2.2. Responsabilidade tributária do arrematante

Outra análise de grande importância prática é a da responsabilidade tributária do arrematante em decorrência dos valores devidos pelo executado, relacionados com o bem expropriado.

Há que se apresentar alguns comentários preliminares ao tema. A hipótese de incidência tributária (ocorrência do fato gerador na linguagem do Código Tributário Nacional (CTN) — art. 113, § 1º), desde que previstos em lei todos os elementos (espacial, temporal e material) e consequentes (base de cálculo e alíquotas), confere ao sujeito ativo (arts. 119 e 120 do CTN) uma obrigação oponível contra o sujeito passivo (arts. 121 e seguintes do CTN). Com a caracterização das partes envolvidas (sujeitos ativo e passivo), a definição do objeto (tributação) e o vínculo, obtém-se a obrigação tributária, que é o meio que permite à Fazenda Pública a consecução do escopo de exigir do contribuinte uma prestação, representada pelo crédito tributário. Sob o ponto de vista material, a existência e a validade da obrigação tributária e, consequentemente, do crédito tributário têm a ocorrência a partir do fenômeno jurídico da incidência. A eficácia ocorre após a formalização, por meio do lançamento.

Assim, diante do vínculo obrigacional instituído entre o Estado (sujeito ativo) e o contribuinte (sujeito passivo), passa a ser exigível, compulsoriamente, uma prestação (objeto), com os respectivos acessórios (obrigações acessórias). Não adimplida a obrigação, o sujeito passivo passa a ser responsável pelo cumprimento da prestação pecuniária compulsória (art. 3º do CTN). Portanto, a responsabilidade tributária é a consequente exigência feita ao sujeito passivo, que descumpre a obrigação tributária ocorrida e formalizada pelo lançamento.

O sujeito passivo da obrigação principal é o devedor do tributo e da respectiva penalidade pecuniária (art. 121 do CTN). O sujeito passivo é a pessoa que, em face da lei, tem o dever legal de efetuar o pagamento da obrigação, não importando qual o tipo de relação que ela possui com o fato gerador.

A sujeição passiva indireta pode ocorrer por transferência e por substituição. De acordo com o dispositivo do art. 128 do CTN, a lei pode atribuir de modo expresso a responsabilidade pelo débito tributário à terceira pessoa, vinculada ao fato gerador da respectiva obrigação, excluindo a responsabilidade do contribuinte ou atribuindo-a a este em caráter supletivo do cumprimento total ou parcial da referida obrigação.

Na sujeição passiva indireta por sucessão, a obrigação é transferida para outra pessoa em virtude do desaparecimento do devedor original por morte ou alienação da propriedade ou de estabelecimento (arts. 129 a 133 do CTN).

O art. 130 do CTN determina a regra da sucessão advinda de "créditos tributários relativos a impostos cujo fato gerador seja a propriedade, o domínio útil ou a posse de bens imóveis, e bem assim os relativos a taxas pela prestação de serviços referentes a tais bens, ou a contribuições de melhoria, sub-rogam-se na pessoa dos respectivos adquirentes", a responsabilidade pelo pagamento do tributo.

A exceção à regra geral, contudo, está prevista no parágrafo único do art. 130 do CTN, destacando a distinção em relação à aquisição de propriedade por arrematação em hasta pública, determinando, nesse caso, a sub-rogação dos tributos sobre o preço da arrematação. Destarte, em face da previsão legal, ao arrematante não é transferida a responsabilidade tributária do executado. Os impostos e taxas cujo fato gerador é a propriedade sub-rogam-se no preço, passando o bem livre ao domínio de quem o arrematou.

Tal matéria foi objeto de análise dos Ministros do Superior Tribunal de Justiça (STJ) que mencionam que, na arrematação em hasta pública, dispõe o parágrafo único do art. 130 do Código Tributário Nacional, a sub-rogação do crédito tributário, decorrente dos impostos cujo fato gerador é a propriedade do imóvel, ocorre sobre o respectivo preço que por eles responde. Esses créditos, até então assegurados pelo bem, passam a ser garantidos pelo referido preço da arrematação, recebendo o adquirente o imóvel desonerado dos ônus tributários devidos até a data da realização da hasta. Se o preço alcançado na arrematação em hasta pública não for suficiente para cobrir o débito tributário, não fica o arrematante responsável pelo eventual saldo devedor. A arrematação tem o efeito de extinguir os ônus que incidem sobre o bem imóvel arrematado, passando este ao arrematante livre e desembaraçado dos encargos tributários[34].

A responsabilidade tributária do arrematante restringe-se aos tributos que tenham como fato gerador a transmissão do domínio, ou seja, ao imposto de transmissão de bens imóveis (art. 35, I, do CTN), como bem referido no art. 703, III do CPC.

Na Constituição Federal de 1988, ficou atribuída aos Estados e Distrito Federal a competência para a instituição do imposto de transmissão *causa mortis* (art. 155, I), e aos Municípios, a competência para a instituição do Imposto de Transmissão de Bens Imóveis (ITBI) *inter vivos* (art. 156, II). A Lei Complementar que trata do ITBI, nos termos em que exige o art. 146, III, *a*, da Constituição Federal, é, por recepção, o Código Tributário Nacional (CTN) — Lei Complementar n. 5.172, de 25.10.66 —, que regula este tributo em seus arts. 35 a 42. As regras do CTN foram editadas na vigência da Constituição de 1946 e suas emendas, período em que o ITBI era unificado com o Imposto de Transmissão *causa mortis*, razão pela qual os arts. 35 a 42 tratam dos dois impostos simultaneamente.

Cita-se, pela argumentação, decisão dos Ministros do Supremo Tribunal Federal (STF)[35] no sentido de que, na arrematação ou na adjudicação, o registro imobiliário do título não prescinde do certificado de quitação de parcelas da previdência social. Tal exigência não é incompatível com o que estabelece o CPC, no art. 703, II. No caso de arrematação, em que o preço responde pela dívida previdenciária ou fiscal, a falta do certificado de quitação não impede o registro do título. No caso de adjudicação ao credor exequente, terá este de oferecer ao juízo da execução o depósito de quantia que substitua o preço da avaliação, ou o valor do crédito previdenciário ou fiscal, se inferior àquele.

Observa-se que a matéria analisada pelo STF não era trabalhista, pois, em face da preponderância do crédito tributário em relação às demais (exceto

---

(34) REsp n. 166.975, Rel. Min. Sálvio de Figueiredo Teixeira, DJ de 4.10.99, p. 60.
(35) RE n. 90.313, Rel. Min. Décio Miranda.

trabalhistas — art. 186 do CTN), em se tratando de adjudicação no processo civil, o credor-adjudicante terá de depositar os valores devidos ao fisco ou à previdência social.

A mesma situação aplica-se a débitos relacionados a veículos automotores, conforme decisão do Superior Tribunal de Justiça (STJ)[36], no sentido de que o credor que arremata veículo ao qual pendia débito de IPVA não responde pelo tributo em atraso, pois o crédito do IPVA se sub-roga no preço pago pelo arrematante (art. 130, parágrafo único do CTN). No entanto, se o bem foi adjudicado ao credor, é encargo deste depositar o valor correspondente ao débito por IPVA. Relembra-se de que não é a hipótese do credor trabalhista para os efeitos da adjudicação, que serão melhor analisados posteriormente.

Assim, ressaltando o já mencionado, em se tratando de credor trabalhista, ou seja, com crédito privilegiado em relação ao fisco e à previdência, não se exige a obrigação do depósito dos valores referentes aos impostos relacionados ao bem, no caso de adjudicação.

6.2.2.3. Vícios ocultos e aparentes da coisa arrematada

Como regra geral, o vendedor tem de garantir o comprador contra os vícios ou defeitos ocultos que a coisa tinha no momento da venda, respondendo por eles quando mais tarde se manifestam. Contudo, não há como confundir os vícios ou defeitos ocultos com quaisquer leves imperfeições da coisa ou a falta de qualidade declarada pelo vendedor, mas sim, com aqueles que tornem a coisa não apta para o uso a que é destinada ou diminuam de modo que, se o comprador tivesse conhecido, ou não teria comprado ou teria oferecido preço menor.

Invocando os ensinamentos de Washington Barros Monteiro[37], temos que os vícios redibitórios são os defeitos ocultos da coisa que a tornam imprópria ao fim a que se destina, ou diminuem o seu valor, de tal forma que o contrato não se teria realizado se esses defeitos fossem conhecidos. Os requisitos para a caracterização dos vícios são: a) que a coisa tenha sido recebida

---

(36) REsp n. 905.208-SP, Rel. Min. Humberto Gomes de Barros.
(37) *Curso de direito civil*. 22. ed. São Paulo: Saraiva, 1988, v. V. p. 53 e segs. Silvio de Salvo Venosa (*Direito civil*. 6. ed. São Paulo: Atlas, 2006. p. 529-530) ressalta que não se confunde o vício redibitório com o erro no negócio jurídico. No erro, o adquirente tem uma ideia falsa da vontade. A deficiência é subjetiva, emanada do próprio declarante da vontade. Se o erro é induzido intencionalmente pelo alienante ou por terceiros, o vício da vontade passa a ser dolo. No erro, o adquirente recebe uma coisa por outra. O vício redibitório decorre da própria coisa, que é verdadeiramente desejada pela parte, e o adquirente não toma conhecimento do defeito, porque está oculto. No erro, o declarante forma uma convicção diversa da realidade, a coisa em si não é viciada; ocorre o oposto no vício redibitório. Quem compra um quadro falso, pensando que é verdadeiro, incide em erro. Quem compra um quadro que apresenta fungos invisíveis, e, após a aquisição, vem a mofar, está perante um vício redibitório. A distinção é importante, visto que gera consequências diversas, a começar por diferentes prazos de decadência.

em virtude de contrato comutativo, ou de doação com encargo; b) que a mesma se ressinta de defeitos prejudiciais à sua utilização, ou diminuam o seu valor; c) que esses defeitos sejam ocultos; d) que sejam graves; e) que já existam no momento da celebração do contrato. O referido autor ressalta que a responsabilidade do contratante se funda na teoria do inadimplemento, pois, ao celebrar o contrato, compromete-se o alienante a garantir o perfeito estado da coisa, assegurando a ela a incolumidade, as qualidades anunciadas e a adequação aos fins propostos.

Pouco importa para a caracterização dos vícios redibitórios o conhecimento dos mesmos pelo alienante (art. 443 do Código Civil), haja vista que a ignorância do vício não o exime da responsabilidade, pois o fundamento desta não é o seu comportamento, mas tão somente a aplicação do princípio da garantia. Caso o vendedor tenha conhecimento, agindo de má-fé, impõe-se que restitua o que recebeu, acrescido das perdas e danos sofridos. Se, porém, estiver de boa-fé, restituirá apenas o valor recebido e as despesas contratuais.

Em suma, ressalta Silvio Rodrigues[38] que a sistematização das regras sobre vícios redibitórios se inspira na ideia de segurança que deve rodear as relações contratuais e no dever de garantir que incumbe ao alienante nos contratos comutativos.

No atual Código Civil, a matéria é tratada nos arts. 441 a 446. O código vigente relaciona vários dispositivos já existentes no código revogado, mas não o previsto no art. 1.106, que disciplinava que o arrematante não tinha direito de invocar tanto a redibição da coisa arrematada quanto o abatimento do preço, em se tratando de venda em hasta pública.

No entender de Araken de Assis[39], em razão do caráter negocial da arrematação, aplica-se o instituto da redibição. Manoel Antonio Teixeira Filho defende a tese de que não se aplica ao arrematante a possibilidade de insurgir-se contra os eventuais vícios redibitórios[40].

Destaca Amílcar de Castro[41] que a arrematação exclui, por sua natureza, as ações redibitórias e *quanti minoris*, próprias das vendas particulares, pois, como ficou visto, a alienação judicial não é querida pelo proprietário da coisa. Acrescenta o doutrinador que não é o fato de ser feita publicamente, em presença de outras pessoas, que justifica a exceção, pois pode perfeitamente o vício, que é oculto, não ser notado por qualquer dos presentes, mas sim, a circunstância de ser a alienação feita sem o concurso da vontade do proprietário é que obsta seja o mesmo responsabilizado pelos defeitos que a coisa apresentar.

---

(38) *Direito civil*. São Paulo: Saraiva, 2003. v. 3, p. 105 e segs.
(39) *Manual do processo de execução*. 11. ed. São Paulo: RT, 2007. p. 705.
(40) *Execução no processo do trabalho*. 9. ed. São Paulo: LTr, 2005. p. 550.
(41) *Comentários ao Código de Processo Civil*. 2. ed. Rio de Janeiro: Forense, 1963. v. X, t. 1, p. 296.

A análise do tema deve ser mais ampla. Há que ser observada, inicialmente, a descrição do bem anunciado no edital (art. 686, I do CPC). Não pode haver desconformidade entre o anunciado e a coisa arrematada, sob pena da nulidade do ato (art. 694, § 1º, I do CPC). Ressalta-se, contudo, que tal nulidade não decorre de vício redibitório, mas sim, de nulidade processual. Há que se distinguir o vício redibitório do erro essencial. O erro substancial diz respeito à qualidade essencial do objeto principal da declaração (art. 139, I do Código Civil), ou seja, existe na hipótese de erro sobre o objeto da declaração ou qualidade a ele essencial — *error in ipso corpore rei* —, a coisa objeto da declaração é outra, diferente da que o declarante tinha em mente. No vício redibitório, o negócio realizado visa a um objeto com as qualidades que todos esperam que ele possua; ocorre, entretanto, que a coisa alienada apresenta um vício a ela peculiar e não às demais de sua espécie. Nesse, o defeito é objetivo: a coisa apresenta uma imperfeição inesperada, incomum entre suas congêneres e não perceptível ao exame perfunctório. Portanto, existindo diferença entre o bem referido no edital e o bem arrematado, há erro e não vício redibitório, ensejando a nulidade com fundamento no art. 694, § 1º, I do CPC.

Entende-se que a omissão legislativa, ou seja, a supressão do disposto no art. 1.106 do Código Civil revogado, que disciplinava que o arrematante não tinha direito de invocar tanto a redibição da coisa arrematada quanto o abatimento do preço, em se tratando de venda em hasta pública, foi proposital, sendo possível a invocação pelo arrematante do vício redibitório. Não se pode invocar a publicidade do ato e a falta de consentimento do executado (vendedor) como forma de elidir a possibilidade da invocação do vício redibitório.

A publicidade do ato e a possibilidade de análise do arrematante não servem de justificativa para afastar a alegação de vício oculto. Caso contrário, poderia ocorrer do devedor, maliciosamente, indicar um bem à penhora que contenha defeito oculto e ser liberado da sua responsabilidade em prejuízo a um terceiro (arrematante) ou ao próprio autor (que pode apresentar lanço — art. 690, parágrafo único do CPC). O ato estatal da expropriação, por meio da arrematação, decorre do não adimplemento do devedor da obrigação contida no título executivo; portanto o fato de ser realizado pelo Estado não desobriga da responsabilidade do vício redibitório. Ademais, poderia estar sendo chancelado pelo Judiciário ato de má-fé do executado, em prejuízo a terceiro de boa-fé, o arrematante, sem a possibilidade do devido ressarcimento, acarretando vantagem indevida ao executado, que teria sua obrigação cumprida. Assim, a falta de consentimento do executado não o exime da responsabilidade de ressarcir o arrematante de reaver o que pagou ou parte deste.

Ademais, publicidade não afasta a regra geral, pois, para que seja caracterizado como vício redibitório, o defeito deve ser oculto. Ressalta Washington de Barros Monteiro[42] que: a) o vício deve ser considerado como aparente toda vez que puder ser desvendado por atento exame que o homem sério costuma empregar em seus negócios; um defeito não é oculto pelo só fato de não haver sido percebido pelo comprador, por ter este examinado superficialmente a coisa; a negligência não é protegida; b) a ação redibitória improcede se o vício, dado como oculto, era conhecido do comprador; c) se o não funcionamento resulta do mau uso da coisa por parte do comprador, não pode este alegar vício redibitório.

O fato da hasta ser pública, portanto, não afasta a possibilidade do adquirente invocar o vício redibitório para conseguir reaver o preço (lanço) ou o abatimento deste.

6.2.2.4. Evicção do arrematante

A evicção, como no caso do vício redibitório, representa uma garantia ao adquirente em decorrência de contratos onerosos e comutativos. Garantia esta que, no caso do adquirente perder a coisa alienada, total ou parcialmente, por força de decisão judicial, fundada em motivo jurídico anterior, pode-se socorrer o adquirente contra o alienante.

O arrematante adquire a propriedade da coisa só se ela pertencer ao executado, pois, se o domínio é na verdade de terceiro, este não fica prejudicado e pode reivindicar a coisa do arrematante.

A aquisição da propriedade mediante a arrematação é derivada; por conseguinte não está afastada a hipótese de o arrematante vir a ser privado da coisa, em virtude da procedência de ação reivindicatória ajuizada por terceiro, ou por meio do êxito de embargos, *ex vi* do art. 1.046, *caput* do CPC. No caso dos embargos do executado, uma inovação importante trazida pela Lei n. 11.382/06 foi a previsão da validade da arrematação, mesmo no caso de acolhimento dos embargos do devedor (art. 694 do CPC), o que não ocorre nos embargos de terceiro.

A obrigação do alienante não se resume à entrega ao adquirente, mas também à garantia do uso e gozo, resguardando dos riscos da evicção, que podem ocorrer em razão de sentença judicial, baseada em causa preexistente ao negócio.

Ao garantir a evicção, ressalta Liebman que é inegável o direito do arrematante de reaver o que pagou sem causa. Menciona, ainda, que quem enriqueceu indevidamente foi o executado, que se livrou da dívida às custas de bens alheios, tendo o dever de indenizar, bem como os credores que

---

(42) *Curso de direito civil*. 22. ed. São Paulo: Saraiva, 1988. v. V, p. 57.

receberam, pois tinham o direito ao pagamento, mas não decorrente de alienações de bens de terceiros[43].

Destaca Amílcar de Castro que, não podendo a arrematação transferir ao arrematante mais direitos do que o executado tem na coisa arrematada, é possível que, sendo de terceiro, esta propriedade venha a ser evicta judicialmente por seu legítimo dono e, nesse caso, não seria justo que o arrematante ficasse privado do preço e das despesas da arrematação. Tem-se entendido que o Direito lhe concede ação de evicção contra o executado, e, subsidiariamente, ação *in rem verso* contra o exequente, se aquele se tornar insolvente[44].

Não se pode invocar a falta de consentimento do executado, vendedor, como obstativa da possibilidade da evicção. Aceitar tal tese representaria legitimar até mesmo o uso de artifícios ilícitos pelo executado que, indicando bens à penhora de terceiros, poderia excluir sua obrigação, sem responder por seus atos e deixar o arrematante sem qualquer garantia de reaver o que pagou, desprestigiando o ato jurisdicional. Portanto, há que se ter muita cautela para eximir a responsabilidade do vendedor que apenas é coativamente expropriado de seu patrimônio porque não teve interesse de solver suas obrigações.

Quem responde pela evicção, por óbvio, é o executado. A arrematação, como já referido anteriormente, não retira a propriedade do produto deste, pois a este retorna o valor que sobrar após satisfação do crédito do exequente (art. 710 do CPC). Destarte, o Estado não responde pela evicção[45].

Com relação à responsabilidade do credor, entende-se que, não sendo correta a expropriação do patrimônio do terceiro, implica a irregularidade do resultado, ou seja, o seu pagamento. Assim, o credor é responsável solidário, caso o executado seja insolvente, pelo ressarcimento do arrematante, tanto no processo civil quanto no trabalhista.

O art. 447 do Código Civil prevê expressamente a subsistência da garantia legal do adquirente no caso de aquisição via hasta pública, referência inexistente no código revogado.

6.2.2.5. Arrematação da coisa locada

As disposições da Lei n. 8.245/91 revogaram e substituíram todos os dispositivos legais que disciplinavam as locações de imóveis (art. 90), regula-

---

(43) *Processo de execução*. São Paulo: Saraiva, 1946. p. 251.
(44) *Comentários ao Código de Processo Civil*. 2. ed. Rio de Janeiro: Forense, 1963. v. X, t. 1, p. 337.
(45) Ao contrário do entendimento esposado, Araken de Assis (*Manual do processo de execução*, cit, p. 707) ensina que o Estado tem o dever de indenizar o evicto. Conclui o processualista que o Estado responde solidariamente com as partes da relação processual pela evicção do arrematante.

mentando a locação dos imóveis urbanos (art. 1º), bem como os procedimentos a ela pertinentes. No entanto, há exceções que não se aplicam às disposições contidas na Lei n. 8.245/91, tais como as locações de imóveis de propriedade da União, dos Estados e dos Municípios, de suas autarquias e fundações públicas, que continuam reguladas pelo Código Civil e pelas leis especiais, que, em relação à União, regulamentam-se pelo Decreto-lei n. 9.760/46; nas locações de vagas autônomas de garagem ou de espaços para estacionamento de veículos; nas locações de espaços destinados à publicidade; nas locações de *apart-hotels*, hotéis-residência ou equiparados, assim considerados aqueles que prestam serviços regulares a seus usuários e, como tais, sejam autorizados a funcionar; no arrendamento mercantil imobiliário, conceituado como *leasing* imobiliário, em qualquer de suas modalidades, que estejam abarcadas pelo sistema da Lei n. 6.099/74, com as alterações introduzidas pela Lei n. 7.132/83, bem como, atualmente, pela Resolução n. 2.309, de 28.8.96, do Banco Central do Brasil; nas locações de imóveis rurais ou contratos de arrendamento rural.

Excetuando os casos referidos, todos os demais regimes de locação de imóveis urbanos são regidos pela Lei n. 8.245/91. Assim, são regidas pelo dispositivo legal as locações residenciais, para temporada e as não residenciais, como lojas, escritórios, imóveis comerciais ou industriais, entre outros.

Costuma-se referir que a alienação rompe o contrato de locação. Tal assertiva não está correta, pois a alienação por si só não rompe a locação se o alienante tem interesse na continuidade e não denuncia o contrato, ou seja, o que rompe a locação é a denúncia do alienante e não somente a troca de propriedade do imóvel locado. No caso de herança, há disposição específica (art. 10 da Lei n. 8.245/91).

Refere o art. 8º da Lei n. 8.245/91 que, se o contrato estiver vigorando com prazo determinado e contiver cláusula de vigência, em caso de alienação, averbada junto à matrícula do imóvel, ficará o adquirente inibido de denunciar a locação, tendo de aguardar o vencimento do prazo para, então, poder exercê-la. A lei de locações impõe a observância de duas circunstâncias que inibem a possibilidade da denúncia: a primeira é o contrato por prazo determinado; a segunda é a cláusula de vigência, devidamente averbada. Na inexistência de alguma, não há impedimento para a denúncia do adquirente.

A denúncia deverá ser exercida no prazo de 90 dias, contados do registro da venda ou do compromisso, pelo alienante. Caso não procedida a denúncia, a locação continuará nos mesmos moldes da ajustada com o antigo proprietário.

Os Ministros do Superior Tribunal de Justiça, analisando a matéria, referem que, no bem adjudicado ocupado por inquilino, o desmancho do contrato de locação dar-se-á por ação de despejo, sendo incabível a imissão de posse[46].

---

(46) REsp n. 265.254, Rel. Min. Carlos Alberto Menezes Direito, DJ de 20.8.01, p. 461.

Nas locações de bens não sujeitas ao regime da Lei n. 8.245/91, mas sim, às disposições do Código Civil, dúvidas surgem a respeito da continuidade ou não do pacto locatício em face da arrematação. A regra geral, nestas locações, é de que, em caso de alienação, o adquirente não é obrigado a respeitar o contrato (art. 576 do Código Civil).

Tal regra geral, contudo, sofre limitação no caso de existir cláusula no contrato de locação da vigência, no caso de alienação e de constar de registro público. O registro que refere à norma legal, em se tratando de coisa móvel, é o de Títulos e Documentos do domicílio do locador, sendo, no caso de imóveis, o Registro de Imóveis (art. 576, § 1º do Código Civil).

Destaca-se, novamente, que, para imóveis locados, regidos pela Lei n. 8.245/91, a alienação, no caso de arrematação, deve observar o previsto no art. 8º, com destaque para o enfoque privilegiado do ponto de vista de defesa dos direitos do locatário (Seção V — Do Direito de Preferência, arts. 27 a 34).

Quanto à locação de imóvel rural, objeto de contrato agrário, a alienação em nada afeta o contrato, mesmo não existindo registro imobiliário (art. 92, § 5º, da Lei n. 4.504/64). O Decreto n. 59.566/66, no art. 15, dispõe: *A alienação do imóvel rural ou a instituição de ônus reais sobre ele não interrompe os contratos agrários, ficando o adquirente ou o beneficiário, sub-rogado nos direitos e obrigações do alienante ou do instituidor do ônus (art. 92, § 5º, do Estatuto da Terra).*

Por fim, apresentamos a ressalva mencionada por Araken de Assis[47] no sentido de que as locações posteriores à penhora devem ser consideradas fraudulentas, salvo as autorizadas pelo juiz[48], pois prejudicam os interesses do adquirente e do exequente.

6.2.2.6. Arrematação de unidades autônomas

Sempre que existir mais de uma pessoa com direitos sobre o mesmo bem, existe comunhão. Tal situação não se enquadra à hipótese de várias hipotecas sobre um mesmo bem, pois, nesse caso, os interesses são excludentes. Para caracterizar a comunhão, há necessidade de direitos de idêntica graduação, harmônicos e compatíveis, sendo exemplos dessa o condomínio ou compropriedade.

A Lei n. 4.591/64 disciplinou algo até então novo na legislação nacional os condomínios e as incorporações[49]. Atualmente, a parte que trata do

---

(47) ASSIS, Araken. *Manual da execução*. 11. ed. São Paulo: RT, 2007. p. 708.
(48) Nessa situação, podemos adotar, analogicamente, as disposições contidas no art. 114 da Lei n. 11.101/05, que trata da recuperação de empresas e falência e prevê que, na hipótese de locação autorizada pelo juiz, a rescisão do contrato de locação ocorrerá no caso de alienação do bem.
(49) Para as incorporações, a Lei n. 10.931/04 altera a Lei n. 4.591/64.

condomínio foi revogada pelo atual Código Civil, que disciplina a matéria nos arts. 1.331 a 1.358. O direito de propriedade da unidade autônoma sofre maiores restrições relacionadas à vizinhança, em comparação com a propriedade em geral.

Unidades autônomas, na propriedade horizontal, mostram-se passíveis de alienação coativa. Conforme estabelece o art. 4º da Lei n. 4.591/64, o acordo de transmissão dependerá da prova de quitação das despesas condominiais. A estipulação da responsabilidade do débito do condomínio, inclusive juros e multas, do adquirente também foi referida no art. 1.345 do Código Civil, ou seja, ao arrematante são transmitidos todos os débitos perante o condomínio.

Desatendida essa exigência legal, prova da quitação, o condomínio poderá cobrar do novo adquirente inclusive prestações pretéritas, pois este assumiu o risco de celebrar o negócio, arrematar ou adjudicar, sem acautelar-se com a quitação.

Os valores pendentes relativos à unidade condominial são obrigações *propter rem* (em virtude da coisa). O devedor será sempre o proprietário, pois o vínculo não se estabelece com uma pessoa determinada, mas com quem seja o detentor do direito real. Melhor explicando, as obrigações *propter rem, ob rem* ou reipersecutória são mistas, pois se inserem entre os direitos reais e os direitos obrigacionais, contendo características de ambos. Trata-se de obrigações que não decorrem da vontade privada, mas em face da titularidade de um direito real, sendo impostas em atenção à certa coisa, a quem for titular desta. Via de regra, os direitos reais não impõem obrigações positivas a terceiros, tão somente um dever negativo, e as obrigações surgem de negócios jurídicos unilaterais ou bilaterais, cujo fundamento é a manifestação da vontade, o que não ocorre nas obrigações *propter rem*.

As despesas com o condomínio que o adquirente assume não são as somente relacionadas às cotas condominiais, mas sim, todos os débitos do executado perante este. Relacionando as despesas que integram o rol dos gastos comuns, Arnaldo Rizzardo[50] refere a gama exposta por Ruffino Pereiyra: 1 — os impostos, contribuições e taxas; 2 — os gastos de reparações de toda a ordem, exceto os de pequeno valor, que ocorram no interior dos apartamentos; 3 — os gastos com empregados, com porteiros, ascensoristas, zeladores, faxineiros e guardas; 4 — a retribuição devida ao síndico, quando prevista na convenção; 5 — despesas de luz nas partes comuns, como no vestíbulo, nos corredores, no saguão, elevadores, garagens etc.; 6 — as taxas de excesso de água, bem como a taxa relativa ao consumo comum; 7 — gastos decorrentes da aquisição de bens destinados ao uso comum, como material de limpeza, móveis para a sala de espera e o saguão de entrada e tapetes; 8 —

---

(50) *Direito das coisas*. Rio de Janeiro: Aide, 1991. v. II, p. 626-627.

o seguro do imóvel; despesas de pintura de fachadas, paredes externas e partes comuns no interior do prédio. Refere, ainda, que é impossível discriminar todos os itens de contribuição, que variam conforme o padrão do condomínio.

Em se tratando de ônus ao arrematante, é obrigatória a sua menção no edital (art. 686, V do CPC) sob pena de nulidade. A não referência do débito com o condomínio não isenta o pagamento do arrematante, mas pode ocasionar o desfazimento da arrematação (art. 694, § 1º, I do CPC).

Registra-se decisão dos Ministros do Superior Tribunal de Justiça[51] que entendem que o novo adquirente, ainda que em hasta pública, torna-se responsável pelos encargos com o condomínio em conjunto com o antigo proprietário, que não tem a obrigação extinta pela expropriação. Na ementa, ressaltam os Ministros que, proposta a ação de cobrança contra o primitivo proprietário, a posterior alienação do bem (adjudicação em execução judicial) sem o cumprimento da exigência do art. 4º, parágrafo único, da Lei n. 4.591/64, não extingue a obrigação do réu alienante, nem é causa determinante da sua ilegitimidade passiva, pois, embora o novo proprietário também possa ser acionado pelo condomínio para pagamento das quotas vencidas antes da alienação, porque foi desatento quanto ao disposto na norma citada, essa alternativa é posta a favor do condomínio, não contra ele, permanecendo a responsabilidade do que era proprietário ao tempo da constituição do débito.

6.2.2.7. Arrematação de coisa cedida em comodato

O empréstimo pode ser realizado em duas modalidades, existindo em comum a entrega de um objeto, com a obrigação de ser restituído em espécie ou em gênero. O primeiro constitui-se no comodato, empréstimo de uso; e o segundo, no mútuo, empréstimo de consumo.

Define comodato Clóvis Bevilacqua[52] como contrato pelo qual alguém entrega a outrem coisa infungível, para que este dela se utilize, gratuitamente, com o encargo, porém, de restituí-la depois.

Como característica, o comodato é um contrato unilateral, a título gratuito e de coisa infungível, para ser usada temporariamente e depois ser restituída.

O art. 581 do Código Civil estabelece que a avença só comporta denúncia uma vez expirado o prazo convencional ou que se determine pelo uso outorgado. Dessa maneira, o arrematante deverá aguardar o implemento desses prazos para pedir, via procedimento próprio, na resistência do comandatário à notificação a ele endereçada, a restituição da coisa.

---

(51) REsp n. 345.372/PR, Rel. Min. Ruy Rosado de Aguiar, DJ de 20.5.02, p. 153.
(52) *Direito das obrigações*. Campinas: RED, 2000. p. 325.

6.2.2.8. Arrematação e frutos da coisa

Via de regra, o destino dos frutos da coisa alienada acompanha a mesma; mas deve ser ressaltado que os bens se limitam aos termos da penhora.

Os frutos são utilidades que a coisa produz, sendo acessórios, gerados pelo bem principal, todavia com existência em si mesma. Um dos seus requisitos é a separabilidade da coisa principal, tornando-se independente (art. 95 do CC).

Em face dos termos do auto de penhora, se neste estão incluídos os frutos pendentes, tem o arrematante a eles direito, mediante indenização das despesas suportadas pelo depositário. A mesma circunstância ocorrerá quando o arrematante tomar posse e existirem frutos pendentes, mesmo não constando do auto de arrematação, pois o acessório acompanha o principal.

Se os frutos foram avaliados separadamente e não compreendidos de maneira expressa no auto de arrematação, não pertencem ao arrematante. Da mesma forma, se tiver sido feita a explícita exclusão do edital. Quando a penhora exclui, claramente, os frutos pendentes, por óbvio, o arrematante não tem direito aos mesmos.

6.2.2.9. Posse da coisa arrematada

A arrematação gera direito ao arrematante de investir-se na posse da coisa arrematada. Normalmente, o juiz expedirá simples mandado, destituindo o depositário dos seus poderes e de sua posse, ordenando-lhe que imita o arrematante na posse (art. 625 do CPC)[53].

Em algumas situações, não caberá apenas a ordem judicial, como nos casos de locação (que o arrematante deverá denunciar, no prazo e na forma legal, e, não desocupado o imóvel tempestivamente, propor ação de despejo[54]) e comodato (o arrematante deverá aguardar o implemento do uso concedido

---

(53) Referimos decisão do STJ: PROCESSUAL CIVIL — EXECUÇÃO — ARREMATAÇÃO — Imissão na posse de imóvel. Ação própria. Desnecessidade. I — Ao adquirente do imóvel arrematado em execução não se exige a propositura de nova ação para imitir-se na posse do bem, podendo fazê-lo nos autos do processo executivo por meio de mandado judicial. Precedentes. II — Recurso especial conhecido e provido. (STJ — REsp n. 742.303/MG — (2005/0061235-4) — 4ª T. — Rel. Min. Aldir Passarinho Junior — DJU 26.6.06).

(54) Menciona-se decisão do TRF da 4ª Reg: ARREMATAÇÃO — IMÓVEL LOCADO POR TERCEIROS — PEDIDO DE DESOCUPAÇÃO — INDEFERIMENTO. Nos casos de aquisição da propriedade pela arrematação em hasta pública, em que o executado está na posse direta do bem, não é necessário que o arrematante proponha nova ação para se imitir na posse do bem, bastando, para isso, a expedição de mandado pelo juízo da execução fiscal. Contudo, tratando-se de arrematação de bem locado a terceiros, a hipótese é diversa, porquanto, embora eventual ocupação não inviabilize a imissão de posse indireta do adquirente, compete a este pleitear, por meio de ação própria, a posse direta sobre quem detém o imóvel, já que terceiro e estranho à relação processual. (...) (TRF 4ª Reg. — AI 2006.04.00.020365-0 — 1ª T. — Rel. Des. Vilson Darós — DJU 20.9.06, p. 871).

ou convencional e, posteriormente denunciar o contrato e, inexistindo a restituição, ajuizar a ação de imissão de posse[55]). Claro que a apreciação das ações referidas, despejo e imissão de posse, não é da competência da Justiça do Trabalho, pois as normas legais pertinentes à matéria são de natureza civil, ou seja, o despejo ocorrerá de acordo com a Lei das Locações ou as contidas no Código Civil, como também, é o caso do comodato. Destaca-se, por fim, que é óbvio que as hipóteses mencionadas estão relacionadas a terceiros que ocupam o imóvel expropriado e não ao próprio executado que, na maioria das vezes, também é o depositário.

Consoante o entendimento dos Ministros do Supremo Tribunal Federal é admissível determinar a imissão de posse nos próprios autos. O Ministro Rafael Mayer, analisando o tema, relatou que compelir a credora hipotecária, titular de carta de adjudicação, a ajuizar ação de imissão de posse (procedimento que não mais existe sob a forma de ação especial) contra o executado, para entrar na posse do imóvel, importa subestimar os efeitos da penhora e do depósito, em consequência dos quais cabe ao juiz da execução, no exercício do poder de disposição que tem sobre o bem objeto da constrição judicial, determinar a sua entrega ao adjudicante[56]. Tal situação foi recepcionada nas alterações do CPC pela Lei n. 11.382/06, com a nova redação do art. 666, § 3º.

É viável, portanto, sendo o próprio executado ocupante do imóvel a utilização da imissão de posse nos próprios autos em que se processa a execução para a desocupação do mesmo.

Com respeito à possibilidade de o juízo trabalhista determinar a imissão de posse, os Ministros do Tribunal Superior do Trabalho expuseram que, com fundamento na parte final do art. 114 da Constituição Federal, que estende a competência da Justiça do Trabalho à solução dos "litígios que tenham origem no cumprimento de suas próprias sentenças, inclusive coletivas", cumpre à Justiça do Trabalho, mais especificamente, ao juízo de execução trabalhista, após a outorga do título de proprietário do bem arrematado, imitir o arrematante em sua posse efetiva e dirimir quaisquer divergências entre arrematante e depositário, muito embora o litígio não se estabeleça entre trabalhador e empregador, expedida pelo Juízo, ainda que não analisada matéria de empregado e empregador[57].

A matéria também foi objeto de análise pelos Ministros do Superior Tribunal de Justiça, em decisão de conflito de competência, tendo referido

---

(55) Para aprofundar o assunto destaca-se a lição do prof. Ovídio A. Baptista da Silva (*Curso de processo civil*. 4. ed. São Paulo: RT, 2000. v. 2, p. 231 e seguintes), que excelentemente expõe as diferenças entre as ações de imissão de posse, reivindicatórias e possessórias. Somente para relembrar imissão de posse, que não foi referida pelo CPC de 1973, mas ainda continua sendo aplicável. A imissão de posse é uma ação petitória de quem nunca teve posse anterior, sendo que o novo proprietário invocará o *jus possidendi* em face da propriedade que lhe foi transmitida.
(56) RE n. 93.716/SP, DJ de 3.11.81, p. 10.938.
(57) ROMS n. 336.881, Rel. Min. Cnéa Moreira, DJ de 24.9.99, p. 31.

que a Justiça obreira é competente para as questões oriundas da execução, inclusive aquelas decorrentes da arrematação, pelo que terceira pessoa, atingida pela imissão do arrematante na posse do imóvel praceado, pode defender seus direitos sobre a benfeitoria nele erigida; porém terá de fazê-lo perante o mesmo Juízo trabalhista, e não por meio de interdito proibitório movido junto à Justiça comum[58].

6.2.2.10. Transpasso dos direitos reais de gozo

A regra geral do Código Civil (CC) é de que a propriedade presume-se plena e exclusiva, até prova em contrário (art. 1.231). O domínio, contudo, pode ser parcelado em favor de um ou de mais pessoas, com os ônus reais ou gravames, que implicam a diminuição desse do proprietário e o surgimento de novos direitos reais. Esse desdobramento é denominado de princípio da elasticidade, sendo que, da mesma forma que se desmembra, mais cedo ou mais tarde, irá novamente unificar-se com o proprietário.

Na estrutura do Código Civil, os direitos reais podem ser divididos em três categorias: os direitos de fruição (servidão, usufruto, uso e habitação); os direitos reais de garantia (hipoteca, penhor e anticrese) e o direito real à aquisição, que se trata de promessa de compra e venda registrada.

Os direitos reais sobre coisas alheias distinguem-se em duas categorias fundamentais, sendo a primeira com a finalidade ou conteúdo de gozo das utilidades da coisa, e a segunda, a sujeição da coisa como garantia de seu direito de crédito, quer para com o proprietário, quer quanto a terceiros. Os primeiros são os direitos reais de gozo; os segundos, os direitos reais de garantia.

Na lição de Arnaldo Rizzardo, tem-se em conta no direito real o poder de dominação do titular, excludente da ação de terceiros, isto é, opondo-se *erga omnes*, para o que lhe são próprios os caracteres de "sequela" e "preferência". Por intermédio do primeiro, assegura-se ao titular do direito a possibilidade de segui-lo em poder de quem quer que o detenha ou possua. Pelo segundo, presente nos direitos reais de garantia, goza o titular do privilégio em satisfazer o seu crédito preferencialmente aos demais credores, mesmo que amparados por garantia real posterior[59]. A sequela relaciona-se ao princípio da inerência ou aderência, no sentido do direito real aderir à coisa e persegui-la; e a preferência consiste no privilégio do titular do direito real em obter o pagamento de um débito com o valor do bem aplicado exclusivamente à sua satisfação[60].

---

(58) CC n. 17866/ES, Rel. Min. Aldir Passarinho Junior, DJ de 18.9.00, p. 85.
(59) *Direito das coisas*. Rio de Janeiro: Aide, 1991. v. I, p. 13.
(60) FARIAS, Cristiano Chaves de; ROSENVALD, Nelson. *Direitos reais*. 3. ed. Rio de Janeiro: Lumen Juris, 2006. p. 7-8.

O direito real de uso (usufruto, o uso, a habitação, a enfiteuse e as servidões) representa o poder do titular de usar e fruir a coisa da qual tem a posse direta, limitando o *jus utendi* do proprietário, implicando restrição ao direito deste. Já o direito real de garantia diferencia-se do de gozo, no conteúdo e função, pois visa à eventual disposição para assegurar o pagamento de uma dívida. O direito de garantia impõe limitação ao direito de disposição, haja vista que confere ao titular o poder de promover a venda judicial da coisa, na hipótese de inadimplemento da obrigação.

Os direitos reais de garantia são acessórios, e os direitos de gozo, autônomos. O caráter acessório dos direitos de garantia surge na dependência desta à obrigação que visam assegurar, caracterizando-se como uma obrigação acessória. Caso adimplida a obrigação, extinguem-se, pois perdem a função. Os direitos reais de gozo são autônomos pelo fato de não dependerem de uma obrigação, possuindo finalidade própria, existindo por si, ou seja, são obrigações principais.

Um dos aspectos mais importantes envolvendo o direito das coisas está relacionado à aquisição da propriedade. Adverte *Orlando Gomes*, analisada a aquisição originária e derivada, já apresentada no item 6.2.2.1 deste estudo, que, tratando-se de derivada, transfere-se com os mesmos atributos, restrições e qualidade que possuía no patrimônio do transmitente.

Transferem-se com a arrematação todos os ônus que oneram, tirante os direitos reais de garantia, haja vista previsão legal. À hasta pública sobrevivem, pois o uso, a habitação, a enfiteuse, o usufruto e a renda sobre o imóvel são autônomos, não dependendo de uma obrigação, possuindo finalidade própria, existindo por si.

Há, portanto, a exigência de estar referida no edital da hasta pública a existência de direitos reais, do gozo ou fruição, sob pena de a mesma ser passível de dissolução pelo arrematante na forma do art. 694, § 1º, III do CPC.

Dessa forma, há que se ter cuidado quando procedida a avaliação do bem, pois deverão ser sempre levados em consideração os ônus reais de gozo, haja vista que são transferidos para o adquirente, em razão do modo de aquisição operado, derivado e não originário.

6.2.2.11. *Purgação dos direitos reais de garantia*

Para saldar as dívidas do devedor, todo o seu patrimônio responde, ressalvados os bens impenhoráveis[61]. Assim, os credores concorrem, em regra geral, em situação de igualdade para obter a satisfação dos valores devidos

---

(61) Temos que relembrar que a análise da impenhorabilidade é diferente no processo civil e no processo do trabalho, principalmente em face do disposto no art. 30 da Lei n. 6.830/80.

em face de alienação do patrimônio do devedor (art. 957 do CC). Contudo, há exceções a essa regra, haja vista as preferências do credor em relação aos demais, em que os interessados providenciam outras garantias, que se chamam de garantias especiais, que podem ser pessoais ou reais. Em conjunto com essas garantias, existem hipóteses que a própria lei, considerando a relevância de certos créditos, atribui preferência no pagamento: os privilégios creditórios. Apresentaremos alguns comentários a respeito, em que pese resumidamente.

As garantias pessoais, também denominadas de *fidejussórias*, estabelecem-se quando uma terceira pessoa se corresponsabiliza pelo adimplemento de determinada obrigação. Na hipótese de o devedor não cumprir, o patrimônio do garante soma-se ao daquele, ficando as duas massas patrimoniais assegurando a realização coativa do direito do credor. Na fiança (art. 818 do CC), temos uma pessoa diversa do devedor, o fiador, que garante o cumprimento da obrigação com seu patrimônio. O aval (art. 897 CC), garantia semelhante à fiança, difere dessa, pois é instituto característico dos títulos de crédito.

Já as garantias reais consistem na atribuição ao credor do direito, com preferências aos demais credores, do pagamento pelo produto da execução de certos e determinados bens, que podem ser do próprio devedor ou de terceira pessoa (art. 1.419 do CC — "o bem dado em garantia fica sujeito, por vínculo real, ao cumprimento da obrigação"). As garantias reais, assim consideradas na lei, são o penhor, a hipoteca e a anticrese. O penhor (arts. 1.431 e seguintes do CC) consiste no depósito, em mãos do credor, de coisa móvel suscetível de alienação, para garantia do adimplemento da obrigação. Se o devedor cair em insolvência, o credor poderá executar e fazer a venda judicial (ou venda amigável) da coisa penhorada, para receber pagamento (art. 1.433, IV do CC). Salvo em hipóteses específicas, ditas de penhor legal (art. 1.467 do CC), essa garantia é estabelecida em contrato (art. 1.424 CC), celebrado entre o credor e o devedor, ou entre o credor e o terceiro que está garantindo o débito (arts. 1.420 e 1.427 do CC). A hipoteca (arts 1.473 e seguintes do CC) é garantia real que confere a um credor o direito de ser pago pelo valor obtido com a venda de um bem imóvel, com preferência sobre os demais credores. Esse imóvel pode ser prestado pelo devedor ou terceira pessoa. Como similar ao penhor, a hipoteca também consiste na vinculação de um bem ao cumprimento da obrigação, sendo importantes as seguintes diferenças: é que a hipoteca incide sobre coisa imóvel, embora excepcionalmente se admita hipoteca sobre coisas móveis (hipóteses referidas no art. 1.473 do CC); na hipoteca a coisa dada em garantia continua nas mãos do devedor, ou do terceiro que a haja constituído. A garantia é estabelecida, como no penhor, por meio de contrato[62] (art. 1.424 do CC), mediante escritura pública (art. 108 do CC), registrado no cartório de imóveis competente (art. 1.492 do CC). A anticrese

---

(62) Ressalvadas as hipóteses de hipoteca legal.

(arts. 1.506 e seguintes do CC) consiste na entrega ao credor de um imóvel para administrar, ficando ele com o dever de consignar os frutos e rendimentos ao pagamento da dívida.

Os privilégios creditórios estão relacionados a alguns tipos de créditos que, por lei, são considerados relevantes. É preferência que interessa na hipótese de falência ou insolvência do devedor e, também, em processos de execução singular, quando surgir o concurso de credores. São eles de três espécies: gerais, especiais e preferenciais. Privilégios preferenciais, ou superprivilégios, são aqueles que dão ao credor prevalência sobre quaisquer outros privilégios e mesmo sobre as garantias reais. São desta natureza os créditos por acidente de trabalho, salários e indenizações trabalhistas (art. 449, § 1º da CLT) e, logo a seguir, os créditos por tributos federais, estaduais e municipais (art. 186 do CTN), a estes estando equiparados os créditos da previdência social (Lei Orgânica da Previdência Social, art. 157). Os especiais são os privilégios que incidem sobre bens certos e determinados do devedor, móveis e imóveis (art. 963, 1ª parte do CC). Estão relacionados no art. 964 do CC. Os gerais são privilégios que incidem sobre o conjunto de bens do devedor (art. 963, 2ª parte do CC), como o crédito por despesas de funeral do devedor e os demais discriminados no art. 965, quase todos incidentes sobre os bens da herança de pessoa falida. O Código Civil refere apenas os privilégios gerais e especiais, não os preferenciais, porque se limitou praticamente a repetir o Código de 1916, quando os últimos só foram criados posteriormente à promulgação deste. Aliás, mesmo quanto aos gerais e aos especiais, não indicam todas as hipóteses em que atualmente ocorrem, pois várias destas categorias estão previstas em legislação avulsa.

Apresentadas essas considerações, cabe a nós concluirmos. O direito real de garantia representa uma exceção a tal regra, pois dá ao credor a possibilidade de obter o pagamento da dívida com o valor do bem vinculado para a quitação (art. 961 do CC), ou seja, uma parte do patrimônio do devedor é dada em garantia para o pagamento do direito do credor. Caso o devedor transfira o bem gravado a outro, via de regra, continua a coisa onerada com o gravame (sequela — art. 1.419 do CC). O credor tem direito de preferência em relação aos demais credores (art. 1.422 do CC), salvo em se tratando de dívidas tributárias ou trabalhistas, haja vista o privilégio destas (art. 186 do CTN e art. 1.422, parágrafo único do CC).

Ressalta-se que a garantia real não pode ser igualada ao privilégio trabalhista. A preferência consiste no direito de determinado credor receber antecipadamente seu crédito em relação aos outros credores, podendo esta decorrer de garantia real ou de privilégio legal.

A garantia real e o privilégio, em que pese serem espécies do mesmo gênero — preferências —, não se confundem, pois, na garantia real, o crédito é satisfeito anteriormente em razão da existência do vínculo a um bem que o garante. Os privilégios são preferências reconhecidas na lei, atribuídas a certos créditos, sobre a totalidade do patrimônio do devedor.

O objetivo do direito real de garantia é proteger o credor contra possível insolvência do devedor, pois este contrai uma obrigação e assegura o completo adimplemento com uma coisa em garantia, que fica vinculada, por direito real, ao cumprimento da dívida. A garantia nasce de uma convenção entre as partes.

O privilégio, por sua vez, tem origem na lei. Não existe uma vinculação direta e imediata em relação a determinado bem, mas sim, à totalidade dos bens do devedor. Só no exercício da pretensão à tutela é que transparece o privilégio. O credor privilegiado não tem direito imediato e absoluto sobre bens do devedor, mas sim, potencial, ou seja, é um atributo que atua no caso de concurso de credores, fazendo este prevalecer sobre os demais. Além disso, o privilégio não pode ser criado, modificado e nem limitado por iniciativa das partes. Bem relata Sílvio Venosa[63] no sentido da existência de outros créditos que têm privilégio, precedência ou preferência antes do crédito hipotecário ou pignoratício, tais como dívidas tributárias e trabalhistas. Desse modo, a garantia real estampada por esses direitos é apenas relativa. Tal situação tem levado algumas instituições financeiras a preferirem outras fórmulas creditícias, tais como a alienação fiduciária, que será analisada oportunamente.

Quando há penhora de bem gravado, o titular do respectivo direito tornar-se-á participante obrigatório do concurso de preferências, em simples e direto efeito de que se penhorou a coisa a ele gravada, assegurada sua ciência pela intimação prevista nos arts. 615, II, 619 e 698 do CPC. Dita intimação, na verdade, mais se parece com uma citação, conforme previsto no art. 500 do Código de Processo Civil Italiano, que dá direito à intervenção dos credores a participar da distribuição da soma arrecadada, ou seja, a intimação tem o objetivo da instauração do concurso de credores, concurso este não universal, mas particular entre o exequente primitivo e o detentor de direito real de garantia.

As conclusões de Araken de Assis[64] estão corretas quando ensina que, atendidas as formalidades dos arts. 615, II, e 698 do CPC, a arrematação transfere a coisa livre e desembaraçada ao arrematante, purgada dos direitos reais de garantia, que se sub-rogam no preço. A literalidade do chamado efeito *purgativo*, geralmente atribuído à hasta pública, *no fundo se opõe à lei de transferência de objeto (persistência com objeto sub-rogado)*; na verdade, o direito real, em si, não caduca, mas se transfere ao preço.

---

(63) VENOSA, Sílvio de Salvo. *Direito civil*. 6. ed. São Paulo: Atlas, 2006. v. 5, p. 511.
(64) *Manual do processo de execução*. 11. ed. São Paulo: RT, 2002. p. 713.

Tal entendimento também é defendido por Moacyr Amaral Santos[65], que refere que perfeita, acabada e irretratável se considera a arrematação, desde que assinado o respectivo auto (CPC, art. 694). Produz ela os seguintes efeitos: (...) d) extingue a hipoteca inscrita sobre o imóvel arrematado, tanto no caso da execução movida pelo próprio credor hipotecário como por outro credor. Se movida por outro credor, para a extinção da hipoteca, há necessidade da intimação do credor hipotecário intimado da penhora (CPC, art. 615, II), bem como da praça, com 10 dias pelo menos de antecedência, sub-rogando-se o ônus no preço da arrematação.

Dúvidas surgem com relação à permanência ou não do gravame em caso da arrematação trabalhista, pois o empregado tem crédito privilegiado, não podendo o credor com garantia real exigir a quitação pelo preço alcançado na arrematação. Mesmo entendimento de Francisco Antonio de Oliveira[66] e de Manoel Antonio Teixeira Filho[67] que mencionam que deve ser destacada a particularidade da hipoteca, como direito real de garantia, passa com o imóvel para o domínio do arrematante. Por outras palavras: a expropriação transfere o domínio do imóvel hipotecado ao alienante, mas continua o gravame.

Não há como concordar com o entendimento dos doutrinadores referidos. Os credores trabalhistas têm privilégio sobre todo o patrimônio do executado, que é conferido por lei, em face da sua causa e da qualidade do crédito, como já explicado. O privilégio legal não outorga poder imediato a determinado bem, como se verifica no direito real de garantia, mas sobrepõe-se a este, mesmo quando a execução seja sobre o objeto do gravame.

A arrematação extingue o gravame (art. 1.499 do Código Civil), não importando se está sendo executada no juízo comum ou trabalhista. Ressalta-se que a dívida do devedor, executado no juízo trabalhista, continuará com o credor detentor de garantia real, só que sem o gravame (art. 1.430 do CC). Ademais, uma preferência ajustada entre os contratantes, ônus real, não pode se sobrepor ao privilégio legal do trabalhador (art. 1.422, parágrafo único do CC). Destarte, admitir a transferência do ônus ao arrematante no juízo trabalhista somente pelo fato de o credor hipotecário não deter a preferência do pagamento antecipado de seu direito é desconsiderar por completo as regras de preferência dispostas na lei e inviabilizar o pagamento dos credores trabalhistas, pois, no valor da avaliação do bem, deveria ser considerado o gravame, o que diminuiria o mesmo. Dessa forma, pouco importando se sobrou valor para o detentor do direito real, o gravame extingue-se. A única hipótese da permanência da hipoteca relacionada ao bem arrematado é a

---

(65) *Primeiras linhas de direito processual civil*. 21. ed. São Paulo: Saraiva, 2003. v. 3, p. 340.
(66) *A execução na Justiça do Trabalho*. 6. ed. São Paulo: RT, 2007. p. 317.
(67) *Execução no processo do trabalho*. 9. ed. São Paulo: LTr, 2005. p. 547-548.

contida no art. 1.501 do Código Civil, no caso de não intimação do credor hipotecário.

Em reiteradas decisões, referem os Ministros do Superior Tribunal de Justiça que a arrematação extingue a hipoteca nos termos do art. 849, VII, do Código Civil (atual art. 1.499, VI do Novo Código Civil), necessitando, para tanto, a intimação do credor hipotecário da praça[68]. Chegam, ainda, a referir que a arrematação extingue a hipoteca, desde que o credor hipotecário tenha sido intimado da realização da praça, posto que tem conteúdo de aquisição originária, livre dos ônus que anteriormente gravavam o bem por esse meio adquirido[69]. Com a devida vênia, não se concorda que a arrematação represente modo de aquisição originária para justificar a extinção do gravame. A extinção da garantia decorre da sub-rogação no preço. No caso trabalhista, isso não ocorre diante do privilégio de o trabalhador receber o seu crédito primeiro, por escolha do sistema legal. O ordenamento prevê a quitação do trabalhador preferencialmente, inclusive ao credor tributário (art. 186 do CTN).

Deve existir, portanto, muito cuidado quando da penhora de bens com ônus reais, pois, em se tratando de direitos reais de gozo, devem ser considerados para efeito da avaliação do bem, o que não é necessário com relação ao gravame, haja vista não acompanhar o bem expropriado.

Relacionam-se, também, reiteradas decisões dos Desembargadores do Tribunal Regional do Trabalho da 9ª Região que fundamentam que a arrematação extingue a hipoteca, seja o credor hipotecário o exequente, seja um terceiro. O ônus real não sobrevive à arrematação, ainda que o preço seja inferior ao crédito garantido, razão pela qual o adquirente receberá o bem livre e desimpedido. O credor hipotecário terá apenas direito ao saldo, mas sem privilégio. Ressaltam, ainda, que deve ser cumprida a formalidade da intimação do credor hipotecário[70]. Em complemento, do mesmo Tribunal, referimento à decisão que, corretamente, argumenta no sentido de que na arrematação de bem hipotecado, a garantia real desaparece em favor do arrematante. Além do teor expresso no art. 1.499, IV, do CC, invoca-se o privilégio do crédito trabalhista. Se a hipoteca acompanhasse o bem arrematado, o efeito prático seria o de dar à garantia real gradiente de privilégio mais potente que o da garantia trabalhista[71].

---

(68) REsp n. 139.101/RS, Rel. Min. Carlos Alberto Menezes Direito, DJ de 22.2.99, p. 104.
(69) REsp n. 40.191/SP, Rel. Min. Dias Trindade, DJ de 21.3.94, p. 5490, RSTJ, v. 57, p. 433.
(70) AP n. 3.979/98, Ac. 8.116/99, 4ª T., Des. Rosemarie Diedrichs Pimpão, DJPR de 30.4.99; AP n. 276/98, Ac: 9.132/98, 1ª T., Rel. Des. Tobias de Macedo Filho, DJPR de 8.5.98; AP n. 2.573/97, Ac. 2.891/98, 4ª T., Rel. Des. Dirceu Buys Pinto Júnior, DJPR de 13.2.98; AP n. 1.342/97, Rel. Des. Rosalie Michaele Bacila Batista, DJPR de 24.10.97.
(71) TRT 9ª R. — Proc. n. 04907-1994-019-09-00-2 — Rel. Des. Celio Horst Waldraff — DJPR 2.6.06. Na ementa está referido: "(...) dar à garantia real gradiente de privilégio mais potente que o da

6.2.2.12. Bem em alienação fiduciária e leasing

Uma das grandes discussões na execução é a possibilidade da penhora de bens alienados fiduciariamente e em *leasing* (arrendamento mercantil), por consequência, a alienação judicial desses.

Mencionamos, de início, a classificação proposta por Fernando Noronha[72], que enquadra a modalidade analisada nas supergarantias, ou garantias reais impróprias, situação em que é permitido a um credor, para se assegurar do pagamento pelo devedor, assumir a propriedade da própria coisa a que diz respeito a dívida, para, na hipótese de inadimplemento, poder reivindicar a restituição dessa coisa, assim ficando isento da obrigação de concorrer com quaisquer credores, inclusive os detentores de crédito trabalhista e por acidente de trabalho. Estes casos constituem-se em novas formas de tutela dos interesses dos credores, sendo muito mais poderosos do que as próprias garantias reais e até do que os privilégios creditórios preferenciais. No Código Civil, essa modalidade está referida como sendo "a propriedade resolúvel de coisa móvel infungível que o devedor, com o escopo de garantia, transfere ao credor" (art. 1.361 do CC). O devedor é o "depositário" da coisa, podendo usá-la "a suas expensas e risco" (art. 1.363 do CC). Vencida a dívida e não paga, o credor não pode ficar com a coisa, é obrigado a vendê-la, mas a venda pode ser feita extrajudicialmente (art. 1.364 do CC); se o produto obtido não bastar para o pagamento da dívida e das despesas de cobrança, "continuará o devedor obrigado pelo restante" (art. 1.366 do CC).

---

garantia real." Reputamos equívoco na ementa, sendo corrigido na referência no texto. Referimos, ainda, um exemplo hipotético bem simples: imaginando duas execuções em curso, uma no juízo civil e outra no juízo trabalhista, com o valor de R$ 20.000,00, sendo que houve a penhora de um bem que tem uma hipoteca em favor do Banco "D" (garantidora de uma dívida de R$ 15.000,00). Pelas regras contidas no CPC, que devem ser utilizadas no processo do trabalho, o credor hipotecário foi intimado da penhora e da data da hasta pública (arts. 615, II, 619 e 698 do CPC). Houve o lanço de R$ 15.000,00. Na execução no juízo civil, o banco "D", que é terceiro ao processo, invoca a sua preferência e solicita a liberação dos valores em seu favor, o que é aceito pelo juiz, com fundamento no art. 711 do CPC. O arrematante recebe o bem expropriado livre da hipoteca, com fundamento no art. 1.499 do CC. No juízo trabalhista, o banco solicita o mesmo procedimento, ou seja, invoca a liberação dos valores em seu favor em face do direito real de garantia. O Juiz do Trabalho, com fundamento no art. 186 do CTN, rejeita a pretensão do banco, libera os valores para o reclamante (art. 711 do CPC) e expede carta de arrematação para transcrição, sem o gravame (art. 1.499 do CC). Se tal entendimento não prevalecer, ou seja, permanecer o gravame (garantia de R$ 15.000,00) no bem expropriado, qual seria o valor do lance? Imagina-se que seria bem próximo de R$ 5.000,00, ou seja, o valor do lance mais o valor do gravame, pois, se não existir o pagamento da dívida do executado com o banco "D", esse proporá ação de execução e poderá expropriar o bem (adjudicação, arrematação ou outra forma), pois o arrematante (do processo trabalhista) não tem o privilégio do trabalhador, não tendo a defesa do seu patrimônio (bem arrematado), em face do credor detentor de garantia real (banco "D"). Portanto, não extinguindo a hipoteca, estaríamos garantindo o direito do banco "D" e não, do trabalhador, não atendendo às regras que fundamentam o privilégio legal trabalhista (art. 186 do CTN e art. 711 do CPC).

(72) NORONHA, Fernando. *Direitos das obrigações*. São Paulo: Saraiva, 2006. p. 199 e seguintes.

A propriedade fiduciária não é verdadeira propriedade, ou, pelo menos, não é propriedade nos mesmos termos das demais formas reguladas pelo Código Civil, pois o proprietário fiduciário não tem "a faculdade de usar, gozar e dispor da coisa" (atributos dos proprietários — art. 1.228 do CC). Só poderá ser considerada propriedade como limitada — limitada pela finalidade que lhe é atribuída, pela função de garantia do cumprimento de uma obrigação. É por isso que o credor que dela seja beneficiado, em caso do inadimplemento do devedor, não pode fazer sua a coisa, deve vendê-la, para se pagar do crédito que tem.

Invocando Fernando Noronha, temos que a alienação fiduciária em garantia consiste na constituição de uma propriedade fiduciária sobre uma coisa, móvel ou imóvel, adquirida pelo devedor (o *fiduciante*) e financiada por instituição financeira (o *fiduciário*), por meio da qual esta passa a ser considerada como proprietária — "proprietária fiduciária". A Lei n. 9.514/97, que trata do Sistema de Financiamento Imobiliário, institui, também, a alienação fiduciária sobre coisa imóvel (art. 22), refere que a alienação fiduciária é o negócio jurídico pelo qual o devedor (fiduciante), com o escopo de garantia, contrata a transferência ao credor (fiduciário) da propriedade resolúvel de coisa imóvel. O instituto da alienação fiduciária foi criado pelo art. 66 da Lei n. 4.728/65, como operação de crédito ao consumidor, sendo objeto do Decreto-lei n. 911/69, que ainda hoje é o diploma fundamental a seu respeito, com as alterações introduzidas pela Lei n. 10.931/04.

Há, também, a hipótese da alienação fiduciária sobre as coisas móveis fungíveis e direitos sobre coisas móveis, bem como sobre os recebíveis, no âmbito do mercado financeiro e de capitais, com fundamento na Lei n. 4.728, de 17.7.1965, seção XIV, art. 66-B, com redação pela Lei n. 10.931, de 2.8.2004, art. 55.

A alienação fiduciária, como operação de financiamento, somente pode ser prestada por instituição financeira (bancos, sociedades de crédito, consórcios). Em se tratando de imóveis, refere-se a financiamento imobiliário. No caso de móveis, é o financiamento para compra de bem de consumo, automóvel ou outro (crédito ao consumidor): o consumidor (devedor fiduciário) compra a vista o bem, por causa do financiamento prestado pelo agente financeiro (credor fiduciário), mas transfere para este, a título de garantia, a "propriedade fiduciária" da própria coisa adquirida, embora esta fique em seu poder. A propriedade fiduciária é apenas uma ficção legal, mas eficaz aos credores, pois isentos do concurso de créditos privilegiados (*v. g.* trabalhistas e por acidente de trabalho), e, em caso de não pagamento da dívida, há possibilidade da apreensão do bem alienado fiduciariamente ("consolidar-se-ão a propriedade e a posse plena e exclusiva do bem no patrimônio do credor fiduciário" — art. 3º, § 1º, do Decreto-lei n. 911/69, na nova redação dada em 2004).

O devedor, na alienação fiduciária, fica com a posse da coisa (posse direta, enquanto o fiduciário se torna possuidor indireto) e pode ser equiparado a um fiel depositário, por isso poderá ser preso se não pagar a dívida e nem restituir a "coisa depositada" (art. 4º do Decreto-lei n. 911/69, nova redação de 2004), embora seja duvidosa a constitucionalidade dessa prisão pela jurisprudência recente do Supremo Tribunal Federal (Súmula Vinculante n. 25).

Feitas todas essas considerações, verificamos que o bem, alienado fiduciariamente, pertence ao credor fiduciário, tendo o adquirente (devedor — fiduciante) somente a posse do bem. Contudo, o devedor, no caso fiduciante, tem direito "às sobras", ou seja, mesmo no caso do bem ser-lhe retirado por inadimplência, o credor fiduciário terá de devolver os valores que não sejam utilizados para saldar a dívida contratada (art. 66, § 4º da Lei n. 4.728/65). Ademais, o devedor fiduciante tem a expectativa de futura reversão do bem alienado, em caso de pagamento da totalidade da dívida (há na legislação menção da propriedade resolúvel, o que significa que o implemento da condição resolutória determina a reversão da propriedade ao fiduciante de forma irreversível). Portanto, não poderá ser objeto de penhora o bem, posto que o adquirente não é o proprietário; mas há possibilidade da penhora sobre os direitos e ações decorrentes do contrato de alienação fiduciária. Essa posição é dominante na jurisprudência[73].

Caso sejam penhorados os direitos e as ações, há a necessidade da informação, por parte do agente fiduciário, do valor da dívida, pois esta deverá constar do edital (art. 686, V do CPC) e ser observada na avaliação do bem (objeto do contrato). Tem-se procedido no sentido de que, após a informação do agente fiduciário, ocorre a adequação da avaliação, pela consideração do montante da dívida. No caso da dívida ser superior à avaliação do bem alienado fiduciariamente, deve ser desconsiderada a penhora, pois provavelmente não haverá interessados em adquirir os direitos e as ações em valores maiores que a avaliação do próprio bem (objeto do contrato).

Não ocorrerá, como no caso dos direitos reais, a purgação da garantia (art. 1.499 do CC), sendo acompanhados do bem alienado os débitos existentes com o agente fiduciário. Em decisão, os Desembargadores do TRT da 3ª Região ressaltam que a "dívida fiduciária" acompanha o bem, onerando-o em caso de arrematação e adjudicação, respondendo o adquirente perante o credor fiduciário[74].

---

(73) STJ, REsp n. 260.880/RS, Rel. Min. Felix Fischer, REsp n. 795.635/PB, Rel. Min. Castro Meira. TRT 4ª Reg. Ac n. 904-2004-026-04-00-08 — AP, Rel. Des. Luiz Alberto Vargas, j. 26.3.07 e Ac. n. 1769-1999-231-04-00-1 — AP, Rel. Des. Ricardo Carvalho Fraga, j. 29.4.08. TRT da 9ª Reg. Ac. n. 23191/06, Rel. Des. Rosemarie Pimpão, DJPR 8.8.06.

(74) Ac. n. 1484-2001-017-03-00-9-AP, Rel. Des. Maristela Iris da Silva Malheiros. No mesmo sentido da transferência das obrigações com o bem — Ac. 441-2002-018-03-00-3 AP — Rel. Des. José Roberto Freire Pimenta.

Com relação ao *leasing*, que, entre nós, recebeu o nome legal de arrendamento mercantil, invocando, novamente, as lições de Fernando Noronha, referimos que se apresenta como um contrato que combina uma locação e uma compra e venda: contrato pelo qual o arrendador dá em locação ao arrendatário uma coisa que é adquirida por indicação desta, ficando o arrendatário com a opção, findo o prazo de locação, de adquirir a respectiva propriedade, mediante pagamento de um valor residual fixado no próprio contrato. Tal modalidade foi regulamentada pela Lei n. 6.099/74 (art. 1º, parágrafo único) como sendo "o negócio jurídico realizado entre pessoa jurídica, na qualidade de arrendadora, e pessoa física ou jurídica, na qualidade de arrendatária, e que tenha por objeto o arrendamento de bens adquiridos pela arrendadora, segundo especificações de arrendatária e para uso próprio desta".

As operações de arrendamento mercantil estão sujeitas ao controle do Banco Central do Brasil, segundo normas estabelecidas pelo Conselho Monetário Nacional (art. 7º), sendo que as operações de *leasing* só podem ser realizadas por sociedades de arrendamento mercantil e por certas instituições financeiras. O arrendamento mercantil, via de regra[75], é negócio mediante pagamento de um aluguel e que, em regra, tem, no final do prazo estabelecido, uma opção de compra. Essa operação aproxima-se de uma simples locação, com opção de compra no final do prazo, mas nem sequer é obrigatória a inclusão de tal cláusula.

O que se entende é que em se tratando de bem dado em arrendamento mercantil com cláusula residual, não há possibilidade de penhora e, portanto, de ser passível da expropriação. No entanto, não existindo valor residual garantido, haja vista que esse vem sendo quitado junto com as parcelas ou exigido antecipadamente, a modalidade aproxima-se da alienação fiduciária, sendo passíveis de penhora os direitos decorrentes do contrato[76]. Os Ministros do Superior Tribunal de Justiça editaram Súmulas a respeito[77].

Os Desembargadores do TRT da 3ª Região ressaltam a inviabilidade de penhora sobre bem objeto de contrato de arrendamento mercantil, referindo que esse contrato garante a posse direta ao arrendatário (devedor) e, ao arrendante, a posse indireta e propriedade da coisa[78].

---

(75) Há duas modalidades de arrendamento mercantil: o operacional e o financeiro. A primeira modalidade aproxima-se (similitude) com a locação e a segunda, com a alienação fiduciária (*v. g.* alienação fiduciária em garantia de imóveis — Lei n. 9.514/97 — e arrendamento residencial — Lei n. 10.188/01).

(76) Corrobora com tal entendimento Francisco Antonio de Oliveira (*Manual de penhora*: enfoques trabalhistas e jurisprudência. 2. ed. São Paulo: RT, 2005. p. 111-112).

(77) Súmula do STJ n. 263 — "A cobrança antecipada do valor residual (VRG) descaracteriza o contrato de arrendamento mercantil, transformando-o em compra e venda à prestação", que foi cancelada, sendo editada a Súmula n. 293: "A cobrança antecipada do valor residual garantido (VRG) não descaracteriza o contrato de arrendamento mercantil."

(78) Ac. n. 700-2003-036-03-00-9-AP, Rel. Des. Eduardo Augusto Lobato, DJMG 24.4.04.

6.3. MODALIDADES DA ARREMATAÇÃO

Hasta pública é o termo utilizado para a venda judicial de qualquer bem, seja móvel ou imóvel, pois é considerado gênero, do qual praça ou leilão são espécies. No contexto, hasta pública constitui sinônimo de pregão. Ensina Humberto Theodoro Júnior que a arrematação se faz em hasta pública, que consiste no pregão por meio do qual o agente do juízo (porteiro ou leiloeiro) anuncia, publicamente e em voz alta, os bens a serem alienados, convocando os interessados a fazerem seus lanços[79].

No processo do trabalho, por força do disposto no art. 888, § 1º da CLT, os bens serão vendidos pelo maior lance na praça. Não havendo licitantes, poderão os bens ser vendidos por leiloeiro nomeado pelo juiz. Constata-se que, no processo do trabalho, tanto bens imóveis quanto os móveis serão alienados mediante a praça ou leilão.

Por outra parte, praça, na sistemática do Código de Processo Civil, é o meio expropriativo utilizado para a venda de bens imóveis, enquanto o leilão é o método reservado para a alienação de bens móveis, consoante disposto nos arts. 686, IV e 704 do CPC. Em se tratando de arrematação de títulos negociáveis em bolsa, será realizada a alienação, obrigatoriamente, por intermédio de corretor credenciado. Esta é uma forma, também, da hasta pública.

No processo trabalhista, há previsão somente de uma licitação (art. 888 da CLT), o que não ocorre no processo civil, pois, em quaisquer das hipóteses, há previsão de duas: na primeira, somente se aceitarão lanços superiores ao valor da avaliação; na segunda, porém, a alienação far-se-á pelo maior lanço, salvo por preço vil (art. 686, V do CPC).

Antes das alterações do CPC, pela Lei n. 11.382/06, o juiz podia, em se tratando de imóveis, atribuir a sua venda a corretor de imóveis, caso em que se admitia negócio sem o pagamento imediato da totalidade do preço (art. 700, *caput* do CPC). Pela nova sistemática contida no CPC, a alienação dos bens poderá ocorrer por iniciativa particular (que será oportunamente analisada), pela hasta pública (art. 686), por meio da rede mundial de computadores (art. 689-A) ou por proposta escrita (art. 690).

6.4. PUBLICIDADE DA ARREMATAÇÃO

Sendo forma de expropriação a hasta pública, deverão ser conclamadas a comparecer todas as pessoas capazes para licitar, na data e no lugar da arrematação. O que se tem de ressaltar é que a publicidade é imprescindível para possibilitar a concorrência dos interessados na arrematação dos bens em

---

(79) *Curso de direito processual civil*. 6. ed. São Paulo: Forense, 1991. v. II, p. 956.

igualdade de condições, bem como a garantia do interesse de todos os envolvidos na execução. Como bem observa Araken de Assis[80], diversamente do que se passa na compra e venda, ao Estado não é dado escolher o adquirente. Considerando essa impossibilidade, impõe-se a oferta pública do bem penhorado, materializada na publicação de editais que o órgão judiciário ordena expedir (art. 888 da CLT e art. 686 do CPC), aceitando-se o maior lanço (art. 888, § 1º, da CLT e art. 686, VI do CPC).

O edital tem por finalidade anunciar, divulgar, tornar pública a alienação coativa e, ao mesmo tempo, abriga seu regulamento interno. Os requisitos do art. 686 do CPC (com exceção do contido no inciso VI e no § 3º), que são utilizados no processo trabalhista em face da inexistência de regra com tais preceitos na CLT, constituem-se no regramento da arrematação e modelam o futuro negócio. O descumprimento desses requisitos e a desconformidade entre o anunciado e o transmitido, no concernente às qualidades da coisa, geram a possibilidade da invalidade da hasta pública. A nulidade do ato expropriatório pode ser invocada pela parte, por terceiro interessado e pelo próprio julgador.

6.4.1. Requisitos do edital

A arrematação será precedida de edital, contendo os diversos comandos relacionados no art. 686, *caput* do CPC.

O art. 686, I do CPC, estabelece a necessidade da descrição do bem penhorado com suas características e, tratando-se de imóvel, a situação, as divisas e a transcrição aquisitiva ou a inscrição. Impõe-se, ainda, a indicação dos frutos.

O valor da avaliação deverá constar no edital, por força do contido no art. 686, II do CPC. A referência visa à indicação ao público do valor do bem que, no processo civil, será parâmetro para a aceitação do lanço, em se tratando de primeira tentativa da expropriação (art. 686, VI do CPC). Títulos, mercadorias e ações negociáveis em bolsa, cujo valor se modifica diariamente, requerem apenso o valor da última cotação anterior à expedição do edital, conforme o art. 686, § 1º, do CPC.

No processo trabalhista, há uma peculiaridade do edital, conforme previsto no art. 888, § 1º da CLT, que é a menção de que os bens anunciados, em que pese deva informar o valor da avaliação, serão arrematados pelo maior lanço.

Será indicado, ainda, o lugar onde estiverem os móveis, veículos e semoventes; e, sendo direito e ação, os autos do processo em que foram penhorados (art. 686, III do CPC). Diante de tal informação, poderá o pretendente examinar

---

(80) *Manual do processo de execução.* 11. ed. São Paulo: RT, 2007. p. 734.

os bens penhorados e o estado do processo em que ocorreu a penhora no rosto dos autos.

Outra informação indispensável é o dia, a hora e o lugar da arrematação, exigência contida no art. 686, IV do CPC e art. 888, § 1º da CLT. Conforme o disposto no § 2º do art. 686 do CPC, a praça deverá ser realizada no átrio do edifício do Fórum, e o leilão, onde estiverem os bens ou no lugar designado pelo juiz. No processo civil, o edital informará o dia e a hora da segunda licitação, designação que recairá entre dez e vinte dias seguintes aos da primeira, o que não ocorre no processo do trabalho.

Deverá constar do edital a menção da existência de ônus, recurso ou causa pendente sobre os bens a serem arrematados. Como já referido, na arrematação, acompanham a coisa os direitos reais de gozo, que o gravam, e, por tal motivo, o edital referirá a existência de tal ônus. Não há necessidade de conter no edital a referência a respeito dos direitos reais de garantia (uma vez intimados os detentores de tal direito, seu crédito se atenderá no preço) e da multiplicidade de penhoras (art. 613 do CPC).

Com relação aos recursos, deverá ser informado qualquer processo ou recurso prejudicial à validade dos atos executivos. Essas comunicações destinam-se ao arrematante e a ele assiste a pretensão de desfazer o negócio, mesmo após assinatura do auto (art. 694, § 1º, III do CPC).

6.4.2. Publicidade ordinária

A publicidade da hasta pública está discriminada nos arts. 888 da CLT e 687 do CPC. Na sistemática trabalhista, há referência da fixação do edital na sede do juízo ou Tribunal e publicado no jornal local, se houver, com antecedência mínima de 20 dias. A norma legal estabelece que o prazo de vinte dias é mínimo, não existindo qualquer nulidade quando for superior ao mesmo.

Na Lei de Execuções Fiscais (Lei n. 6.830/80), que deve ser adotada supletivamente no caso de omissão da legislação trabalhista (art. 889 da CLT), está prevista a possibilidade da publicação do edital resumidamente, uma só vez, no local de costume e no órgão oficial (art. 22). Também há a menção da faculdade da reunião num só texto de vários processos diferentes (art. 27).

Se o juiz entender em aplicar o contido no art. 98, §§ 1º e 2º, da Lei n. 8.212/91, subsidiariamente ao processo do trabalho, no sentido de permitir o pagamento parcelado do lance, deverá tal situação ser referida, obrigatoriamente, no edital.

No processo civil, há exigência da publicação de resumo de edital, com antecedência mínima de cinco dias, pelo menos uma vez em jornal de ampla circulação local (art. 687 do CPC). Também fixar-se-á cópia completa do edital no local de costume.

À vista dos elementos que compõem o edital, no resumo permitido dos arts. 22 e 27 da Lei n. 6.830/80, deverão constar o número do processo no juízo respectivo, o nome das partes, a indicação do endereço do imóvel, a caracterização sumária dos demais bens penhorados, o valor da avaliação dos mesmos e o dia e a hora em que será realizada a hasta pública, tudo em poucas palavras. Tal descrição é mais completa que o contido no parágrafo único do art. 27 da Lei n. 6.830/80, mas acreditamos que é o mínimo exigido na publicação. Ressalta-se, novamente, que o resumo é para a publicação e não para o edital, que deverá ser completo, segundo as exigências contidas nos dispositivos legais.

No processo civil, também poderão ser reunidas em uma lista as publicações referentes a mais de uma execução, a critério do juiz (art. 687, § 4º do CPC).

A referência do art. 687, § 1º do CPC não se aplica no processo do trabalho, pois ao credor não é determinado o adiantamento do pagamento das despesas relativas ao edital para este ser publicado. No processo civil, sendo o credor beneficiário da Justiça gratuita, o edital será publicado no órgão oficial, conforme o artigo citado. No processo do trabalho, as despesas com a publicação do edital são incluídas na conta que é exigida do executado.

Ressalta-se que, ainda que a hasta pública seja negativa, em várias oportunidades, não há possibilidade da inversão do ônus das despesas processuais ao exequente trabalhista. Para o exequente, não existe qualquer obrigação legal de arrematar ou adjudicar os bens penhorados. Portanto, não há como lhe imputar a responsabilidade das hastas públicas não resultarem positivas.

Os Desembargadores do Tribunal Regional do Trabalho da 9ª Região decidiram a respeito, referindo que o fato de a hasta pública resultar negativa por ausência de licitantes não tem o condão de inverter o ônus de pagamento dos respectivos para o exequente, haja vista a inexistência de ordenamento legal, obrigando o comparecimento da parte ao leilão, para qualquer fim. A arrematação, adjudicação ou remição são apenas faculdades e não, imposições proporcionadas pela lei[81].

Caso a arrematação venha a ser procedida por meio de leilão (art. 888, § 3º da CLT), o leiloeiro deverá publicar o edital, anunciando a alienação (art. 705 do CPC).

6.4.3. Publicidade extraordinária

De acordo com as circunstâncias dos bens levados à expropriação e as características das comarcas, poderão os juízes determinar forma diferenciada

---

(81) Ac. n. 15302-2001, Rel. Des. Roberto Dala Barba.

de publicidade do edital, com fundamento no art. 687, § 2º do CPC, inclusive recorrendo aos meios eletrônicos de divulgação. Assim, fica a critério do juiz, o que é salutar, a possibilidade de alterar a forma, a frequência da publicidade ordinária do edital, introduzindo alternativas à publicidade, mediante simples aviso e outras providências tendentes à mais ampla publicidade da alienação.

O anúncio do pregão divulgar-se-á mediante pronunciamento do órgão judiciário, em qualquer local favorável, onde despertar maior interesse. Araken de Assis refere a necessidade de as partes opinarem a respeito, haja vista os custos decorrentes, para tal procedimento[82]. Concorda-se com o doutrinador quanto à opinião de as partes, mas não está adstrito o julgador à vonta-de dos litigantes em tal circunstância. O que interessa é a expropriação mais rápida dos bens do devedor para o pagamento do credor, claro que sempre observada a advertência do art. 620 do CPC, pois não se justificam gastos desnecessários com a publicidade.

6.4.4. Dispensa de publicação

Na sistemática trabalhista, não há a possibilidade da dispensa da publicação do edital prevista para os bens que não excedam o valor de sessenta salários mínimos, situação referida no art. 686, § 3º do CPC, em face do exposto no art. 888 da CLT. Ademais, prevê o CPC nesses casos que a alienação não pode ser inferior ao valor da avaliação que, também, não é aceito na execução trabalhista, diante do art. 888, § 1º da CLT.

Ademais, a dispensa do edital no processo civil é sempre parcial, pois, no mínimo, fixar-se-á no local de costume (art. 687, *caput*, do CPC).

6.4.5. Intimações prévias

Com a publicação do edital, presume-se a intimação geral dos envolvidos com a alienação coativa, de forma ficta, coadjuvada, nada obstante, mediante prévias intimações pessoais, igualmente obrigatórias.

Ante a falta de previsão na CLT, Wagner Giglio[83] defende a desnecessidade da intimação do executado. Relata o autor que é incompatível com a celeridade do processo de execução trabalhista a intimação do executado para cientificá-lo do dia e da hora da realização da praça ou leilão, exigida pelo art. 687, § 5º do CPC, pois, devendo ser feita por mandado cumprido por

---

(82) *Manual do processo de execução*. 11. ed. São Paulo: RT, 2007. p. 742.
(83) *Direito processual do trabalho*. 12. ed. São Paulo: Saraiva, 2002. p. 555. No mesmo sentido, os Desembargadores do TRT da 1ª Reg. decidiram no AP n. 00060-93, Rel. Des. Roberto Amarante Davis, o que é acompanhado pelos Desembargadores do TRT 10ª Reg. (AP n. 1125/98).

Oficial de Justiça, a hasta pública seria frequentemente adiada, por exiguidade de tempo para cumprimento da diligência, diante da dificuldade de localização do executado, que teria interesse em criar obstáculos para o recebimento da intimação.

Contrariando a tese defendida, Manoel Antonio Teixeira Filho refere, invocando o art. 22 da Lei n. 6.830/80 e o art. 687, § 5º, do CPC, a necessidade da intimação pessoal do credor e do devedor[84].

Há que se apresentar uma análise mais detalhada do ponto em discussão. O objetivo do edital é dar a terceiros conhecimento, esses possíveis interessados em adquirir os bens levados à hasta pública e não, a ciência das partes. Importância prática dessa ciência, principalmente no caso de remir a execução, na forma do art. 13 da Lei n. 5.584/70, no prazo referido no art. 651 do CPC[85]. Assim, deve ser aplicada no processo trabalhista, em que pese omissa a CLT a respeito, a intimação das partes da data da hasta pública.

Com relação à formalidade dessa intimação, poderá ser feita na forma usualmente utilizada pela Justiça do Trabalho, na forma postal, podendo, inclusive, ser endereçada ao procurador da parte. Isso deve ser ressaltado que, após a alteração do CPC, a intimação deve ser endereçada ao procurador da parte, ou, na falta desse, diretamente ao executado, por mandado, carta registrada ou outro meio idôneo (art. 687, § 5º do CPC). Tal forma de intimação já era aceita pelos Ministros do STJ[86].

Os Desembargadores do Tribunal Regional do Trabalho (TRT) da 9ª Região, analisando a questão, entenderam que a intimação do devedor para que tome ciência do praceamento do bem, em sede de execução, é providência imposta legalmente por força do que dispõe o art. 687, § 5º, do CPC, sob pena de nulidade do ato. Entretanto, nada impede que seja feita por meio do advogado constituído, o qual representa a parte. Mencionam que é evidente que, em tal caso, não existe nenhum prejuízo e, consequentemente, nulidade. Resta claro que é até mais segura a intimação do advogado, conhecedor dos atos a serem praticados, do que a da parte[87].

Recaindo penhora sobre imóvel, o cônjuge há de ser intimado dessa (art. 655, § 2º do CPC), mas não da hasta pública, haja vista a inexistência de

---

(84) *Execução no processo do trabalho.* 9. ed. São Paulo: LTr, 2005. p. 535. No mesmo sentido, José Augusto Rodrigues Pinto em sua obra *Execução trabalhista.* 9. ed. São Paulo: LTr, 2002. p. 245.
(85) Decisão neste sentido do TRT da 4ª Reg., Ac. n. 674.007/86-7 AP, Rel. Des. Paulo José da Rocha.
(86) REsp n. 189165, Rel. Min. Francisco Peçanha Martins, DJ de 18.12.00, p. 176.
(87) Ac. n. 19786/01, Rel. Des. Nacif Alcure Neto e Ac. n. 15.817/94, Rel. Des. João Oreste Dalazen — DJPR de 2.9.94. No mesmo sentido, os Desembargadores do TRT da 2ª Reg. (Ac. n. 19990442137 AP, Rel. Des. Sérgio Pinto Martins) referem a validade da intimação da praça na pessoa da advogada, bem como os Desembargadores do TRT da 4ª Reg. (Ac. n. 44322.771/96-3 AP, Rel. Des. Carlos Cesar Cairoli Papaléo e Ac. n. 90278.303/95-1 AP, Rel. Des. Irmgard Catarina Ledur).

previsão[88]. Obrigatoriamente, deverão ser intimados o credor com garantia real, o senhorio direto e os credores com penhoras anteriores, na forma do art. 698 do CPC, sob pena da não produção de efeitos em relação aos mesmos (*v. g.* art. 1.501 do CC).

6.5. PROCEDIMENTO DA ARREMATAÇÃO

O procedimento da arrematação apresenta três etapas distintas, iniciando pelos atos preparatórios tendentes a anunciar a realização da praça ou leilão, bem como a ciência das partes e terceiros. A segunda etapa consiste no procedimento de licitação do bem penhorado. E a última, terceira etapa, decorre da assinatura do auto, com o que se torna perfeita, acabada e irretratável, na forma do art. 694 do CPC.

6.5.1. Forma da hasta

Pela praça ou leilão, os bens penhorados são oferecidos ao público presente na solenidade na forma individualizada ou em lotes, mediante a oferta de lanços sucessivos, de valores crescentes até não existir mais interessados em cobrir a oferta do outro.

Inicia-se a hasta com a oferta pelo servidor da Justiça, no caso da praça, ou pelo leiloeiro dos bens que serão objeto da arrematação. Denomina-se esse ato de pregão. Os bens são oferecidos aos possíveis arrematantes para que apresentem seus lanços, devendo-se repetir o valor do último apresentado, até que ninguém mais apresente valor superior ao anterior. Nesse caso, conclui-se o pregão com a oferta do maior lanço.

Moacyr Amaral Santos[89] bem explica o procedimento que deverá ser adotado: o porteiro ou o leiloeiro, em voz alta, anuncia coisa por coisa, por três vezes, a breves intervalos: é o *pregão*. Entre os pretendentes à aquisição da coisa apregoada, um deles, oralmente, oferece um preço, isto é, faz um *lanço*. O porteiro, ou o leiloeiro, repete o lanço por três vezes, a breves intervalos: "tenho tanto ...; quem dá mais?" Outro licitante poderá oferecer mais. O porteiro, ou o leiloeiro, repete o novo lanço, que inutiliza o primeiro, e o repete por três vezes. E assim seguem-se os lanços, o posterior eliminando o anterior, até que ninguém ofereça preço melhor. O bater do martelo do porteiro ou do leiloeiro dá a coisa como arrematada pelo maior lanço.

---

(88) APELAÇÃO CÍVEL — (...) "É desnecessária a intimação da mulher do devedor acerca da realização de praça, ainda que meeira do bem constrito, visto que o § 5º, do art. 687, do CPC cita, unicamente, a intimação pessoal da figura do devedor, não se referindo aos demais interessados ou ao seu cônjuge" (TJSC — AC n. 2001.004863-9 — Rel. Des. Alcides Aguiar — j. 27.10.05)

(89) *Primeiras linhas de direito processual civil.* 21. ed. São Paulo: Saraiva, v. 3, p. 339.

O juiz preside a arrematação; mas é dispensável a sua presença física no local da hasta. No entanto, incumbe a este, e a mais ninguém, a alteração da ordem de oferecimento de bens, o encerramento da hasta, a recusa do preço vil, a suspensão da solenidade pelo advento da noite e o reconhecimento da idoneidade do fiador apresentado pelo arrematante, como bem referido por Araken de Assis[90].

No processo civil a hasta pública pode ser realizada em duas etapas, sendo na primeira somente admitido o valor superior ao da avaliação para os lanços; e, na segunda, pelo maior valor, salvo se preço vil (arts. 686, VI, e 692, ambos do CPC). No processo trabalhista, não há menção da realização de duas licitações, sendo só uma, e os bens serão arrematados pelo maior lanço (art. 888, § 1º da CLT).

6.5.2. Proibição do preço vil

Os bens, no processo trabalhista, pelo disposto no art. 888, § 1º, da CLT, devem ser vendidos pelo maior lanço. Observa-se, pois, não existir qualquer referência ao preço vil, o que ocasionou a defesa por uma parte da doutrina[91] e da jurisprudência a referir a inexistência de tal situação no processo laboral.

Invocando a incidência supletiva do art. 692 do CPC, Manoel Antonio Teixeira Filho[92] revela que, quando o art. 888, § 1º, do texto trabalhista declara que os bens penhorados serão vendidos a quem oferecer *maior lanço*, não está, como se possa supor, vetando a possibilidade da norma do CPC. Refere que ambos os dispositivos legais se complementam, em absoluta harmonia. Dessa forma, os bens serão arrematados por quem oferecer o melhor preço, contanto que o lanço não seja *vil*.

Conclui Estêvão Mallet[93] que, mesmo existindo omissão no art. 888, § 1º da CLT, a arrematação não pode ser a qualquer oferta, independente do seu valor. Acrescenta o autor que a alusão a "maior lanço" não significa aceitação de qualquer lanço. Pelo contrário, nada indica que tenha o legislador, com essa omissão, desejado afastar a aplicação da regra subsidiária da regra do *caput*, do art. 692, do CPC, fundada em longa evolução, direcionada sempre a afastar do processo de execução atos de injustificada violência, como é, sem dúvida alguma, a alienação de qualquer bem a preço vil, manifesta e injustificadamente lesiva para o executado. Não se olvide que a execução perdeu, na atualidade, o caráter punitivo e espoliativo de que se revestia no passado.

---

(90) *Manual do processo de execução*. 11. ed. São Paulo: RT, 2007. p. 745.
(91) MARTINS, Sergio Pinto. Arrematação por preço vil no processo do trabalho. *Revista Trabalho e Processo*, São Paulo: Saraiva, n. 18, set. 1998 e na obra *Direito processual do trabalho*. 20. ed. São Paulo: Atlas, 2003.
(92) *Execução no processo do trabalho*. 9. ed. São Paulo: LTr, 2005. p. 538.
(93) *Temas de direito do trabalho*. São Paulo: LTr, 1998. p. 128.

No processo civil, em segunda licitação (art. 686, VI do CPC), alienar-se-á o bem penhorado pelo melhor lanço, ainda que inferior ao valor da avaliação. Em vista disso, a jurisprudência dos tribunais pátrios abriu o caminho, vetando o preço vil, que depois foi recepcionado no art. 692 do CPC.

Conforme ensina Araken de Assis[94], na qualidade de conceito jurídico indeterminado, inexiste critério econômico para a definição do que seja, afinal, preço vil. Cabe ao executado provar que, na data da hasta pública, a coisa penhorada valia bem mais do oferecido, não bastando o simples decurso de tempo desde a avaliação.

A expressão vil carrega um significado pejorativo, pois está relacionada com algo obtido por baixo preço, de pouco valor; baixo; reles; desprezível; infame, pessoa desprezível. Ponte de Miranda ressalta que vil será o preço amesquinhado, a tal ponto diminuído que sequer se aproxime do valor da coisa; preço pelo qual o homem comum de nenhum modo aliená-lo-ia, auferidas essas circunstâncias à luz da realidade e do lugar, pelo prudente arbítrio do juiz[95].

No sistema jurídico, encontramos o contido no art. 701, do CPC, adiando a alienação coativa de imóvel de incapaz pelo prazo de um ano, na hipótese de não alcançar em praça pelo menos 80% do valor da avaliação. Não se pode concluir, contudo, que todo o bem que receber lanço inferior a oitenta por cento represente preço vil, pois o lanço deve ser analisado no caso concreto, cabendo ao juiz utilizar a sua discricionariedade.

A legislação não fornece qualquer critério pelo qual se possa aferir se o lance ofertado é ou não vil. A questão deve ser tratada, considerando que a execução deve ocorrer da maneira menos gravosa ao devedor, art. 620 do CPC, aplicável subsidiariamente ao processo trabalhista, mas também o que está em jogo é a efetividade do processo, pois o que tem de ser ponderado é a satisfação do credor, como entrega (integral) da prestação jurisdicional do Estado.

Há que se sopesar, antes da análise sobre a defesa do executado, impossibilitando o seu aviltamento, a promessa que o Estado fez a todos os indivíduos — que é de prestar a tutela jurisdicional efetivamente.

Na Constituição Federal, foi assegurado aos cidadãos significativo conjunto de direitos e garantias fundamentais (art. 5º, CF). Tais direitos devem ser valorizados, respeitados e cumpridos, para que produzam seus efeitos, tendo aplicação imediata (art. 5º, § 1º, CF). Aos litigantes foram alcançados vários direitos fundamentais, dentre os quais encontra-se o direito à

---

(94) *Manual do processo de execução*. 11. ed. São Paulo: RT, 2007. p. 750.
(95) *Comentários ao Código de Processo Civil*. Rio de Janeiro: Forense, 2002. t. X, p. 292.

efetividade da jurisdição. O referido direito engloba o conjunto de direitos e garantias previstos na Constituição que leva o indivíduo, impedido de fazer justiça pelas próprias mãos, a provocar a atividade jurisdicional do Estado para a solução do conflito de interesses. O Estado deve garantir, na medida do possível, a utilidade da sentença, ou seja, em caso de alcançado o objeto do processo, ser esse efetivo e concretizável. Na tutela de direitos, a efetividade do processo representa um instrumento de realização de justiça.

O vocábulo "efetividade" provém do verbo latino *efficere*, que significa "produzir, realizar". Em se tratando do processo, efetividade[96] corresponde à aptidão de gerar ou produzir efeitos. O resultado do processo deve assegurar à parte vitoriosa o gozo da específica utilidade a que faz *jus* segundo o ordenamento. Este é um dos pontos referidos por Barbosa Moreira[97] quando trata da efetividade do processo que se adota e passa-se a analisar.

Não basta garantir a tutela jurídica, mas sim, assegurar aos litigantes o atendimento do fim precípuo do processo, que é a solução justa da lide. A justa composição da lide, no caso do credor trabalhista, além do reconhecimento do direito é o seu pagamento. O processo do trabalho privilegia a celeridade, afastando-se de rigorismos formais, com a busca dos resultados aos reclamantes, dada a natureza alimentar do salário. Quando se analisa a efetividade do processo trabalhista, não se pode afastar o objetivo da produção dos resultados práticos no mundo real, ou seja, a satisfação dos direitos dos trabalhadores.

Um dos principais objetivos do Estado de Direito é oferecer um "processo de resultado", ou seja, um processo que disponha de instrumentos adequados à tutela de todos os direitos, com o objetivo de assegurar-se praticamente a utilidade das decisões[98].

A execução tem por finalidade conseguir, por meio do processo e sem concurso da vontade do obrigado, o resultado prático a que tendia a regra jurídica que não foi obedecida. A falta de pagamento garante ao credor o constrangimento do devedor, por intermédio do Estado, por via do Poder Judiciário.

No processo trabalhista, aplicam-se os princípios da limitação expropriatória, da utilidade e da não prejudicialidade.

---

(96) Ver MARINONI, Luiz Guilherme. *Efetividade do processo e tutela de urgência*. Porto Alegre: Sergio Fabris, 1994. ARAGÃO, E. D. Monis de. Efetividade do processo de execução. In: ASSIS, Araken (org.). *O processo de execução*: estudo em homenagem ao professor Alcides de Mendonça Lima. Porto Alegre: Sergio Fabris, 1995. TUCCI, José Rogério Cruz. *Tempo e processo*. São Paulo: RT, 1998.
(97) MOREIRA, José Carlos Barbosa. Notas sobre o problema da "efetividade" do processo. *Revista da Ajuris*, Porto Alegre, v. 29, ano X, p. 77-94, nov. 1983.
(98) GRINOVER, Ada Pellegrini. Tutela jurisdicional nas obrigações de fazer e não fazer. *Revista LTr*, São Paulo, ago. 1995.

O princípio da limitação expropriatória, por sua vez, conduz à conclusão de que a execução não pode servir de pretexto a uma alienação total do patrimônio do devedor, quando uma parte já baste para a satisfação do direito do credor (art. 659 do CPC). Já o princípio da utilidade para o credor impede que ele faça uso das vias executórias apenas para acarretar danos ao devedor, sem que, todavia, o patrimônio deste tenha condições de responder pela dívida (art. 659, § 2º do CPC). Nessa situação, deverá o Juiz suspender a execução, conforme o art. 40 da Lei n. 6.830/80, não correndo prazo de prescrição, que será prosseguida quando forem localizados bens do devedor capazes de permitir a satisfação do débito.

O princípio da não prejudicialidade do devedor está previsto no art. 620 do CPC, que estabelece que, mesmo o devedor estando em situação de sujeição, não pode o credor tripudiá-lo, devendo ser realizada a execução da forma menos gravosa. Como já referido anteriormente, esse princípio merece atenção especial quando se tratar de execução trabalhista[99]. Os princípios que preveem proteção ao executado, como o presente, decorrem da suposição do legislador de que o credor está em situação econômica melhor em relação ao devedor, devendo o Estado prestar a tutela jurisdicional executiva na forma menos onerosa a esse, com as devidas cautelas para não mais prejudicar a quem já não pode saldar suas dívidas espontaneamente. Tal realidade não é a regra geral da execução trabalhista, pelo contrário. O trabalhador, exequente, na maioria das vezes, está em situação muito pior que o devedor, não justificando adotar o princípio analisado como uma regra geral, ainda mais, considerando a natureza do crédito trabalhista, eminentemente alimentar[100]. Assim,

---

(99) Teori Albino Zavascki (*Processo de execução* — parte geral. 3. ed. São Paulo: RT, 2004. p. 112-113), invocando os ensinamentos de Humberto Theodoro Júnior, Ulderico Pires dos Santos, Araken de Assis e Cândido Dinamarco, ressalta que o contido no art. 620 é mais um dispositivo a representar a linha humanizadora do atual sistema de execução, tratando-se de regra de sobredireito, cuja função não é disciplinar situação concreta e sim a de orientar a aplicação das demais normas do processo de execução. Ressalta, ainda, que a riqueza do art. 620 do CPC reside, justamente, em consagrar um princípio de direito, que se caracteriza como tal, distinguindo-se de uma regra normativa comum, pelo modo de atuar: enquanto a regra atua sobre a específica situação concreta nela descrita, o princípio ocupa todos os espaços possíveis em que não encontrar oposição de ordem jurídica ou material. A amplitude descrita pelo doutrinador não encontra guarida quando se tratar do processo do trabalho. A subsistência deve sempre prevalecer em face do patrimônio do executado. Claro que, na situação da existência de vários bens do devedor, deverá ser observada a regra — menos prejudicial — a esse, mas nunca deverá ser empecilho à satisfação da obrigação em favor do trabalhador.

(100) Aproveitando da lição de Mauricio Godinho Delgado (*Curso de direito do trabalho*. São Paulo: LTr, 2002. p. 684) referimos que "o caráter alimentar deriva do papel socioeconômico que a parcela cumpre, sob a ótica do trabalhador. O salário atende, regra geral, a um universo de necessidades pessoais e essenciais do indivíduo e de sua família.
A ordem jurídica não distingue entre níveis de valor salarial para caracterizar a verba como de natureza alimentícia. A configuração hoje deferida à figura é unitária, não importando, assim, o fato de ser (ou não), na prática, efetivamente dirigida, em sua totalidade ou fração mais relevante, às necessidades estritamente pessoais do trabalhador".

quando existir choque entre a defesa dos interesses do exequente, natureza alimentar (crédito de sobrevivência), e a menor onerosidade do devedor, natureza patrimonial, deve sempre prevalecer o primeiro. Dessa forma, situações de penhora de pequenos valores ou até mesmo de aceitação de lances inferiores ao valor da avaliação, o que está estabelecido no art. 888, § 1º da CLT, devem ser sopesadas em relação à necessidade de garantir ao juridicamente mais vulnerável, no caso o trabalhador-exequente, a defesa de seus direitos e a satisfação do crédito de natureza alimentar. Utilizamos, ainda, os argumentos apresentados por Carlos Henrique Bezerra Leite[101] que, analisando a aplicação do art. 620 do CPC no processo do trabalho, ressalta: "essa norma contém um substrato ético inspirado nos princípios da justiça e da equidade. Todavia, é preciso levar em conta que, no processo do trabalho, é o credor — empregado — que normalmente se vê em situação humilhante, vexatória, desempregado e, não raro, faminto. Afinal, o processo civil foi modelado para regular relações civis entre pessoas presumivelmente iguais. Já o processo do trabalho deve amoldar-se à realidade social em que incide e, nesse contexto, podemos inverter a regra do art. 620 do CPC para construir uma nova base própria e específica do processo laboral: *a execução deve ser processada de maneira menos gravosa ao credor.*"

O intérprete, no caso concreto, deve decidir, analisando a efetividade do processo, assegurado constitucionalmente, com os princípios previstos na legislação ordinária, referidos anteriormente.

Como já foi exposto, é importante o alerta de Juarez Freitas, pois, ao interpretar qualquer norma ou comando principiológico, o exegeta deve auscultar os fins para os quais se encontra erigida na atualidade. O qualificado intérprete sistemático é aquele que nunca decide contrariamente ao Direito, nem *contra legem*, mas somente emite juízos a favor dos seus mais altos princípios, de suas normas e de seus valores considerados em conjunto. Realizar, pois, uma interpretação sistemática, nos moldes propostos, não é poder tudo. É poder à luz do Direito, sem apreço desvirtuado de matizes personalistas[102].

Para Guido Alpa, princípios são enunciados amplos que conduzem à solução de problemas e orientam comportamentos, revelados em esquemas abstratos por meio de um procedimento que reduz a unidade aos múltiplos

---

(101) LEITE, Carlos Henrique Bezerra. *Curso de direito processual do trabalho.* 3. ed. São Paulo: LTr, 2005. p. 689.
(102) FREITAS, Juarez. *Interpretação sistemática do direito.* 2. ed. São Paulo: Malheiros, 1998. p. 21. Define o autor a interpretação sistemática "como uma operação que consiste em atribuir a melhor significação, dentre as várias possíveis, aos princípios, às normas e aos valores jurídicos, hierarquizando-os num todo aberto, fixando-lhes o alcance e superando antinomias, a partir da conformação teleológica, tendo em vista solucionar casos concretos" (p. 60).

suportes fáticos oferecidos pela vida real[103]. Nesses termos, os princípios seriam guias utilizados pelo operador jurídico para atuar, porquanto serviriam não só para ajudar o intérprete na formação da solução correta a ser aplicada a um determinado caso, como serviria, de igual modo, para integrar lacunas[104].

Em face da omissão na CLT, portanto, deve sempre o julgador considerar o caso concreto, a situação do processo, do exequente e do executado, para julgar pelos critérios de justiça e razoabilidade. Ao juiz incumbe, levando em consideração a efetividade do processo e a impossibilidade do aviltamento do devedor, ou seja, interesses das partes, apresentar a solução mais justa possível, atendendo aos fins sociais e às exigências do bem comum, pois outro parâmetro não há. Invoca-se, pois, o art. 5º da Lei de Introdução ao Código Civil — *na aplicação da lei, o juiz atenderá aos fins sociais a que ela se dirige e às exigências do bem comum*. Dessa forma, deve o magistrado sopesar em sua análise o período do processo, aguardando a solução do litígio, a possibilidade (facilidade) de comercialização do bem penhorado, as atitudes do demandado na execução (muitas vezes protelatórias), além de outros fatores que indicarão sobre os critérios de decisão justa sobre a existência de preço vil, ou seja, o aviltamento do devedor ou não.

Em decisão no Superior Tribunal de Justiça[105], referem os Ministros que, dada a inexistência de critérios objetivos na conceituação do preço vil, repudiado pelo nosso Direito para que não haja locupletamento do arrematante à causa do devedor, certo é que o mesmo fica na dependência, para a sua caracterização, de circunstâncias do caso concreto, no qual peculiaridades podem permitir uma venda até mesmo inferior à metade do valor em que foram avaliados os bens.

Os Desembargadores do Tribunal Regional do Trabalho (TRT) da 2ª Região, analisando a matéria, ressaltam que a conceituação do que seja preço vil deve ser buscada dentro da realidade em que se insere. O crédito trabalhista tem por finalidade alimentar (art. 100, CF) e é dotado de superprivilégio (art. 186, CTN). A parte tem a seu dispor os favores legais expressos nos arts. 668 e 651 do CPC. Dessa forma, não se pode qualificar de preço vil o valor alcançado na arrematação que representa o percentual de 60% do valor da avaliação[106].

A respeito do assunto, os Desembargadores do TRT da 4ª Região mencionam que, em razão da ausência, na legislação, de qualquer critério

---

(103) *Apud* MEDINA, José Miguel Garcia. *Execução civil* — princípios fundamentais. São Paulo: Revista dos Tribunais, 2002. p. 26.
(104) *Ibidem*, p. 26.
(105) REsp n. 166.789, Rel. Min. Sálvio de Figueiredo Teixeira, DJ de 21.9.98, p. 198. Refere-se outra decisão do mesmo relator — REsp n. 100.706.
(106) AP n. 19990602290, Rel. Des. Francisco Antonio de Oliveira.

para se aferir se o lance ofertado é ou não vil, a questão deve ser tratada à luz dos princípios da razoabilidade, e a execução deve ocorrer da maneira menos gravosa ao devedor. Se o bem já havia sido levado a leilão sem que houvesse interessados, não se tem por vil a arrematação por valor superior a um terço do valor da avaliação, mormente considerando-se que os executados não ofereceram qualquer outro bem à penhora. Por outro lado, a perda de valor do bem penhorado, em face da depreciação — porquanto se trate de veículo automotor —, sobrepõe-se ao acréscimo decorrente de atualização monetária do valor da avaliação, se efetivada[107]. Em face do art. 651 do CPC, a devedora pode requerer a remição da dívida e impedir que os bens penhorados sejam arrematados por menor preço. Não o tendo feito, sujeitou-se a correr o risco de aceitar a venda pelo valor da arrematação, como se sucedeu na espécie[108]. Perfeito o entendimento referido pelos Desembargadores do TRT da 4ª Região, no sentido de que não há como comparar o valor obtido em leilão judicial com o valor da avaliação ou suposto preço que alcançaria o bem em venda direta, mesmo porque este não sofre as contingências de um leilão judicial, seja pela relativa insegurança do adquirente quanto a receber o bem licitado, seja pelo tempo que demora até o referido bem ser definitivamente entregue ao licitante[109].

No sentido da inexistência do preço vil na execução trabalhista, referimos decisão dos Desembargadores do TRT da 3ª Região que fundamentam que, havendo norma processual-trabalhista expressa, não se há de falar em aplicação subsidiária do Código de Processo Civil. Em se tratando da figura processual do lanço vil, a redação dos §§ 1º e 3º, do art. 888, da CLT, permite--nos concluir por sua inaplicabilidade na Justiça do Trabalho, pois a arrematação far-se-á em dia, hora e lugar anunciado, e os bens serão vendidos pelo maior lance, tendo o exequente preferência para a adjudicação[110].

6.5.3. Ordem de arrematação

O agente da praça ou leilão oferecerá os bens na ordem do art. 655 do CPC, quer dizer, na ordem de nomeação e na que decorre do auto de penhora.

Tal ordem, contudo, pode ser alterada pelo juiz, no interesse da execução, pois o último bem da lista pode ser lançado em benefício do executado e nenhum detrimento para o exequente. Faz um alerta Pontes de Miranda de que a alteração tem de ser feita antes da publicação, porque esta guia o público,

---

(107) Ac. n. 0407.641/96-3 AP, Rel. Des. Tânia Maciel de Souza.
(108) Ac. n. 45808.903/96-3 AP, Rel. Des. Teresinha M. D. S. Correa.
(109) Ac. n. 801-2002-010-04-00-0 AP, Rel. Des. Luiz Alberto de Vargas, j. 2.5.08.
(110) AP n. 1.882/02, Rel. Des. Antônio Álvares da Silva, DJMG de 7.6.02, p. 12.

evitando de perder seu tempo em assistir a todos os apregoamentos. Menciona, ainda, que a alteração da ordem após a publicação causaria nulidade[111].

6.5.4. Condições do remate

Na sistemática trabalhista, estabelece o art. 888 da CLT que a arrematação será com dinheiro a vista, condição esta também prevista no *caput* do art. 690 do CPC, que também refere a possibilidade do prazo de quinze dias, dependendo, nesta hipótese, de caução idônea.

O arrematante deverá garantir o lanço com sinal de no mínimo 20% do seu valor (art. 888, § 2º da CLT) e pagar o restante no prazo de 24 (vinte e quatro) horas (art. 888, § 4º da CLT) sob pena de perder o sinal em benefício da execução, voltando os bens à hasta pública.

Exceção à regra, quanto ao pagamento do preço, pode ocorrer, na hipótese do art. 690, § 1º do CPC, tratando-se de imóvel, admitindo o parcelamento do preço, se algum interessado formular proposta escrita, com oferta de no mínimo 30% a vista.

Após a abertura da licitação, é vedado estipular outras condições de pagamento para determinado pretendente, pois haveria a quebra de isonomia, essencial à arrematação.

No processo trabalhista, frustrada a hasta pública pela ausência de pretendentes ou de proposta válida, admite-se a alienação por iniciativa particular (art. 685-C do CPC).

Ressaltamos, ao final, que o juiz do trabalho deve aplicar o contido no art. 98 da Lei n. 8.212/91, subsidiariamente ao processo do trabalho, para dar celeridade e eficácia ao processo de execução.

O art. 98 da Lei n. 8.212/91 estabelece (§ 1º) que o juiz poderá autorizar o parcelamento do valor do lance, sendo que essa circunstância deverá conter do edital (§ 2º). O arrematante depositará, no ato, o valor da primeira parcela (§ 4º). A carta de arrematação mencionará o valor da arrematação, valor e número de parcelas mensais em que será pago, e constituirá a hipoteca do bem adquirido, ou o penhor, em favor do credor, servindo a carta de título hábil para registro da garantia e a indicação do arrematante como fiel depositário do bem móvel, bem como especificará os critérios de reajustamento do saldo e das parcelas (§ 5º). Entendemos, também, a adoção do critério estabelecido no § 6º do mesmo artigo, no sentido de que o não pagamento pelo arrematante da parcela acarretará no vencimento antecipado das demais,

---

(111) *Comentários ao Código de Processo Civil*. Rio de Janeiro: Forense, t. X. p. 290.

com o acréscimo de 50% (cinquenta por cento) de seu valor a título de multa. Ressaltamos que essa multa não se contrapõe à contida no art. 888 da CLT (§ 2º), pois a prevista na CLT está é para a sistemática — sinal de 20% (vinte por cento) e o restante em 24 horas — e, a do art. 98 da Lei n. 8.212/91, para o pagamento parcelado do lance.

6.5.5. Legitimidade para arrematar

Na CLT, não há qualquer referência a respeito das pessoas que podem participar da hasta pública, sendo utilizadas as previsões do CPC e do Código Civil. Conforme previsão do art. 690-A do CPC, legitima-se a arrematar toda a pessoa que estiver na livre administração de seus bens.

Os incapazes não se encontram na livre administração de seus bens, o que também ocorre com o insolvente (art. 752 do CPC) e o falido (arts. 75 e 108 da Lei n. 11.101/05). Admite-se, contudo, o incapaz devidamente assistido ou representado, bem como a figura do licitante mediante mandatário, com poderes especiais e por escrito, devendo explicitar a identidade do arrematante.

Há algumas restrições à legitimidade geral, conforme o art. 690-A, I, II e III do CPC e art. 497 do Código Civil, estando vedado o acesso ao certame dos tutores, curadores, testamenteiros, administradores, síndicos ou liquidantes, quanto aos bens confiados a sua guarda e responsabilidade (art. 690-A, I do CPC e art. 497, I do Código Civil); servidores públicos, em geral, dos bens e direito de pessoas jurídicas a que servirem, ou que estejam sob sua administração direta ou indireta (art. 497, II do Código Civil); mandatários, quanto aos bens, de cuja administração ou alienação estejam encarregados (art. 690-A, II do CPC); bem como, ao juiz, membros do Ministério Público e da Defensoria Pública, escrivão e demais servidores e auxiliares da Justiça (art. 690-A, III do CPC e art. 497, III do Código Civil), incluindo os cônjuges casados em regime de comunhão de bens; leiloeiros ou preposto dos bens de cuja venda estejam encarregados (art. 497, IV do Código Civil).

O arrematante e o fiador remissos encontram-se proibidos de lançar na hasta pública (art. 695 do CPC).

6.5.5.1. *Arrematação pelo credor*

A matéria a respeito da possibilidade da arrematação pelo credor é de grande importância, tendo contornos distintos no processo civil e no processo do trabalho. Inicialmente, apresenta-se a análise sob a ótica do processo civil.

No processo civil, não há qualquer impedimento para o credor participar da arrematação, competindo com os outros pretendentes. Refere o art. 690-A, parágrafo único do CPC, que o credor que arrematar os bens não está obrigado a exibir o preço; mas, se o valor dos bens exceder o seu crédito, depositará, dentro de três dias, a diferença, sob pena de desfazer a arrematação. Desfeita a arrematação pelo inadimplemento do credor-arrematante, os bens serão levados à praça ou a leilão às suas custas.

Com relação à exibição do preço, há algumas ponderações que devem ser consideradas, pois, havendo sobre os bens levados à hasta penhora anterior à do exequente (art. 613 do CPC), deverá o credor-arrematante depositar a totalidade do preço, ou pelo menos o valor do crédito exigido pelo outro credor (que tem penhora anterior ou preferência). Em tais hipóteses, o produto dos bens alienados (art. 709 do CPC) será distribuído de acordo com o disposto no art. 711 do CPC. Mesma hipótese deve ser observada pelo credor arrematante na existência de hipoteca ou outro gravame real, pois esse credor tem preferência.

Muito bem explica Humberto Theodoro Júnior, referindo que a dispensa do depósito do valor do lanço pressupõe que a execução seja feita apenas no interesse do credor e que não haja excesso de valor do bem sobre o crédito, nem privilégios de terceiros. Conclui, o doutrinador, que terá de depositar o preço, ou a diferença, quando: a) o valor da arrematação superar seu crédito (art. 690, § 2º); b) houver prelação de estranhos sobre os bens arrematados (art. 709, II); e c) a execução for contra devedor insolvente (arts. 748 e seguintes)[112].

A sistemática trabalhista é, em parte, diferenciada da processual civil. No art. 888 da CLT, que trata da arrematação, não há qualquer menção da possibilidade de o credor trabalhista arrematar o bem em hasta pública. A única menção está relacionada com a adjudicação. O CPC de 1939 não fazia, também, menção sobre a possibilidade de o credor ser o arrematante (arts. 963 a 980), pois previa a possibilidade de o credor adjudicar o bem mesmo com licitante. As disposições da Lei n. 6.830/80, que devem ser utilizadas supletivamente na execução trabalhista, não dispõem a respeito. O que nos resta é a análise da aplicação ou não do art. 690-A, parágrafo único do CPC à execução trabalhista.

Inicialmente, ressalta-se que a apresentação do lanço pelo credor favorece o executado, pois, nas mesmas condições de terceiros, podem alcançar valores superiores aos demais e extinguir a obrigação do devedor.

A possibilidade de o credor proceder à arrematação de bens levados à hasta pública parece pacificada na doutrina[113]. Contudo, na sistemática

---
(112) *Processo de execução.* São Paulo: Eud, 1989. p. 304/305.
(113) Manoel Antonio Teixeira Filho (*Execução no processo do trabalho.* 9. ed. São Paulo: LTr, 2005. p. 538), Francisco Antonio de Oliveira (*A execução na Justiça do Trabalho.* 6. ed. São Paulo: RT, 2007. p. 316)

trabalhista, em que não havendo licitante cabe ao credor adjudicar (art. 888, § 3º da CLT), não será lícito ao credor trabalhista oferecer lanço inferior ao valor da avaliação, aplicando analogicamente o previsto no art. 24, II, *a* da Lei n. 6.830/80. Ressaltamos que a hipótese é de não existir outro licitante. Existindo outro licitante, prevalece o maior lance, mesmo que inferior à avaliação.

Há julgados que corroboram tal entendimento, no sentido de que não há nenhum impedimento legal de o credor concorrer como os demais licitantes na arrematação dos bens levados à hasta pública, podendo adjudicá-los pelo valor do maior lance, se houver, ou pelo preço da avaliação em não os havendo[114].

Assim, conclui-se que ao credor é facultado participar do leilão em igualdade de condições com os demais licitantes e, sendo seu o maior lance e não caracterizado como vil, deve-lhe ser deferida a arrematação do bem penhorado, ainda que garanta ele a execução em outros processos, quando os demais credores restam inertes. Claro que, como ressaltado anteriormente, na sistemática aplicada ao processo civil, deverá ser observada a ordem das penhoras para saber se o credor deve ou não depositar o valor do lance (art. 690-A, parágrafo único e art. 709, I e II, ambos do CPC).

No caso de hipoteca ou outro gravame real, há diferenciação em relação à execução no processo civil, haja vista a preferência do crédito trabalhista em relação a esses (art. 186 do CTN), o que faz desnecessária a exibição dos valores pelo arrematante (credor trabalhista), salvo a parte que exceder o seu crédito (690-A, parágrafo único do CPC).

Pode ocorrer, também, que vários credores se consorciem e, em grupo, apresentem lanço na hasta pública. Tal situação foi analisada no TRT da 3ª Região, em que os Desembargadores decidiram que os credores de devedor comum, cujos créditos estejam garantidos pelo mesmo bem, podem formar um consórcio para arrematá-lo em conjunto. O ordenamento jurídico não veda essa hipótese, mais econômica, por concentrar, perante o juízo prevento, que primeiro ultimou a penhora, vários atos de expropriação forçada em um só[115].

6.5.5.2. Arrematação pelo credor detentor de garantia real

Dúvidas podem surgir quando o juiz do trabalho requer a reserva de valores em execução que tramita no juízo civil e o credor, detentor de garantia real, pretender arrematar o bem penhorado, que possui gravame, pelo seu crédito.

---

e José Augusto Rodrigues Pinto (*Execução trabalhista*. 10. ed. São Paulo: LTr, 2004. p. 274). Isis de Almeida discorda (*Manual de direito processual do trabalho*. 6. ed. São Paulo: LTr, 1994. v. II, p. 483).
(114) TRT da 12ª Reg. AG-PET n. 9940/2000, Rel. Des. Gerson Paulo Taboada Conrado.
(115) AP n. 4628/01 (AP/0236/01), Rel. Des. Fernando Antônio de Menezes Lopes, DJMG de 12.9.01, p. 18.

Como já referido, a garantia real não pode ser igualada ao privilégio trabalhista. A garantia real e o privilégio, em que pese serem espécies do mesmo gênero — preferências — não se confundem, pois, na garantia real, o crédito é satisfeito anteriormente em razão da existência do vínculo a um bem que o garante, sendo que os privilégios são preferências reconhecidas na lei, atribuídas a certos créditos, sobre a totalidade do patrimônio do devedor. A garantia nasce de uma convenção entre as partes e o privilégio, por sua vez, tem origem na lei. Não existe uma vinculação direta e imediata em relação a determinado bem, mas sim, à totalidade dos bens do devedor. O credor privilegiado não tem direito imediato e absoluto sobre bens do devedor, mas sim, potencial, ou seja, é um atributo que atua no caso de concurso de credores, fazendo este prevalecer sobre os demais credores. Ademais, o privilégio não pode ser criado, modificado e nem limitado por iniciativa das partes.

O trabalhador tem crédito privilegiado previsto na lei. Portanto, quando existe execução singular proposta perante o juízo civil, mesmo que pelo credor com garantia real, este não pode arrematar o bem pelo valor de seus créditos na ocorrência de pedido de reserva do juízo trabalhista, mas somente depositando os valores do lanço (art. 711 do CPC). A conclusão é simples e adotada sem qualquer resistência quando o credor, sem preferência, pretendendo arrematar o bem pelo seu crédito, é impossibilitado na existência do credor preferencial (*v. g.* credor hipotecário — art. 1.422 do CC)[116]. Em decisão, os Ministros do Superior Tribunal de Justiça referem que, na linha da jurisprudência desta Corte, a preferência do credor hipotecário independe de sua iniciativa na execução ou na penhora. A arrematação de imóvel gravado de hipoteca garante ao credor hipotecário a preferência no recebimento de seu crédito em relação ao exequente[117]. No mesmo sentido, deve ser aplicada ao credor trabalhista, superprivilegiado em relação aos demais[118].

---

(116) Araken de Assis (*Manual da execução*. 11. ed. São Paulo: RT, 2007. p. 781-782) refere que o credor que não executou o devedor comum e nem penhorou o mesmo bem dos demais não participa do concurso particular. Com relação aos credores com direitos reais de garantia, ressalta que se habilitam independentemente do ajuizamento da execução própria. Não pode ser aceito tal entendimento, pois estaria sendo resguardado o direito do detentor de garantia real e não do credor privilegiado (art. 186 do CTN e art. 1.422, parágrafo único do CC). Outro equívoco do respeitado doutrinador é o fato de invocar a nova Lei de Falência, que dispõe sobre a limitação da preferência trabalhista (o que se entende inconstitucional). A previsão do art. 83 da Lei n. 11.101/05 somente aplica-se na falência, nem mesmo na recuperação judicial pode ser utilizada, pois a regra geral é a do art. 186 do CTN. Só na falência cabe invocar a disposição do art. 83 da referida lei e não em outras situações para justificar a relativização dos direitos dos credores privilegiados.
(117) REsp n. 162.464/SP, Rel. Min. Sálvio de Figueiredo Teixeira, DJ de 11.6.01, p. 223.
(118) Mesmo após a alteração do art. 186 do Código Tributário Nacional pela Lei Complementar n. 118, de 9.2.05, foi mantida a supremacia do crédito trabalhista em relação aos demais, mesmo no caso de falência. (para aprofundar SOUZA, Marcelo Papaléo de. *A lei de recuperação e falência e as suas consequências no direito e no processo do trabalho*. 3. ed. São Paulo: LTr, 2009).

Claro que a análise de tal procedimento deve ser realizada perante o juiz civil e não trabalhista, que não pode interferir na execução proposta perante outro juízo, mas somente enviar a solicitação da reserva de créditos.

Quando a execução do bem gravado ocorrer na Justiça do Trabalho, também não é aceito o lanço do credor hipotecário pelo seu crédito, pelos mesmos argumentos anteriormente referidos, salvo se depositar em dinheiro o crédito trabalhista exigido.

Registra-se decisão no Superior Tribunal de Justiça que, analisando o concurso de credores, relatam os Ministros que a dispensa da exibição do preço, nos termos do art. 690, § 2º, só se dará quando a execução se fizer no interesse exclusivo do credor. Havendo pluralidade de penhoras sobre o mesmo bem e primazia do crédito tributário ao credor hipotecário que quiser arrematar o bem constrito judicialmente, impõe-se o ônus de depositar em dinheiro o preço lançado e não oferecer como pagamento parte dos seus créditos, sob pena de, por via oblíqua, frustrar a preferência de que goza o crédito tributário[119]. A situação aplica-se também ao credor trabalhista que possui privilégio superior ao tributário e ao hipotecário.

Os Desembargadores do TRT da 9ª Região, analisando a matéria, ressaltam que se extingue a hipoteca com a arrematação ou adjudicação, não subsistindo, portanto, ao credor hipotecário o direito de sequela sobre o bem alienado judicialmente, desde que tenha sido regularmente intimado para acompanhar a execução promovida por outro credor (arts. 615, II, 619 e 698 do CPC). O dinheiro (art. 690 do CPC) arrecadado será distribuído e entregue aos credores de acordo com seus títulos legais de preferência e, posteriormente, na ordem das prelações (art. 711 do CPC)[120].

6.5.6. Interrupção da arrematação

No momento em que o produto da alienação dos bens bastar para o pagamento do credor, incluídas as custas, interrompe-se a hasta pública, conforme previsão do art. 692, parágrafo único, do CPC. A interrupção da hasta não libera os bens remanescentes dos efeitos da penhora, pois isso somente ocorrerá quando o juiz extinguir a execução (art. 794, I do CPC).

6.5.7. Auto de arrematação

O auto de arrematação dá forma definitiva à praça e ao leilão, sendo o último elemento do procedimento da arrematação. A arrematação sem o auto

---

(119) REsp n. 172.195/SP, Rel. Min. Nancy Andrighi, DJ de 11.9.00, p. 238.
(120) AP n. 1.342/97, Ac. n. 28.318/97, Rel. Des. Rosalie Michaele Bacila Batista, DJPR de 24.10.97.

é tida como incompleta, porque falta a ela elemento de existência: a arrematação não existe antes do auto (arts. 693 e 694 do CPC).

Há alteração importante, pela Lei n. 11.382/06, quanto à elaboração do auto, pois refere que será imediatamente à arrematação, sendo que, na redação original (revogada), era no prazo de vinte e quatro horas depois da praça e do leilão. Neste interstício, o executado poderia remir a execução (art. 651 do CPC), e os legitimados, resgatar os bens (art. 788, *caput*, do CPC), na sistemática original do processo civil. Agora, em face da nova redação, não mais se justifica tal entendimento, sendo que a remição deverá ser procedida até a arrematação, e não, depois.

Forma-se o acordo de transmissão mediante assinatura do auto, e só então se torna irretratável, a teor do art. 694 do CPC, ainda que venham a ser julgados procedentes os embargos à execução.

Não há previsão específica na CLT com relação ao auto de arrematação, sendo adotadas na doutrina as disposições contidas no CPC, inclusive referindo a importância desse. Contudo, na prática forense, o auto não é muito utilizado, pelo menos no Tribunal Regional do Trabalho (TRT) da 4ª Região. O que ocorre é somente a elaboração, pelo leiloeiro, da ata do leilão, que é dada vistas às partes e homologada pelo juiz. Normalmente, não se elabora o auto, mas somente a carta de arrematação, valendo a decisão de homologar o procedimento adotado como concordância do juiz com a prestação de contas do leiloeiro e com os termos do leilão contidos na ata, na qual constam a assinatura do leiloeiro e do arrematante. A partir de tal decisão, é que iniciam os prazos para os embargos à arrematação.

Entende-se que o auto é elemento indispensável à arrematação, pois, sem esse, não se ultima a alienação, nem é possível a expedição da carta de arrematação, pois inclusive é um dos requisitos (art. 703, II, do CPC). No entanto, a sistemática adotada por alguns juízes, de não elaborar o auto, mas sim homologar o ato expropriatório, com base na ata, não ocasiona nulidade, pois tal decisão suprirá o auto, substituindo-o, não havendo violação do disposto no art. 244 do CPC.

Menciona-se decisão a respeito da importância do auto de arrematação do TRT da 3ª Região, referindo que a teor do art. 694 do CPC, subsidiariamente aplicável ao Processo do Trabalho por força do art. 769 da CLT, assinado o auto pelo juiz, escrivão, arrematante e porteiro ou leiloeiro, a arrematação considerar-se-á perfeita, acabada e irretratável, só podendo ser desfeita nas hipóteses relacionadas no parágrafo único do mesmo dispositivo legal.

Não enseja o desfazimento da arrematação a circunstância de o exequente ter celebrado acordo posterior para extinção do objeto da execução. O diploma processual civil assegura ao devedor a faculdade de livrar os seus bens da constrição judicial mediante a remição da execução a todo tempo, enquanto não arrematados ou adjudicados os bens nos autos. Ultrapassado o momento processual oportuno e não padecendo a arrematação de nenhum vício, ficam resguardados os interesses do terceiro arrematante, pelo que não procede à resistência injustificada da executada à entrega do bem, ficando a mesma, desde já, advertida quanto à prática de ato atentatório à dignidade da Justiça[121].

No processo civil, formalizada a arrematação, não serão alterados seus efeitos mesmo no caso da procedência dos embargos do executado (art. 694 do CPC), pois, nessa hipótese, o executado terá direito a haver, do exequente, o valor por este recebido como produto da arrematação e, no caso de ter sido alienado o bem em valor inferior à avaliação, a diferença (art. 694, § 2º do CPC). Reputa-se muito importante tal alteração, haja vista que, mesmo no caso de procedência dos embargos, não haverá prejuízo aos adquirentes, resolvendo-se em perdas e danos (art. 694 do CPC). A ordem de entrega do bem ou a expedição da carta de arrematação somente será procedida mediante o pagamento do lanço, ou do oferecimento das garantias (art. 693 do CPC).

6.5.8. Parcelamento da dívida

Outra importante novidade introduzida pela Lei n. 11.382/06 é a possibilidade de o executado, no prazo dos embargos (até 15 dias contados da citação), reconhecendo os créditos exequendos, requerer o parcelamento dos mesmos (art. 745-A do CPC). Deverá o devedor demonstrar o depósito em juízo do valor mínimo correspondente a 30% (trinta por cento) do total da execução, incluindo custas e honorários advocatícios. Quanto ao valor restante, ou seja, o saldo devedor, poderá postular o parcelamento em até 6 (seis) vezes, mensais, acrescidas de correção monetária e juros de 1% (um por cento) ao mês. Aceita a proposta pelo juiz, o exequente levantará os valores depositados, e serão suspensos os atos executivos. Sendo indeferida, prosseguirão os atos executivos, e será mantido o valor depositado (art. 745-A, § 1º do CPC). No caso do inadimplemento de alguma das parcelas, implicará o vencimento das subsequentes e o início imediato dos atos executivos. Ao valor devido será acrescida a multa de 10% (dez por cento) e fica vedada a oposição de embargos (art. 745-A, § 2º do CPC).

Tal sistemática pode ser utilizada no processo do trabalho, com algumas adaptações. O prazo que o devedor terá de observar para proceder ao reque-

---

(121) AP n. 5815/01, Rel. Des. Alice Monteiro de Barros, DJMG de 14.11.01, p. 18.

rimento de parcelamento é de cinco dias (prazo dos embargos — art. 884 da CLT). Outra situação que deve ser observada no processo do trabalho é a expressa concordância da parte contrária. Caso o exequente não concorde com o parcelamento, não deveria o juiz aceitá-lo, por alterar a forma de satisfação da obrigação contida no título executivo. Contudo, em determinados casos, o juiz pode e deve aceitar o parcelamento, verificando que se trata de situação mais benéfica para a solução do processo e, muitas vezes, mais célere do que levar os bens para a hasta pública. Nesse caso, o entendimento do juiz restaria fundamentado no princípio da utilidade e da não prejudicialidade, não servindo o processo como meio de tripudiar o devedor.

Ressaltamos, ao final, que a hipótese tratada no presente tópico não se contrapõe ao contido no item 6.5.4 — *Condições do remate* — em que analisamos a possibilidade do parcelamento do lance.

6.6. INCIDENTES DA ARREMATAÇÃO

6.6.1. Transferência da arrematação

Somente a ocorrência de motivo justo é que impedirá a não realização da hasta pública designada. Como motivo justo, mencionam-se circunstâncias de calamidade pública ou até mesmo a decretação de feriado. Claro que o justo motivo pode transcender as hipóteses referidas, ficando ao arbítrio do juiz a análise dos fatos que prejudicarão a realização da hasta pública.

Caso decorra tal transferência de culpa dos auxiliares da Justiça, estes sofrerão as penalidades impostas no parágrafo único do art. 688 do CPC, não se aplicando ao corretor da bolsa e ao corretor de imóveis tais penalidades. Contudo, todos poderão responder civil ou criminalmente (art. 358 do Código Penal) por seus atos.

Na sistemática trabalhista, adotando supletivamente os preceitos da Lei de Execuções Fiscais (Lei n. 6.830/80), por força do art. 889 da CLT, serão responsáveis os auxiliares da Justiça que, culposa ou dolosamente, por ação ou omissão, prejudicarem a execução, civil, penal ou administrativamente (art. 37).

6.6.2. Suspensão da arrematação

Em face da inexistência de qualquer norma trabalhista que discipline a possibilidade da suspensão do leilão, adota a sistemática trabalhista o mesmo procedimento da execução civil.

Como ato processual que é, a arrematação será realizada entre seis e vinte horas, podendo extrapolar excepcionalmente tal horário, no caso de o adiamento prejudicar o andamento ou causar dano grave (art. 172, § 1º, do CPC). Assim, advindo a noite, o ato é suspenso, prosseguindo no dia imediato, à mesma hora em que teve início, independente de novo edital (art. 689 do CPC). Há que se ponderar a diferença entre o leilão judicial e o particular, que pode ser realizado a qualquer dia e hora.

6.6.2.1. Suspensão da arrematação por interposição de embargos de terceiro

Outra hipótese que deve ser analisada é a interposição de embargos de terceiros, normalmente no dia do leilão, ou poucos dias antes, fato que normalmente ocasiona a decisão da suspensão do processo e, consequentemente, da hasta, com fundamento no art. 1.052 do CPC. A norma legal refere que o juiz determinará a suspensão do processo principal, quando os embargos versarem sobre todos os bens, ou, versando sobre alguns deles, prosseguirá o processo principal somente quanto aos bens não embargados.

Registra-se, de imediato, que os embargos de terceiros constituem ação especial destinada a excluir bens de terceiros que estão sendo ilegitimamente objetos de ações alheias. Os embargos de terceiros dirigem-se contra o ato judicial e nascem de um ato judicial (constrição que se entende ilegítima) contra o qual reage o terceiro, assim entendido como aquele que não pode sofrer os efeitos da ação. Assim, é legitimado a propor a demanda — do ponto de vista ativo — quem pretende ter direito sobre bem que sofre a constrição. Terceiro é não apenas aquele que não figura como parte na causa principal, mas também aquele contra o qual a sentença não é exequível.

Como já relatado, a atividade desenvolvida pelos órgãos judiciários para dar atuação à sanção recebe o nome de execução, que é aquela que tem por finalidade conseguir, por meio do processo e sem concurso da vontade do obrigado, o resultado prático a que tendia a regra jurídica que não foi obedecida. Ensina o mestre Couture como sendo o processo de execução o conjunto de atos destinados a assegurar a eficácia prática da sentença. Os processos específicos de execução, em seu conjunto, consistem antes em agir que em decidir. O direito entra aqui em contato com a vida, tanto assim que o seu aspecto exterior se evidencia mediante as transformações das coisas[122].

Citado o devedor, executado, para pagar ou garantir o juízo, em não pagando, ser-lhe-ão penhorados tantos bens quantos bastem para garantir a

---

(122) COUTURE, Eduardo J. *Fundamentos do direito processual civil*. Campinas: REDlivros, 1999. p. 371-375.

execução, por intermédio de Oficial de Justiça (art. 883 da CLT), o que chamamos de penhora por coerção.

Refere-se, novamente, a afirmação lançada na Exposição de Motivos do Código de Processo Civil (n. 24), segundo o qual "... o processo de conhecimento, sendo caracteristicamente dialético, se desenvolve num sistema de igualdade entre as partes. Na execução, ao contrário, há desigualdade entre o exequente e o executado. O exequente tem uma posição de preeminência; o executado, um estado de sujeição. Graças a essa situação de primado, que a lei atribui ao exequente, realizam-se atos de execução forçada sem, com ou contra o devedor, que não pode impedi-los, nem subtrair-se a eles".

Não se pode olvidar, contudo, que os litigantes desfrutam das garantias constitucionais e as previstas no próprio Código. O desejo de atribuir maior efetividade à execução não pode ser causador do menosprezo à igualdade das partes e ao devido processo.

O que não se pode aceitar é que, normalmente, na data do leilão ou poucos dias antes, sejam apresentados embargos de terceiros, com fito exclusivo de suspender o ato expropriatório e, com isso, protelar a execução.

Ademais, o art. 620 do CPC, que deve ser utilizado subsidiariamente no processo trabalhista, estabelece que, quando o credor puder, por diversos meios, promover a execução, o juiz determinará que se faça pelo modo menos gravoso ao devedor[123]. Portanto, sendo os embargos opostos quando já determinada a hasta pública, com a publicação dos editais, não se vislumbra qualquer irregularidade na realização dos atos de expropriação.

A análise da determinação da suspensão, referida no art. 1.052 do CPC, deve ser entendida como a impossibilidade de o juiz considerar perfeita e acabada a expropriação, com assinatura do auto de arrematação ou adjudicação, ou homologação do procedimento, sem antes decidir a matéria relacionada nos embargos opostos.

Ressalta-se que a não realização do ato, hasta pública, ocasionará ao devedor maior prejuízo, pois, caso rejeitados os embargos, serão acrescidas novas despesas com os editais. O fato da realização do leilão não acarreta, por si só, a perda de propriedade dos bens penhorados, pois somente ocorre após o registro, no caso dos bens imóveis, e da tradição, no caso dos bens móveis. Ressalta-se, ainda, que os efeitos processuais são produzidos quando da assinatura do auto ou da homologação do procedimento.

---

(123) Derivante desse princípio é a regra emoldurada pelo art. 574, do CPC, pela qual o credor ressarcirá ao devedor os danos que este sofreu, quando a sentença, passada em julgado, declarar inexistente, no todo ou em parte, a obrigação que rendeu ensejo à execução.

Dessa forma, a realização da hasta pública (praça ou leilão) designada não prejudica a terceiros e nem acarreta novas despesas ao processo, que deve ser sempre o objetivo do juízo, conforme o previsto no art. 620 do CPC. Invoca-se, ainda, o teor do contido no art. 1.048 do CPC, que permite a propositura dos embargos de terceiros mesmo após a realização da arrematação. Ademais, invocando os termos do art. 739-A do CPC, nem mesmo os embargos à execução têm efeito suspensivo.

Assim, tem-se que a simples realização da hasta não causa prejuízos a terceiros, não devendo ser suspensa com a interposição dos embargos de terceiro. Tal matéria foi objeto de análise no TRT da 3ª Região[124], sendo decidida a homologação da praça somente após a verificação do trânsito em julgado da decisão que apreciou os embargos de terceiro ajuizados, isso porque, não determinada a sua suspensão, não importa em nulidade devido ao disposto no art. 1.052 do CPC, mesmo porque tais embargos de terceiro podem, a teor do disposto no art. 1.048 do CPC, ser opostos, no processo de execução, até cinco dias depois da arrematação, adjudicação ou remição; contudo, antes da assinatura da carta respectiva.

6.6.3. Desfazimento da arrematação

Na CLT, não há previsão sobre a possibilidade do desfazimento da arrematação, sendo utilizadas as normas contidas na execução no processo civil.

Após a assinatura do auto, estabelece o art. 694 do CPC: a arrematação considera-se perfeita, acabada e irretratável. Como referido anteriormente, muitas vezes não se adota a elaboração do auto, mas sim, a homologação pelo juízo da prestação de contas e dos fatos narrados na ata do leilão, elaborada pelo leiloeiro. Tal decisão equivale ao auto da expropriação (arrematação e adjudicação).

Com o auto, considera-se perfeita a arrematação porque obtido consenso quanto aos termos do negócio, tendo o juiz aceito o lanço (*v. g.*, art. 692 do CPC); acabada, porque ultimado o procedimento licitatório, antes disso sujeito a desestabilizações e reviravoltas (*v. g.*, remição pelo executado); e, finalmente, irretratável, porque ao arrematante figurar-se-á ilícito arrepender-se, conforme lição de Araken de Assis[125].

---

(124) AP n. 1392/00, Rel. Des. Márcio Flávio Salem Vidigal, DJMG de 12.9.00, p. 9.
(125) *Manual do processo de execução*. 11. ed. São Paulo: RT, 2007. p. 757.

Ressalva o art. 694, § 1º, do CPC, as hipóteses em que se dissolverá a arrematação: vício de nulidade; falta de pagamento do preço ou de prestação da caução; existência de ônus real omitido no edital, a requerimento do arrematante, na hipótese de embargos à arrematação, realizada por preço vil e nos casos previstos no Código de Processo Civil. Em face da importância do tema, haverá análise específica de cada circunstância.

6.6.3.1. Vício de nulidade

A nulidade que ensejará no desfazimento da arrematação pode ser de ordem substantiva ou processual. Diz-se substantiva quando se refere ao negócio em si (*v. g.*, em virtude do dolo; licitante incapaz, entre outras); no aspecto processual, quando verificada no curso do procedimento da execução (*v. g.*, a omissão do edital quanto às qualidades da coisa, à falta de intimação do devedor, entre outras).

Legitimam-se a postular a decretação da nulidade da arrematação, a qualquer tempo e, se for o caso, mediante simples petição, todos os interessados, ou seja, as partes e o adquirente.

Refere Manoel Antonio Teixeira Filho[126] que, para ser declarada a nulidade, deve o juiz consultar os princípios: 1) da transcendência (CLT, art. 794; CPC, art. 249, § 1º), conforme o qual não há nulidade sem prejuízos; 2) da instrumentalidade (CPC, arts. 154 e 244), pelo qual, mesmo que a lei prescreva determinada forma, sem a cominação de nulidade, valerá o ato se, praticado de forma diversa, atingir a mesma finalidade; 3) de convalidação (CLT, art. 795; CPC, art. 245), que afirma poder a nulidade relativa ser sanada pelo consentimento da parte contrária, salvo se decorrer de falta de observância à norma pública, devendo, de qualquer modo, ser alegada na primeira vez que o interessado tiver de falar nos autos ou em audiência, pena de preclusão temporal; 4) da proteção (CLT, art. 796, *a* e *b*; CPC, arts. 243 e 249, § 2º): só se acolhe a nulidade se não for possível suprir a falta ou repetir o ato, desde que não tenha sido arguida por quem lhe deu causa.

As hipóteses do desfazimento da arrematação podem ser as mais variadas, citando como exemplo a decisão dos Desembargadores do Tribunal Regional do Trabalho da 3ª Região que mencionam que, ficando comprovado que os bens arrematados não foram localizados, assim como o depositário, e, além disso, havendo acordo entre o exequente e o executado, a arrematação

---

(126) *Execução no processo do trabalho*. 9. ed. São Paulo: LTr, 2005. p. 542. Para aprofundar o assunto ver artigo de MENEZES, Cláudio Armando Couce de. Nulidade e defeitos dos atos processuais no processo trabalhista e de conhecimento e de execução. In: SHIMURA, Sérgio; WAMBIER, Teresa Arruda Alvim (coords.). *Processo de execução*. São Paulo: Revista dos Tribunais, 2001.

pode ser anulada, tendo o arrematante direito apenas à devolução do que pagou, corrigido monetariamente[127].

O desfazimento da arrematação pode ser declarado de ofício, dependendo do vício existente. Tal matéria foi enfrentada pelos Ministros do Superior Tribunal de Justiça que mencionam que a nulidade da arrematação pode ser declarada de ofício pelo Juízo ou a requerimento do interessado, por simples petição, nos próprios autos da execução, dispensada a oposição dos embargos à arrematação[128].

Outra hipótese do desfazimento pela nulidade decorre da evicção. Caso reconhecido que o executado foi vencido em ação cujo objeto era a propriedade do bem arrematado, a arrematação é nula, em face de versar sobre bens que não estavam sujeitos à execução.

6.6.3.2. Falta de pagamento do preço ou de prestação da caução

Dissolver-se-á a arrematação se o preço não for pago (art. 694, § 1º, II, do CPC e art. 888, § 4º da CLT). Na sistemática trabalhista, não complementado o valor do sinal, que é de no mínimo 20% do valor do lanço, no prazo de 24 (vinte e quatro) horas, será desfeita a arrematação, sendo o valor revertido em prol da execução, retornando os bens à praça ou leilão. Contudo, caso admitido o parcelamento do lance (item 6.5.4 — Condições do remate) deverão ser observadas as regras específicas dessa sistemática, principalmente o contido no art. 98 da Lei n. 8.212/91, utilizado supletivamente ao processo do trabalho.

Poderá ocorrer, ainda, o desfazimento da arrematação, quando o arrematante for o próprio credor e não pagar, no prazo de três dias, o valor da diferença entre o seu crédito e o lanço (art. 690, parágrafo único do CPC).

6.6.3.3. Existência de ônus real omitido no edital

A arrematação será desfeita se o arrematante, no prazo de cinco dias (na redação original do CPC era de três dias), comprovar que o edital omitiu a existência de ônus real ou de gravame. A regra abrange direitos reais de garantia (hipoteca, penhor e anticrese), caso não tenha havido a intimação da hasta pública ao respectivo titular, e os de gozo (p. ex. servidão de passagem e usufruto). Para o arrematante, é de vital importância o conhecimento da existência do ônus de uso (gozo), pois estes transferem-se com o bem

---

(127) AP n. 4043/00 Rel. Des. Sebastião Geraldo de Oliveira, DJMG de 14.3.01, p. 15.
(128) REsp n. 100.706, Rel. Min. Sálvio de Figueiredo Teixeira.

arrematado, o que não ocorre nas hipóteses do ônus de garantia, salvo o caso de o detentor de garantia real não ter sido intimado da realização da hasta pública (art. 698 do CPC).

6.6.3.4. Casos previstos no Código de Processo Civil

Poderá o titular do direito de garantia e o senhorio direto, com fundamento no art. 698 do CPC, pretender o desfazimento da hasta pública para o qual não foi intimado com antecedência mínima de dez dias.

O arrematante poderá requerer o desfazimento da arrematação no caso da propositura dos embargos à arrematação (art. 694, § 1º, IV do CPC), situação que ocasionará a devolução do valor do lanço.

Hipótese, também, do desfazimento é a situação da não referência da pendência de recursos ou causas, envolvendo os bens penhorados no edital, conforme determinado no art. 686, V do CPC.

6.6.3.5. Remédios jurídicos para o desfazimento da arrematação

Os meios utilizáveis ao desfazimento são os embargos à arrematação ou à adjudicação (art. 746 do CPC), utilizados subsidiariamente ao processo do trabalho, bem como os embargos de terceiro (art. 1.046 do CPC). O juiz poderá invalidar de ofício (*v. g.*, art. 168, parágrafo único, do Código Civil).

Os embargos são a única forma prevista na legislação processual de que dispõe o executado para resistir à pretensão executiva movida pelo credor. Para Amílcar de Castro[129], o nosso processo executivo é do tipo denominado pelos processualistas italianos de *contraditório eventual*, de vez que, em razão da natureza do título executivo que se funda, pode perfeitamente funcionar *sem litígio*. Ressalta o eminente processualista que o próprio executado, pedindo suspensão temporária do emprego de meios executivos contra si, pode, mediante embargos, operar a transformação objetiva de acréscimo na relação processual, propondo nova lide de conhecimento, verdadeiro litígio incidente de verificação positiva, ou negativa, vale dizer, ajuizando pretensão que visa impedir ou modificar o procedimento executivo inaugurado pelo exequente.

No processo do trabalho, os embargos estão referidos no art. 884 da CLT, com a menção no § 1º de que as matérias de defesa se restringem ao cumprimento da decisão ou do acordo, quitação e prescrição. Entende-se,

---

(129) *Comentários ao Código de Processo Civil*. 2. ed. São Paulo: Forense, 1963. v. X, t. 2, p. 418.

contudo, que as matérias que podem ser invocadas nos embargos são superiores à relação do artigo, pois há necessidade de discutir outras, tais como a inexigibilidade do título, a ilegitimidade da parte, a incompetência do juízo, o impedimento ou a suspeição do juiz, o excesso de execução.

Destarte, se pretender o embargante alegar nulidades da execução ou fatos diretamente relacionados com o crédito, ocorridos até a penhora, inclusive, deverá oferecer embargos à execução. Se, porém, a matéria consistir em nulidade da execução ou causas extintivas da obrigação, supervenientes à penhora, o remédio são os embargos à arrematação e à adjudicação, conforme o caso. Trata-se dos denominados embargos de segunda fase, previstos no art. 746, do CPC.

Situações de nulidade processual podem ser alegadas nos embargos, tais como a falta de elementos fundamentais no edital (art. 686 do CPC); falta de intimação do devedor sobre dia da praça ou leilão (art. 687, § 5º do CPC); deficiência do auto (art. 693 do CPC); deficiência da carta de arrematação (art. 703, do CPC), bem como da carta de adjudicação, preço vil do bem na praça ou leilão; ausência de publicação de editais, deficiências de requisitos do edital, entre outras.

Quanto ao prazo de interposição, tanto no processo civil quanto no processo do trabalho, é de cinco dias (art. 746 do CPC), contados da ciência que o executado tiver do auto de arrematação (art. 694 do CPC) ou de adjudicação (art. 685-B do CPC).

6.6.3.6. Ação rescisória e anulatória na execução

A jurisprudência dos Tribunais Superiores trilha no sentido da impossibilidade, com correção, da utilização da rescisória contra a arrematação. A pretensão de nulidade que se dirige ao ato da arrematação cabe à via ordinária e não à ação rescisória[130]. Quando não mais for possível a anulação da arrematação dentro dos próprios autos da execução, a parte interessada terá de propor ação anulatória pelas vias ordinárias, pois não há sentença no procedimento da arrematação[131].

Os Ministros do TST, em análise semelhante, decidiram[132] incabível a ação rescisória contra a sentença que homologa a arrematação, por não constituir decisão de mérito, que se entende como aquela que decide a lide, a

---

(130) STF, RE n. 100256, Rel. Min. Francisco Rezek, DJ de 22.6.84, p. 135.
(131) STJ, REsp n. 59.211, Rel. Min. Waldemar Zveiter, DJ de 16.10.95, p. 34.651 — no mesmo sentido: REsp n. 49.533, Rel. Min. Ruy Rosado de Aguiar, DJ de 5.6.95, p. 16.670, e REsp n. 30.956, Rel. Min. Costa Leite, DJ de 21.11.94, p. 31.762.
(132) TST, ROAR n. 70.553, Rel. Min. José Luiz Vasconcellos.

controvérsia originária de direito material, qualificada pela pretensão resistida. Quer se volte contra a carta de arrematação, quer tenha por objeto a decisão que homologa esse ato executivo, a rescisória não pode lograr conhecimento, já que, efetivamente, não é pertinente à decisão de mérito. Na fase de execução, não há sentença que aprecie o mérito da execução, com exceção dos embargos do devedor e dos embargos de terceiro, ações autônomas incidentais aos processos de cognição e de execução. Nesses processos, examina-se a subsistência do crédito, ou seu montante, ou a eventual responsabilidade executiva de terceiro. Vale dizer: em tais processos de cognição, conexos ao de execução, há traços de sentença de mérito, suscetível de rescisão, em tese. Assim, em se tratando de embargos à arrematação, não se vislumbra sentença de mérito na concepção do Código de Processo Civil, pois, por sua própria finalidade, os embargos à arrematação não se destinam à composição da lide.

Os Ministros do TST editaram Orientações Jurisprudenciais ns. 44 e 45, da Seção dos Dissídios Individuais-II, posteriormente convertidas na Súmula n. 399, que menciona ser incabível a ação rescisória para impugnar decisão homologatória de arrematação ou adjudicação (I).

Com relação à competência para apreciar a ação anulatória, esta é do mesmo juízo em que supostamente foi praticado o ato viciado. Tal matéria foi objeto de análise pelos Ministros do Tribunal Superior do Trabalho que ressaltam que, se os atos que se pretende anular foram praticados em execução (penhora, arrematação e imissão de posse de imóvel), é da competência do órgão de primeiro grau processar e julgar a causa[133].

6.6.3.7. Efeitos do desfazimento da arrematação

Em decorrência do desfazimento, tem o arrematante o direito ao preço e às demais despesas, tudo corrigido (art. 182 do Código Civil). No caso dos valores terem sido entregues ao credor, poderá o arrematante demandar o devedor, que teve sua dívida paga, e o próprio credor que se beneficiou do ato de alienação da coisa.

Por outro lado, o arrematante deverá indenizar o credor ou o devedor, se deu causa à dissolução do negócio (art. 475 do CC), ressalvada a hipótese do art. 694, § 1º, IV do CPC (propositura dos embargos à arrematação).

Em qualquer das hipóteses do desfazimento, o bem retorna à condição originária, ou seja, subsiste penhorado, preservando a preferência (art. 612, do CPC) e os outros efeitos da constrição.

---

(133) ROAA n. 468.203, Rel. Min. José Luciano de Castilho Pereira, DJ de 2.3.01, p. 473.

6.7. ALIENAÇÃO POR PROPOSTA ESCRITA

Ao processo do trabalho, é viável a utilização do contido no art. 690, §§ 1º, 2º e 3º do CPC (na redação original do CPC estava prevista no art. 700 revogado), que combina a fórmula tradicional da arrematação com a da proposta escrita (no art. 700 do CPC havia menção da participação facultativa do corretor, que já estava presente nos arts. 967 e 973 do CPC de 1939. O art. 967 previa lanço a vista, no valor de no mínimo 50%, e o restante a prazo).

A alienação por proposta escrita detém o seu caráter negocial e público. O juiz, com as propostas juntadas aos autos, que indicarão o prazo, modalidade e condições do pagamento, julgará qual é a mais adequada, sendo o lanço na hasta pública ou a proposta apresentada.

As propostas deverão informar valor não inferior ao da avaliação, com oferta de pelo menos 30% a vista, sendo o saldo garantido pela própria hipoteca do imóvel (art. 690, § 1º, do CPC).

Entendemos que, no processo do trabalho, não há obrigatoriedade, como ocorre no processo civil (art. 690, § 1º, do CPC), de que a proposta tenha o valor mínimo da avaliação, pois se é aceito lance inferior ao valor dessa (art. 888, § 1º da CLT), o mesmo deverá ser observado na proposta escrita, haja vista que poderá ser superior ao ofertado na hasta pública.

Com relação ao inadimplemento do proponente, a sanção imposta será a multa de 20%, resolvendo-se na mesma forma da arrematação (arts. 695 do CPC e 888, § 4º da CLT).

Convém ressaltar, por fim, que tal modalidade de alienação não se confunde com a "por iniciativa particular", inovação inserida no art. 685-C do CPC, que será objeto de análise em capítulo próprio.

6.8. ALIENAÇÃO DE BEM IMÓVEL

O credor invoca a tutela jurisdicional do Estado, visando à satisfação da prestação contida no título executivo, judicial ou extrajudicial, por parte do devedor, solicitando a execução forçada. O que se pretende com a tutela jurisdicional é a realização prática da execução que o título contém. O Estado, por intermédio do juiz, pode obrigar o devedor a cumprir a obrigação, em procedimento adequado, mediante o emprego de meios coativos.

O devedor, sujeito aos atos coativos do Estado, responde com seu patrimônio para cumprimento de sua obrigação, considerados estes presentes e futuros, salvo as restrições estabelecidas na lei (art. 591 do CPC).

A expropriação executiva representa a transferência de bens do patrimônio do executado, independentemente de seu consentimento, para que seja alcançado o objetivo do processo, que é a satisfação do exequente. Faz-se, portanto, necessária a transferência da propriedade das coisas ou da titularidade dos direitos penhorados do executado para outra pessoa, um terceiro ou para o exequente.

Na arrematação, há a conversão do patrimônio penhorado do executado, ou responsável pela execução, em pecúnia, mediante a transferência dos bens a um terceiro ou próprio autor (art. 690-A, parágrafo único do CPC), por ato estatal, para posteriormente satisfazer o direito do exequente representado pelo título executivo. Caracteriza-se como meio de conseguir o bem devido (dinheiro), ou seja, a satisfação da obrigação.

Hasta pública é o termo utilizado para a venda judicial de qualquer bem, seja móvel ou imóvel, pois é considerado gênero, do qual praça ou leilão são espécies.

No processo do trabalho, por força do disposto no art. 888, § 1º da CLT, os bens serão vendidos pelo maior lance na praça. Em não havendo licitantes, poderão os bens ser vendidos por leiloeiro nomeado pelo juiz. Conforme o artigo referido, no processo do trabalho, tanto bens imóveis quanto os móveis podem ser alienados por meio da praça ou leilão. Na Lei n. 6.830/80, dos Executivos Fiscais, que é adotada supletivamente ao processo trabalhista, por força do art. 889 da CLT, há menção de que, para qualquer bem penhorado, será feita a alienação via leilão público (art. 23). Tal disposição e a falta de estrutura de algumas varas trabalhistas têm desencadeado a ocorrência de somente leilões dos bens penhorados, independentemente de serem bens móveis ou imóveis.

Em decisão a respeito da matéria, os Desembargadores do Tribunal Regional do Trabalho da 4ª Região relatam, no corpo do acórdão, que o magistrado deve atentar para as circunstâncias que melhor se adaptam às características dos bens, ao tempo e ao lugar, mas não resta dúvida de que, em um primeiro momento, os bens devem ser levados à praça. Entretanto, de há muito, vigora a praxe do leilão, não só tendo em vista a celeridade processual, mas também, principalmente, a vedação à prática que vinha sendo consagrada de que, para as praças designadas, comparecia diminuto número de licitantes e por coincidência formado, invariavelmente, pelas mesmas pessoas, o que vinha em prejuízo direto das partes, principalmente ao executado. De outra parte, por meio do leilão, amplamente divulgado, quando os custos dos editais são compartilhados entre os vários executados, não procede a alegação de prejuízo do executado, até porque não são significativas as despesas com o leilão, considerada a realidade do seu custo benefício. Aliás, sinale-se, por real, a inexistência de condições físicas e econômicas para o transporte e o depósito dos bens, o que, necessariamente, ocorreria com a designação da praça[134]. Nesse sentido, outra decisão referindo que ainda que o *caput* do art. 888 da CLT determine o praceamento dos bens penhorados no recinto da Junta, por intermédio de funcionário desta, antes da nomeação de leiloeiro para a venda dos mesmos, vigora, na Justiça do Trabalho, esta última hipótese, embasada no art. 23 da Lei n. 6.830/80. Dita prática impera, não por amor aos preceitos que regem o processo dos executivos fiscais para a cobrança judicial da dívida ativa da Fazenda Pública Federal, nem por desamor às normas consolidadas e leis específicas que a complementam, que regulam a execução trabalhista, mas porque a Secretaria da Vara não possui local adequado para o depósito dos bens penhorados, onde seja possível a exposição dos bens para o exame prévio dos licitantes ou pretendentes, nem possui funcionário qualificado para tanto, um oficial porteiro. Ademais, nenhum prejuízo advém à executada pela venda dos bens penhorados em leilão público. Com efeito, o fato de serem listados diversos bens em um único edital, embora oriundos de diversas execuções, diminui o custo da publicação do edital, o que beneficia o devedor. Também beneficia o devedor o fato de o leiloeiro atuar em diversos municípios, atingindo maior número de interessados e possíveis licitantes na aquisição dos bens, possibilitando que o lanço alcance valor maior na arrematação. Ademais, o art. 878 da CLT concede ao Juízo exequente o impulso *ex officio* do processo de execução, subordinando-se, apenas, ao poder dispositivo do autor, que pode pleitear a suspensão do processo, sua transação ou renúncia. Não estando requerida a suspensão ou extinção da execução, o juiz conserva sua iniciativa de meios executórios[135].

Por outra parte, praça, na sistemática do Código de Processo Civil, é o meio alienativo utilizado para a venda de bens imóveis, enquanto o leilão é o método reservado para a alienação de bens móveis, consoante giza o art. 686, IV, do CPC. No processo trabalhista, não há tal distinção.

6.8.1. Imóvel de incapaz

A alienação coativa de imóvel pertencente a executado incapaz merece atenção especial na legislação. Pela omissão na legislação trabalhista, os preceitos contidos no CPC devem ser utilizados sem restrição. O parâmetro contido no art. 701 do CPC estabelece que deve ser rejeitado lanço inferior a 80% (oitenta por cento) do valor da avaliação. Caso não exista licitante, deverá o juiz adiar a alienação pelo prazo não superior a um ano, sendo que, nessa hipótese, será o imóvel alienado pela maior oferta (art. 686, VI do CPC). Mesmo que no processo trabalhista não haja exigência de duas hastas públicas, no caso de menores, deve ser adotada tal sistemática para a aceitação do maior lanço.

---

(134) Ac. n. 41881.007/93-6 AP, Rel. Des. Pedro Luiz Serafini.
(135) TRT 4ª Reg., Ac. n. 00076.382/96-6 — AP, Rel. Des. Carlos Affonso Carvalho de Fraga, publicado em 13.10.97.

Claro que algum interessado, durante o período de adiamento, pode solicitar ao juiz a realização da hasta, bastando para tanto garantir que o valor do lanço no mínimo será o equivalente ao valor da avaliação, mediante caução idônea (art. 701, § 1º do CPC). No caso do arrependimento do requerente, esse pagará a multa de 20% do valor da avaliação, em favor do incapaz e não, do executado.

Outra circunstância que poderá ocorrer é a locação do bem penhorado no prazo do adiamento (art. 701, § 3º do CPC), sem prejuízo do retorno do imóvel à hasta (art. 701, § 1º do CPC).

Deverá, portanto, o julgador ter mais cautela com respeito à arrematação do bem de incapaz.

6.8.2. Divisão cômoda — Art. 702 do CPC

Com relação à alienação de bem imóvel, prevê o art. 702 do CPC que o juiz pode ordenar a alienação de parte dele, a requerimento do devedor, caso haja a possibilidade da divisão cômoda, desde que suficiente para o pagamento do credor.

Os requisitos são os seguintes: requerimento do devedor; possibilidade da divisão do bem e suficiência para o pagamento do credor. Inexistindo qualquer das hipóteses referidas, por óbvio, não há como invocar o previsto no art. 702 do CPC.

Há que se estabelecer o que significa divisão cômoda. Os bens divisíveis, conforme o art. 87 do Código Civil, são os que podem ser fracionados sem alteração na sua substância, diminuição considerável de valor, ou prejuízo do uso a que se destinam.

A divisão cômoda de um bem, refere Pontes de Miranda[136], é a divisão material, ou a divisão ideal, de jeito que pode ser dividido em dois bens, ou mais, como se procede à divisão do terreno para serem construídas duas ou mais residências distintas, ou se procede à divisão apenas para se construir edifício de apartamentos, ou se dividir o próprio edifício, que era uno, em apartamentos, ou apenas se atribui a alguém a fração ideal do prédio ou do terreno, e a outrem outra fração ideal.

A divisão cômoda representa o não comprometimento do bem alienado em partes, sendo útil ao executado. Há possibilidade da divisão sem alterar a substância do bem ou prejuízo do uso.

Um dos limites da divisão do bem, contudo, são as normas que dispõem sobre parcelamento do solo urbano, quando tratamos de bens imóveis, Lei n.

---

(136) *Comentários ao Código de Processo Civil*. Rio de Janeiro: Forense, 2002. t. X, p. 311.

6.766/79, haja vista que é incabível a hipótese de o Estado alienar área incompatível com futuro registro imobiliário, pelo desrespeito das áreas mínimas.

O art. 3º da Lei n. 6.766/79 determina que somente será admitido o parcelamento do solo para fins urbanos em zonas urbanas, de expansão urbana ou de urbanização específica, assim definidas pelo plano diretor ou aprovadas por lei municipal, conforme redação dada ao *caput* pela Lei n. 9.785, de 29.1.99.

Com relação ao imóvel rural, este não é divisível em áreas de dimensões inferiores à constitutiva do módulo de propriedade rural, conforme art. 65 da Lei n. 4.504/64. A Lei n. 5.868/72, que estabelece o sistema nacional de cadastro rural, também prevê (art. 8º) que, para fins de transmissão, a qualquer título, na forma do art. 65 da Lei n. 4.504, de 30 de novembro de 1964, nenhum imóvel rural poderá ser desmembrado ou dividido em área de tamanho inferior à do módulo calculado para o imóvel ou da fração mínima de parcelamento fixado no § 1º deste artigo, prevalecendo a de menor área.

O § 1º, do art. 8º, menciona que a fração mínima de parcelamento será:

a) o módulo correspondente à exploração hortigranjeira das respectivas zonas típicas para os Municípios das capitais dos Estados; b) o módulo correspondente às culturas permanentes para os demais Municípios situados nas zonas típicas A, B e C; c) o módulo correspondente à pecuária para os demais Municípios situados na zona típica D.

O § 2º ressalta que em Instrução Especial aprovada pelo Ministro da Agricultura, o INCRA poderá estender a outros Municípios, no todo ou em parte, cujas condições demográficas e socioeconômicas o aconselhem, a fração mínima de parcelamento prevista para as capitais dos Estados.

Importante para o tema proposto é o previsto no § 3º, referindo que são considerados nulos e de nenhum efeito quaisquer atos que infrinjam o disposto neste artigo, não podendo os serviços notariais lavrar escrituras dessas áreas, nem ser tais atos registrados nos Registros de Imóveis, sob pena de responsabilidade administrativa, civil e criminal de seus titulares ou prepostos, conforme a redação dada ao parágrafo pela Lei n. 10.267, de 28.8.01.

O módulo rural, segundo Wellington Pacheco Barros[137], pode ser definido como sendo propriedade rústica, com área contínua, qualquer que seja a sua localização, desde que se destine à exploração extrativa agrícola, pecuária ou agroindustrial, e seja executada, direta e pessoalmente, pelo agricultor e sua família, absorvendo-lhes a força de trabalho, garantindo-lhes a subsistência e o progresso social e econômico e sofrendo ainda variações pela região em que se situe e o tipo de exploração que pratique.

---

(137) BARROS, Wellington Pacheco. *Curso de direito agrário*. 2. ed. Porto Alegre: Livraria do Advogado, 1996. p. 28.

Quando o imóvel comportar divisão cômoda, *v. g.*, imóvel rural, deverá o Oficial de Justiça bem delimitar a parte penhorada, referindo com detalhes sua localização, em relação ao imóvel todo, pois poderá variar o interesse dos licitantes, bem como o valor de avaliação, se a localização for do lado de uma rua, nos fundos ou na frente do imóvel, até mesmo para facilitar a imissão de posse do arrematante posteriormente. Assim, resta equivocada a prática da referência simples de tantos hectares relativos a um todo maior, sem qualquer referência, não se sabendo se é no centro do imóvel, na parte da frente ou de trás, divisas, entre outros detalhes.

Ressaltamos, por fim, que, não existindo licitante, o bem deverá ser levado à hasta pública em sua integralidade, na forma do art. 702, parágrafo único do CPC.

6.8.2.1. *Meação do cônjuge*

Uma matéria normalmente enfrentada na Justiça do Trabalho é a defesa da meação pelo cônjuge, via de embargos de terceiros (art. 1.046, § 3º do CPC).

Como já mencionado, os embargos de terceiros constituem-se em ação especial destinada a excluir bens de terceiros que estão sendo ilegitimamente objeto de ações alheias. Os embargos de terceiros dirigem-se contra o ato judicial e nascem de um ato judicial (constrição que se entende ilegítima) contra o qual reage o terceiro, assim entendido como aquele que não pode sofrer os efeitos da ação.

Assim, é legitimado a propor a demanda — do ponto de vista ativo — quem pretende ter direito sobre bem que sofre a constrição. Terceiro é não apenas aquele que não figura como parte na causa principal, mas também aquele contra o qual a sentença não é exequível.

Não será objeto a análise das matérias que podem ser discutidas a respeito dos embargos de terceiros, mas somente problema relacionado à alienação da totalidade do imóvel ou somente à metade do mesmo, em decorrência da meação do cônjuge.

O parâmetro para a solução de tal questão encontra resposta, inicialmente, na indagação da possibilidade da divisão cômoda do bem penhorado. Caso negativa a resposta, o bem deve ser alienado na sua totalidade, existindo a reserva de metade do valor do lanço para o cônjuge meeiro.

A legitimação do cônjuge, para apresentação de embargos de terceiro, conforme pacífica jurisprudência do Superior Tribunal de Justiça, ocorre mesmo que intimado da penhora realizada sobre imóvel, visando à defesa de sua meação. Não comportando o bem cômoda divisão, deve ser levado por inteiro à hasta pública, sendo que os embargos de terceiros, em casos tais, somente possuem o efeito de suspender o curso da execução após a arrematação e apenas em relação à meação do cônjuge embargante, ficando o exequente, até solução final dos mesmos, impedido de levantar a metade do preço alcançado[138].

Entendimento semelhante é o dos Desembargadores do TRT da 9ª Região que ressaltam que, tratando-se de imóvel *pro indiviso*, a execução continua, podendo o bem ser levado à hasta pública, cabendo à mulher a metade do que for apurado na venda[139].

O que é importante fixar é que o bem que não comporta divisão não é considerado impenhorável. Portanto, deve ocorrer a venda do mesmo, e não da parte ideal, para somente após alcançar ao cônjuge embargante a metade do valor do lanço, sob pena de se inviabilizar a arrematação de terceiros. Entendendo de forma diversa, seria constituído condomínio entre arrematante e o cônjuge meeiro, tendo que, posteriormente, ser proposta ação judicial para alienação do bem (art. 1.322 do Código Civil).

Assim, o que se conserva ao cônjuge embargante é o direito à metade do valor que for alcançado em hasta pública, medida mais adequada em face da indivisibilidade do bem conscrito. Ademais, cumpre assinalar que o cônjuge embargante não detém legitimidade para ver preservado o imóvel em sua concepção integral, pois ele é proprietário apenas da metade.

Em sentido contrário, relata-se decisão na qual foi fundamentado que, mesmo se tratando de bem indivisível, não poderá ser levado à praça bem de terceiro que não tem responsabilidade pelo débito, sendo a alienação apenas da parte ideal que cabe ao devedor executado[140].

A polêmica a respeito da alienação do todo ou de parte do imóvel foi apaziguada com a alteração do art. 655-B do CPC, que estabelece: "Tratando-se de penhora em bem indivisível, a meação do cônjuge alheio à execução recairá sobre o produto da alienação do bem".

6.8.3. Carta de arrematação

Encerra-se o procedimento expropriatório com a expedição da carta de arrematação, que representa o traslado do auto de arrematação, mais os elementos históricos, indispensáveis ao seu registro (art. 703 do CPC).

---

(138) REsp n. 31.234/93, Rel. Min. Sálvio de Figueiredo, DJ de 29.11.93, p. 25.885. Mesmo sentido: REsp n. 171.275, Rel. Min. Cesar Asfor Rocha, DJ de 14.6.99, p. 203 e REsp n. 259.055, Rel. Min. Garcia Vieira, DJ de 30.10.00, p. 128.
(139) AP n. 2.678/96, 5ª T., Ac. 23.987/96, Rel. Des. José Montenegro Antero, DJPR de 22.11.96.
(140) STJ, REsp n. 111.179, Rel. Min. Eduardo Ribeiro, DJ de 8.3.00, p. 103.

Há certa confusão a respeito da natureza da carta de arrematação, pois, sem sombra de dúvida, não se equipara à sentença, nem na forma e nem no conteúdo, não pondo fim ao processo, não sendo atacável via ação rescisória[141]. O ato constitutivo da arrematação está na assinatura do auto, ou na homologação do procedimento pelo juiz, quando completa a alienação coacta do Estado, realizada na hasta pública. A carta é o título que recebe o arrematante.

Ressalta-se que, antes de assinada a carta de arrematação, no prazo estipulado no art. 1.048 do CPC, poderão ser apresentados embargos de terceiros e embargos à arrematação, nos termos do art. 746 do CPC.

A arrematação pode ser desconstituída via ação anulatória, conforme o previsto no art. 486 do CPC, não nos autos de execução, quando já houve a expedição da respectiva carta e sua transcrição no registro imobiliário, mas na ação autônoma[142].

A carta de arrematação constitui o título formal da aquisição, sendo que será levada a registro. A Lei n. 6.015/77, que disciplina os registros de imóveis, no art. 167, enumera os títulos que podem ser objeto de registro, relacionando no inciso I, n. 26, o registro da arrematação e da adjudicação em hasta pública.

Os requisitos da carta de arrematação estão dispostos no art. 703 do CPC. Com relação aos impostos, como já referido anteriormente, ao arrematante não é transferida a responsabilidade tributária do executado, conforme disposto no art. 130, parágrafo único, do Código Tributário Nacional (CTN). Os impostos e taxas, cujo fato gerador é a propriedade, sub-rogam-se no preço. O arrematante tem responsabilidade com relação aos tributos que tenham como fato gerador a transmissão do domínio, imposto de transmissão de bens imóveis (art. 35, I, do CTN e art. 703, III do CPC).

6.9. ALIENAÇÃO DE BEM MÓVEL

A alienação dos bens móveis, segundo a sistemática do processo civil, será realizada mediante leilão e por intermédio de corretores da Bolsa de Valores.

Como referido anteriormente, no processo do trabalho, por força do disposto no art. 888, § 1º da CLT, os bens serão vendidos pelo maior lance na praça. Não havendo licitantes, poderão os bens ser vendidos por leiloeiro

---

(141) No sentido contrário, Pontes de Miranda (*Comentários ao Código de Processo Civil*. t. X, p. 313) que considera que a carta de arrematação é uma sentença e atacável via ação rescisória.
(142) Esse entendimento foi recepcionado pelos Ministros do Superior Tribunal de Justiça na decisão do Agravo Regimental no Recurso Especial n. 165.228/SP, Rel. Min. Eliana Calmon, DJ de 25.9.00, p. 87.

nomeado pelo juiz. Conforme o disposto no artigo, tanto bens imóveis quanto os móveis seriam alienados mediante a praça ou leilão. Na Lei n. 6.830/80, dos Executivos Fiscais, que é adotada supletivamente ao processo trabalhista, por força do art. 889 da CLT, há menção de que, para qualquer bem penhorado, será feita a alienação via leilão público (art. 23). Tal disposição e a falta de estrutura de algumas Varas trabalhistas têm desencadeado na ocorrência de somente leilões dos bens penhorados, independentemente de serem bens móveis ou imóveis.

A utilização de corretores deve ser adotada na arrematação trabalhista, pois, recaindo a penhora em títulos e papéis negociáveis na própria bolsa (art. 704 do CPC), a participação dos mesmos é obrigatória, conforme as resoluções do Banco Central.

Não será expedida carta de arrematação em se tratando de bens móveis, conforme previsão do art. 707 do CPC. O auto será lavrado e documentará o negócio, sendo expedida ordem de entrega ao arrematante, caso necessário, pois basta a tradição para a transferência do domínio da coisa arrematada. Refere-se, por fim, que, para alguns bens móveis, há necessidade da carta para efeito de registro nos órgãos competentes, como por exemplo, o caso de veículos. Nesse caso, entende-se viável a expedição de carta de arrematação para efeito de registro, pois contém as informações necessárias a respeito da arrematação.

No caso de ser admitido o parcelamento do valor do lance (item 6.5.4 — Condições do remate), na forma do art. 98 da Lei n. 8.212/91, supletivamente adotado ao processo do trabalho, a carta de arrematação mencionará, ainda: a) o valor da arrematação, valor e número de parcelas mensais em que será pago; b) constituirá a hipoteca do bem adquirido, ou o penhor, em favor do credor, servindo de título hábil para registro da garantia e a indicação do arrematante como fiel depositário do bem móvel; c) especificará os critérios de reajustamento do saldo e das parcelas (§ 5º).

6.10. ALIENAÇÃO ANTECIPADA

A hipótese legal da alienação antecipada dos bens penhorados está descrita no art. 670 do CPC, que a estabelece nos casos de rápida deterioração ou depreciação (art. 670, I), ou se houver manifesta vantagem (art. 670, II).

Essa situação deve ser observada e aplicada em bens com rápida deterioração, como gêneros alimentícios (*v. g.*), ou depreciação, como equipamentos eletrônicos em geral (computadores, equipamentos de informática, televisores, aparelhos de telefonia celular, entre outros).

Normalmente, adota-se o procedimento da antecipação da alienação no caso dos produtos perecíveis, mas não em produtos com rápida depreciação. Essa situação deve ser revisada, haja vista que, *v. g.*, tratando-se de produtos eletrônicos, o seu valor rapidamente é depreciado, ficando, muitas vezes, sem interessados na compra e sem valor de mercado, sendo alienados como "sucata". Portanto, deve ser a atitude do juízo a alienação antecipada dos bens penhorados quando esses sabidamente perdem valor de maneira rápida, sob pena de não ser efetiva a execução.

No caso de o devedor não concordar com a alienação antecipada, deverá esse solicitar a substituição do bem, observada a ordem do art. 655 do CPC, que será apreciada pelo juízo. Ressaltamos que, se o devedor deixou transcorrer *in albis* o prazo do art. 880 da CLT — 48 (quarenta e oito) horas —, não poderá solicitar a substituição do bem, salvo por dinheiro ou por fiança bancária, com o acréscimo de 30% (art. 656, § 2º do CPC).

7

LEILOEIRO

O leiloeiro, agente auxiliar do comércio, tem sua profissão regulamentada no Decreto n. 21.981, de 19.10.32, e na Lei n. 4.021, de 10.12.61 (leiloeiro rural)[1]. O CPC estipulou algumas normas específicas para os leiloeiros que participam da expropriação judicial (arts. 705 e 706). A CLT é omissa a respeito do procedimento que deverá ser observado pelo leiloeiro, existindo poucas regras na Lei n. 6.830/80, que devem ser aplicadas subsidiariamente na execução trabalhista (art. 889 da CLT), bem como as disposições do CPC (art. 769 da CLT).

7.1. CONSIDERAÇÕES GERAIS

Mediação vem do latim *mediatio* que significa intercessão, intervenção. A intermediação nos negócios jurídicos pode ser feita de múltiplas formas, como por exemplo, mandatário, comissário, agente de negócio ou como representante comercial. O leiloeiro representa um mediador, cujo trabalho decorre de uma prestação de serviço pessoal, sendo os esforços remunerados pelo resultado positivo que traz ao dono do negócio ou ao Estado, no caso da execução.

---

[1] Há, com relação à matrícula e seu cancelamento, a Instrução Normativa n. 83/99, do Departamento Nacional do Registro do Comércio — DNRC.

O art. 69 do Código Comercial estabelece que os agentes de leilões, quando exercendo o seu ofício dentro das suas próprias casas de leilão ou fora delas, não se achando presente o dono dos efeitos que houverem de ser vendidos, são reputados todos verdadeiros consignatários, sujeitos às disposições do Título VII — Da comissão, arts. 167, 168, 169, 170, 171, 172, 173, 177, 181, 182, 185, 186, 187, 188 e 189.

O Decreto n. 21.981, de 19.10.32, que regulamentou a profissão de leiloeiro, mencionou no art. 22 o preceito do art. 69 do Código Comercial, acrescentando que os leiloeiros são reputados consignatários ou mandatários. Estabelece, ainda, que o contrato entre o leiloeiro e a pessoa, ou autoridade judicial que autorizar a sua intervenção ou efetuar a sua nomeação para realizar leilões, é de mandato ou comissão (art. 40). Na execução, não há relação jurídica entre o leiloeiro e o credor ou devedor, mas sim, com o Estado.

Para ser leiloeiro, a exigência é de ser cidadão brasileiro e estar no gozo dos direitos civis e políticos; ser maior de vinte e cinco anos; domiciliado no lugar em que exercer a profissão há mais de cinco anos e ter idoneidade comprovada com apresentação de certidões negativas dos distribuidores das Varas criminais e civis da Justiça local (art. 2º do Decreto n. 21.981/32 e Instrução Normativa n. 83/99 do DNRC). Não podem ser leiloeiros os que não podem ser comerciantes; os que tiverem sido destituídos anteriormente dessa profissão, salvo a pedido deste, e os falidos não reabilitados e os reabilitados, quando a falência tiver sido qualificada como culposa ou fraudulenta (art. 3º do Decreto n. 21.981/32).

Deverá o leiloeiro estar matriculado perante as Juntas Comerciais (art. 1º do Decreto n. 21.981/32), sendo nomeados por essas (art. 4º do Decreto n. 21.981/32). Cada leiloeiro tem a obrigação, após a habilitação perante as Juntas Comerciais, de prestar fiança (art. 6º do Decreto n. 21.981/32), que responde pelas dívidas ou responsabilidades, originadas por multas, infrações de disposições fiscais, impostos federais e estaduais relativos à profissão, saldos e produtos de leilões (art. 7º do Decreto n. 21.981/32).

O exercício das atividades de leiloeiro é pessoal, não podendo ser delegado, senão por moléstia ou impedimento ocasional (art. 11 do Decreto n. 21.981/32). Tal disposição é a mesma encontrada na execução (art. 705, II, do CPC). O preposto, indicado pelo leiloeiro, prestará as mesmas provas de habilitação exigidas no art. 2º, sendo considerado mandatário legal do proponente para o feito de substituí-lo e de praticar, sob a sua responsabilidade, os atos que lhe forem inerentes. Não poderá, entretanto, funcionar conjuntamente com o leiloeiro (art. 12 do Decreto n. 21.981/32).

Os leiloeiros não poderão fazer novação com as dívidas provenientes do saldo dos leilões, convertendo-as em promissórias ou quaisquer outros títulos, e responderão como fiéis depositários para com seus comitentes, sob as penas da lei (art. 15 do Decreto n. 21.981/32).

São competentes para suspender, destituir e multar os leiloeiros as Juntas Comerciais e as Justiças ordinárias, nos casos de mora e falta de pagamento. A condenação em perdas e danos só pode ser levada a efeito pelos meios ordinários (art. 16 do Decreto n. 21.981/32). Temos de analisar o dispositivo legal de forma atualizada, pois, quando foi proposto, não existia a Justiça do Trabalho. Contudo, vislumbra-se a possibilidade de o juiz do trabalho destituir e multar o leiloeiro no processo, tendo em vista atitude irregular ou ilegal. O que é óbvio não ser de sua competência é a suspensão e destituição da possibilidade do exercício profissional do leiloeiro.

Compete ao leiloeiro, pessoal e privativamente, a venda em hasta pública, dentro de suas próprias casas ou fora delas, de tudo que, por autorização de seus donos ou por alvará judicial, forem encarregados, tais como bens imóveis e móveis, com fé de oficiais públicos (art. 19 do Decreto n. 21.981/32).

Os leiloeiros, quando exercem o seu ofício dentro de suas casas e fora delas, não se achando presentes os donos dos efeitos que tiverem de ser vendidos, serão reputados verdadeiros consignatários ou mandatários, competindo-lhes, nesta qualidade, cumprir fielmente as instruções que receberem dos comitentes: zelar pela boa guarda e conservação dos efeitos consignados e de que são responsáveis, salvo caso fortuito ou de força maior, ou de provir a deterioração de vício inerente à natureza da causa; avisar os comitentes, com a possível brevidade, de qualquer dano que sofrerem os efeitos em seu poder; declarar, no aviso e conta que remeterem ao comitente nos casos de vendas a pagamento, o nome e domicílio dos compradores e os prazos estipulados; responder, perante os respectivos donos, seus comitentes, pela perda ou extravio de fundos em dinheiro, metais ou pedras preciosas, existentes em seu poder, ainda mesmo que o dano provenha de caso fortuito ou de força maior, salvo a prova de que na sua guarda empregaram a diligência que, em casos semelhantes, empregam os comerciantes acautelados; exigir dos comitentes uma comissão pelo seu trabalho, de conformidade com o que dispõe este regulamento, e a indenização da importância despendida no desempenho de suas funções, acrescida dos juros legais, pelo tempo que demorar o seu reembolso, e, quando os efeitos a serem vendidos ficarem em depósito litigioso, por determinação judicial, as comissões devidas e o aluguel da parte do armazém que os mesmos ocuparem, calculado na proporção da área geral e do preço de aluguel pago por esse armazém (art. 22 do Decreto n. 21.981/32).

A taxa da comissão dos leiloeiros será regulada por convenção escrita que estabelecerem com os comitentes, sobre todos ou alguns dos efeitos a vender. Não havendo estipulação prévia, regulará a taxa de 5% (cinco por cento) sobre bens móveis, semoventes, mercadorias, joias e outros efeitos e a de 3% (três por cento) sobre bens imóveis de qualquer natureza. Os compradores pagarão obrigatoriamente 5% (cinco por cento) sobre quaisquer bens arrematados (art. 24 do Decreto n. 21.981/32). Na Lei n. 6.830/80, está estipulado que o arrematante é quem pagará a comissão do leiloeiro, forma também mencionada no art. 705, IV, do CPC.

Os leiloeiros não poderão vender a crédito ou a prazo, sem autorização por escrito dos comitentes (art. 26 do Decreto n. 21.981/32).

A conta da venda dos leilões será fornecida até cinco dias úteis depois da realização dos respectivos pregões, da entrega dos objetos vendidos ou da assinatura da escritura de venda, e o seu pagamento efetuado no decurso dos cinco dias seguintes. As contas, devidamente autenticadas pelos leiloeiros, demonstrarão os preços alcançados nos pregões de cada lote e serão entregues aos comitentes mediante remessa pelo protocolo ou por meio de carta registrada (art. 27 do Decreto n. 21.981/32). Havendo mora por parte do leiloeiro, poderá o credor, exibindo a respectiva conta da venda, requerer ao juízo competente a intimação dele, para pagar dentro de 24 horas, em cartório, o produto do leilão, sem dedução da comissão que lhe cabia, sob pena de prisão, como depositário remisso, até que realize o pagamento (art. 27, § 4º do Decreto n. 21.981/32). No art. 705 do CPC, está previsto o depósito no prazo de 24 (vinte e quatro) horas do produto da alienação, bem como a prestação de contas no prazo de 48 (quarenta e oito) horas subsequentes ao depósito.

Conforme decisão no Superior Tribunal de Justiça, o leiloeiro que, instado pelo juízo, não restitui o valor arrecadado no leilão, sujeita-se ao regime prisional na condição de depositário infiel, determinada pelo § 4º do art. 27 do Decreto n. 21.981/32[2]. Em outra decisão, os Ministros decidiram que, estando o leiloeiro oficial na situação de depositário da quantia arrecadada mediante a alienação de bem em hasta pública, correta é a propositura de ação de depósito pela proprietária do bem a fim de ter restituído o valor. Julgada procedente a ação de depósito, uma vez desobedecida a ordem judicial para a devolução do bem, o depositário infiel pode ter sua prisão decretada[3].

Uma indagação de grande vulto que pode surgir é relacionada à competência da Justiça do Trabalho para decretar a prisão do leiloeiro, no caso do não repasse dos valores colocados sob sua guarda em decorrência da alienação. Mesmo não tendo competência penal, a Justiça do Trabalho, sendo incidente da execução trabalhista, é competente para apreciar e determinar a prisão do leiloeiro. Tal conclusão pode parecer estranha, mas facilmente

---

(2) RHC n. 9982/RJ, 4ª T., Rel. Min. Cesar Asfor Rocha, DJU de 9.10.00, p. 148.
(3) RHC n. 6938/SP, Rel. Min. Felix Fischer, DJ de 29.6.1998, p. 231.

acolhida quando a equiparamos à situação do depositário infiel dos bens penhorados. Portanto, segundo o disposto no Decreto n. 21.981/32, o leiloeiro em mora está sujeito à prisão, pois equiparado ao depositário infiel, sendo a mesma decretada no juízo trabalhista (art. 27, § 4º).

É proibido ao leiloeiro, sob pena de destituição, exercer o comércio direta ou indiretamente no seu ou alheio nome; constituir sociedade de qualquer espécie ou denominação e encarregar-se de cobranças ou pagamentos comerciais. Sob pena de multa, adquirir para si ou para pessoas de sua família, coisa de cuja venda tenha sido incumbido, ainda que a pretexto de se destinar a seu consumo particular (art. 36 do Decreto n. 21.981/32).

O contrato que se estabelece entre o leiloeiro e a pessoa, ou autoridade judicial que autorizar a sua intervenção ou efetuar a sua nomeação para realizar leilões, é de mandato ou comissão e dá ao leiloeiro o direito de cobrar judicialmente a sua comissão e as quantias que tiver desembolsado com anúncios, guarda e conservação do que lhe for entregue para vender, instruindo a ação com os documentos comprobatórios dos pagamentos que houver efetuado por conta dos comitentes e podendo reter em seu poder algum objeto que pertença ao devedor até o seu efetivo embolso (art. 40 do Decreto n. 21.981/32).

7.2. ESCOLHA DO LEILOEIRO

Um fato divergente na arrematação no processo civil e no processo trabalhista é a escolha do leiloeiro. No processo civil, a escolha incumbe ao credor (art. 706 do CPC) e, na sistemática trabalhista, a escolha é do juiz (art. 888, § 3º da CLT).

7.3. INCUMBÊNCIA DO LEILOEIRO

Além dos deveres e obrigações existentes no Decreto n. 21.981/32, referidos anteriormente, o CPC estabelece outras que devem ser observadas pelo leiloeiro no processo de execução. É incumbência do leiloeiro a publicação do edital (art. 705, I do CPC); mas a elaboração deste cabe ao juízo de execução. O leiloeiro deve realizar o leilão no local onde se encontram os bens, ou no indicado pelo juiz (art. 705, II do CPC). É de sua atribuição, também, a exposição dos bens ou amostras das mercadorias (art. 705, III do CPC). Deverá depositar, no prazo de 24 (vinte e quatro) horas, o produto da alienação (art. 705, V do CPC), bem como prestar contas no prazo de 48 (quarenta e oito) horas subsequentes ao depósito.

Como bem explica J. X. Carvalho de Mendonça, o método ou processo adotado nos leilões é o seguinte: a) como preliminar, o leiloeiro anuncia o leilão pela imprensa, designando o lugar, o dia e a hora, os objetos a vender, as condições ou os termos da venda, a forma do pagamento e da entrega da coisa vendida; b) no lugar, dia e horas marcados, perante os licitantes, o leiloeiro declara aberto o leilão, fazendo patentes, antes de começar, as condições e termos, não podendo modificá-las; c) as vendas podem ser feitas em globo ou em lotes; d) o leiloeiro vende a dinheiro de contado, não podendo vender fiado ou a prazo, sem autorização por escrito do comitente; e) como o recebimento imediato do preço da venda traria muita delonga ao leilão, pode o leiloeiro exigir sinal ou caução (atualmente, tal sistemática é adotada na legislação — art. 888, § 2º da CLT e art. 690 do CPC); f) na ocasião de apresentar aos licitantes cada objeto ou lote, deve o leiloeiro declarar o seu estado e a sua qualidade; g) as ofertas dos licitantes devem ser feitas em voz alta, clara e inteligível, de modo a serem bem ouvidas pelo leiloeiro e pelos outros licitantes; h) com o martelo na mão, pede o leiloeiro que os licitantes façam as suas ofertas pelo objeto ou lote à venda. Um dos licitantes abre o preço com o primeiro lanço. O leiloeiro apregoa este preço em voz alta e inteligível, até ouvir lanço maior, e assim continua até atingir o máximo. Pergunta, então: *Não há quem mais ofereça?* Não sendo coberto o último lanço, dá uma martelada na secretária ou tribuna donde apregoa. A pancada do martelo é o sinal simbólico da aceitação da oferta e da conclusão do contrato[4].

7.4. *REMUNERAÇÃO DO LEILOEIRO*

Segundo o ordenamento jurídico, o contrato existente entre o leiloeiro e a pessoa, ou autoridade judicial, no caso de execução, que autorizar a sua intervenção ou efetuar a sua nomeação para realizar leilões, é de mandato ou comissão e dá ao leiloeiro o direito de cobrar judicialmente a sua comissão e as quantias que tiver desembolsado com anúncios, guarda e conservação do que lhe for entregue para vender, podendo reter em seu poder algum objeto, que pertença ao devedor, até o seu efetivo embolso (art. 40 do Decreto n. 21.981/32).

Referimos, pela argumentação, que mandato não se confunde com comissão. Como bem mencionado por Fran Martins[5], a comissão aproxima-se do mandato, dele divergindo por agir o mandatário em nome do mandante, a esse obrigado, enquanto que o comissário age em nome próprio, obrigando-se pessoalmente. Diferencia-se, igualmente, do contrato de corretagem, por se caracterizar esse como uma intermediação entre o vendedor e comprador, obrando o corretor com a finalidade de fazer a aproximação de ambos,

---

(4) *Tratado de direito comercial brasileiro*. 7. ed. Rio de Janeiro: Freitas Bastos, 1963. p. 387-391.
(5) *Contratos e obrigações comerciais*. 13. ed. Rio de Janeiro: Forense, 1995. p. 288. Uma obra muito importante a respeito do assunto é de autoria de CARVALHO NETO, Antônio. *Contrato de mediação*. São Paulo: Saraiva, 1956.

enquanto que o comissário, recebendo ordens do comitante, age e se obriga em seu próprio nome, como se em verdade fosse ele o comprador ou vendedor.

As obrigações assumidas pelo leiloeiro decorrem de um contrato, pois resultante de duas vontades, orientadas para um fim comum, assumindo obrigações recíprocas. É oneroso pelo seu próprio objeto, estipulando às partes recíprocas vantagens patrimoniais e consensuais.

O leiloeiro tem, portanto, o direito de cobrar, além da comissão pelos seus serviços, despesas com anúncios (publicações em jornais ou outras formas de publicidade extraordinária, determinada pelo juiz da execução, conforme faculdade do art. 687, § 2º do CPC), guarda (valores de depósitos ou armazéns) e conservação (todas as despesas relacionadas à conservação dos bens confiados). Acrescentam-se a esta lista os valores dispensados no transporte dos bens penhorados ou outras despesas pelo leiloeiro assumidas, justificadas ao juízo.

A taxa da comissão dos leiloeiros será regulada por convenção escrita que estabelecerem com os comitentes, sobre todos ou alguns dos efeitos a vender. Não havendo estipulação prévia, regulará a taxa de 5% (cinco por cento) sobre móveis, semoventes, mercadorias, jóias e outros efeitos e a de 3% (três por cento) sobre bens imóveis de qualquer natureza. Os compradores pagarão obrigatoriamente 5% (cinco por cento) sobre quaisquer bens arrematados (art. 24 do Decreto n. 21.981/32).

Na execução, o pagamento da comissão é diferenciado. O arrematante é quem pagará as comissões ao leiloeiro, conforme previsão dos art. 705, IV, do CPC e art. 23, § 2º da Lei n. 6.830/80.

Quanto ao percentual das comissões, principalmente nos Tribunais Regionais do Trabalho, há provimentos das Corregedorias Regionais que estipulam o devido aos leiloeiros[6]. Normalmente, tais provimentos repetem o percentual previsto na lei, de 5% (cinco por cento) para bens móveis e de 3% (três por cento) para imóveis. No entanto, poderá o juiz estipular comissão em valores diferentes dos percentuais, em face do valor do bem leiloado, bem como das tarefas desenvolvidas pelo leiloeiro.

Assim, ocorrendo a arrematação do bem penhorado e pago o lanço na forma da lei, não surgirá dificuldade para estabelecer a remuneração do leiloeiro. Contudo, problemas surgirão quando o leilão for negativo, ou seja, sem licitante; se o leilão é considerado nulo; se o bem for arrematado pelo próprio credor ou se existir a remissão ou a adjudicação. Pela importância dos temas, serão analisados separadamente.

---

(6) Exemplo o art. 95 do Provimento n. 1/00 da Corregedoria do Tribunal Regional do Trabalho da 12ª Reg., estipulando que os honorários de leiloeiro correspondem a 3% (três por cento) para os bens imóveis e a 5% (cinco por cento) para os móveis e semoventes, incidente sobre o valor da alienação. O eg. TRT estipulou os mesmos percentuais de comissão previsto no Decreto n. 21.891/32.

7.4.1. Leilão negativo

Dúvidas surgem a respeito da remuneração do leiloeiro no caso de o leilão ser negativo, ou seja, não existirem licitantes.

A obrigação assumida pelo leiloeiro equivale-se, conforme disposição legal, ao do mandatário ou comissário (art. 40 do Decreto n. 21.981/32) sendo, portanto, de resultado e não de meio. O seu contrato é oneroso, sinalagmático e consensual. Ademais, segundo o previsto no art. 705, IV, do CPC, o arrematante pagará a comissão. Este critério também é aplicado no processo trabalhista por força do disposto no art. 23, § 2º da Lei n. 6.830/80. Portanto, somente é devida a comissão do leiloeiro, via de regra, quando o resultado do leilão é positivo, ou seja, haja licitante.

Tal entendimento é compartilhado pelos Desembargadores do Tribunal de Justiça do Rio Grande do Sul, quando ressaltam que a remuneração do leiloeiro só é devida se concretizada validamente a venda[7]. Tal posicionamento é o mesmo dos Desembargadores do TRT da 9ª Região, no sentido de que a imposição de pagamento de honorários de leiloeiro, quando não efetivada a hasta pública, fere os dispositivos legais atinentes à matéria do art. 705, IV, do CPC e art. 23, *caput* e § 2º, da Lei n. 6.830/80. Eis que inexiste previsão para quitação de comissão, bastando para tanto a inclusão do processo no edital de leilão. Quando muito, poderia haver o ressarcimento das despesas efetuadas pelo profissional. Entretanto, se considerarmos a natureza jurídica de comerciante do leiloeiro, só podemos concluir que este deve arcar com os ônus da atividade econômica que adotou como profissão[8].

O que se tem de ressaltar é que o leiloeiro, no caso do leilão negativo, deverá ser ressarcido de todas as despesas. Assim, para não ser devida a comissão, o leilão deve não ocorrer por ausência de licitantes e não, por outro motivo.

7.4.2. Sustação do leilão por ato das partes

Situação importante a ser analisada é a discussão a respeito da comissão do leiloeiro quando sustado o ato expropriatório em decorrência de atos das partes. Nessa hipótese, a conclusão deve ser outra da demonstrada no item anterior.

Um expediente que ocorre, normalmente, no foro trabalhista, que deve ser examinado, é o pedido da não realização do leilão por parte do executado, ou das partes, tendo em vista a existência do acordo ou pagamento da

---

(7) AGI n. 70003736212, 9ª CCív., Rel. Des. Mara Larsen Chechi, j. 15.5.02.
(8) AP n. 00291-2002, (17083-2002), Rel. Des. Luiz Eduardo Gunther, DJPR de 26.7.02.

execução. Tal prática é adotada, corriqueiramente, nos dias que antecedem o leilão ou até mesmo no próprio dia.

Essa circunstância deve ser analisada sobre dois aspectos. Primeiro, não se mostra ilegal a exigência do pagamento de todas as despesas do processo para sustar o leilão, mesmo que a pedido da parte. Uma coisa é o exequente aceitar, na véspera do leilão, parcelar o seu crédito; outra é o pagamento das despesas processuais. Assim, mesmo com o pedido das partes para sustação do leilão, em face de parcelamento do débito, é lícita a exigência do pagamento de todas as despesas processuais, incluídas as despesas do leiloeiro.

Outro aspecto é a fixação de comissão, em percentual abaixo do que seria deferido no ato, para sustar o leilão. A atitude tem a finalidade de evitar eventuais abusos por parte dos litigantes, bem como ressarcir o trabalho já realizado pelo leiloeiro. No caso de não cumprido o acordo, o bem novamente será leiloado, ou seja, de novo terão de ser observadas todas as exigências legais, bem como realizadas várias tarefas pelo leiloeiro. As atividades do leiloeiro não se resumem ao ato específico da expropriação, pois existem inúmeras providências anteriores ao leilão que devem ser praticadas, tais como a determinação da data para o leilão; organização dos procedimentos para o mesmo; prestação de informações e instruções às partes interessadas na eventual arrematação do bem; demonstração dos bens; publicação de editais, entre outras. Assim, não remunerar tais atos representaria desrespeito aos serviços dos auxiliares do juízo.

Em decisão sobre a matéria, os Desembargadores do TRT da 4ª Região fundamentaram que, mesmo frustrada a realização do leilão em razão do pagamento efetuado pela executada, o leiloeiro tem direito ao ressarcimento das despesas com publicação de editais, remoção e depósito de bens (quando for o caso) e também faz jus ao pagamento de comissão proporcional aos atos preparatórios praticados para a concretização do leilão. No corpo do acórdão, relatam que não se pode ignorar que a venda judicial de bens penhorados não se restringe ao momento específico da alienação, pois exige do profissional designado inúmeras providências anteriores e posteriores ao leilão. No caso vertente, efetivados os atos necessários à realização do leilão, vindo a ser sustada a execução em face do pagamento superveniente, entende-se que faz jus o profissional a uma comissão proporcional ao trabalho desenvolvido. Registra-se que, não sendo o leiloeiro serventuário da Justiça ou auxiliar do juízo, mas um agente comercial, deve receber o justo pagamento pelos atos praticados em cumprimento à sua designação para atuar no feito, os quais equivalem a trabalho prestado no interesse das partes[9]. No mesmo sentido, é o entendimento de que é devida a comissão do leiloeiro, ainda que não homologado o leilão, porquanto despendido tempo, conhecimento e serviços

---

(9) Ac. n. 01086.231/90-2 AP, Rel. Des. Tânia Maciel de Souza.

para a inclusão do bem no leilão designado. No corpo do acórdão, decidiram os juízes que não há como se negar o dispêndio, pelo leiloeiro, de seus conhecimentos e serviços, tanto próprios quanto de seus auxiliares. Com efeito, foi agendada data para o leilão, organizado o cronograma de procedimentos para o mesmo; prestou o leiloeiro, ainda, informações e instruções às partes interessadas na eventual arrematação do bem, buscou a publicação de editais, enfim, realizou atividades várias que antecedem à finalização do leilão, tendo deixado claro, também, que sua comissão seria suportada pelo arrematante. Assim, flagrante é o direito do leiloeiro de perceber a justa remuneração por seus serviços, sob pena de admitir-se o trabalho ou prestação de serviços auxiliares ao Juízo, sem a correspondente remuneração[10].

7.4.3. Leilão nulo

Outra hipótese que deve ser analisada é o caso de declaração da nulidade do leilão, por fato superveniente ou antecedente ao mesmo.

O art. 694, parágrafo único do CPC, faz menção às hipóteses do desfazimento da arrematação, seja por motivo de nulidade, não pagamento do preço, existência de ônus real não mencionado no edital e nos demais casos previstos no próprio artigo.

Existindo nulidade da execução, perde o leiloeiro direito à comissão. Contudo, a nulidade referida não deve ocorrer por ato das partes ou do arrematante, mas sim, por ato processual do juízo ou dos seus auxiliares. A análise da matéria é corriqueira nos tribunais, sendo relacionadas duas decisões no Superior Tribunal de Justiça. A primeira, no sentido de que, declarado nulo o ato avaliatório e perdida a eficácia os atos subsequentes, determina-se a devolução da importância paga a título de comissão ao leiloeiro, inexistindo violação ao art. 23, § 2º da Lei n. 6.830/80[11]. A segunda esclarece que o leiloeiro oficial exerce um mandato, recebendo comissão pelo seu serviço, conforme arbitrado ou previsto em contrato. A comissão só é devida, efetivamente, quando finda a hasta ou leilão sem pendência alguma. O desfazimento da alienação por fato da Justiça, sem culpa do arrematante, não gera para o leiloeiro direito à comissão. Legítima e legal a punição do leiloeiro que recebeu antecipadamente comissão de leilão, recusando-se a devolvê-la quando foi desfeita a hasta pelo Tribunal[12].

Configuradas, portanto, as hipóteses de nulidade do processo, a não referência dos ônus no edital e os casos previstos no art. 694 do CPC, não é devida a comissão do leiloeiro.

---

(10) Ac. n. 01101.511/97-4 AP, Rel. Des. Milton Varela Dutra e Ac. n. 00138.016/96-8 AP, Rel. Des. Paulo José da Rocha.
(11) REsp n. 289.641/SP, Rel. Min. Eliana Calmon, DJ de 30.4.01, p. 129.
(12) ROMS n. 13130/SP, 2ª T., Rel. Min. Eliana Calmon, DJU de 21.10.02.

Ressalta-se, por fim, que quando o desfazimento decorre de ato do arrematante, ou seja, não pagamento no prazo legal, a comissão é devida. Não é devida na hipótese da propositura dos embargos à arrematação (art. 694, IV, do CPC) que, no caso de não provimento do mesmo, deve ser aplicada a multa da litigância de má-fé (art. 746, § 3º do CPC) e a imputação da comissão à parte embargante.

7.4.4. Arrematação pelo credor

Não há, no processo civil, qualquer impedimento ao credor participar da arrematação, competindo com os outros pretendentes. Refere, o art. 690-A, parágrafo único, do CPC, que o credor que arrematar os bens não está obrigado a exibir o preço; mas, se o valor dos bens exceder o seu crédito, depositará, dentro de três dias, a diferença, sob pena de desfazer a arrematação. Desfeita a arrematação pelo inadimplemento do credor-arrematante, os bens serão levados à praça ou a leilão às suas custas.

A sistemática trabalhista é, em parte, diferenciada da processual civil. No art. 888 da CLT, que trata da arrematação, não há qualquer menção da possibilidade do credor trabalhista arrematar o bem em hasta pública. A única referência está relacionada à adjudicação. O antigo Código de Processo Civil de 1939 não tratava, também, a respeito da possibilidade de o credor ser o arrematante (arts. 963 a 980), pois previa que ao credor caberia adjudicar o bem, mesmo existindo licitante. As disposições da Lei n. 6.830/80, que devem ser utilizadas supletivamente na execução trabalhista, não dispõem a respeito da arrematação pelo credor.

Mesmo que a CLT não trate expressamente da possibilidade de o credor participar da hasta pública com vistas à arrematação do bem penhorado, ela não veda. Destarte, é admitida a arrematação pelo credor trabalhista, com base no disposto no CPC. Entende-se que a apresentação do lanço pelo credor pode favorecer o executado, haja vista que poderá alcançar valores superiores aos demais licitantes e extinguir a obrigação do devedor.

Com relação ao pagamento da comissão, o arrematante é quem quitará os valores com o leiloeiro, conforme previsão dos art. 705, IV, do CPC e art. 23, § 2º da Lei n. 6.830/80. Tais normas devem ser aplicadas, também, no caso do arrematante ser o próprio credor, tanto no processo civil quanto no processo trabalhista. Assim, tendo interesse na arrematação, o credor deverá arcar com a comissão do leiloeiro.

7.4.5. Remição e adjudicação

Outra dúvida que surge quando se analisa a comissão do leiloeiro é o momento da conclusão do negócio jurídico. Existem duas correntes que defendem situações diferentes. A primeira ostenta que o vocábulo "conclusão" deve ser entendido como término, ultimação e acabamento. Neste, o resultado real, apreciável economicamente é o crivo pelo qual tem de passar o trabalho do leiloeiro, para ter direito à comissão. Equipara-se, *mutatis mutandis*, à mediação e à empreitada.

A segunda dá ao vocábulo a significação técnica, adequada à terminologia jurídica, como um dos momentos do contrato. Nesta situação, reconhece-se o direito à comissão desde o acordo de vontades das partes sobre os elementos essenciais do negócio, que é juridicamente o que se entende por "conclusão". O direito à comissão existe em que pese o negócio não se realize.

No caso dos leiloeiros, o que prevalece é a primeira corrente, pois a sua obrigação é de resultado e não, de meio. Em reiteradas decisões, os Tribunais pátrios têm entendido que, suspensa a praça anteriormente à sua realização, com comunicação ao leiloeiro, que, assim, não prestou os seus serviços de auxílio ao juízo, não há que falar em pagamento de sua comissão pelo executado[13].

Tais conclusões, contudo, devem ser analisadas com cuidado. Como já referido, sendo sustado o leilão por ato de uma das partes, é devida a remuneração do leiloeiro em face dos serviços já efetuados, pois considera-se que as tarefas afeitas ao leiloeiro não se restringem ao momento específico da alienação, pois há inúmeras providências anteriores e posteriores ao leilão. Tal conclusão não invalida o relatado de que a obrigação do leiloeiro é de resultado, mas apenas reconhece que o profissional tem direito ao ressarcimento do trabalho já desenvolvido, realizado antes do ato expropriatório, quando sustado o leilão por ato de uma das partes[14].

No caso de remição ou adjudicação, dúvidas podem surgir quanto à incumbência do pagamento das comissões dos leiloeiros.

Na hipótese de remição, a comissão é devida, pois visa ressarcir o trabalho desenvolvido pelo leiloeiro, devendo ser pago pelo requerente. Os Ministros do STJ relatam que o direito do leiloeiro à remuneração subsiste ainda que a arrematação fique prejudicada pela remição; os honorários, em tal hipótese, já não serão devidos pelo arrematante, mas por quem requereu a remição[15].

---

(13) TRF 1ª R., AG. n. 01000319527, MG, 3ª T., Rel. Des. Luciano Tolentino Amaral, DJU de 8.3.02, p. 59.
(14) Referimos decisão do TRT da 9ª Reg.: COMISSÃO DO LEILOEIRO — PAGAMENTO — LEILÃO SUSTADO. Suspenso o leilão, por remição da dívida, injustificável a cobrança da comissão do leiloeiro. Entretanto, se verificada alguma diligência por parte do profissional, deve ser mantido o pagamento da comissão, proporcionalmente ao trabalho desenvolvido, se comprovadas. (TRT 9ª R., Proc. n. 00717-2004-094-09-40-0, (17976-2006), S.Esp., Rel. Des. Tobias de Macedo Filho, DJPR 20.6.06).
(15) REsp n. 185.656/DF, 3ª T., Rel. Min. Ari Pargendler, DJU de 22.10.01, p. 317.

Menciona-se, por fim, que não pode ser punido o leiloeiro que realiza o ato, presta seus serviços e, após concretizar o mesmo, vir o executado remir a execução, sem nada pagar a título de comissão.

Com relação à adjudicação, o entendimento é no mesmo sentido do relatado a respeito da arrematação pelo credor, no processo trabalhista. O credor trabalhista, diversamente do que ocorre no processo civil[16], deverá arcar com o pagamento do valor da comissão do leiloeiro se houver interessado-arrematante, utilizando-se, *mutatis mutandis*, o previsto no art. 23, § 2º da Lei n. 6.830/80.

---

(16) Pelas alterações do CPC, em face da Lei n. 11.382/06, foi modificada a ordem da expropriação (art. 647 do CPC), passando a adjudicação a ter a preferência sobre a arrematação.

8

ADJUDICAÇÃO

Uma das formas expropriatórias ocorre quando há adjudicação dos bens do devedor pelo credor (art. 647 do CPC), extinguindo-se a execução pelo pagamento (art. 708, II, do CPC).

Como já citado, o credor invoca a tutela jurisdicional do Estado, visando à satisfação da prestação (obrigação) contida no título executivo, judicial ou extrajudicial, por parte do devedor, solicitando a execução forçada. O que se pretende com a tutela jurisdicional é a realização prática da execução que o título contém. O Estado, por intermédio do juiz, pode obrigar o devedor a cumprir a obrigação, em procedimento adequado, mediante o emprego de meios coativos.

A execução instaura-se para que seja resolvida uma lide, pois o inadimplemento do devedor deixa insatisfeita a pretensão do credor, fazendo surgir o conflito litigioso de interesse[1]. A execução é forçada, pois independe da vontade do executado.

O devedor responde com seu patrimônio para cumprimento de sua obrigação, considerado este presente e futuro, salvo as restrições estabelecidas na lei (art. 591 do CPC). A expropriação, nas execuções por quantia certa,

---

(1) MARQUES, José Frederico. *Instituição de direito processual civil*. Campinas: Millennium, 2000. v. V, p. 85.

representa a transferência de bens do patrimônio do executado ou a utilização deste (usufruto — art. 647, IV, do CPC), independentemente de seu consentimento, para que seja alcançado o objetivo do processo, que é a satisfação do exequente. Faz-se, portanto, necessária a transferência da propriedade das coisas ou da titularidade dos direitos penhorados do executado para outra pessoa. Se ocorrer a transferência da propriedade ou titularidade para o exequente, há a adjudicação, que tem a eficácia de satisfazer o direito, sendo, ao mesmo tempo, meio e fim. A arrematação caracteriza-se como meio de conseguir o bem devido (dinheiro) com a transferência do bem penhorado, para posteriormente satisfazer o exequente. Devemos ressaltar que o interesse da arrematação é a conversão do bem em dinheiro, para depois satisfazer o exequente, podendo, contudo, ser o credor o próprio arrematante.

O pagamento do exequente, portanto, faz-se pela entrega do dinheiro, pela adjudicação e pelo usufruto de imóvel ou empresa (art. 708 do CPC).

No processo trabalhista, geralmente, a execução dá-se na forma de execução por quantia certa. Os atos executórios relacionados na CLT preveem, inicialmente, que sejam praticados atos que visem dar liquidez ao comando condenatório a ser executado, caso este não o tenha. Assim, por simples cálculos, arbitramento ou artigo é que se liquida o título (art. 879 da CLT). Após a liquidação, são praticados atos de constrição, apreendendo o patrimônio de executado para satisfazer a execução (arts. 882 e 883 da CLT). Nessa etapa, a penhora define os bens do devedor que são objeto da execução, sem contudo retirar a propriedade deste, ficando, no entanto, impedido de retirar a destinação específica de atender à responsabilidade processual. Menciona-se que a penhora representa o início da expropriação, sendo um ato de *imperium,* que vincula os bens ao processo. Pela penhora, o exequente adquire a preferência de ser satisfeito o seu crédito com o executado (art. 709, I, do CPC) em relação aos demais. Como ato contínuo da penhora, procede-se à avaliação (art. 721 da CLT). Caso não ajuizados embargos ou impugnação (art. 884 da CLT), ou rejeitados os mesmos, seguir-se-á a arrematação (art. 888 da CLT), com a praça, tendo o exequente preferência para a adjudicação (art. 888, § 1º, da CLT). Não havendo licitante e não havendo o requerimento da adjudicação, os bens serão ofertados em leilão (art. 888, § 3º da CLT).

Ressalta-se que o objetivo do credor, na execução por quantia certa, é receber o dinheiro em face da arrematação. Contudo, pode esse consentir em receber coisa que não o dinheiro, em substituição à prestação a que tem direito. Portanto, surge a possibilidade da adjudicação.

No processo do trabalho, não há normas específicas, salvo a menção da preferência da adjudicação em relação à arrematação (art. 888, § 1º da CLT). A sistemática da expropriação dos bens do devedor contida no CPC foi alterada profundamente com a Lei n. 11.382/06, passando o art. 647 a determinar a seguinte ordem: 1º) adjudicação em favor do exequente ou das pessoas indicadas no § 2º do art. 685-A do CPC; 2º) alienação por iniciativa particular; 3º) alienação em hasta pública; e 4º) usufruto de bem móvel ou imóvel. Já a ordem da expropriação no processo do trabalho é a seguinte: 1º) a arrematação, na forma do art. 888 da CLT; 2º) a adjudicação, na forma dos arts. 888 da CLT e 98, § 7º da Lei n. 8.212/91; 3ª) alienação particular e usufruto[2].

8.1. NATUREZA JURÍDICA DA ADJUDICAÇÃO

Refere Enrico Tullio Liebman[3] que o credor de quantia certa de dinheiro pode, à vista do resultado da praça, preferir ficar com as coisas que deviam ser arrematadas, recebendo-as para a extinção do seu direito, o que é a adjudicação. O que não se concorda com o doutrinador italiano é a comparação que faz da adjudicação com a *datio in solutum* (dação em pagamento). Claro que deve ser ressaltado que a comparação referida pelo doutrinador se trata do ponto de vista prático.

A adjudicação representa a transferência, via Estado, do bem penhorado da propriedade do devedor para ao credor, mediante solicitação desse. Representa meio e fim de alcançar o objetivo da execução, que é a satisfação do crédito do autor.

Não há como confundir a venda com arrematação ou a dação em pagamento com a adjudicação. A venda e a dação têm natureza de direito privado, sendo que a arrematação e a adjudicação, têm natureza de direito público, processual. A adjudicação pressupõe um processo.

Na conceituação de José Frederico Marques[4], a adjudicação é ato executivo de expropriação, em que figura o credor como adquirente de bens penhorados. Como na arrematação, trata-se de ato judicial que o juiz exercita no processo executivo, determinando a entrega da coisa ao credor, para que assim fique satisfeita a pretensão deste. Adverte o autor que alguns identificam a adjudicação com a *datio in solutum* que, no seu entender, é equivocado, pois a transferência coacta que se opera no ato processual representa atuação do *jus imperii* do Estado, mediante o exercício da jurisdição. Coaduna-se com o entendimento apresentado, pois a dação em pagamento, instituto de natureza civil, não se confunde com a adjudicação, instituto de natureza processual,

---

(2) Diverge de tal entendimento Luciano Athayde Chaves (*A recente reforma no processo comum e seus reflexos no direito judiciário do trabalho*. 3. ed. São Paulo: LTr, 2007. p. 263 e seguintes) referindo a plena aplicação do art. 647 do CPC, e das regras dele decorrentes, ao Direito Judiciário do Trabalho, quer seja na fase de cumprimento da sentença (art. 769, CLT c/c. art. 475-R do CPC), quer nas execuções fundadas em títulos extrajudiciais.

(3) *Processo de execução*. São Paulo: Saraiva, 1946. p. 253.

(4) *Instituição de direito processual civil*. Campinas: Millennium, 2000. v. V, p. 237-238.

em vários sentidos. Na adjudicação, não há a vontade do executado, não tem índole contratual, sendo ato de *imperium* do Estado, assemelhando-se muito à arrematação.

Invocando os ensinamentos de Amílcar de Castro[5], temos que a adjudicação é a transferência da propriedade, não existindo qualquer convenção e nem relação de direito privado com o exequente-adjudicante e o alienante, que é o Estado. Este, pelo Poder Judiciário, não confirma convenção, nem resolve ou dissolve, isto é, tolhe de efeitos relação social existente entre as partes: o juiz, por *jus imperii,* tira o bem do patrimônio do executado, sem a vontade deste, e autoriza sua entrada no do exequente, com seu expresso consentimento. A anuência do executado é despicienda, precisamente porque não estão as partes, *uti singuli,* no domínio do direito privado, operando *datio in solutum,* e sim, no campo do direito público, *uti civis,* sujeitas ao poder do juiz; e este, por *jus imperii,* é quem ordena a transferência da propriedade de um para outro patrimônio, em razão de haver expropriado do executado a faculdade de disposição dos bens penhorados.

Os efeitos da adjudicação são os mesmos da arrematação, no que se trata da execução trabalhista. No processo civil, há pontos convergentes e divergentes, como por exemplo, a responsabilidade tributária, haja vista a necessidade de o credor requerente pagar os impostos da propriedade, em face da prevalência do crédito tributário em relação ao seu. Na arrematação, existe a sub-rogação ao preço, o que inexiste na adjudicação. Ao trabalhador adjudicante, não é exigido o pagamento dos impostos, pois o seu crédito é privilegiado (art. 186 do CTN).

8.2. OBJETO DA ADJUDICAÇÃO

Os objetos da adjudicação são os bens penhorados (art. 685-A do CPC) e não somente os bens imóveis, como era na redação original do CPC — Título da Subseção III. Na CLT, nunca houve referência a respeito da adjudicação de bens imóveis ou móveis, mas sim, com relação aos bens penhorados, sendo, portanto, admitida tanto de bens móveis quanto de bens imóveis.

A matéria já tinha sido objeto de vários julgamentos, sendo citada a fundamentação dos Ministros do Superior Tribunal de Justiça que referiram ser possível a adjudicação de coisa móvel, pois o art. 708, II, do CPC, não faz nenhuma distinção entre bens móveis e imóveis. Ressaltam, ainda, que devia ser observado o princípio de que a execução se deve fazer pelo modo menos gravoso para o devedor e evidenciada a inexistência de qualquer prejuízo

---

(5) *Comentários ao Código de Processo Civil.* 2. ed. Rio de Janeiro: Forense, 1963. v. X, t. 2, p. 359.

para ele. Admissível o pedido de adjudicação, ainda que não tenha sido formulado imediatamente após o término do leilão sem licitantes[6].

8.3. PRESSUPOSTOS DA ADJUDICAÇÃO

Como pressuposto da adjudicação, no processo civil, na sua forma original — art. 714 do CPC —, tinha de ocorrer a hasta pública sem lançador, o preço não podia ser inferior ao edital e devia haver a legitimidade para o ato. Atualmente, as disposições a respeito da adjudicação no processo civil foram profundamente modificadas, em face da Lei n. 11.382/06. A sistemática da expropriação do CPC passou (art. 647 do CPC) a determinar a adjudicação em favor do exequente ou das pessoas indicadas no § 2º do art. 685-A do CPC como preferentes. A adjudicação pelo exequente terá como base o valor da avaliação (art. 685-A do CPC); porém, se este for superior ao valor do crédito do exequente, este terá de depositar de imediato a diferença, ficando a mesma à disposição do executado. Sendo o crédito superior, a execução prosseguirá o processo normalmente (art. 685-A, § 1º, do CPC). A adjudicação pode ser requerida pelo cônjuge, descendentes ou ascendentes do executado (art. 685-A, §§ 2º e 3º); pelo credor com garantia real e os credores concorrentes que tenham penhorado o mesmo bem (art. 685-A, § 2º, do CPC), sendo que, havendo mais de um pretendente, ocorrerá a licitação, prevalecendo o interesse do cônjuge, descendente ou ascendente, nessa ordem (art. 685-A, § 3º, do CPC). Dessa forma, existindo a pretensão dos exequentes na adjudicação, caso não haja preferência prevista no direito material, primeiro, deverá ser observado quem oferecer maior valor ao bem penhorado; segundo, a preferência do cônjuge, descendente e ascendente, nessa ordem e, posteriormente, os demais exequentes. Os sócios terão preferência em se tratando de penhora de quota, em relação a terceiros da sociedade (art. 685-A, § 4º, do CPC).

No processo do trabalho, não há a necessidade do preenchimento de todos os requisitos referidos no art. 685-A do CPC, haja vista a existência de regramento próprio. Na execução trabalhista, devem ser utilizadas, supletivamente, as disposições contidas na Lei n. 6.830/80, e, na inexistência deste ordenamento jurídico, as disposições do processo comum (art. 769 da CLT).

8.3.1. Ordem da expropriação — adjudicação

Na forma original do CPC de 1973, havia o requisito da inexistência de licitante para a possibilidade da adjudicação. Como já ressaltado, no processo civil atual, a adjudicação é preferente em relação às demais hipóteses (alienação por iniciativa particular, arrematação e usufruto — art. 647 do CPC).

---

(6) REsp n. 57.587, Rel. Min. Barros Monteiro, DJ de 21.9.98, p. 164.

Como ocorria no processo civil (art. 714 — revogado), para o credor trabalhista, há necessidade de aguardar a realização da praça ou leilão, em face do disposto no art. 888, §§ 1º e 3º da CLT para que possa adjudicar o bem penhorado, ou parte deles. Contudo, a possibilidade à adjudicação não está condicionada ao resultado negativo da hasta pública (art. 888, § 1º da CLT, combinado com o art. 24, II, *a* e *b*, da Lei n. 6.830/80). Mesmo existindo lanço de terceiro, pode o credor trabalhista adjudicar o bem penhorado, inclusive com preferência (art. 888, § 1º da CLT).

Interpretação diversa é a de José Augusto Rodrigues Pinto[7] que ressalta que a adjudicação pode ocorrer antes da realização da hasta, inclusive invocando as disposições contidas na Lei das Execuções Fiscais (Lei n. 6.830/80), referindo que seria mais benéfica, haja vista inexistirem as despesas decorrentes da hasta. Respeita-se tal entendimento, mas, observando a ordem disposta no art. 888 da CLT, conclui-se que não foi esta a opção do legislador, pois, após a avaliação, o bem irá para a hasta pública, sendo que, como ato contínuo da mesma, poderá o exequente adjudicar o bem, com preferência sobre o arrematante (semelhante ao que previa o CPC de 1939).

8.3.2. Preço não inferior ao edital

Outro critério disposto no art. 685-A do CPC é que o valor da adjudicação não será inferior ao valor da avaliação. Mesmo no caso de execução fiscal, os Ministros do Superior Tribunal de Justiça julgaram que a adjudicação do bem penhorado, não havendo licitante, deve ser feita pelo preço da avaliação. Ressaltam que o entendimento *supra* deve prevalecer, mesmo havendo segundo leilão[8].

Como já referido, ao credor trabalhista há necessidade de aguardar a realização da praça ou leilão para requerer a adjudicação (art. 888, §§ 1º e 3º da CLT). Não pode o credor trabalhista, antes da realização da hasta, requerer a adjudicação, como é facultado ao ente público, na Lei de Execução Fiscal (art. 24, I da Lei n. 6.830/80).

Tal circunstância deve ser reconhecida como correta[9], pois, existindo a hasta pública anterior, pode o bem alcançar valor superior ao da avaliação, o que favorece o executado e pode ter reflexos positivos na execução, como a quitação total das despesas.

Dúvida que poderá surgir é a respeito do valor da adjudicação do bem penhorado, mas não é de difícil solução. Após a realização da hasta pública,

---

(7) *Execução trabalhista*. 10. ed. São Paulo: LTr, 2004. p. 290.
(8) REsp n. 242.490, Rel. Min. José Delgado, DJ de 20.3.00, p. 55.
(9) Diverge de tal conclusão José Augusto Rodrigues Pinto em sua obra *Execução trabalhista*. 10. ed. São Paulo: LTr, 2004. p. 290.

conforme sistemática adotada no processo trabalhista e no art. 98, § 7º da Lei n. 8.212/91, se não houver licitante, a adjudicação ocorrerá pelo valor de 50% (cinquenta por cento) da avaliação e, havendo licitante, pelo valor do maior lanço. A adoção da sistemática do art. 98, § 7º da Lei n. 8.212/91, em contraponto ao disposto no art. 24, II, da Lei n. 6.830/80, decorre do critério cronológico, que supera a antinomia existente.

No processo civil, com relação à diferença entre o crédito do exequente e o valor do bem, sendo este superior, a diferença deve ser depositada pelo adjudicante imediatamente (art. 685-A, § 1º, do CPC).

Na execução trabalhista, não é fácil concluir sobre o prazo que tem o exequente trabalhista para depositar as diferenças entre o valor de seu crédito e o valor do bem adjudicado. Há duas correntes a respeito, com posições antagônicas.

A primeira argumenta que não se utiliza o previsto no processo comum, mas as disposições da Lei n. 6.830/80, por força do disposto no art. 889 da CLT. Assim, estabelece o art. 24, parágrafo único da Lei n. 6.830/80, que, se o valor da avaliação ou o do maior lanço for superior à importância do crédito, a adjudicação somente será deferida se a diferença for depositada pelo exequente, em juízo, no prazo de trinta dias. Portanto, o credor trabalhista goza do prazo de trinta dias para depositar a diferença entre o valor de seu crédito e o valor da avaliação ou do maior lanço, para adjudicar o bem.

Em posição divergente, menciona-se que o prazo estipulado aos entes públicos, nas execuções fiscais, não se mostra compatível com a celeridade processual que se tem de imprimir ao processo (art. 765 da CLT), ou seja, os motivos que justificam o prazo para a Fazenda Pública decorrem dos trâmites administrativos próprios, bem como a viabilização dos recursos destinados ao depósito da diferença de que trata o art. 24, II, *b*, da Lei n. 6.830/80, não se fazendo presentes na execução trabalhista.

Em face da previsão estabelecida no art. 24, parágrafo único da Lei n. 6.830/80, se o valor da avaliação ou o do maior lanço for superior à importância do crédito, a adjudicação somente será deferida se a diferença for depositada pelo exequente, em juízo, no prazo de trinta dias, por força do disposto no art. 889 da CLT, esta deve ser aplicada ao processo trabalhista. Ressalta-se que o prazo de 30 (trinta) dias não desatende ao princípio da celeridade, pois este normalmente é invocado em favor do exequente, e o objetivo da prestação jurisdicional é atingir a satisfação de seu direito, recebimento de valores, em se tratando da modalidade da execução por quantia certa.

O que deve ser ressaltado é que o exequente deve manifestar sua opção em adjudicar o bem antes da assinatura do auto ou da homologação do juízo da arrematação, tendo o período de 30 dias para efetuar o depósito das diferenças entre o seu crédito e o valor do bem.

8.3.2.1. Preço vil e adjudicação

No processo do trabalho, um problema que pode surgir na análise do valor da adjudicação é a alegação de que se trata de valor vil. Tal situação não é enfrentada no processo civil, pois, como já referido, o valor da adjudicação será o da avaliação.

Na CLT, não existe qualquer referência ao preço vil. No art. 24 da Lei n. 6.830/80, como foi referido, há menção de que o valor da adjudicação será o do maior lanço.

No processo civil, em segunda licitação (art. 686, VI, do CPC), alienar-se-á o bem penhorado pelo melhor lanço, ainda que inferior ao valor da avaliação, vetando o preço vil (art. 692 do CPC). Para adjudicação, há referência do valor da avaliação (art. 685-A do CPC).

Considerando que no processo trabalhista não são adotados os mesmos requisitos para a adjudicação que no processo civil, há que se analisar a possibilidade ou não da alegação do preço vil, bem como o critério para mensurá-lo.

Como já referido, o preço vil situa-se na qualidade de conceito jurídico indeterminado, inexistindo critério econômico para a sua definição, cabendo ao executado provar que, na data da hasta pública, a coisa penhorada valia bem mais do que o oferecido, não bastando o simples decurso de tempo desde a avaliação. A expressão vil carrega um significado pejorativo, pois está relacionada com algo obtido por baixo preço, de pouco valor, baixo, reles, desprezível, infame.

A questão deve ser tratada, considerando que a execução deve ocorrer da maneira menos gravosa ao devedor, art. 620 do CPC, aplicável subsidiariamente ao processo trabalhista; mas também o que está em jogo é a efetividade do processo, pois o que se tem de ponderar é a satisfação do credor, como entrega (integral) da prestação jurisdicional do Estado. Não basta garantir a tutela jurídica, mas, sim, assegurar aos litigantes o atendimento do fim precípuo do processo, que é a solução justa da lide. A justa composição da lide, no caso do credor trabalhista, além do reconhecimento do direito é o seu pagamento. O processo do trabalho privilegia a celeridade, afastando-se de rigorismos formais, com a busca dos resultados aos reclamantes, dada a natureza alimentar do salário.

O princípio da não prejudicialidade do devedor está previsto nos arts. 620 e 574 do CPC, que estabelecem que, mesmo o devedor estando em situação de sujeição, não pode o credor tripudiá-lo.

O intérprete, no caso concreto, deve decidir, analisando a efetividade do processo, assegurado constitucionalmente, com o princípio previsto na legislação ordinária, já referido.

Em face da omissão na CLT, portanto, deve sempre o julgador considerar o caso concreto, a situação do processo, do exequente e do executado, para julgar pelos critérios de justiça e razoabilidade. Ao juiz incumbe, levando em consideração a efetividade do processo e a impossibilidade do aviltamento do devedor, ou seja, interesses das partes, apresentar a solução mais justa possível, atendendo aos fins sociais e às exigências do bem comum, pois outro parâmetro não há. Dessa forma, deve o magistrado sopesar em sua análise o período do processo, aguardando a solução do litígio, a possibilidade (facilidade) de comercialização do bem penhorado, as atitudes do demandado na execução, além de outros fatores que indicarão sobre os critérios da decisão justa sobre a existência de preço vil, ou seja, o aviltamento do devedor ou não.

Um parâmetro que não pode ser desrespeitado é o contido no art. 701, do CPC, quando trata da alienação de imóvel de incapaz, hipótese em que não pode ser inferior o lanço a 80% do valor da avaliação, salvo na circunstância disposta no § 4º do referido artigo.

A impossibilidade do lanço vil na arrematação também deve ser aplicada à adjudicação, que constitui, como aquela, modalidade de expropriação de bens do devedor, para pagamento da dívida.

A circunstância de o art. 888, I, da CLT, autorizar a adjudicação pelo valor do maior lanço não implica a aceitação deste quando se tratar de valor vil. As mesmas razões que são utilizadas na análise do lanço vil na arrematação devem ser observadas na hipótese da adjudicação (6.5.2).

8.3.3. Legitimidade para adjudicar

A adjudicação deve ser requerida, não podendo decorrer de determinação do juiz. Portanto, por ser requerida, devemos estabelecer quem tem legitimidade para tal intento.

Entendemos, contudo, que não existindo interessados no bem levado à hasta pública deverá o juiz adotar o previsto no art. 98, § 7º da Lei n. 8.212/91, ou seja, acolher a pretensão do autor em adjudicar o bem pelo valor de 50% (cinquenta por cento) da avaliação[10].

Legitimam-se para adjudicar os bens penhorados, no processo civil (art. 685-A, § 2º do CPC): o credor, que está promovendo a execução; o credor com garantia real; os credores concorrentes; e o cônjuge, descendentes e ascendentes do executado.

---

(10) Há uma suposta antinomia entre o contido na Lei n. 6.830/80 — art. 24 — e na Lei n. 8.212/91 — art. 98 — quando tratam do valor da adjudicação, pois a primeira refere o valor da avaliação e a segunda o valor de 50% da avaliação, sendo o critério cronológico o preponderante, ou seja, a lei posterior revoga a anterior.

Na legislação trabalhista, CLT, somente há referência quanto à preferência da adjudicação (art. 888, § 1º), o que se presume ser do credor trabalhista, sem qualquer menção a respeito dos outros credores. Tal omissão faz-nos invocar os preceitos de outros ordenamentos para solucionar os possíveis problemas enfrentados com relação à existência de credores interessados na adjudicação do mesmo bem.

Como já ressaltado, no processo civil, a adjudicação pode ser requerida pelo cônjuge, descendentes ou ascendentes do executado (art. 685-A, §§ 2º e 3º); pelo credor com garantia real, e os credores concorrentes que tenham penhorado o mesmo bem (art. 685-A, § 2º do CPC), sendo que, havendo mais de um pretendente, ocorrerá a licitação, prevalecendo o interesse do cônjuge, descendente ou ascendente, nessa ordem (art. 685-A, § 3º do CPC). Dessa forma, existindo a pretensão dos exequentes na adjudicação, caso não haja preferência prevista no Direito material, primeiro, deverá ser observado quem oferecer maior valor ao bem penhorado; segundo, a preferência do cônjuge, descendente e ascendente, nessa ordem e, posteriormente, os demais exequentes. Os sócios terão preferência em se tratando de penhora de quota, em relação a terceiros da sociedade (art. 685-A, § 4º do CPC).

As previsões relativas à adjudicação pelo cônjuge, descendentes ou ascendentes do executado (art. 685-A, §§ 2º e 3º) e pelo credor com garantia real não se aplicam ao processo do trabalho. O legislador, no processo civil, tenta reproduzir a revogada remição de bens (art. 788 do CPC), que facultava a determinadas pessoas relacionadas ao executado a apropriação dos bens. O instituto da remição de bens, por nós defendida como inaplicável ao processo do trabalho, só trazia o descrédito do Judiciário, pois havia a transferência de propriedade dos bens do executado para sua família, contrariando o interesse do arrematante ou credor que tivesse interesse em adjudicar, mesmo após a realização da hasta ou do requerimento da adjudicação (pela sistemática revogada — art. 693 do CPC — no prazo de 24 horas — assinatura do auto). No processo do trabalho, muito pior, pois contrariava a referência do art. 13 da Lei n. 5.584/70, que prevê a remição da execução e não, a de bens.

Com relação à adjudicação, só é possível, no processo do trabalho, pelo credor e nunca pelos familiares do executado. Com relação ao credor com garantia real, também não é possível, mas por outro fundamento. O crédito trabalhista prefere a qualquer outro (art. 186 do CTN). Assim, não pode o credor com direito real de garantia adjudicar os bens penhorados no processo do trabalho, haja vista sua situação de inferioridade na preferência.

Quanto aos credores concorrentes que tenham penhorado o mesmo bem, a adjudicação é viável na situação da anterioridade da penhora (arts. 612 e 711 do CPC). A ordem da penhora e o privilégio legal serão importantes para verificar a distribuição dos valores da execução, bem como a ordem da possibilidade da adjudicação.

Existindo apenas um credor interessado, o juiz, após deferir o pedido, terá como perfeita e acabada a adjudicação com a assinatura do auto (art. 685-B do CPC).

Existindo, no entanto, mais de um pretendente, haverá a necessidade da decisão do juízo que, no processo civil, oportunizará a interposição do agravo de instrumento ou embargos à adjudicação; no processo do trabalho, o agravo de petição ou os embargos referidos (art. 746 do CPC), dependendo da matéria alegada pelo interessado: se invocadas as matérias relacionadas no art. 746 do CPC, embargos à adjudicação, caso contrário, o agravo de petição. Faz essa ressalva Araken de Assis ao referir que o objeto deste agravo permanece inconfundível com o dos embargos à adjudicação. Enquanto neste a cognição se restringe aos números do art. 746, naquele recurso, o agravante controver-terá os requisitos da pretensão a adjudicar[11].

Os Desembargadores do Tribunal Regional do Trabalho da 4ª Região também comungam de que é interlocutória a decisão dos interessados na adjudicação, nos moldes do § 2º do art. 162 do CPC. A questão incidente, que é objeto da decisão interlocutória, tem sempre caráter processual e nunca, de Direito material. São questões resolvidas por decisão no processo de execução: a nomeação de bens, o pedido de penhora, o pedido de ampliação da penhora, o requerimento de adjudicação. Todas estas são questões cujas soluções não acarretam a extinção do processo, daí tratar-se de decisões interlocutórias (*inter*, no meio; *locutionis*, processo), e não, de sentenças[12].

8.4. PROCEDIMENTO E MOMENTO DA ADJUDICAÇÃO

A adjudicação, no processo do trabalho, poderá ser requerida por escrito ou oralmente na hasta pública, sendo ato privativo da parte interessada ou de seu advogado, com poderes especiais para tal finalidade (art. 38 do CPC). No processo civil, em face da ordem da expropriação contida no art. 647 do CPC, verifica-se que será realizada antes das demais modalidades.

Com relação ao momento da adjudicação, a CLT não dispõe a respeito. Na Lei n. 6.830/80, em seu art. 24, estabelece que a Fazenda Pública poderá adjudicar os bens penhorados: I — antes do leilão, pelo preço da avaliação, se a execução não for embargada ou se rejeitados os embargos; II — findo o leilão: a) se não houver licitante, pelo preço da avaliação; b) havendo licitantes, com preferência, em igualdade de condições com a melhor oferta, no prazo de 30 (trinta) dias. O art. 889 da CLT determina a utilização supletiva das normas da execução fiscal e do processo civil (art. 769 da CLT), nessa ordem,

---

(11) *Manual do processo de execução*. 11. ed. São Paulo: RT, 2007. p. 726.
(12) RO n. 00947.331/99-9, Rel. Des. Ricardo Gehling.

havendo omissão da legislação trabalhista. Para a adjudicação, na Lei de Execuções Fiscais, temos o prazo de 30 dias, conforme o art. 24, II, *b* da Lei n. 6.830/80.

Tal prazo, contudo, em face das disposições contidas na CLT, não se mostra compatível com a celeridade processual que se tem de imprimir ao processo (art. 765 da CLT). Os motivos que justificam o prazo para Fazenda Pública decorrem dos trâmites administrativos próprios, bem como a viabilização dos recursos destinados ao depósito da diferença de que trata o art. 24, II, *b*, da Lei n. 6.830/80, não se fazendo presentes na execução trabalhista. Tal conclusão não é contraditória em relação ao referido na análise do prazo para o pagamento da diferença pelo credor entre o seu crédito e o valor do bem ou lanço, no caso da adjudicação (art. 24, parágrafo único da Lei n. 6.830/80 — item 8.3.2). Não pode ser aceito que o processo fique aguardando trinta dias, após a realização da arrematação, para verificar se o credor trabalhista tem ou não interesse de adjudicar o bem, o que contrariaria por completo a celeridade pretendida.

Melhor, portanto, é entender que deva ser realizada antes da elaboração do auto de arrematação, pois, a partir desse momento, reputa-se perfeita, acabada e irretratável com a assinatura do juiz e dos atores envolvidos (art. 694 do CPC), e, se o credor tem assegurada a preferência para a adjudicação (art. 888, § 1º da CLT), evidente que esse direito deverá ser exercido antes do aperfeiçoamento do ato de arrematação. Todavia, no caso de o auto de arrematação ou da homologação do ato pelo juiz não ter ocorrido imediatamente (art. 693 do CPC), mas sim após, a adjudicação poderá ser requerida até a assinatura do auto ou da homologação.

A matéria já foi amplamente discutida nos Tribunais, mas não se consegue a unanimidade, somente a preponderância de um dos entendimentos, ao qual referimos. Ressaltamos que as decisões são anteriores à alteração do CPC pela Lei n. 11.382/06; mas ainda interessantes. No caso de praça negativa, os Ministros do Superior Tribunal de Justiça entenderam que, desde que não haja prejuízo para o devedor, sem depreciação do preço da avaliação, e nem preterição de licitante, a adjudicação do bem penhorado pelo credor atende ao princípio da menor onerosidade (art. 620, CPC), porque, fazendo-se a execução às custas do devedor, evitar-se-ão novas despesas com expedição de editais e prorrogação do constrangimento sobre o patrimônio presente e futuro do devedor (art. 591, CPC). O art. 714 do CPC não estatui o prazo final da opção do credor-adjudicatário para exercício do direito de adjudicar o bem objeto de alienação judicial. Expressamente, a lei cuidou, apenas, do termo inicial, que é o esgotamento da praça sem lançador, tratada na jurisprudência como "praça negativa". O fundamento legal para assinatura do auto de arrematação ou adjudicação, aguardando-se o prazo de 24 horas (art. 715, § 1º, CPC), é possibilitar a remição dos bens pelo cônjuge do devedor, ou seu ascendente ou descendente (arts. 787 e 788, CPC). Decorrido o prazo *in albis*, sem manifestação dos interessados, será assinado o respectivo auto, ainda que a formulação do pedido de adjudicação date mais de mês e dia[13].

Já os Desembargadores do Tribunal Regional do Trabalho da 3ª Região mencionam que o art. 888 da CLT faz mera referência ao instituto da adjudicação, sem fixar prazo certo para o seu requerimento. Assim, consoante a melhor doutrina, o pedido de adjudicação do bem penhorado deve ser formulado após a realização da praça ou leilão, respeitando-se, como data-limite, a da assinatura do auto de arrematação, quando esta se torna perfeita, acabada e irretratável[14].

Com relação à possibilidade do desfazimento da adjudicação, entende-se que devem ser observadas as hipóteses do art. 694 do CPC, feitas as adaptações necessárias, pois, em que pese prevejam a situação da arrematação, pode ser aplicada à adjudicação. Ademais, sem justo motivo, o adjudicante pode desistir caso o faça antes da assinatura do auto, pois, após esse, reputa-se perfeita e acabada, considerando-se irretratável (art. 685-B do CPC).

8.4.1. Multiplicidade de pretendentes

Como já referido, estão legitimados para adjudicar os bens penhorados o credor, que está promovendo a execução, os credores com garantia real e os credores concorrentes (art. 685-A, § 2º do CPC). A adjudicação pode ser requerida por mais de um credor, sendo instaurado o concurso sobre os bens (art. 685-A, § 3º do CPC). Relembramos o nosso entendimento da impossibilidade de, no processo do trabalho, ser aceita a adjudicação do cônjuge, ascendente ou descendente do executado.

Na legislação trabalhista, CLT, somente há referência quanto à preferência da adjudicação, o que se presume ser do credor trabalhista, sem qualquer menção a respeito de outros credores. Tal omissão faz-nos invocar preceitos de outros ordenamentos para solucionar os possíveis problemas enfrentados com relação à existência de credores interessados na adjudicação do mesmo bem; assim, há a possibilidade destes exercerem seu direito.

Havendo apenas um credor interessado, o juiz, após deferir o pedido, terá como perfeita e acabada a adjudicação com a assinatura do autor (art. 685-B do CPC). No entanto, existindo mais de um pretendente, haverá a necessidade da decisão da adjudicação (art. 685-A, § 5º, do CPC). Refere o art.

---

(13) REsp n. 324.567/MG, Rel. Min. Nancy Andrighi, DJ de 24.9.01, p. 299.
(14) AP n. 3465/99, Rel. Des. Rogério Valle Ferreira, DJMG de 23.9.00, p. 14. Em sentido contrário, ou seja, de que se aplica o prazo de 30 dias (AP n. 6564/01, Rel. Des. Luiz Ronan Neves Koury, DJMG 15.12.01, p. 21).

685-A, § 3º do CPC, que, havendo mais de um pretendente pelo mesmo preço, haverá licitação entre eles e, caso nenhum ofereça valor superior, será observada pelo julgador a preferência entre os mesmos para decidir, ou seja, o primeiro critério do desempate dos pretendentes é o valor superior do bem para adjudicação. O segundo, mesmo valor ofertado, é a preferência para o cônjuge, descendente ou ascendente, o que não se aplica ao processo do trabalho. Portanto, no processo do trabalho, caso não exista a preferência entre os licitantes, credores pretendentes à adjudicação, o critério que passa a ser adotado é o da anterioridade da penhora (art. 612 do CPC).

Assim, existindo disputa entre dois credores trabalhistas, o critério para a solução desta é a anterioridade da penhora. Tal matéria foi objeto de análise pelos Desembargadores do Tribunal Regional do Trabalho da 2ª Região que mencionam que, havendo diversas penhoras sobre o mesmo bem, não pode qualquer credor requerer a adjudicação, a menos que satisfaça o crédito dos que o antecedem, respeitada a ordem de preferência da anterioridade das penhoras (CPC, arts. 613 e 711)[15].

8.4.1.1. Adjudicação pelo credor hipotecário

Quando se analisa a matéria dos pretendentes à adjudicação, há que se apresentar comentário a respeito da possibilidade de o credor hipotecário adjudicar o bem na execução trabalhista, hipótese prevista no art. 685-A, § 2º, do CPC.

Inicialmente, há que se apresentar as disposições legais a respeito da preferência dos credores.

O art. 83 da Lei n. 11.101/05 (Lei de Falência)[16] dispõe sobre a ordem dos créditos da execução coletiva, estatuindo a preferência dos valores relativos aos empregados por salários e indenizações sobre os créditos com direitos reais de garantia e demais créditos privilegiados. Tal disposição foi ressaltada no Código Tributário Nacional (CTN), arts. 184 e 186, e na CLT, no art. 449. Registra-se que, com a alteração legislativa, art. 83, I, da Lei de Falência, o privilégio do crédito trabalhista está limitado ao valor correspondente a 150 (cento e cinquenta) salários mínimos, sendo o excedente equiparado ao crédito quirografário (art. 83, VI da Lei n. 11.101/05), mas somente no caso de falência[17]. Na execução singular, o critério da preferência dos créditos é o estabelecido no art. 186 do Código Tributário Nacional que, mesmo após a sua alteração pela Lei Complementar n. 118, de 9.2.05, manteve a supremacia

---

(15) Ac. n. 20000171462 AP, Rel. Des. Fernando Antônio Sampaio da Silva.
(16) A legislação anterior, Decreto-lei n. 7.661/45, previa a matéria no art. 102.
(17) Para aprofundar SOUZA, Marcelo Papaléo de. *A lei de recuperação e falências e as suas consequências no direito e no processo do trabalho*. 3. ed. São Paulo: LTr, 2009.

do crédito trabalhista em relação aos demais.

A garantia real não pode ser igualada ao privilégio trabalhista. A preferência consiste no direito de determinado credor receber antecipadamente seu crédito em relação aos outros credores, podendo esta decorrer de garantia real ou de privilégio legal.

A garantia real e o privilégio, em que pese serem espécies do mesmo gênero — preferências —, não se confundem, pois, na garantia real, o crédito é satisfeito anteriormente em razão da existência do vínculo a um bem que o garante. Os privilégios são preferências reconhecidas na lei, atribuídas a certos créditos, sobre a totalidade do patrimônio do devedor.

O objetivo do direito real de garantia é proteger o credor contra possível insolvência do devedor, pois este contrai uma obrigação e assegura o completo adimplemento com uma coisa em garantia, que fica vinculada, por direito real, ao cumprimento da dívida. A garantia nasce de uma convenção entre as partes.

O privilégio, por sua vez, tem origem na lei. Não existe uma vinculação direta e imediata em relação a determinado bem, mas sim, à totalidade dos bens do devedor. Só no exercício da pretensão à tutela é que transparece o privilégio[18]. O credor privilegiado não tem direito imediato e absoluto sobre bens do devedor, mas sim, potencial, ou seja, é um atributo que atua no caso de concurso de credores, fazendo este prevalecer sobre os demais credores. Ademais, o privilégio não pode ser criado, modificado e nem limitado por iniciativa das partes.

O trabalhador tem crédito privilegiado previsto na lei, o que não se confunde com crédito garantido por direito real, direito que será realizável em decorrência da prestação jurisdicional.

Quando, portanto, existe execução singular proposta perante o juízo civil, mesmo que pelo credor com garantia real, este não pode adjudicar o bem pelo valor de seus créditos na ocorrência de pedido de reserva do juízo trabalhista, mas somente depositando o valor da avaliação ou o valor do crédito solicitado pelo juízo trabalhista (art. 711 do CPC). Havendo protesto de outro credor, ou pedido de reserva, por preferência ou rateio, quem pretender adjudicar terá de depositar o valor do bem.

---

(18) COMPARATO, Fábio Konder (Requerimento por credores trabalhistas: se estão eles adstritos a renunciar ao seu privilégio para o exercício do direito. *Revista dos Tribunais*, n. 432, out. 1971. p. 55) refere que o privilégio só se manifesta, enquanto prelação, na execução coletiva do patrimônio do devedor. Não se concorda com o referido, pois a prelação surge também na execução singular (art. 711 do CPC). O referido tem como fundamento, também, o disposto nos arts. 184 e 186 do CTN. Ver SILVA, Antônio Álvares. *Créditos trabalhistas no juízo concursal*. Rio de Janeiro: AIDE, 1985. p. 41-50.

A conclusão é simples e adotada sem qualquer resistência quando o credor, sem preferência, pretendendo adjudicar o bem pelo seu crédito, é impossibilitado na existência do credor preferencial (*v. g.* credor hipotecário — art. 685-A, § 2º, do CPC). No mesmo sentido, deve ser aplicada ao credor trabalhista, superprivilegiado em relação aos demais (arts. 711 do CPC e 186 do CTN).

Claro que a análise de tal procedimento deve ser realizada perante o juiz civil e não, trabalhista, que não pode interferir na execução proposta perante outro juízo, mas somente enviar a solicitação da reserva de créditos.

Quando a execução do bem gravado ocorre na Justiça do Trabalho, também não é aceita a adjudicação pelo credor hipotecário com o seu crédito pelos mesmos argumentos anteriormente referidos, salvo se depositar em dinheiro o crédito trabalhista exigido.

Registra-se a decisão no Superior Tribunal de Justiça que, analisando o concurso de credores, relata que a dispensa da exibição do preço, nos termos do art. 690, § 2º só se dará quando a execução se fizer no interesse exclusivo do credor. Havendo pluralidade de penhoras sobre o mesmo bem e primazia do crédito tributário ao credor hipotecário que quiser arrematar o bem constrito judicialmente, impõe-se o ônus de depositar em dinheiro o preço lançado e não oferecer como pagamento parte dos seus créditos, sob pena de por via oblíqua frustrar a preferência de que goza o crédito tributário[19].

Os Desembargadores do Tribunal Regional do Trabalho da 9ª Região ressaltaram que se extingue a hipoteca com a arrematação ou adjudicação, não subsistindo, portanto, ao credor hipotecário o direito de sequela sobre o bem alienado judicialmente, desde que tenha sido regularmente intimado para acompanhar a execução promovida por outro credor (arts. 615, II, 619 e 698 do CPC). O dinheiro (art. 690 do CPC) arrecadado será distribuído e entregue aos credores de acordo com seus títulos legais de preferência e, posteriormente, na ordem das prelações (art. 711 do CPC)[20].

Menciona-se, por fim, decisão no Tribunal Regional do Trabalho da 3ª Região no sentido de que, admitida a penhora incidente sobre bem gravado com ônus real de hipoteca, cumpre-nos perquirir acerca da manutenção do gravame após a arrematação ou adjudicação do bem na execução. Examinando mais detidamente a matéria e com fulcro no preceito legal acima citado, saliente-se que a arrematação e a adjudicação do imóvel hipotecado extinguem o gravame real sobre o bem, ainda que a execução não seja movida pelo próprio credor hipotecário, de acordo com a previsão estatuída no art. 849, VII, do Código Civil (a referência do artigo é do Código Civil antigo, sendo no atual

---

(19) REsp n. 172.195/SP, Min. Rel. Nancy Andrighi, DJ de 11.9.00, p. 238.
(20) AP n. 1.342/97, Ac. n. 28.318/97, Rel. Des. Rosalie Michaele Bacila Batista, DJPR de 24.10.97.

o art. 1.499, VI). Não obstante, faz-se imperiosa a notificação judicial do credor hipotecário, cientificando-lhe a praça ou leilão, com antecedência mínima de dez dias [arts. 615, II, 619 e 698 do CPC e art. 826 do Código Civil (antigo, sendo no atual CC art. 1.501)], para que o mesmo possa exercer o seu direito de preferência sobre o valor de alienação do bem, no qual se sub-roga a sua garantia real. Outra não poderia ser a conclusão, *data venia* de posicionamentos em sentido contrário, porquanto seria absolutamente despicienda a exigência legal de notificação judicial do credor hipotecário na hipótese de o bem transferir-se para o adquirente com os mesmos ônus sobre ele incidentes. Garantida, no entanto, ao credor hipotecário a faculdade de exercitar o seu direito de preferência sobre o produto da alienação, em se tratando de execução trabalhista, aquele só terá direito ao saldo remanescente da liquidação se, porventura, existir. Isto, porque o crédito trabalhista possui natureza alimentar e detém privilégio especialíssimo, sobrepondo-se, inclusive, ao crédito de natureza tributária (art. 186 do CTN), o que assegura a sua preferência sobre o crédito garantido pela hipoteca, independentemente da data de constituição deste gravame real[21].

8.4.2. Auto de adjudicação

O auto de adjudicação, como ocorre no auto de arrematação, dá forma definitiva à adjudicação. Na lição de Celso Neves, o auto é elemento documental de caráter representativo[22]. A adjudicação sem o auto é incompleta, porque falta a ela elemento de existência, a adjudicação não existe antes do auto (art. 685-B do CPC). Claro que o auto somente será elaborado após definido quem adjudicará o bem, na hipótese de mais de um pretendente.

O auto deverá ser lavrado após aceito o pedido da adjudicação pelo juiz (art. 685-A, § 5º, do CPC), sendo que o executado poderá remir a execução (art. 651 do CPC e art. 13 da Lei n. 5.584/70) até tal oportunidade.

Não há previsão específica na CLT com relação ao auto de adjudicação, sendo adotadas na doutrina as disposições contidas no CPC. Normalmente, ocorre no juízo trabalhista não a elaboração do auto, mas sim, a homologação pelo juiz do procedimento adotado. Tal decisão equivale ao auto, não existindo qualquer irregularidade (art. 244 do CPC).

8.4.3. Carta de adjudicação

Encerra-se o procedimento expropriatório com a expedição da carta de adjudicação. Ela representa o traslado do auto de adjudicação, mais os

---

(21) AP n. 1032/02, 2ª T., Rel. Des. Alice Monteiro de Barros, DJMG 17.4.02, p. 11. No mesmo sentido: AP n. 912.1998.044.03.2, Rel. Des. Luiz Otavio Linhares Renault, DJMG 15.11.03.
(22) *Comentários ao Código de Processo Civil*. Rio de Janeiro: Forense, 1999. v. VII, p. 138.

elementos históricos indispensáveis ao seu registro (art. 685-B, parágrafo único do CPC).

Ressalta-se que, antes de assinada a carta de arrematação, no prazo estipulado no art. 1.048 do CPC, poderão ser apresentados embargos de terceiros.

A adjudicação não representa, por si, modo de aquisição de propriedade, pois, sem a tradição, em relação aos bens móveis, e o registro (transcrição), em se tratando de imóveis, o domínio não é transferido (arts. 1.226 e 1.227 do Código Civil). A carta de adjudicação constitui o título formal da aquisição, sendo que será levada a registro. A Lei n. 6.015/77, que disciplina os registros de imóveis, no art. 167, enumera os títulos que podem ser objeto de registro, relacionando no inciso I, n. 26, o registro da arrematação e da adjudicação em hasta pública. Para bens móveis, diz-se ser dispensável a expedição da carta (art. 685-B do CPC); contudo, em algumas hipóteses, há necessidade da carta para registro (exemplo: veículos).

Os requisitos da carta de arrematação estão dispostos no art. 685-B, parágrafo único, do CPC.

Com relação aos impostos, como já referido anteriormente, ao arrematante não é transferida a responsabilidade tributária do executado, conforme disposto no art. 130, parágrafo único, do Código Tributário Nacional (CTN). Os impostos e taxas, cujo fato gerador é a propriedade, sub-rogam-se no preço. Nas hipóteses de alienação via hasta pública, o arrematante fica excluído do previsto no art. 130 do CTN, pelo fato de a sub-rogação se dar sobre o preço por ele depositado. O arrematante tem responsabilidade com relação aos tributos que tenham como fato gerador a transmissão do domínio, imposto de transmissão de bens imóveis (art. 35, I, do CTN e art. 703, III, do CPC).

A adjudicação pelo credor trabalhista dá-se na mesma forma, ou seja, não há transferência dos impostos de propriedade para o trabalhador. Tal situação acarreta a necessidade de analisarmos a preferência legal dos créditos envolvidos, ou seja, diferenças entre os créditos tributários, trabalhistas e os demais.

O art. 186 do CTN dispõe sobre a ordem dos créditos da execução singular, estatuindo a preferência dos créditos dos empregados por salários e indenizações (art. 449 da CLT) sobre os demais créditos privilegiados. Mesmo com a alteração do referido artigo pela Lei Complementar n. 118, de 9.2.05, não foi alterada tal ordem, a não ser no caso de falência, como ficou estabelecido no parágrafo único do art. 186 do CTN. Destarte, em se tratando de adjudicação pelo credor trabalhista, não se transfere a este os débitos tributários em face da prevalência do seu crédito em relação ao tributário, conforme gradação legal.

Essa situação não é aproveitada pelos demais credores (os não trabalhistas) que assumem a responsabilidade tributária no caso de adjudicação, em face da prevalência do crédito tributário sobre os demais. Cita-se decisão dos Ministros do Supremo Tribunal Federal no sentido de que, na arrematação ou na adjudicação, o registro imobiliário do título não prescinde do certificado de quitação de parcelas da previdência social. Tal exigência não é incompatível com o que estabelece o CPC, no art. 703, II. No caso de arrematação, em que o preço responde pela dívida previdenciária ou fiscal, a falta do certificado de quitação não impede o registro do título. No caso de adjudicação ao credor exequente, terá este de oferecer ao juízo da execução o depósito de quantia que substitua o preço da avaliação, ou o valor do crédito previdenciário ou fiscal, se inferior àquele[23]. Dessa forma, observa-se que, em face da preponderância do crédito tributário, em se tratando de adjudicação no processo civil, o credor terá de depositar os valores devidos ao fisco ou à previdência social.

8.5. MEIOS JURÍDICOS PARA O DESFAZIMENTO DA ADJUDICAÇÃO

Os meios utilizáveis ao desfazimento são os embargos à adjudicação (art. 746 do CPC), utilizados subsidiariamente ao processo do trabalho, bem como os embargos de terceiro (art. 1.046 do CPC). No entanto, o juiz poderá invalidar de ofício caso constate irregularidades (*v. g.* art. 168, parágrafo único, do CC).

No processo trabalhista e no processo civil, os embargos à adjudicação deverão ser opostos no prazo de cinco dias (art. 884 da CLT e art. 746 do CPC).

Como já analisado, a adjudicação poderá ser impugnada por meio de embargos à adjudicação ou agravo de petição (processo do trabalho) ou agravo de instrumento (processo civil), dependendo das matérias que serão alegadas no mesmo.

Ressalta-se o entendimento dos Desembargadores do Tribunal Regional do Trabalho da 4ª Região de que é interlocutória tal decisão, nos moldes do § 2º do art. 162 do CPC. A questão incidente, que é objeto da decisão interlocutória, tem sempre caráter processual e nunca de Direito material. São questões resolvidas por decisão no processo de execução: a nomeação de bens, o pedido de penhora, o pedido de ampliação da penhora, o requerimento de adjudicação. Todas estas são questões cujas soluções não acarretam a extinção do processo, daí tratar-se de decisões interlocutórias (*inter*, no meio; *locutionis*, processo), e não, de sentenças[24].

---

(23) RE n. 90313, Rel. Min. Décio Miranda.
(24) RO n. 00947.331/99-9, Rel. Des. Ricardo Gehling.

Os Ministros do Tribunal Superior do Trabalho editaram a Súmula n. 399, em que mencionam incabível a ação rescisória para impugnar decisão homologatória de adjudicação ou arrematação (ex-Orientações Jurisprudenciais ns. 44 e 45).

Da decisão nos embargos à adjudicação, cabe o agravo de petição. Os Desembargadores do Tribunal Regional do Trabalho da 2ª Região ressaltam que a ação anulatória não é remédio processual hábil à desconstituição de decisão judicial que adentrou ao mérito, em embargos à adjudicação opostos nos autos de reclamatória trabalhista. Tal intento há de ser perseguido na via adequada, ou seja, a ação rescisória, expressamente prevista pelo art. 485 do CPC que dispõe sobre a hipótese *sub judice*. A sistemática processual pátria repele a estipulação de dois recursos ou remédios legais, para hipóteses idênticas, nas quais se produzam resultados iguais. Há que se distinguir o cabimento de ação anulatória — quando ainda não houver trânsito em julgado das sentenças homologatórias, inclusive de acordos e de ação rescisória, quando já consumado o mesmo, atentando-se para as peculiaridades da primeira e da última, no que pertine aos prazos processuais. Encontra-se referida interpretação em consonância com a uniforme jurisprudência consubstanciada no Enunciado n. 259 do C. TST. Em se tratando de decisão de mérito, aquela proferida em Embargos à Adjudicação desafiava Agravo de Petição e, em ocorrendo o trânsito em julgado, faz-se necessário o ajuizamento da ação própria para desconstituí-la[25].

Os Ministros do Tribunal Superior do Trabalho revelam que, contra a adjudicação do imóvel penhorado, há previsão de instrumento processual específico para a sua impugnação nesta fase da execução, qual seja, os embargos à adjudicação, previstos no art. 746 do CPC. Cumpre salientar que o prazo para a oposição dos embargos é de cinco dias (CLT, art. 884), contados da assinatura do respectivo auto de adjudicação, pois, antes disso, o auto não se acha perfeito e acabado. Além disso, os embargos devem ser recebidos no efeito suspensivo, pois o parágrafo único do art. 746 do CPC determina a observância dos preceitos relativos aos embargos à execução, aplicando-lhes, portanto, o § 1º do art. 739 do CPC[26].

---

(25) Ac. n. 1998006894, Rel. Des. Maria Aparecida Pellegrina, DJ de 29.5.98.
(26) AROMS n. 807122, Rel. Min. Ives Gandra Martins Filho, DJ de 31.5.02.

9

ALIENAÇÃO POR INICIATIVA PARTICULAR

A Lei n. 11.382/06 alterou profundamente a expropriação dos bens do devedor contida no CPC, passando o art. 647 a determinar a seguinte ordem: 1ª) adjudicação em favor do exequente ou das pessoas indicadas no § 2º do art. 685-A do CPC; 2ª) alienação por iniciativa particular; 3ª) alienação em hasta pública; e 4ª) usufruto de bem móvel ou imóvel.

No processo do trabalho, haja vista a previsão legal (art. 888 da CLT), a ordem da expropriação é a seguinte: 1ª) a arrematação, na forma do art. 888 da CLT; 2ª) a adjudicação, na forma dos arts. 888 da CLT e 24 da Lei n. 6.830/80; 3ª) alienação particular e usufruto.

Uma das inovações mais marcantes no CPC é a possibilidade de a alienação ser por iniciativa particular, por intermédio do próprio credor ou de corretores credenciados. Ressaltamos que, mesmo antes da alteração legislativa (Lei n. 11.382/06), havia uma forma de alienação realizada por particulares, fundamentada no disposto no art. 700 do CPC (redação original — que foi revogado)[1].

A forma de alienação por iniciativa particular[2], em relação ao anteriormente existente no CPC, é mais abrangente, pois possibilita que, para qualquer

---

(1) Não existindo modalidade legal para tal formalização, desenvolveu-se a seguinte fórmula: 1º) elaborava-se o auto de arrematação, referindo as condições da proposta e a forma de pagamento; 2º) não era expedida carta, o que ocorria com a quitação; 3º) havia a transferência dos encargos do depositário ao alienante-proponente para a garantia do juízo.

(2) Formas de alienação particular já estavam presentes no ordenamento jurídico, v. g., no caso de alienação fiduciária (Decreto-lei n. 911/69 e Lei n. 9.514/97) e de bens hipotecados (Lei n. 5.741/71).

bem penhorado, tanto imóvel quanto móvel, seja utilizada, bem como pode ser procedida pelo próprio exequente ou por corretor, observadas as regras determinadas pelo juiz. Sem sombra de dúvida, representa a forma mais eficaz na tentativa da alienação do bem penhorado, haja vista a possibilidade de, no caso concreto, o juiz definir parâmetros que facilitem a mesma. No CPC, justifica-se a limitação da proposta ao mínimo do valor da avaliação pelo fato de a alienação por iniciativa particular preferir a hasta pública (art. 647 do CPC), o que não é aceito no processo do trabalho, em face do disposto no art. 888 da CLT. Dessa forma, sendo a proposta particular, no processo do trabalho, após a hasta pública regular, não há motivo de não ser aceita essa com valor inferior ao da avaliação, salvo se for vil.

Havia no art. 700 do CPC (revogado) forma de alienação por iniciativa particular, pois estava prevista a alienação de bem imóvel por corretor inscrito em entidade oficial da classe. Pela nova previsão (art. 685-C do CPC), o juiz, aceitando-a, fixará o prazo em que deve ser efetivada a alienação particular, a forma de publicidade, o preço mínimo (que deve ser o da avaliação — art. 680 do CPC), as condições de pagamento e as garantias, bem como, se for o caso, a comissão de corretagem (art. 685-C, § 1º, do CPC). A formalização da alienação particular é por termo nos autos, assinado pelo juiz, pelo exequente, pelo adquirente e pelo executado, se presente. Será expedida a carta de alienação de imóvel para respectivo registro, ou mandado de entrega, no caso de móvel (art. 685-C, § 2º, do CPC). Quanto ao procedimento da alienação particular, os Tribunais deverão definir por meio de provimentos, inclusive disciplinando, a utilização de meios eletrônicos. No caso dos corretores, deve ser exigido exercício mínimo de cinco anos de profissão (art. 685-C, § 3º, do CPC) e serem credenciados no juízo. Uma consequência óbvia, mas que deve ser referida, é que, no caso de o credor proceder à alienação, não será devida a essa comissão, diferente da situação do corretor credenciado.

No processo do trabalho, poderá ser observada a sistemática; contudo, respeitada a ordem da expropriação, ou seja, somente após a hasta pública, é possível que a proposta seja inferior ao valor da avaliação. A alienação por iniciativa particular é benéfica ao processo, pois não enseja a realização de novas despesas necessárias para a formalização da hasta pública.

No processo civil, a iniciativa de tal modalidade é do exequente, o que não ocorre no processo do trabalho, pois o juiz tem a faculdade de adotar esse caso, convencido de que surtam melhores efeitos à execução.

Caso seja utilizado corretor para a proposta, esse equivale ao leiloeiro, tendo direito à comissão, se concretizado o ajuste.

Mesmo tendo a participação de particular, o próprio autor ou corretor, as consequências da alienação por iniciativa particular são as mesmas das outras modalidades da expropriação, pois não deixam de ser modalidades judiciais. Assim, são as mesmas consequências que se aplicam à arrematação e à adjudicação.

Quanto aos meios de impugnação, são os mesmos previstos no art. 746 do CPC, ou seja, os embargos, no prazo de 5 dias da realização da alienação. Ressaltamos que poderá o proponente da alienação desistir da mesma em face da propositura dos embargos referidos (art. 746, § 1º, do CPC). No caso dos embargos à alienação serem manifestamente protelatórios, será imposta a multa de 20% ao embargante, que reverterá em favor do alienante que desistiu da aquisição (art. 746, § 3º do CPC).

10

USUFRUTO

Em que pese o usufruto não importar na alteração da propriedade dos bens do executado, está descrito como forma de expropriação no CPC (art. 647 do CPC). Antes de apresentarmos a situação do usufruto judicial, precisamos referir algumas considerações preliminares a respeito do assunto. Conceituando o usufruto, temos como direito real temporário concedido a uma pessoa para desfrutar um objeto alheio como se fosse próprio, retirando suas utilidades e frutos, contudo sem alterar-lhe a substância[1]. Portanto, usufruto é um direito real transitório que concede a seu titular o poder de usar e gozar durante certo tempo, sob certa condição ou vitaliciamente de bens pertencentes a outra pessoa, a qual conserva sua substância[2].

O domínio no usufruto é fracionado, enquanto o usufrutuário percebe os frutos naturais, industriais e civis e retira o proveito econômico da coisa, permanece em poder do nu-proprietário o conteúdo do direito, a faculdade de dispor da coisa, de instituir ônus real ou dar qualquer forma de disposição ao objeto, apesar de despido de importantes atributos.

Em razão da CLT não dispor a respeito do usufruto como modalidade da expropriação, devem ser adotadas as regras contidas no CPC, haja vista a

---

(1) FARIAS, Cristiano Chaves de; ROSENVALD, Nelson. *Direitos reais*. 3. ed. Rio de Janeiro: Lumem Juris, 2006. p. 581.
(2) VENOSA, Silvio de Salvo. *Direito civil*. 6. ed. São Paulo: Atlas, 2006. v. 5, p. 455.

compatibilidade de tal instituto na tentativa da satisfação da obrigação contida no título executivo.

O usufruto poderá ser concedido pelo juiz ao exequente, caso configurado ser meio menos gravoso ao executado e eficiente para o recebimento do crédito (art. 716 do CPC). O usufruto tem de ser requerido pelo exequente, não podendo o juiz impô-lo à parte de ofício. Ao magistrado, incumbe a análise da conveniência do deferimento da medida solicitada (art. 722, § 1º do CPC).

Com a determinação do usufruto, o executado perde o gozo do móvel ou imóvel até a satisfação do exequente, considerando o principal, juros, custas e honorários advocatícios (art. 717 do CPC). Concedido o usufruto, seus efeitos atingem o executado e os terceiros (art. 718 do CPC). O usufruto de empresa foi excluído (que era previsto na redação original do CPC, art. 716), sendo agora admissível a penhora dos rendimentos, na forma dos arts. 655 e 655-A do CPC. A nova redação do art. 716 do CPC determina a possibilidade de usufruto de bens móveis ou imóveis.

No caso do usufruto ser de quinhão do condomínio na copropriedade, o administrador exercerá os direitos que cabiam ao executado (art. 720 do CPC).

O juiz designará perito para avaliar os frutos e rendimentos do bem e calcular o tempo necessário para o pagamento, após ouvido o executado (art. 722 do CPC). Com a manifestação das partes a respeito do laudo, o juiz decidirá e, caso se trate de imóvel, determinará a expedição de carta para averbação no respectivo registro (art. 722, § 1º do CPC).

Será nomeado administrador para o usufruto concedido, podendo recair às partes, mas terá que haver consentimento da outra (art. 719, parágrafo único do CPC). Há a figura do administrador na modalidade judicial, cabendo a esse todos os poderes que concernem ao usufrutuário. Contudo, em face do disposto no art. 723 do CPC, verificamos que esse não é obrigatório.

O exequente usufrutuário poderá dar o objeto em locação, em face da concordância do executado, ou autorizado pelo juiz (art. 724 do CPC).

Na prática, revela-se extremamente difícil a modalidade de usufruto.

11

REMIÇÃO

Antes da alteração do CPC pela Lei n. 11.382/06, importante análise era a da possibilidade no processo trabalhista, de o devedor ou terceiros remirem a dívida ou os bens[1].

Ressalta-se que não há como confundir remição, que é ato de remir, livrar do poder de alguém, salvar, resgatar o que estava empenhado, com remissão, ato de remitir, que é perdoar, renunciar, liberar graciosamente o crédito em favor do devedor. A remição é de direito processual, sendo que a remissão pode também surgir no campo do Direito privado.

A remissão de dívidas, prevista no Código Civil (arts. 385 a 388) representa perdão e é ato exclusivo do credor, podendo ser exercido a qualquer tempo, desde a constituição até a extinção da dívida.

Já a remição significa o ato jurídico de resgate de bens do vínculo executório, seja pela satisfação do pedido, seja pela substituição objetiva deles por dinheiro, no caso da arrematação ou adjudicação já ocorrida. No primeiro caso, temos a remição da execução; no segundo, remição de bens propriamente

---

(1) Já defendíamos, antes da alteração do CPC, a revogação dos arts. 787 a 790, a inaplicabilidade da remição de bens no processo trabalhista, primeiro, porque o legislador não previu; segundo, pelos efeitos dessa, a retirada dos bens do devedor para familiares, que representava a manutenção dos bens, sendo uma afronta aos exequentes, arrematantes e credores. Hoje, há a figura da adjudicação pelos familiares, o que se entende inaplicável ao processo trabalhista, pelos mesmos aspectos referidos.

dita[2]. A partir das alterações do CPC já referidas, houve a revogação dos arts. 787 a 790, que tratavam da remição de bens.

Invocando os ensinamentos de Pontes de Miranda, temos que remição da execução é cessação da ação de execução da sentença pelo pagamento, pela solução da dívida e consequente liberação do devedor[3]. Pontes de Miranda ressalta, ainda, que a remição da execução ou remição global põe termo à relação jurídica processual.

O art. 13 da Lei n. 5.584/70 dispõe que "em qualquer hipótese a remissão só será deferível ao executado se este oferecer preço igual ao valor da condenação". A previsão do art. 13 apresenta o mesmo defeito ortográfico que continham os arts. 986 e seguintes do CPC de 1939, pois, em que pese fazerem alusão à remissão, estão referindo-se a remição, pagamento, resgate, e não, ao perdão do credor.

O disposto no art. 13 traz a possibilidade de o devedor remir a execução com o pagamento do valor total da condenação, ou seja, o principal, acrescido de despesas. Portanto, pela simples análise, verifica-se que tal dispositivo prevê a remição da execução. O ato do devedor deverá ser realizado até a arrematação, adjudicação ou alienação dos bens (art. 651 do CPC). O art. 694 do CPC refere que a arrematação se torna perfeita, acabada e irretratável, com a assinatura do auto pelo juiz, pelo arrematante e pelo serventuário da Justiça ou leiloeiro.

No processo trabalhista, como já analisado anteriormente, nem sempre é utilizado o auto de arrematação, substituindo o mesmo pela decisão do juiz em homologar a arrematação, com base no disposto na ata de leilão, que contém a assinatura do arrematante e do leiloeiro. Portanto, a remição deve ser solicitada até a decisão referida.

Os Desembargadores do Tribunal Regional do Trabalho da 3ª Região referem que a teor do art. 651 do CPC combinado com o art. 13 da Lei n. 5.584/70, para evitar a alienação judicial dos bens penhorados, pode o executado, a qualquer tempo, antes de arrematados ou adjudicados os bens, remir a execução, pagando ou consignando a importância da dívida, mais juros, custas e honorários periciais. Assim, a arrematação só se torna perfeita e irretratável após a assinatura do auto. Atendendo, pois, ao princípio da execução menos gravosa para o devedor, entenda-se que o executado poderá remir os bens até esse momento, resultando prejudicada a sua alienação e retornando-os a seu domínio integral. Estando quitada a condenação em sua integralidade, defere-se a remição requerida, extinguindo-se a execução[4].

---

(2) NEVES, Celso. *Comentários ao Código de Processo Civil*. Rio do Janeiro: Forense, 1999. v. VII, p. 281.
(3) *Comentários ao Código de Processo Civil*. Rio do Janeiro: Forense, 2002. t. X, p. 151.
(4) AP n. 4950/01, Rel. Des. Márcio Flávio Salem Vidigal, DJMG de 10.11.01, p. 8.

Registra-se, ao final, a obrigatoriedade de o requerimento da remição vir acompanhado do comprovante do depósito do valor total que é objeto da execução. Sem o comprovante do depósito, não pode ser aceita a mesma.

Cita-se decisão dos Ministros do Tribunal Superior do Trabalho que ressaltam que, na sistemática do processo trabalhista, constitui propriamente sentença o pronunciamento decisório do juiz que, em execução, defere a remição da execução em favor do executado, pois supõe necessariamente o pagamento integral do débito e, assim, a extinção do processo de execução (Lei n. 5.584/70, art. 13; CPC, art. 162, § 1º). Não se cuida, porém, de sentença de mérito, passível de desconstituição mediante ação rescisória (art. 485, CPC), pois apenas decide ensejar ao executado uma derradeira oportunidade para resgatar integralmente o débito, assegurando-lhe preferência ao arrematante para conservar a propriedade do bem que vem de ser expropriado. Não é decisão que soluciona a lide, mas tão somente possibilita satisfação ao crédito exequendo. Não desafia, assim, ação rescisória[5].

Observado pelo juiz que a remição é inviável, diante do desrespeito flagrante dos seus requisitos, não há qualquer óbice que a indefira de plano. Caso assim não proceda, deve dar a oportunidade para a apresentação da impugnação. O recurso oponível é o agravo de petição, no processo do trabalho e, no processo civil, o agravo de instrumento.

---

(5) ROAR n. 712019, SBDI-2, Rel. Min. João Oreste Dalazen, DJU 19.10.01, p. 518.

12

EFEITOS DA RECUPERAÇÃO JUDICIAL E DA FALÊNCIA NA EXECUÇÃO TRABALHISTA

A Lei de Recuperação e Falência (Lei n. 11.101/05 — LRF) representou alteração importantíssima da regulação a respeito do assunto, introduzindo inovações em relação à legislação revogada, em face da apresentação dos novos institutos — a recuperação judicial e extrajudicial —, além de revisão do regime concursal. Diante das inovações, houve a necessidade da modificação dos parâmetros interpretativos nos Tribunais.

A execução trabalhista, em face das inovações da lei concursal, sofre reflexos tanto da recuperação judicial quanto da falência[1], algo diferenciado do que ocorria no regramento revogado (Decreto-lei n. 7.661/45), pois somente a falência trazia efeitos, sendo que a concordata em nada alterava o trâmite da execução.

Portanto, cabe-nos apresentar a análise dos reflexos dos institutos previstos na Lei n. 11.101/05, no processo de execução trabalhista — fase da expropriação —, sempre na tentativa da compatibilização dos procedimentos que devem ser utilizados pelos operadores do Direito, para maximizar o patrimônio do devedor e minimizar os efeitos da insolvência em relação aos credores.

---
(1) Para aprofundar ver SOUZA, Marcelo Papaléo de. *A lei de recuperação e falência e as suas consequências no direito e no processo do trabalho*. 3. ed. São Paulo: LTr, 2009.

12.1. EFEITOS DA RECUPERAÇÃO JUDICIAL SOBRE A EXECUÇÃO TRABALHISTA

A preocupação maior para o juiz do trabalho é a satisfação do crédito do trabalhador de forma célere, ainda que em parte, não importando o fato de a empresa devedora estar em recuperação judicial ou ser falida. A procura da celeridade é obrigação legal prevista na CLT (art. 765) e rege todo o processo trabalhista, tanto na fase de conhecimento quanto na execução. Mencionamos que a satisfação do crédito trabalhista representa a implementação ou concretização dos direitos fundamentais previstos na Constituição Federal (art. 7º), que é obrigação do Estado, haja vista diretamente vinculada à dignidade do trabalhador, a sua subsistência.

Segundo o estipulado no art. 6º da LRF — "A decretação da falência ou o deferimento do processamento da recuperação judicial suspende o curso da prescrição e de todas as ações e execuções em face do devedor, inclusive aquelas dos credores particulares do sócio solidário". Não ocorrerá tal efeito se o devedor optar pela recuperação especial, disciplinada nos arts. 70 a 72, que tratam das microempresas e das empresas de pequeno porte.

No caso específico do trabalhador, a nova legislação estabeleceu a previsão do art. 6º, § 2º, em que refere a competência da Justiça do Trabalho, prevendo-a até o apontamento do crédito, sendo que o trabalhador deverá habilitá-lo no quadro geral de credores, pelo valor determinado na sentença. Quanto à execução trabalhista, existe a menção no art. 6º, § 5º da LRF, que estipula a suspensão de 180 (cento e oitenta) dias, no caso da recuperação judicial, retornando ao curso normal após o decurso de tal prazo, no próprio juízo trabalhista, mesmo que já tenha ocorrido a inscrição no quadro geral de credores.

A interpretação do art. 6º, § 5º da LRF, pode conduzir a certa dúvida, pois menciona a continuidade da execução, findo o prazo da suspensão, mesmo que o crédito já esteja habilitado. Contudo, entendemos não ser de difícil solução, pois a continuidade da execução trabalhista, mesmo com a respectiva habilitação, ocorrerá na hipótese de o plano de recuperação não ter sido aprovado até o fim do prazo da suspensão. Dessa forma, se o plano apre-sentado pelo devedor sofrer impugnação e não ocorrer a Assembleia Geral dos credores no prazo estipulado na lei e, se ocorrer, não existir a aprovação deste, caso superado o prazo máximo da suspensão da execução, 180 (cento e oitenta) dias, o processo prosseguirá normalmente no juízo trabalhista, mesmo que já tenha ocorrido a habilitação.

12.1.1. Suspensão da execução

Como referido anteriormente, um dos efeitos mais importantes na execução trabalhista, em face do deferimento do processamento da recuperação judicial, é a suspensão do processamento da mesma. No entanto, a determinação da suspensão ocorrerá acompanhada de outros procedimentos que deverão ser adotados pelo juízo trabalhista.

Na prática, observamos que muitas empresas utilizam o processo de recuperação somente para postergar sua falência, pois, na audiência ou nos autos, não informam a respeito dos créditos trabalhistas e nem apresentam a cópia do plano para pagamento de tais créditos. Portanto, constatamos, várias vezes, o descompromisso dos devedores com o pagamento dos trabalhadores, além dos outros. Fazemos essa referência, pois, nos casos de recuperação na forma prevista na lei, ou seja, observados os requisitos legais (principalmente o art. 54 — pagamento em um ano do débito trabalhista), pouco tem sido objeto de manifestação e insurgência nos juízos trabalhistas, havendo, nesses casos, sim, a conjunção dos esforços de todos no sentido da continuidade da empresa, ou preservação da atividade, ressaltados no art. 47 da LRF.

Essa preocupação não é só nossa, tendo a jurisprudência[2] já a referido. Destarte, em face da informação da recuperação judicial, deve o juiz do trabalho assim proceder: 1º) determinar a suspensão da execução; 2º) deferir um prazo razoável[3] para que o devedor informe se o crédito postulado no juízo laboral foi relacionado na petição inicial da recuperação judicial (art. 51, IX da LRF), bem como a relação dos débitos trabalhistas (art. 51, IV da LRF). Tais exigências não são ilegais, pois estão previstas na LRF e são requisitos necessários da petição inicial que postula a recuperação judicial (art. 51 da LRF). Portanto, caso não apresentadas pelo devedor tais relações, restará evidenciado que o processo de recuperação somente visa postergar a satisfação do crédito trabalhista, devendo ser reconsiderada a decisão da suspensão da execução, voltando ao seu curso normal, nos mesmos moldes do previsto no art. 6º, § 5º da LRF.

12.1.2. Efeitos sobre a hasta pública designada

No processo trabalhista, citado o devedor para pagar ou garantir o juízo, em não pagando, ser-lhe-ão penhorados tantos bens quantos bastem para

---

(2) Referimos que não podemos ser ingênuos diante da realidade fática que encontramos quando analisamos os processos de recuperação, haja vista que na maioria das vezes resta caracterizada a má-fé do devedor, com o objetivo, somente, de postergar a sua falência, acarretando maiores prejuízos aos credores. No entanto, não devemos considerar que todas as recuperações são fraudulentas, mas, também, não podemos desconsiderar essa situação na análise do processo. Citamos decisão no TJSP: "Apelação. Recuperação Judicial. Decisão que indefere o processamento (...) quando há elementos robustos de práticas de graves irregularidades, inclusive com instauração de inquérito policial para apuração de infrações penais de grande potencial de lesividade. A recuperação judicial é instituto criado para ensejar a preservação de empresas dirigidas sob os princípios da boa-fé e da moral. Sentença de indeferimento mantida. Apelo desprovido" (Ap. n. 501.317.4/4-00, Rel. Des. Pereira Calças, j. 28.5.08).

(3) A referência ao prazo razoável decorre do tamanho da empresa em recuperação, pois, em se tratando de uma empresa de grande porte, entendemos que o prazo deve ser maior (*v. g.* quarenta dias) e, em empresas pequenas, *v. g.*, de vinte a trinta dias.

garantir a execução. Decorrido o prazo para a interposição da ação de embargos, ou apresentados e desprovidos, os bens penhorados serão levados à hasta pública, na qual serão judicialmente vendidos, e, com o apurado da venda, será cumprida a obrigação para com o credor (arts. 883 e 888 da CLT).

No caso do deferimento do processamento da recuperação judicial, há a suspensão do curso da execução, por força do disposto no art. 6º da LRF. Contudo, estando já designada hasta pública, leilão ou praça do bem penhorado, deverá ser realizada ou suspensa a expropriação?

Os efeitos em relação à recuperação judicial e à falência, no caso analisado, serão diferentes.

Entendemos que a suspensão determinada atinge os atos de expropriação, até mesmo pelo fato de os bens serem necessários para atingir os objetivos desta, ou seja, a superação das dificuldades econômico-financeiras do devedor.

Entretanto, não tendo sido aprovado o plano de recuperação no prazo da suspensão (improrrogável de 180 dias), o processo de execução volta ao seu curso normal, segundo o disposto no art. 6º, § 5º da LRF, sendo procedidos no juízo trabalhista à expropriação e ao pagamento do credor. Ressalta-se que, no período de suspensão, o bem permanece penhorado.

Em se tratando da falência, em face do princípio da economia processual, a solução será diferente, cuja matéria será analisada em tópico próprio.

12.1.3. Efeitos sobre os coobrigados solidários e subsidiários

Matéria interessante a ser analisada é a respeito das obrigações solidárias ou subsidiárias dos coobrigados em relação à devedora (responsável principal) em recuperação judicial. Como já referido em vários tópicos, o deferimento do processamento da recuperação judicial acarreta a suspensão das execuções em face do devedor. Será que essa suspensão se transfere ao responsável solidário ou subsidiário?

A resposta é negativa, por força do disposto no art. 49, § 1º da LRF, que estabelece que os credores do devedor em recuperação judicial conservam seus direitos e privilégios contra os coobrigados, fiadores e obrigados de regresso. Portanto, em se tratando de responsável solidário, não há qualquer discussão a respeito, pois a execução prosseguirá em razão deste, sendo que fica suspensa em relação ao devedor que está em recuperação judicial. Caso haja pagamento, deverá ser informado ao juízo da recuperação para ser excluído o valor do quadro geral dos credores.

Já quanto ao responsável subsidiário, maiores dúvidas surgirão em face do benefício de ordem que esse pode invocar para o pagamento da obrigação (arts. 827 e 828 do C. Civil). Pode até parecer contraditória a situação da continuidade da execução perante o responsável subsidiário, haja vista a suspensão em face do devedor principal, mas essa foi a opção legislativa prevista no art. 49, § 1º da LRF. A legislação faz referência expressa em relação ao fiador que, no Código Civil, como regra geral, é responsável subsidiário (art. 827 do CC). Assim, invocando a proteção ao crédito trabalhista, dada sua natureza alimentar e a necessidade da celeridade da execução trabalhista, concluímos que esta, em relação ao responsável subsidiário, deve prosseguir, em que pese estar suspensa em relação ao principal. Ressaltamos que o responsável subsidiário poderá exigir o ressarcimento ao principal pelo pagamento efetuado.

Ressalta Manoel Justino Bezerra Filho[4] que "se concedida a recuperação na forma do art. 58, fica automaticamente sustada a previsão do § 4º do art. 6º, de tal forma que permanecerão suspensas as ações e execuções contra o devedor. Porém, as execuções contra os coobrigados não sofrem qualquer interferência, na forma do que dispõe o § 1º do art. 49, reiterada tal posição neste art. 59, que faz ressalva expressa ao mencionar que a novação se dá 'sem prejuízo das garantias'". Este, aliás, é o sistema de nossa legislação, repetindo-se aqui o que já vinha previsto no art. 148 do Decreto-lei n. 7.661/45.

Tal entendimento é apresentado em várias decisões[5] no TRT da 3ª Região, em que os Desembargadores, analisando os processos, ressaltam: "O fato de a primeira demandada encontrar-se em processo de recuperação judicial não implica em suspensão da execução contra ela, devedora subsidiária, uma vez que, nos termos do § 1º do art. 49 da Lei 11.101/05, os credores do devedor em recuperação judicial conservam seus direitos e privilégios contra os coobrigados, fiadores e obrigados de regresso. Portanto, mostra-se legítima a execução da agravante, que figura na relação jurídica exclusivamente para garantir o integral cumprimento do crédito trabalhista, porquanto teve sua responsabilidade subsidiária expressamente declarada pela decisão exequenda, não podendo imiscuir-se ao cumprimento da obrigação que lhe foi judicialmente imposta".

Referimos, ainda, decisão no Tribunal de Justiça de São Paulo, Rel. Des. Roberto Bedaque: "Execução. Recuperação Judicial da devedora principal. Plano de recuperação aprovado pelos credores. Homologação pelo Juízo. Fiadores. Prosseguimento da execução. Obrigação autônoma. Arts. 49, § 1º e 59 da Lei n. 11.101/2005"[6].

---

(4) BEZERRA FILHO, Manoel Justino. *Nova lei de recuperação e falência comentada*. 5. ed. São Paulo: Revista dos Tribunais, 2008. p. 183-184. Ressaltamos que o autor utiliza "neste art. 59", pois está comentando o mesmo.
(5) AP — 384-2007-065-03-00-4, Rel. Des. Rodrigo Ribeiro Bueno, j. em 7.8.08. No mesmo sentido ver AP 119-2007-073-03-00-0 e 1277-2006-098-03-00-3.
(6) AI n. 7.180.757-7, j. 27.11.2007.

12.2. EFEITOS DA FALÊNCIA NA EXECUÇÃO TRABALHISTA

Tanto na legislação revogada (Decreto-Lei n. 7.661/45), quanto na atual (LRF), várias consequências são advindas da falência do devedor sobre o processo de execução trabalhista. Na nova lei (LRF), há previsão da suspensão das execuções, a limitação da competência da Justiça do Trabalho, entre outras consequências. Contudo, a sua análise não pode ficar restrita a tais implicações, haja vista que são infinitamente superiores às estipulações contidas na lei.

12.2.1. Competência trabalhista e o juízo indivisível da falência

A competência da Justiça do Trabalho está disciplinada na Constituição Federal, art. 114, que estabelece a competência para apreciar os conflitos decorrentes da relação de trabalho. Com a alteração do art. 114 da Constituição Federal pela Emenda Constitucional n. 45, promulgada em 8.12.2004, ficou mais ressaltado que nem todo o conflito da competência da Justiça do Trabalho decorre necessariamente do contrato de emprego.

Atualmente, os conflitos de competência da Justiça do Trabalho são os decorrentes do contrato de emprego, ou seja, entre empregados e empregadores, da relação de trabalho, das greves; dos conflitos intersindicais, dos relativos às penalidades administrativas impostas pelos órgãos de fiscalização e dos referentes às contribuições previdenciárias, em face das sentenças que proferir.

Na prática, a execução de créditos trabalhistas das massas falidas causa várias divergências, tanto sob o enfoque jurisprudencial quanto doutrinário.

Já na norma legal revogada, Decreto-Lei n. 7.661/45, havia previsão de que o juízo falimentar era único e abrangente de todas as ações e execuções contra a massa falida, conforme preceituavam os arts. 7º, § 2º, e 23. Na atual legislação (Lei n. 11.101/05 — LRF), a previsão do juízo universal está disciplinada nos arts. 76 e 115, limitando a competência do juízo trabalhista à quantificação dos valores do crédito trabalhista (art. 6º, § 2º da LRF).

O foro de atração do juízo falimentar importa em exceção à regra geral da competência. Em virtude dele, o juiz que conhece o processo falimentar resulta competente para atender às pretensões relacionadas com o patrimônio e aos direitos que versam os ditos processos. A instituição encontra seus fundamentos em razões de conveniência e de interesse geral de justiça.

Em decorrência de tais previsões legais, entenderam alguns autores (mesmo no período da legislação revogada) que não cabia a execução da sentença perante o juízo trabalhista em caso de falência, devendo ser habilitado o crédito no juízo falimentar, como credor da massa, pois este juízo exerce autêntica *vis attractiva*, sob duplo aspecto: a) atração dos processos contra o devedor falido que existam perante outros juízos; b) atração de todos os bens patrimoniais da massa para sujeitá-los ao juízo falimentar[7].

A regra geral é que o juízo da falência é indivisível e competente para todas as ações e reclamações sobre bens, interesses e negócios da massa falida. Por isso, Carvalho de Mendonça afirmava que o juízo da falência é um mar em que se precipitam todos os rios, conforme refere Sampaio Lacerda. É no juízo da falência que se dá o concurso de todos os credores, que se realiza a arrecadação dos bens, que se processa a verificação dos créditos e os pedidos de restituição e quaisquer outras reclamações acerca de bens, interesses e negócios da massa falida. São excluídas, porém, conforme o art. 76 da LRF, as ações trabalhistas e fiscais não regulamentadas nesta lei em que a massa for autora ou litisconsorte.

Em se tratando da cobrança da dívida ativa da Fazenda Pública, esta não está sujeita a concurso de credores nem à habilitação de crédito em falência, concordata ou inventário (Lei n. 6.830, de 22.9.1980, arts. 5º e 29).

Para a análise da matéria trabalhista, a Constituição Federal, no seu art. 114, estabelece a competência para apreciar os conflitos decorrentes da relação de trabalho. Quem é competente para analisar, via de regra, é competente para executar. Em face da previsão constitucional e das regras previstas na lei de execução fiscal, alguns autores defendiam a competência da Justiça do Trabalho, tais como Calmon de Passos[8], Manoel Antonio Teixeira Filho[9] e Antônio Álvares da Silva[10].

As teses contrárias à continuidade da execução na Justiça do Trabalho são baseadas na assertiva de que, com a falência, há efeitos com relação ao patrimônio da empresa que devem ser arrecadados para formar a massa e o posterior rateio entre os credores, conforme a ordem legal. Tal disposição invoca o princípio da isonomia, pois a inexistência de um único juízo pode causar prejuízos entre os próprios trabalhadores e os demais credores, tese defendida por Sergio Pinto Martins[11] e Eduardo Gabriel Saad[12].

---

(7) Ver Amauri Mascaro Nascimento (*Direito processual do trabalho*, p. 205), José Ribamar da Costa (*Direito processual do trabalho*, p. 118), Wilson de S. Campos Batalha (*Tratado de direito judiciário do trabalho*, p. 790).
(8) PASSOS, Calmon de. O crédito trabalhista no direito positivo brasileiro. *Revista LTr*, São Paulo, v. 46, n. 5, maio 1982. p. 529-530.
(9) TEIXEIRA FILHO, Manoel Antonio. *Execução no processo do trabalho*. 9. ed. São Paulo: LTr, 2005. p. 284-290.
(10) SILVA, Antônio Álvares da. *Créditos trabalhistas no juízo concursal*. Rio de Janeiro: Aide, 1985. p. 129-145.
(11) MARTINS, Sergio Pinto. *Direito processual do trabalho*. 20. ed. São Paulo: Atlas, 2003. p. 622-623.
(12) SAAD, Eduardo Gabriel. *Direito processual do trabalho*. São Paulo: LTr, 1994. p. 557-560.

É delicada a situação em que se encontra o trabalhador e seu crédito alimentar em face dos outros credores. Na presente análise, defrontamo-nos com a execução de um crédito trabalhista, na Justiça do Trabalho (execução singular), e com a execução dos créditos trabalhistas no juízo falimentar (execução coletiva).

Defendemos que o juízo falimentar apresenta melhor solução para o litígio, pois não só privilegia um, mas todos os credores em mesma situação, em que pese, em muitas oportunidades, não garantir a satisfação total de seus haveres. Portanto, existindo a insolvência do devedor, não se justifica a continuidade da execução singular, sob pena de ser desrespeitado o princípio da igualdade assegurado na Constituição Federal. Não há como manter o direito de prelação de um credor sobre bem da massa em execução singular, paralelamente à execução coletiva, mormente quando existam outros credores com idêntico direito de preferência (arts. 83 da LRF e 449 da CLT).

Outro aspecto a ser sopesado é o previsto no art. 113 da Constituição Federal, o qual declara que "a lei disporá sobre a constituição, investidura, jurisdição, competência, garantias e condições de exercício dos órgãos da Justiça do Trabalho". Assim, tem-se que a limitação da competência trabalhista, prevista no art. 6º, § 2º da LRF, é constitucional, pois não há qualquer entrave à alteração da competência trabalhista em face da lei.

12.2.2. Suspensão das execuções trabalhistas

Com a decretação da falência, não se justifica a continuidade das execuções singulares, pois o que se objetiva é a igualdade entre todos os credores. Continuando as execuções singulares, ocorreria o pagamento de determinados credores em prejuízo de todos os demais que poderiam até mesmo ter créditos preferenciais em relação aos exequentes. Portanto, decretada a falência, determina-se a suspensão de todas as ações ou execuções contra o falido, ressalvadas as hipóteses previstas no art. 6º, §§ 1º e 2º da LRF (art. 99, V da LRF).

A exceção do art. 6º, § 1º da LRF, determina o prosseguimento da ação que demandar quantia ilíquida e das ações no processo de conhecimento (art. 99, V da LRF). O § 2º do mesmo artigo determina a competência do juízo trabalhista, estabelecendo o prosseguimento da ação até a quantificação da obrigação contida no título judicial, para posterior habilitação no juízo concursal (art. 99, I da LRF). Pode o credor, para precaver-se contra o pagamento dos demais credores da massa, requerer reserva de rateio (art. 6º, § 3º da LRF).

12.2.3. Obrigações da massa falida e coobrigados solventes — responsabilidade solidária e subsidiária

Há de se analisar os efeitos da falência em relação aos responsáveis solidários e subsidiários da massa, haja vista a sua implicação prática na execução trabalhista.

No caso de execução trabalhista em que existam responsáveis solidários, por exemplo, sendo um falido e outro não, cabe a continuidade da execução contra o solvente e a habilitação na massa dos créditos do exequente. Caso sejam todos os devedores falidos, poderá o credor habilitar-se em todos os processos, conforme disposto no art. 127 da LRF. Recebendo o credor os valores devidos ou parte do seu crédito, deverá informar à massa a situação.

Em se tratando de responsável subsidiário, há de se apresentar algumas considerações, pois, nesse caso, o responsável só responderá pela dívida quando esgotado o patrimônio ou a solvabilidade do intermediário. Na solidariedade, cabe ao credor a escolha de cobrar a dívida de somente um dos devedores ou de todos, havendo a previsão de que o devedor que pagou a totalidade do débito poderá exigir dos demais coobrigados a sua parte na dívida. Na subsidiariedade, a responsabilidade do devedor ordinário só se transfere quando este for insolvente.

Com relação à execução, em se tratando da devedora principal massa falida, alguns admitem que, primeiro, seja encerrado o processo de falência[13] para, posteriormente, e, no caso do não pagamento dos créditos devidos pela massa, iniciar a execução do tomador, responsável subsidiário.

Reputamos equivocada tal tese. O processo de falência tem como fundamento a insolvência do devedor, sendo esta real ou presumida. A insolvência está relacionada ao patrimônio, revela um estado em que o passivo supera o ativo, sendo, portanto, um estado deficitário. No inadimplemento, há presunção de que o devedor não tem condições de pagar.

Em matéria trabalhista, o art. 16 da Lei n. 6.019/79 prevê que, no caso de falência da prestadora de trabalho temporário, a tomadora ou cliente será solidariamente responsável pelo recolhimento das parcelas previdenciárias, bem como pela remuneração e indenizações trabalhistas.

Ademais, a posição do responsável subsidiário equivale à do fiador, invocando-se, também, em face da inexistência de qualquer norma na CLT, o contido nos arts. 827 e seguintes do Código Civil (CC).

O benefício de ordem decorre da natureza normalmente subsidiária ou complementar da responsabilidade do fiador, desaparecendo, todavia, se o

---

(13) TRT 4ª Reg. Ac. n. 914.731/96-3 AP, Desembargador Rel. João Alfredo Borges Antunes de Miranda.

credor renunciou expressamente a esse benefício, ou se obrigou como principal pagador e responsável solidário, ou, ainda, sendo o afiançado pessoa insolvente ou falida (art. 828 do CC)[14].

O responsável subsidiário poderá satisfazer seu crédito regressivo na massa falida, na medida em que o simples pagamento da dívida do falido já o sub-roga nos direitos do credor (art. 831 do CC e art. 128 da LRF).

Dessa forma, constatada a falência do devedor principal, não há como invocar o benefício de ordem pelo responsável subsidiário, devendo seus bens responder pela execução dos créditos trabalhistas.

12.2.4. Efeitos da falência sobre o depósito recursal

A declaração de falência implica a perda do direito de administrar os bens, inclusive de dispô-los, por parte do falido (arts. 99, VI, e 103 da LRF). A execução é imediata, começando pelo desapossamento dos bens do devedor, passando todos, inclusive direitos e ações, a integrar um patrimônio de afetação, salvo os expressamente excetuados na lei (art. 108 da LRF). Todos os bens, direitos e ações adquiridos no decurso do processo acrescentam-se a essa massa patrimonial, formando um todo indivisível.

Com o desapossamento, o falido perde a posse direta dos bens, a qual passa para o administrador judicial, que se faz pela arrecadação e equipara-se à penhora nas execuções singulares[15]. Os bens podem estar com o falido ou não, devendo este indicar em poder de quem se acham a fim de serem arrecadados (art. 104, I, "e" e V, da LRF). Mesmo os adquiridos durante o curso da falência, tais como rendimentos dos bens arrecadados e até os provenientes de sucessões (inclusive legados, sem cláusula em contrário) ou de obra do acaso, como tesouros, prêmios lotéricos, farão parte da massa. São incluídos também os bens que vêm à massa por efeito da ação revocatória e o depósito recursal decorrente do provimento de recurso trabalhista em que é recorrente a massa.

O desapossamento do falido, além de fixar um marco para base das operações da liquidação, afasta-o da direção de seus bens, pois, sem isso, o restante poderia dissipar-se. Excepcionalmente, a lei permite ao falido a sua guarda (art. 108, § 1º da LRF). Ressaltamos que o falido não perde a propriedade dos bens nem se exime das obrigações assumidas. Há somente uma limitação à faculdade de agir relativamente aos direitos e obrigações compreendidos na falência.

---

(14) Ver WALD, Arnold. *Obrigações e contratos*. 12. ed. São Paulo: Revista dos Tribunais, 1995. p. 453.
(15) FERREIRA, Waldemar. *Tratado de direito comercial*, p. 7 e 27 e LACERDA, José Cândido Sampaio. *Manual de direito falimentar*, p. 92.

Depois de declarada a falência, não pode o falido praticar qualquer ato que se refira, direta ou indiretamente, aos bens, aos interesses, aos direitos e às obrigações compreendidos na falência, sob pena de nulidade, que o juiz pronunciará de ofício, independentemente de prova de prejuízo (art. 129 da LRF).

Não serão arrecadados os bens absolutamente impenhoráveis (art. 108, § 4º da LRF). Contudo, entende-se que deve ser analisada tal norma de acordo com o referido no art. 30 da Lei n. 6.830/80, pois, se essa tem aplicação aos débitos fiscais e trabalhistas, deve ser observada na falência.

A respeito do depósito recursal, dúvidas surgem na execução trabalhista quanto à sua liberação, se para a massa ou para o credor trabalhista.

No processo do trabalho, para o empregador recorrer, há de efetuar o depósito prévio do valor da condenação, como garantia do cumprimento da decisão judicial (art. 899 da CLT). Com o trânsito em julgado da decisão recorrida e sucumbente o recorrente, o depósito recursal passa a pertencer à execução, como a crédito do reclamante, nos termos da parte final do § 1º do art. 899 da CLT.

Considerando os efeitos da falência sobre os bens do falido, há dúvidas a respeito dos depósitos recursais efetuados pela empresa antes da decretação da falência.

Conforme referido no art. 108 da LRF, a falência compreende todos os bens do devedor, inclusive direitos e ações. O depósito recursal tem o objetivo de garantir a dívida, tratando-se de quantia colocada à disposição do juízo para facilitar ao empregado receber seus créditos, não estando ao dispor e em posse da falida. Inclusive o depósito para interposição do recurso é procedido na conta vinculada do trabalhador. Assim, o depósito recursal não pode ser arrecadado à massa, pois não está disponível à executada, mas sim, ao juízo. Destarte, verificado que os valores do depósito recursal foram colocados à disposição do juízo trabalhista em momento anterior à falência, aplica-se o disposto no § 1º do art. 899 da CLT, ou seja, liberação ao trabalhador no caso do não provimento do recurso da falida.

A respeito do assunto, os Ministros do Tribunal Superior do Trabalho entenderam que não há fundamento legal que determine a transferência do recursal para a massa, tendo em vista que o depósito tem natureza de garantia do juízo e não mais integra o patrimônio da massa[16]. Os Desembargadores do Egrégio Tribunal Regional do Trabalho da 4ª Região acompanham o entendimento anteriormente referido[17].

---

(16) RR Ac. n. 460500-PR, rel. Min. Carlos Alberto Reis de Paula, DJ de 5.2.1999; ROMS Ac. n. 420783-RS, rel. Min. José Carlos Perret Schulte.
(17) Ac. n. 967.661/93-5 AP, rel. Des. Ari da Silva Mattos; Ac. n. 1774.014/90-4 AP, rel. Des. Tânia Maciel de Souza.

12.2.5. Efeitos da falência na arrematação trabalhista

Antes de se apresentarem os efeitos da falência na arrematação trabalhista, há de se mencionar como esta é realizada. Como já referido, citado o devedor para pagar ou garantir o juízo, em não pagando, ser-lhe-ão penhorados tantos bens quantos bastem para garantir a execução por meio de Oficial de Justiça. Decorrido o prazo para a interposição da ação de embargos, ou apresentados e desprovidos, os bens penhorados serão levados à hasta pública, na qual serão judicialmente vendidos e, com o apurado da venda, será cumprida a obrigação para com o credor (arts. 883 e 888 da CLT).

Com a falência do executado, há de se apresentar algumas considerações, pois várias dúvidas surgem a respeito do prosseguimento da arrematação em tais casos, em face das previsões da LRF.

No art. 99, V da LRF, há menção de que a sentença que decretar a falência determinará a suspensão de todas as ações ou execuções contra o falido, ressalvadas as hipóteses previstas nos §§ 1º e 2º do art. 6º desta Lei.

Na legislação revogada (Decreto-Lei n. 7.661/45), prescrevia o art. 24, § 1º, que, achando-se os bens já em praça, com dia definitivo para a arrematação, far-se-ia esta, entrando o produto para a massa. No entanto, se os bens já tivessem sido arrematados quando da declaração da falência, a massa receberia apenas o que sobejasse depois da satisfação do crédito.

Em que pese a ausência na LRF de tais estipulações, entendemos que são perfeitamente aplicáveis, em face do previsto no art. 75, parágrafo único, da LRF, o qual determina que o processo de falência atenda aos princípios da celeridade e da economia processual, e do art. 108, § 3º da LRF.

A falência é uma execução coletiva e universal, como já referido anteriormente, prevalecendo o interesse coletivo sobre o singular, pela *par conditio creditorum*. Assim, não efetivada a praça ou leilão, mas já designada antes da data da falência, esta deve prosseguir na Justiça obreira para, posteriormente, ser enviado o montante ao juízo falimentar. Proceder de outro modo seria não observar o princípio da economia processual.

Com relação à hipótese de já ter sido realizada a expropriação (alienação particular, arrematação e adjudicação), também deverá ser adotada a sistemática prevista na legislação revogada, mas por outro fundamento.

O auto de arrematação (como nos outros casos da expropriação) dá forma definitiva da praça e do leilão, sendo, o último, elemento do procedimento da arrematação. A arrematação sem o auto é tida como incompleta, porque falta a ela elemento de existência; a arrematação não existe antes do auto (arts. 693 e 694 do CPC). Lavrar-se-á o auto imediatamente, sendo que, após a assinatura do juiz, do arrematante, do serventuário da Justiça ou do leiloeiro, torna-se a arrematação perfeita, acabada e irretratável, a teor do art. 694, *caput*, do CPC.

Não há previsão específica na CLT com relação ao auto de arrematação, sendo adotadas na doutrina as disposições contidas no CPC, inclusive referindo a importância deste. Contudo, na prática forense, o auto não é muito utilizado, pelo menos no Tribunal Regional do Trabalho (TRT) da 4ª Região. O que ocorre é somente a elaboração, pelo leiloeiro, da ata do leilão, com vistas às partes e homologada pelo juiz. Normalmente não se elabora o auto, mas somente a carta de arrematação, valendo a decisão de homologar o procedimento adotado como concordância do juiz com a prestação de contas do leiloeiro e os termos do leilão contidos na ata, na qual constam as assinaturas do leiloeiro e do arrematante.

Entendemos que o auto é elemento indispensável na arrematação, pois, sem este, não se ultima a alienação, nem é possível a expedição da carta de arrematação, pois inclusive é um dos requisitos (art. 703, II, do CPC). No entanto, a sistemática adotada por alguns juízes de não elaborar o auto, mas sim, homologar o ato expropriatório com base na ata, não ocasiona nulidade, pois tal decisão suprirá o auto, substituindo-o, não havendo violação do disposto no art. 244 do CPC.

Dessa forma, tornada perfeita e acabada a expropriação, não há como ser arrecadado o bem do devedor, pois não é mais deste, sendo o valor alcançado pago ao credor da execução singular, e o restante, remetido ao juízo universal.

12.3. A COMPETÊNCIA PARA A DESCONSIDERAÇÃO DA PESSOA JURÍDICA FALIDA OU EM RECUPERAÇÃO JUDICIAL

Umas das grandes discussões que há entre os operadores do Direito é a da competência para a desconsideração da pessoa jurídica falida e em recuperação judicial.

Na LRF, há previsão do art. 82 que conjetura sobre a desconsideração da pessoa jurídica, no processo falimentar, com o rito ordinário, independentemente da realização do ativo e da prova de insuficiência de cobrir o passivo. Sem sombra de dúvida, tal previsão representa um avanço ao entendimento majoritário anterior, pois, na maioria das vezes, aguardava-se a liquidação do ativo para a iniciativa da averiguação da desconsideração, o que representava vários anos após a declaração da quebra.

Em matéria trabalhista, tem-se entendido a competência da Justiça do Trabalho para a análise da desconsideração da pessoa jurídica falida ou em recuperação judicial para atingir o patrimônio dos sócios. Contudo, tal matéria tem suscitado vários conflitos positivos de competência, sendo submetidos ao Superior Tribunal de Justiça (STJ).

Segundo a previsão do art. 105, I, "d" da Constituição Federal, incumbe ao STJ a competência para dirimir o conflito de competência, ressalvada a hipótese do art. 102, I, "o", da Carta Constitucional.

Com relação à penhora de bens dos sócios pela Justiça do Trabalho, de empresa em recuperação judicial e em falência, o entendimento dos Ministros do STJ é no sentido da inexistência de conflito de competência, pois cabe à Justiça do Trabalho assim proceder, se não houver constrição de bens da sociedade em recuperação ou falida[18].

Desta forma, segundo reiteradas decisões do Superior Tribunal de Justiça, em análise de conflito de competência, os Ministros têm decidido pela inexistência do conflito **quando não abrangido o patrimônio dos sócios na falência ou na recuperação**, sendo da competência da Justiça do Trabalho a análise e o julgamento (grifamos).

12.3.1. Competência para o reconhecimento do grupo econômico

Outra matéria que suscita várias discussões a respeito da competência é a relacionada com a apreciação do grupo econômico e a extensão da responsabilidade do devedor falido ou em recuperação judicial a outras sociedades que não fizeram parte do polo passivo do processo judicial.

A discussão da existência de grupo econômico e a inclusão dos bens de sociedades que não compõem o título executivo, conforme entendimento dos Ministros do STJ, não ensejam o conflito positivo de competência com o juízo universal se os bens objetos da constrição no âmbito trabalhista não foram abrangidos pelo patrimônio integrante da massa[19].

Portanto, o parâmetro para a competência da Justiça do Trabalho para apreciar tal questão se dá pela inclusão ou não das empresas que compõem o grupo econômico que estariam sujeitas à execução trabalhista no processo de recuperação judicial. Se não existir a inclusão no processo de recuperação da sociedade do grupo, a competência é trabalhista, caso contrário, é do juízo da recuperação.

---

(18) AgRg no CC 109.256-SP, Rela. Min. Nancy Andrighi, j. 14.4.2010, AgRg no CC 107.829-MT, Rel. Min. Aldir Passarinho Jr., j. 28.04.2010.
(19) CC n. 100.604 — MG, Rel. Min. João Otávio de Noronha, j. 26.5.2010. Precedentes a Segunda Seção do STJ: CC n. 65.405-RJ, Rel. Des. Conv. Paulo Furtado, CC n. 103.437-SP, Rel. Min. Fernando Gonçalves.

12.4. EXTINÇÃO DO CRÉDITO TRABALHISTA

O juiz, conforme disposto no art. 156 da LRF, apresentado o relatório final, encerrará a falência por sentença. Temos de analisar os efeitos dessa sentença em razão do crédito trabalhista não satisfeito na falência, pois, caso quitado, não haverá qualquer dúvida.

No caso da recuperação judicial, há necessidade da análise na hipótese de ter sido extinto o processo, por ultrapassado o prazo de dois anos, previsto no art. 61 da LRF.

Inicialmente, verificaremos a situação da extinção da falência. Como já mencionado, a decretação da falência acarreta a não continuidade das execuções singulares (execuções na Justiça do Trabalho), pois se visa à igualdade entre todos os credores. Continuando as execuções singulares, ocorreria o pagamento de determinados credores em prejuízo de todos os demais que poderiam até mesmo ter créditos preferenciais em relação aos executados. Portanto, decretada a falência, determina-se a suspensão de todas as ações ou execuções contra o falido (art. 99, V da LRF). Ocorrerá, ainda, a suspensão da prescrição, segundo o art. 6º, *caput*, da LRF.

Portanto, o efeito imediato da decretação é a suspensão da prescrição, ações e execução. Tal circunstância tem o objetivo de que o juízo falimentar seja competente para conhecer e julgar todas as ações em face do falido, salvo as exceções legais (art. 76 da LRF).

A sentença de encerramento da falência, prevista no art. 156 da LRF, tem efeito homologatório, não extinguindo os débitos pendentes do devedor, pois, encontrados novos bens, prossegue-se a expropriação para satisfação dos créditos.

Justifica-se a suspensão da prescrição pelo fato de que o credor, após encerrada a falência, não configuradas as hipóteses do art. 158 da LRF, possa vir a exigir novamente a satisfação das obrigações, caso encontre bens da falida ou dos seus sócios. Ressaltamos o contido no art. 157 da LRF, o qual menciona que o prazo prescricional relativo às obrigações do falido recomeça a correr a partir do dia em que transitar em julgado a sentença do encerramento da falência.

Em se tratando de crédito trabalhista, o juízo competente será a Justiça do Trabalho. Relembramos que o prazo da prescrição trabalhista é de 5 (cinco) anos.

Na recuperação judicial, o devedor fica sujeito à mesma pelo período de dois anos. No caso do descumprimento das obrigações assumidas no plano, cabe ao credor requerer a convolação em falência (art. 61, § 1º da LRF). Se assim não proceder, após o transcurso do prazo de dois anos, poderá o credor requerer a execução do valor não quitado ou requerer a falência, na forma do art. 94 da LRF.

Destarte, na hipótese de não ter sido cumprido o pagamento e encerrado o processo de recuperação, há o retorno da competência para a Justiça do Trabalho para o início da execução, haja vista que o plano aprovado de recuperação torna o débito em título executivo (art. 59, § 1º da LRF), mesmo que não tenha havido processo anteriormente proposto na Justiça do Trabalho. Melhor explicando essa afirmação, temos, por exemplo, a situação de um credor trabalhista que não propôs ação para o reconhecimento do seu crédito, mas que foi incluído no quadro geral de credores, mediante a verificação do administrador judicial. Ressaltamos que é da incumbência do administrador judicial a elaboração do quadro geral de credor, com base nas informações do devedor e documentos (arts. 7º e 22, I, "e" e "f" da LRF). Dessa forma, encerrada a recuperação judicial do devedor, poderá o credor requerer a execução do título executivo formado, mediante decisão de aprovação do plano pelo juiz da recuperação, junto à Justiça do Trabalho, haja vista ser dessa a competência material para a solução do litígio.

13

"BOAS PRÁTICAS" PARA A EFETIVIDADE DA EXECUÇÃO TRABALHISTA

Atualmente, comentam-se muito as "boas práticas" para conduzir a execução mais efetiva. Novidades decorrentes das alterações do Código de Processo Civil (CPC), bem como velhas práticas que estavam esquecidas são repensadas e reutilizadas no sentido de agilizar o processo de execução. A nossa ideia é apresentar algumas sugestões que poderão conduzir a esse objetivo.

O processo, como sempre referimos, deve ser considerado como instrumento para a aplicação do Direito substancial. De cunho eminentemente protetivo, o Direito do Trabalho nasce para ser interpretado diferentemente das regras do Direito Civil, que até então eram utilizadas, menosprezando as diferenças entre os contratantes. A concepção individualista do Direito Civil e do Processo Civil perde força, pois o Estado tem interesse "positivo": buscar a solução do litígio e aplicar as regras do Direito do Trabalho.

Ressaltamos que não cabe ao Estado garantir apenas o acesso à tutela jurisdicional, mas também, estabelecer a tutela eficaz dos Direitos, assegurando a satisfação do Direito material não respeitado. O ordenamento é efetivo se observado espontaneamente pela sociedade e assegurada de maneira eficaz a inviolabilidade dos Direitos, conferindo ao titular de um interesse juridicamente protegido o direito à tutela jurídica pela via específica.

Na CLT, tendo em vista a sua estrutura sucinta, em relação ao processo (conhecimento e execução), há a previsão da adoção, em caráter suplementar, das normas previstas no ordenamento jurídico, o que nos conduz à análise da adequação dessas na estrutura do processo de execução trabalhista. Contudo, a importação das regras de ordenamentos diversos só poderá ocorrer no caso de omissão e, além disso, de compatibilidade com os princípios e as previsões trabalhistas.

Como já referido, o que se deve ressaltar é a linha mestra que guiou o legislador trabalhista, que é a desconsideração das minúcias e formalismos excessivos muitas vezes encontrados no processo comum. A execução trabalhista tem como objetivo a celeridade na satisfação do crédito trabalhista, dada a sua natureza alimentar. Dessa maneira, quando se analisa o Processo do Trabalho, deve o aplicador ter o objetivo da máxima efetivação dos Direitos Fundamentais do trabalhador como forma da reparação do dano praticado a esse e a concretização do princípio da dignidade da pessoa humana.

Portanto, para concluir, referimos que o direito à tutela no sistema constitucional brasileiro significa a garantia da tutela adequada, em prazo razoável, acessível a todos os cidadãos e efetiva no resultado pretendido.

Ressaltamos, inicialmente, três situações que devem ser observadas, mesmo que se trate de momentos prévios à execução.

13.1. APLICAÇÃO DO ART. 899, § 1º DA CLT

Como "fase prévia" à da execução, devemos sempre observar o cumprimento do disposto no art. 899, § 1º da CLT, ou seja, a liberação imediata dos valores do depósito recursal para a parte vencedora no recurso. Essa observação faz-se importante, pois várias vezes constatamos a expedição de alvará para a parte depositante (executada), mesmo após longo transcurso da execução. Claro que a liberação deverá ser precedida de uma apreciação pelo juiz, pois este, mesmo antes de ter conhecimento dos valores da liquidação das obrigações contidas na decisão, poderá, muitas vezes, fazendo uma breve análise do contido na sentença exequenda, definir os limites da liberação dos valores, sem prejuízo de que novamente o faça após o conhecimento do montante da quantificação.

13.2. HIPOTECA JUDICIÁRIA

Um dos efeitos da sentença que reconhece obrigação de pagamento de uma prestação, consistente em dinheiro ou em coisa, é a constituição da hipoteca judiciária (art. 466 do CPC). Claro que esse efeito é secundário e não precisa ser requerido pela parte, podendo ser determinado pelo juiz[1]. A consequência da hipoteca judicial ou judiciária é a sequela que autoriza o credor a prosseguir o bem onde quer que se encontre, sendo meio preventivo contra fraude. A hipoteca torna-se eficaz perante terceiros com a inscrição no registro imobiliário.

13.3. PROTESTO DE DECISÕES TRABALHISTAS

Um dos meios mais eficazes para a quitação de títulos no Brasil é o Protesto em Cartórios de Títulos e Documentos, haja vista as informações prestadas pelos Cartórios aos vários órgãos de proteção do crédito (SPC, SERASA, Equifax, entre outros). Com a solicitação do protesto, o devedor é notificado e, no caso do não pagamento, é lavrado e registrado o protesto.

Os títulos executivos trabalhistas (judiciais e extrajudiciais) são passíveis de protesto, conforme previsto na legislação (Lei n. 9.492/97), pois esse é ato formal e solene pelo qual se prova a inadimplência e o descumprimento de obrigação originária em títulos e outros documentos de dívida[2].

A necessidade da implementação do protesto de crédito trabalhista levou o Tribunal Regional do Trabalho da 3ª Região a firmar convênio com o Instituto de Estudo de Protestos de Títulos do Brasil — Seção Minas Gerais e a Associação dos Tabeliães de Protesto do Estado de Minas Gerais, datado de 28.9.2009, regulamentando tal prática.

A utilização de tal expediente reputa-se muito benéfica para a efetividade da execução trabalhista haja vista a extensão dos seus efeitos aos órgãos de proteção de crédito, que são consultados nacionalmente, o que traz consequências negativas aos credores com a inclusão de seus nomes nos mesmos.

Uma ressalva apresentada no convênio referido é que a expedição de mandado para o protesto deverá ocorrer depois de exauridas todas as

---

(1) Os Ministros do TST decidiram em várias oportunidades a possibilidade da determinação da hipoteca judiciária de ofício: HIPOTECA JUDICIÁRIA. A hipoteca judiciária é efeito da sentença condenatória proferida, estatuído em lei, daí decorrendo a possibilidade de sua concessão de ofício pelo julgador. Inteligência do art. 466 do CPC, de aplicação subsidiária ao processo do trabalho. Recurso de revista não conhecido. (RR 18400-74.2009.5.03.0087, Relator Ministro: Alberto Luiz Bresciani de Fontan Pereira, Data de Julgamento: 23.6.2010, 3ª Turma). No mesmo sentido (RR 130400-06.2008.5.03.0005, Relatora Ministra: Rosa Maria Weber, Data de Julgamento: 14.4.2010, 3ª Turma).

(2) Mencionamos a lição de Walter Ceneviva, no sentido de que: "O protesto sempre e só tem origem em instrumento escrito no qual a dívida seja expressa e cuja existência se comprove com seu exame extrínseco (...). O instrumento será título (referindo-se ao previsto nas leis comerciais ou processuais vigentes) ou outro documento, no qual a dívida não apenas esteja caracterizada, mas de cuja verificação resulte a clara informação de seu descumprimento. (*Lei dos notórios e dos registradores comentada*. 6. ed. São Paulo: Saraiva, 2008. p. 92).

tentativas executórias contra a empresa e seus sócios, inclusive por meio de "ferramentas disponíveis — Bacenjud, Renajud e Infojud (referido na cláusula 3ª).

Já tendo sido determinada a desconsideração da pessoa jurídica e a execução direcionada aos sócios, pensamos que o protesto também deve ser feito no nome desses.

A implementação da prática do protesto de crédito trabalhista não é difícil, necessitando apenas a expedição pela Secretaria de certidão contendo a indicação da Vara do Trabalho, o nome do credor principal (reclamante) e o número do seu CPF ou documento de identificação; o nome do devedor principal, subsidiário e solidário, quando houver, o número do CNPJ ou CPF, endereço, cidade, CEP; os dados do processo (Vara/Comarca, número do processo, data da sentença/acórdão, data do trânsito em julgado); valor devido ao reclamante, valor das custas processuais, valor dos honorários periciais (se houver); praça de pagamento, local e data, assinatura do Diretor de Secretaria ou de seu substituto legal (Cláusula segunda).

13.4. SUGESTÕES RELATIVAS AO PROCESSO

Relativamente ao processo de execução, sugerimos:

a) as sentenças devem, na medida do possível, conter obrigações líquidas, ou seja, valores já previamente definidos, pois agilizam muito a satisfação do crédito;

b) a citação deve ser realizada por correio, como na forma da execução fiscal, já usualmente adotada no processo trabalhista. No processo do trabalho, há uma regra que deve, também, ser aplicada na execução, que é a de só declarar a nulidade se existir prejuízo da parte (art. 794 da CLT). Dessa forma, não havendo prova do prejuízo da citação do devedor por correio, deve ser esta considerada válida. Ressaltamos, ainda, uma diferença importante do processo trabalhista que é a intimação do reclamado da sentença, em caso de revelia (art. 852 da CLT), o que nos conduz à segurança do conhecimento prévio da parte da decisão exequenda;

c) as intimações das partes deverão ser realizadas por intermédio do procurador (v. g. penhora — principalmente na situação de penhora por meio do Bacenjud). Essa regra é contida no CPC em várias situações (v. g., art. 475-A, § 1º), principalmente após as alterações decorrentes das Leis ns. 11.232/05 e 11.382/06. Na CLT há, também, tal situação (v. g. art. 852). Assim, essa sistemática deve ser adotada na execução trabalhista, em face da celeridade do procedimento e da inexistência de prejuízos às partes;

d) as penhoras devem ser realizadas por meio do sistema eletrônico (*v. g.* penhora *on line* — Bacenjud, Renajud, outros);

e) na execução trabalhista, há peculiaridade importante com relação à penhora, que deve ser observada pelo juízo, haja vista que o direito do trabalhador é direito fundamental (art. 7º da CF.). Assim, devemos interpretar o disposto no art. 649 do CPC com o parâmetro do privilégio do crédito trabalhista, e não, como crédito de natureza diversa (*v.g.* crédito quirografário)[3], e assim proceder: a) a relativização do contido na Lei n. 8.009/90, em face do contido no art. 649, II do CPC, sendo perfeitamente possível penhorar os bens que guarnecem a residência de "elevado valor" e que extrapolam "o padrão médio de vida"; b) a penhora de "todo" o bem indivisível; c) a penhora de bens inalienáveis, na forma do art. 30 da Lei n. 6.830/80; d) a penhora dos valores de caderneta de poupança, haja vista o caráter privilegiado e alimentar do crédito trabalhista; e) a penhora de salários, em limite razoável, haja vista a consideração dos créditos envolvidos, ambos alimentares, pois o Estado deve garantir a reparação decorrente do descumprimento de lei (lei trabalhista) e não, o benefício do infrator (devedor); além de outras hipóteses.

f) o depósito dos bens penhorados deve ser realizado por terceiros, salvo substituição do bem por outra garantia do juízo, conforme o disposto no art. 666 do CPC;

g) o Juiz do Trabalho, invocando o contido nos arts. 475-M e 739-A do CPC, deve analisar os efeitos dos embargos à execução. Na simples propositura dos embargos não há suspensão do feito, haja vista que atualmente não há mais o efeito decorrente de lei (*ope legis*), mas sim, decorrente de decisão (*ope judicis*). Assim, em face da omissão do art. 884 da CLT, a suspensão será a exceção, que deverá ser analisada pelo juízo no caso concreto;

h) exigir a delimitação e a fundamentação dos valores da execução nos embargos, objeto de insurgência do executado, na forma dos arts. 475-L, § 2º e 739-A, § 5º do CPC, sob pena da rejeição imediata. Ressaltamos que tal circunstância já existe na CLT no art. 879, § 2º (liquidação) e no art. 897, § 1º (agravo de petição);

i) poderá o juiz, se assim achar conveniente para a efetividade do provimento, autorizar o parcelamento do valor do lance (art. 98 da Lei n. 8.212/91), devendo constar do edital. Deverá, ainda, utilizar a sistemática prevista no art. 690, § 1º do CPC;

j) para a execução trabalhista, a alienação particular não precisa respeitar o valor da avaliação, mas somente o parâmetro do preço vil. Defendemos

---

(3) Fazemos essa ressalva, pois o CPC, com norma adjetiva, tem a pretensão de disciplinar o processo de execução de obrigações de natureza civil-mercantil, sem preferência, salvo previsões específicas (*v. g.* direito real de garantia).

que, antes da alienação particular, deve o bem ser levado à hasta pública. Portanto, poderá o juízo trabalhista utilizar do contido no art. 685-C do CPC, sem a necessidade da observância do valor de avaliação, pois já admitido o maior lance na hasta pública, ficando a critério do julgador a aceitação ou não da proposta (*v. g.* pela análise do preço vil);

k) deverá o juízo utilizar, preferencialmente, a modalidade da hasta pública da praça, com datas predeterminadas, com a reunião de vários processos (experiência do TRT 8ª Região). Essa sistemática é adotada por vários TRTs para a modalidade de leilões, que deverá, também, ser utilizada para a praça;

l) o Conselho da Justiça do Trabalho deverá, o mais breve possível, instituir a possibilidade de alienação dos bens penhorados por meios eletrônicos, podendo utilizar as páginas virtuais dos Tribunais Regionais do Trabalho, conforme o disposto nos arts. 685-C, § 3º e 689-A e 689, parágrafo único do CPC;

m) com relação à publicidade da modalidade de alienação, deverá o juiz, caso entenda necessário, adotar a sistemática prevista no art. 687, § 2º do CPC, ou seja, utilizar formas ou meios alternativos. Em área rural, usualmente, é utilizado o rádio para intimar ou dar conhecimento às partes, pois é mais efetivo que os meios tradicionais;

n) a intimação da hasta pública deverá ser por intermédio do procurador, tanto para as partes como de terceiros (art. 698 do CPC), na forma do art. 685, § 5º do CPC;

o) os juízos trabalhistas, em se tratando de devedores em recuperação judicial ou falidos, deverão, analisando os requisitos legais para a desconsideração da personalidade jurídica ou da consideração do grupo econômico, assim proceder, o mais rápido possível, observando, contudo, o limite da sua competência. Segundo reiteradas decisões em Conflito de Competência pelo Superior Tribunal de Justiça, a competência da Justiça do Trabalho limita-se aos bens que não estão relacionados nos processos de recuperação e falência. Dessa forma, no caso de os bens dos sócios ou das empresas do grupo econômico não estarem sujeitos (relacionados) ao processo de recuperação judicial e falência, compete à Justiça do Trabalho a apreciação dos efeitos sobre os mesmos;

p) os processos arquivados provisoriamente devem ser analisados, procedendo (novamente) a tentativa da penhora eletrônica (do devedor e dos sócios, se for o caso). Caso não possível, deverá ser expedida certidão para protesto.

Registramos que tais conclusões não são excludentes de outras que podem e devem ser adotadas no processo do trabalho com o objetivo da efetividade do provimento.

Referimos, ao final, que não basta a alteração da legislação "se nós não voltarmos nossos olhos para frente", ou seja, nos despirmos dos dogmas e praticarmos atos processuais que efetivamente sejam garantidores da tutela necessária à solução dos conflitos e à reparação da não observância do direito material. Relembramos, ainda, os ensinamentos valiosos de Tereza Arruda Alvim Wambier[4] que, analisando a situação do devedor, afirma que, "enquanto ele for visto como vítima, o processo de execução jamais será efetivo no Brasil".

Anexo I
Considerações sobre a Execução Prevista no Projeto do Novo Código de Processo Civil

O projeto do novo Código de Processo Civil[5], apresentado por uma comissão de juristas renomados, instituída pelo Ato do Presidente do Senado Federal n. 379, de 2009, estabelece o Processo de Execução no Livro III, a partir do art. 697.

Situação interessante a referir é que, no início do projeto, há menção, no Título I — "Princípios e Garantias, normas processuais, jurisdição e ação" — no Capítulo I, dos "Princípios e das garantias fundamentais do processo civil", de que o processo civil será ordenado, disciplinado e interpretado conforme os valores e os princípios fundamentais da Constituição Federal (art. 1º); de que o processo é por iniciativa da parte, salvo exceções (art. 2º); de que não se excluirá da apreciação ameaça ou lesão a direito, ressalvados os voluntariamente submetidos à solução arbitral (art. 3º); de que a parte tem direito de obter a solução integral da lide em prazo razoável, incluída a atividade satisfativa (art. 4º); de que as partes têm o direito de participar ativamente do processo, cooperando entre si e com o juiz (art. 5º); de que o juiz, ao aplicar a lei, deverá atender os fins sociais da mesma e a exigência do bem comum (art. 6º); de que é assegurada às partes tratamento paritário, competindo ao juiz velar pelo efetivo contraditório em casos de hipossuficiência técnica (art. 7º); de que as partes têm o dever de contribuir para a rápida solução da lide (art. 8º); de que não será proferida sentença ou decisão sem a oitiva da parte contrária, salvo em situações especiais (art. 9º); de que o juiz não pode decidir com base em fundamento de que não foi facultada às partes a oportunidade de manifestação (art. 10); de que os julgamentos serão públicos e fundamentados, sob pena de nulidade (art. 11).

Com relação à satisfação das obrigações, o projeto adota a mesma sistemática do atual CPC, ou seja, o Cumprimento de Sentença, a partir do art. 490, e o Processo de Execução, conforme os arts. 697 e seguintes. O Processo de Execução, muito semelhante à sistemática atual em suas divisões, apresenta como espécies de execução: execução para entrega de coisa (certa — arts. 730 ao 734; incerta — arts. 735 ao 737); execução das

---

(4) Efetividade da execução. In: DALLEGRAVE NETO, José Affonso; FREITAS, Ney José de (coords.). *Execução trabalhista* — estudos em homenagem ao ministro João Oreste Dalazen. São Paulo: LTr, 2002. p. 348-365.
(5) O projeto foi apresentado em junho de 2010, tendo como presidente da comissão o Ministro Luiz Fux, do STJ, e relatora-geral a Dra. Teresa Arruda Alvim Wambier.

obrigações de fazer e não fazer (arts. 738 ao 748); execução por quantia certa contra devedor solvente (arts. 749 ao 833); execução contra a fazenda pública (art. 834).

Com relação ao Cumprimento de Sentença, também é muito parecido com a sistemática adotada atualmente, contudo com uma importante alteração, a possibilidade do impulso de ofício (art. 490, § 3º).

O Processo de Execução, Livro III, a partir do art. 697, trata da execução fundada em título extrajudicial. É mantida a diferenciação da execução contra devedor solvente (art. 721) e a de devedor insolvente — insolvência (art. 970). A sistemática assumida pela comissão é muito próxima da atualmente adotada, mas com algumas alterações interessantes, tais como, a alienação em só uma oportunidade e a definição do preço vil (art. 809, parágrafo único).

Em se tratando de execução contra devedor insolvente, o art. 970 do projeto determina que, até que se edite nova regulamentação da insolvência civil, permanecerão em vigor as disposições do Título IV do Livro II do atual Código de Processo Civil, com as alterações propostas nos parágrafos do referido artigo.

REFERÊNCIAS BIBLIOGRÁFICAS

ALMEIDA, Isis. *Manual de direito processual do trabalho*. 6. ed. São Paulo: LTr, 1994. v. II.

ALVES, José Carlos Moreira. *Direito romano*. 10. ed. Rio de Janeiro: Forense, 1997. v. I.

AMARAL, Guilherme Rizzo. *A nova execução*: comentários à Lei n. 11.232, de 22 de dezembro de 2005. Coordenação de Carlos Alberto Alvaro Oliveira. Rio de Janeiro: Forense, 2006.

ARAGÃO, E. D. Monis. Efetividade do processo de execução. In: ASSIS, Araken de (org.). *O processo de execução*: estudo em homenagem ao professor Alcides de Mendonça Lima. Porto Alegre: Sergio Fabris, 1995.

ASSIS, Araken de. *Manual do processo de execução*. 11. ed. São Paulo: Revista dos Tribunais, 2007.

_____. *Comentários ao Código de Processo Civil*. São Paulo: Revista dos Tribunais, 2000. v. 9.

ASSIS, Araken de; OLIVEIRA, Carlos Alberto Alvaro de (coords.). *O processo de execução* — estudos em homenagem ao professor Alcides Mendonça Lima, Porto Alegre: Sergio Antonio Fabris, 1995.

ÁVILA, Humberto Bergmann. A distinção entre princípios e regras e a redefinição do dever de proporcionalidade. *Revista de Direito Administrativo*, Rio de Janeiro, n. 215, p. 151-179, jan./mar. 1999.

_____. *Teoria dos princípios*: da definição à aplicação dos princípios jurídicos. 4. ed. São Paulo: Malheiros, 2005.

ATALIBA, Geraldo. *República e Constituição*. 2. ed. São Paulo: Malheiros, 1998.

BASTOS, Celso Ribeiro; MARTINS, Ives Gandra. *Comentários à Constituição do Brasil (promulgada em 5 de outubro de 1988)*. São Paulo: Saraiva, 1988. v. 2.

BATALHA, Wilson de Souza Campos. *Tratado de direito judiciário do trabalho*. 3. ed. São Paulo: LTr, 1995.

BEBBER, Júlio César. *Exceção de pré-executividade no processo do trabalho*. São Paulo: LTr, 2005.

_____. *Cumprimento de sentença no processo do trabalho.* São Paulo: LTr, 2007.

BEDAQUE, José Roberto dos Santos. *Efetividade do processo e técnica processual.* São Paulo: Malheiros, 2006.

_____. *Direito e processo.* 3. ed. São Paulo: Malheiros, 2003.

BEVILACQUA, Clóvis. *Direito das obrigações.* Campinas: RED Livros, 2000.

BEZERRA FILHO, Manoel Justino. *Nova lei de recuperação e falência comentada.* 5. ed. São Paulo: Revista dos Tribunais, 2008.

BOBBIO, Norberto. *Teoria do ordenamento jurídico.* 10. ed. Brasília: UnB, 1999.

_____. *Igualdade e liberdade.* 3. ed. Rio de Janeiro: Ediouro, 1997.

BONAVIDES, Paulo. *Curso de direito constitucional.* 10. ed. São Paulo: Malheiros, 2000.

BORGES, Marcos Afonso. Breve notícia sobre a evolução histórica do direito processual civil. *Revista de Processo,* n. 50, ano 13, abr./jun. 1988.

BUZAID, Alfredo. *Do concurso de credores no processo de execução.* São Paulo: Saraiva, 1952.

CALAMANDREI, Piero. *Direito processual civil.* Campinas: Bookseller, 1999.

CAMBI, Eduardo. Neoconstitucionalismo e neoprocessualismo. In: FUX, Luiz; NERY JR., Nelson; WAMBIER, Tereza Arruda Alvim (coords.). *Processo e Constituição:* estudos em homenagem ao professor José Carlos Barbosa Moreira. São Paulo: RT, 2006.

CANOTILHO, J. J. Gomes. *Direito constitucional.* 3. ed. Coimbra: Almedina, 1999.

_____. *Direito constitucional e teoria da Constituição.* 3. ed. Coimbra: Almedina, 1999.

CARNEIRO, Athos Gusmão. Nova execução — aonde vamos? Vamos melhorar. *Revista Síntese de Direito Civil e Processual Civil,* ano VI, n. 34, mar./abr. 2005.

_____. *Jurisdição e competência.* 11. ed. São Paulo: Saraiva, 2001.

CARNELUTTI, Francesco. *Instituições do processo civil.* São Paulo: Classic Book, 2000.

CARRION, Valentin. *Comentários à Consolidação das Leis do Trabalho.* 25. ed. São Paulo: Saraiva, 2000.

CARVALHO NETO, Antonio. *Contrato de mediação.* São Paulo: Saraiva, 1956.

CASTELO, José Pinheiro. Efetividade e segurança jurídica — na evolução do pensamento ocidental. *Revista LTr,* n. 65-07.

CASTILHO, Paulo Cesar Baria de. *Execução de contribuição previdenciária pela Justiça do Trabalho.* São Paulo: RT, 2005.

CASTRO, Amílcar de. *Comentários ao Código de Processo Civil.* 2. ed. São Paulo: Forense, 1963. v. X, t. 1 e 2.

CENEVIVA, Walter. *Lei dos notórios e dos registradores comentada.* 6. ed. São Paulo: Saraiva, 2008.

CESARINO JUNIOR, Antonio. *Direito social.* São Paulo: LTr, 1990.

CHAVES, Luciano Athayde. *A recente reforma no processo comum e seus reflexos no direito judiciário do trabalho*. 3. ed. São Paulo: LTr, 2007.

CHIOVENDA, Giuseppe. *Instituições de direito processual civil*. Campinas: Bookseller, 2000.

CINTRA, Antonio Carlos de Araújo; GRINOVER, Ada Pellegrini; DINAMARCO, Cândido Rangel. *Teoria geral do processo*. 16. ed. São Paulo: Malheiros, 2000.

COELHO, Fábio Ulhoa. *Curso de direito comercial*. 3. ed. São Paulo: Saraiva, 2002. v. 3.

COMPARATO, Fábio Konder. Requerimento por credores trabalhistas: se estão eles adstritos a renunciar ao seu privilégio para o exercício do direito. *Revista dos Tribunais*, n. 432, out. 1971.

_____ . *A afirmação histórica dos direitos humanos*. 2. ed. São Paulo: Saraiva, 2001.

COSTA, Coqueijo. *Direito judiciário do trabalho*. Rio de Janeiro: Forense, 1978.

_____ . *Direito processual do trabalho e o Código de Processo Civil de 1973*. São Paulo: LTr, 1975.

COSTA, José Ribamar da. *Direito processual do trabalho*. São Paulo: LTr, 1991.

COUTURE, Eduardo J. *Fundamentos do direito processual civil*. Campinas: REDlivros, 1999.

DALAZEN, João Oreste. A ação monitória no processo trabalhista. *Revista Trabalho & Doutrina*, São Paulo: Saraiva, mar. 1996.

_____ . *Competência material trabalhista*. São Paulo: LTr, 1994.

_____ . A reforma do Judiciário e os novos marcos da competência material da Justiça do Trabalho no Brasil. *Revista LTr*, v. 69, n. 3, p. 263/276, mar. 2005.

_____ . A competência da Justiça do Trabalho para a relação de trabalho. In: COUTINHO, Grijalbo Fernandes; FAVA, Marcos Neves (coords.). *Nova competência da Justiça do Trabalho*. São Paulo: LTr, 2005.

DALLEGRAVE NETO, José Affonso; FREITAS, Ney José de (coords.). *Execução trabalhista* — estudos em homenagem ao ministro João Oreste Dalazen. São Paulo: LTr, 2002.

DINAMARCO, Cândido Rangel. *Execução civil*. 7. ed. São Paulo: Malheiros, 2000.

_____ . *A reforma da reforma*. 5. ed. São Paulo: Malheiros, 2003.

DINIZ, Maria Helena. *As lacunas no direito*. São Paulo: RT, 1981.

_____ . *Compêndio de introdução à ciência do direito*. 12. ed. São Paulo: Saraiva, 2000.

FAVA, Marcos Neves. Execução — ampliação do rol de responsáveis pelos créditos trabalhistas. *Revista LTr*, v. 74, n. 5, maio 2010.

FERRAZ JUNIOR, Tercio Sampaio. *Introdução ao estudo do direito:* técnica, decisão, dominação. 5. ed. São Paulo: Atlas, 2007. p. 21.

FERREIRA, Fernando Amâncio. *Curso de processo de execução*. 11. ed. Coimbra: Almedina, 2009.

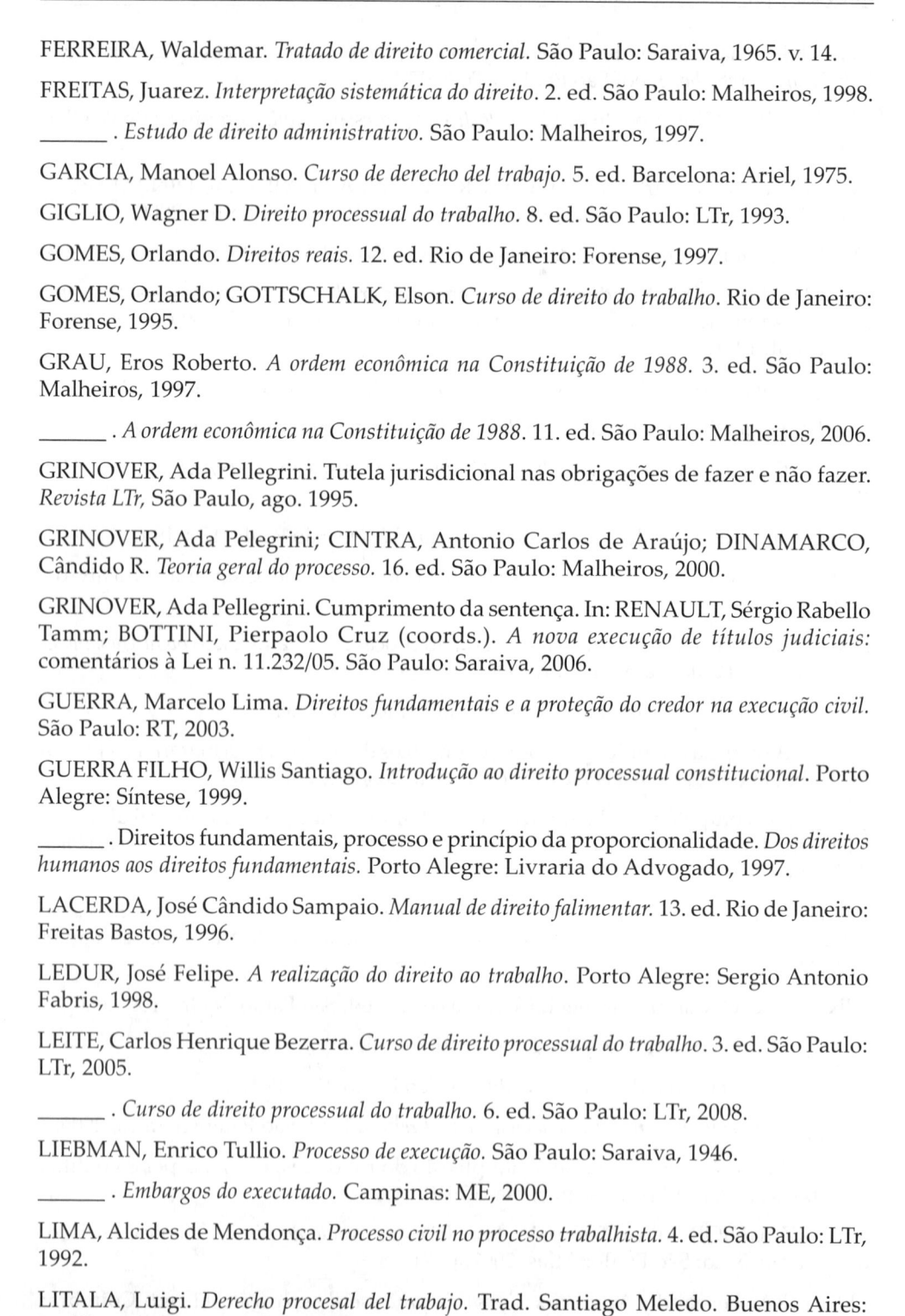

FERREIRA, Waldemar. *Tratado de direito comercial*. São Paulo: Saraiva, 1965. v. 14.

FREITAS, Juarez. *Interpretação sistemática do direito*. 2. ed. São Paulo: Malheiros, 1998.

_____ . *Estudo de direito administrativo*. São Paulo: Malheiros, 1997.

GARCIA, Manoel Alonso. *Curso de derecho del trabajo*. 5. ed. Barcelona: Ariel, 1975.

GIGLIO, Wagner D. *Direito processual do trabalho*. 8. ed. São Paulo: LTr, 1993.

GOMES, Orlando. *Direitos reais*. 12. ed. Rio de Janeiro: Forense, 1997.

GOMES, Orlando; GOTTSCHALK, Elson. *Curso de direito do trabalho*. Rio de Janeiro: Forense, 1995.

GRAU, Eros Roberto. *A ordem econômica na Constituição de 1988*. 3. ed. São Paulo: Malheiros, 1997.

_____ . *A ordem econômica na Constituição de 1988*. 11. ed. São Paulo: Malheiros, 2006.

GRINOVER, Ada Pellegrini. Tutela jurisdicional nas obrigações de fazer e não fazer. *Revista LTr*, São Paulo, ago. 1995.

GRINOVER, Ada Pelegrini; CINTRA, Antonio Carlos de Araújo; DINAMARCO, Cândido R. *Teoria geral do processo*. 16. ed. São Paulo: Malheiros, 2000.

GRINOVER, Ada Pellegrini. Cumprimento da sentença. In: RENAULT, Sérgio Rabello Tamm; BOTTINI, Pierpaolo Cruz (coords.). *A nova execução de títulos judiciais*: comentários à Lei n. 11.232/05. São Paulo: Saraiva, 2006.

GUERRA, Marcelo Lima. *Direitos fundamentais e a proteção do credor na execução civil*. São Paulo: RT, 2003.

GUERRA FILHO, Willis Santiago. *Introdução ao direito processual constitucional*. Porto Alegre: Síntese, 1999.

_____ . Direitos fundamentais, processo e princípio da proporcionalidade. *Dos direitos humanos aos direitos fundamentais*. Porto Alegre: Livraria do Advogado, 1997.

LACERDA, José Cândido Sampaio. *Manual de direito falimentar*. 13. ed. Rio de Janeiro: Freitas Bastos, 1996.

LEDUR, José Felipe. *A realização do direito ao trabalho*. Porto Alegre: Sergio Antonio Fabris, 1998.

LEITE, Carlos Henrique Bezerra. *Curso de direito processual do trabalho*. 3. ed. São Paulo: LTr, 2005.

_____ . *Curso de direito processual do trabalho*. 6. ed. São Paulo: LTr, 2008.

LIEBMAN, Enrico Tullio. *Processo de execução*. São Paulo: Saraiva, 1946.

_____ . *Embargos do executado*. Campinas: ME, 2000.

LIMA, Alcides de Mendonça. *Processo civil no processo trabalhista*. 4. ed. São Paulo: LTr, 1992.

LITALA, Luigi. *Derecho procesal del trabajo*. Trad. Santiago Meledo. Buenos Aires: Jurídicas Europa-América, 1949.

MAIOR, Jorge Luiz Souto. A efetividade do processo. *Revista do TRT da 15ª Região*, Campinas, n. 13, 2001.

_____. Reflexos das alterações no Código de Processo Civil no processo do trabalho. *Revista LTr*, n. 70-08/920.

MALLET, Estêvão. *Temas de direito do trabalho*. São Paulo: LTr, 1998.

MARINONI, Luiz Guilherme. *Efetividade do processo e tutela de urgência*. Porto Alegre: Sergio Fabris, 1994.

MARINONI, Luiz Guilherme; ARENHART, Sérgio Cruz. *Curso de Processo Civil:* execução. São Paulo: RT, 2007.

MARQUES, José Frederico. *Instituição de direito processual civil*. Campinas: Millennium, 2000. v. V.

MARTÍNEZ, Roberto Garcia. *Derecho concursal*. Buenos Aires: Abeledo-Perrot, 1997.

MARTINS, Fran. *Contratos e obrigações comerciais*. 13. ed. Rio de Janeiro: Forense, 1995.

MARTINS, Sergio Pinto. *Direito processual do trabalho*. 20. ed. São Paulo: Atlas, 2003.

_____. Arrematação por preço vil no processo do trabalho. *Revista Trabalho e Processo*, São Paulo: Saraiva, n. 18, set. 1998.

MEDINA, José Miguel Garcia. *Execução civil* — princípios fundamentais. São Paulo: Revista dos Tribunais, 2002.

MEIRELES, Edilton. *Temas da execução trabalhista*. São Paulo: LTr, 1998.

MELLO, Celso Antônio Bandeira de. *Elementos de direito administrativo*. São Paulo: Revista dos Tribunais, 1990.

MENDES, Gilmar Ferreira. *Controle de constitucionalidade* — aspectos jurídicos e políticos. São Paulo: Saraiva, 1990.

MENDONÇA, J. X. Carvalho de. *Tratado de direito comercial brasileiro*. 7. ed. Rio de Janeiro: Freitas Bastos, 1963. v. II, livro I, parte II.

MENEZES, Cláudio Armando Couce de. Ação, processo e procedimento monitório na Justiça do Trabalho. *Revista Trabalho & Doutrina*, São Paulo: Saraiva, mar. 1996.

_____. Nulidade e defeitos dos atos processuais no processo trabalhista e de conhecimento e de execução. In: SHIMURA, Sérgio; WAMBIER, Teresa Arruda Alvim (coords.). *Processo de execução*. São Paulo: Revista dos Tribunais, 2001.

MENEZES, Cláudio Armando Couce de; BORGES, Leonardo Dias. *O moderno processo do trabalho*. São Paulo: LTr, 2000.

MESQUITA, Eduardo Melo de. *As tutelas cautelares e antecipada*. São Paulo: RT, 2002.

MIRANDA, Pontes de. *Comentários ao Código de Processo Civil*. Rio de Janeiro: Forense, 2002. t. X.

MONTEIRO, Washington de Barros. *Curso de direito civil*. 22. ed. São Paulo: Saraiva, 1988. v. 5.

_____. *Tratado da ações*. Campinas: Bookseller, 1998. t. I.

MOREIRA, José Carlos Barbosa. Notas sobre o problema da "efetividade" do processo. *Revista da Ajuris*, Porto Alegre, v. 29, ano X, p. 77-94, nov. 1983.

NASCIMENTO, Amauri Mascaro. *Curso de direito processual do trabalho*. 21. ed. São Paulo: Saraiva, 2002.

NEVES, Celso. *Comentários ao Código de Processo Civil*. Rio de Janeiro: Forense, 1999. v. VII.

NORONHA, Carlos Silveira. A *actio iudicati*: um instrumento de humanização da execução. In: ASSIS, Araken de (coord.). *O processo de execução*: estudos em homenagem ao professor Alcides de Mendonça Lima. Porto Alegre: Sergio Fabris, 1995.

OLIVEIRA, Carlos Alberto Alvaro de. *Do formalismo no processo civil*. São Paulo: Saraiva, 1997.

OLIVEIRA, Francisco Antonio de. *A execução na justiça do trabalho*. 4. ed. São Paulo: Revista dos Tribunais, 1999.

PASSOS, Calmon. O crédito trabalhista no direito positivo brasileiro. *Revista LTr*, São Paulo, v. 46, n. 5, p. 529-530, maio 1982.

PINTO, José Augusto Rodrigues. *Execução trabalhista*. 10. ed. São Paulo: LTr, 2004.

_____. *Curso de direito individual do trabalho*. 2. ed. São Paulo: LTr, 1995.

RENAULT, Sérgio Rabello Tamm; BOTTINI, Pierpaolo Cruz (coords.). *A nova execução de títulos judiciais*: comentários à Lei n. 11.232/05. São Paulo: Saraiva, 2006.

REQUIÃO, Rubens. *Curso de direito falimentar*. 17. ed. São Paulo: Saraiva, 1998.

RIZZARDO, Arnaldo. *Direito das coisas*. Rio de Janeiro: Aide, 1991. v. II.

RODRIGUES, Silvio. *Direito civil*. São Paulo: Saraiva, 2003. v. 3.

RODRIGUES-PIÑERO, Miguel. Constituição, direitos fundamentais e contrato de trabalho. Trad. Floriano Corrêa Vaz da Silva. *Revista Synthesis*, n. 24/97.

RODRIGUEZ, Américo Plá. *Princípios do direito do trabalho*. São Paulo: LTr, 1993.

RUGGIERO, Roberto. *Instituições de direito civil*. 1. ed. Campinas: Bookseller, 1999. v. II.

RUPRECHT, Alfredo J. *Os princípios do direito do trabalho*. São Paulo: LTr, 1995.

RUSSOMANO, Mozart Victor. *Curso de direito do trabalho*. Curitiba: Juruá, 2000.

_____. *Comentários à CLT*. 15. ed. Rio de Janeiro: Forense, 1993. v. 1 e 2.

_____. *Direito processual do trabalho*. 2. ed. São Paulo: LTr, 1977.

SAAD, Eduardo Gabriel. *Direito processual do trabalho*. São Paulo: LTr, 1994.

SANTOS, Moacyr Amaral. *Primeiras linhas do direito processual civil*. 16. ed. São Paulo: Saraiva, 1993. v. I.

_____. *Primeiras linhas de direito processual civil*. 21. ed. São Paulo: Saraiva, 2003.

SARLET, Ingo Wolfgang. *A eficácia dos direitos fundamentais*. 5. ed. Porto Alegre: Livraria do Advogado, 2005.

SCHIAVI, Mauro. *Execução no processo do trabalho*. São Paulo: LTr, 2008.

SILVA, Antônio Álvares da. *Créditos trabalhistas no juízo concursal*. Rio de Janeiro: AIDE, 1985.

SILVA, Carlos Alberto Barata. *Compêndio de direito do trabalho*. 3. ed. São Paulo: LTr, 1983.

SILVA, José Afonso da. *Curso de direito constitucional positivo*. 8. ed. São Paulo: Malheiros, 1992.

SILVA, Ovídio A. Baptista da. *Curso de processo civil*. 4. ed. São Paulo: Revista dos Tribunais, 2000. v. II.

_____. *Jurisdição e execução na tradição romano-canônica*. 2. ed. São Paulo: Revista dos Tribunais, 1998.

SOUZA, Marcelo Papaléo de. *Efeitos da falência na execução trabalhista*. São Paulo: LTr, 2004.

_____. *A nova lei da recuperação e falência e as suas consequências no direito e no processo do trabalho*. 2. ed. São Paulo: LTr, 2006.

_____. *A lei de recuperação e falência e as suas consequências no direito e no processo do trabalho*. 3. ed. São Paulo: LTr, 2009.

SÜSSEKIND, Arnaldo; MARANHÃO, Délio; VIANNA, Segadas; TEIXEIRA, Lima. *Instituições de direito do trabalho*. 19. ed. São Paulo: LTr, 2000. v. I.

THEODORO JÚNIOR, Humberto. *Execução* — direito processual civil ao vivo. 2. ed. Rio de Janeiro: Aide, 1995. v. III.

_____. *Processo de execução*. 13. ed. São Paulo: Leud, 1989.

_____. Os princípios do direito processual civil e o processo do trabalho. In: BARROS, Alice Monteiro de (coord.). *Compêndio de direito processual do trabalho*. 3. ed. São Paulo: LTr, 2002.

_____. *A reforma da execução do título extrajudicial*. Rio de Janeiro: Forense, 2007.

TEIXEIRA FILHO, Manoel Antonio. *Execução do processo do trabalho*. 9. ed. São Paulo: LTr, 2005.

_____. *Execução de título extrajudicial* — breves apontamentos à Lei n. 11.382/06, sob a perspectiva do processo do trabalho. São Paulo: LTr, 2007.

TOLEDO, Paulo F. C. Salles; ABRÃO, Carlos Henrique. *Comentários à lei de recuperação de empresas e falência*. São Paulo: Saraiva, 2005.

TUCCI, José Rogério Cruz. *Tempo e processo*. São Paulo: RT, 1998.

VILANOVA, Lourival. *Estruturas lógicas e o sistema de direito positivo*. São Paulo: Noeses, 2005.

WALD, Arnold. *Obrigações e contratos*. 12. ed. São Paulo: Revista dos Tribunais, 1995.

WAMBIER, Luiz Rodrigues; WAMBIER, Teresa Arruda Alvim; MEDINA, José Miguel Garcia. *Breves comentários à nova sistemática processual civil*. São Paulo: RT, 2008.

WATANABE, Kazuo. Tutela antecipatória e tutela específica das obrigações de fazer e não fazer (arts. 273 e 461 do CPC). In: TEIXEIRA, Sálvio de Figueiredo (coord.). *Reforma do Código de Processo Civil*. São Paulo: Saraiva, 1996.

ZAVASCKI, Teori Albino. *Processo de execução* — parte geral. 3. ed. São Paulo: RT, 2004.